兩周金文通假字研究

全廣鎮著

臺灣 學生書局 印行

周　序

　　人們需要表達或記錄其意念、思想、情感時，語言文字應是最便利的工具。但在旣已表達記錄之後，每因時間或空間的轉移，當別人接收到這些傳遞消息的資料時，原有的意念、思想、情感是否能夠獲得再度重現，其間最重要的條件，則在於彼此使用工具及使用習慣的是否相同或相通。

　　語言的保存，即使在今日，仍然不是件很容易的事。具體的文字形象卻是可以保存久遠的，上古中古直到近代，其所使用的文字在今天都能夠看得到。但當時的使用習慣卻未必能完整無缺地傳遞下來。於是面對著前人所使用的文字，也許大多或全部都能認識，然而由於使用方式或使用習慣的改變，自然形成隔閡，未必就能正確無誤地全盤接收，因此訓詁便成爲賴以溝通最重的工作了。

　　訓詁工作中，最常遇到的工作對象是引申義和通假字，引申義是屬於文字使用方式的改變，而通假字則屬於文字使用習慣的認定。引申義可以根據歷來訓詁資料，找出其由本義如何蜿延曲折變化的軌迹而加以說明；通假字則必須根據聲韻的知識，加上文獻資料中通用的習慣來加以證

明。在現代訓詁工作益趨嚴謹細密的要求之下，任何一件細小的判斷，都應該具備實事求是的科學方法，和充分條件的證明作爲支持才行。過去那種所謂「義隔而通」、「一聲之轉」的訓詁態度，恐已無法獲致共信共識。

在資料的取向方面，由於古代文獻器物的不斷發現，最珍貴的第一手資料，其眞實性的價值，已經公認遠超於傳世文獻之上。譬如兩周青銅器的大量出土，所帶給我們古文字資料中，對當時語言文字的使用方式和使用習慣，必然有許多最可信的消息。

全廣鎮君雖然是大韓民國國籍，但在師大國文研究所肄業期間，其學識才智，比之國內學子絕不遜色，而其勤勉踏實的治學精神，尤足令人欽佩。嘗受業於余之說文研究、金文研究，又曾旁聽余之訓詁學，對其致力研究之方向多少有些影響。後得名師許錟輝博士之指導，撰成「兩周金文通假字研究」，對銅器銘文使用習慣問題的探討，奠定堅實可信的基礎；對實際訓詁作業的推動，創立下新的里程。去年夏天以此獲得文學碩士學位，更入臺灣大學中文研究所博士班深造，今暑即將修訂付梓，樂爲之序。

周　何　一九八九年六月于師大文學院

自　序

　　我對銅器銘辭的興趣要追溯到十幾年前，在 1976 年購買了白川靜所編的《金文集》四卷。那只是爲了學書法上的需要，一直到 1985 年修碩士業之前，對金文的音義一竅不通，僅是摹寫字形罷了。然而，由於有過這份因緣的關係，在金文研究上始終不覺得厭倦。

　　四年前，我僥倖通過母校（成均館大學校）和國立臺灣師範大學之間的交換學生甄試，以破釜沈舟的決心抵華，就讀於該大學國文研究所。由於周一田（何）師的啓蒙，使我對銅器銘文的研究趣味一天比一天濃厚。其後，幸蒙許錟輝師指導我撰寫論文，從大綱的擬定到內容的改訂，許師都花了非常多的心力。此書的底本——碩士論文，因此得以順利完成，本書如有見地，都是他所啓發的；如有失誤，都該由我來負責。此外，本論文得以完成，除了跟兩位老師學金文學、說文學和文字學之外，我還時聆辛勉師（聲韻學）、陳新雄師（廣韻研究、古音學）的訓誨，學到了許多聲韻上的知識。對以上四位老師的教誨，在此謹致十二萬分的敬意和謝意。

　　此書是由我的碩士論文略加修訂而成的。撰寫的主要

目的有二：其一，試就兩周金文通假字進行通盤滙集整理；其二，按歷時（diachronic）、共時（synchronic）之不同，把它們再加以分析、歸類、統計，以供對周代（BC. 11C—BC. 3C）文字、音韻深入研究之參考。我僅求盡力而爲，但整個成果距離這個理想還非常遙遠。研究金文中的通假現象，非有古文字學、古音韻學、訓詁學等的知識不可。我是個沒有根基的異邦人，對這種學理，能弄清楚到什麼樣的程度，那是不難想像的事。

對兩周銅器銘文，許多學者們的研究已有輝煌的成就，他們的著作，可以說是汗牛充棟。雖然如此，還有甚多問題等待着我們去深入探討。對我個人來講，銅器銘辭非常難懂，而且前賢的解釋，時常各不相同，難辨孰是孰非，我甚至於有時連前賢的文章也不太明白，因而經常有對自己的資質失望到底的情況。碰到這種局面之際，有一位大學者所說的老實話，給我很大的勇氣和啓發。董同龢先生討論古籍訓解和古語字義的研究方法的時候，曾說：「個人是"念古書毫無根底"的人，……在多數的情形下，我每每有"不讀還好，越讀越迷糊"的感覺。」（《董同龢先生語言學論文選集》頁313）。連中國的大學者都有這樣的感慨，更何況我這個外國人呢！由這樣地以平常心說的老實話，終究得到一個心得：漢語上古文字雖然非常難懂，但只要肯努力，多少總會有些成果。就這樣開始動筆

而着手研究。

　　雖然如此，很多人說：凡屬於學術性的文章非有創見不可。話是說得沒錯，但這種壓力一直掛在我的心頭，因而對我也形成了極大的困惑。在這樣的困厄之際，另一位大學者的話，也適時的啓示、鼓舞了我。許倬雲先生說：「我不相信學問上有任何永遠站得住的理論，但是學問上應有永遠站得住的工作態度——不斷的嘗試。」（《求古篇》前言）我不敢說這本小書有什麼創見，僅僅希望這番嘗試有點用處。當然本書中大小毛病，一定隨處可見。在此唯有請諸位師友多多指正。

　　去夏，我幸運地進入臺大修博士業，在金祥恒師（甲骨學）、杜其容師（音韻專題）、龔煌城師（漢藏語言學）、梅廣師（語文學史專題）的教誨之下，繼續學習有關漢語語言文字方面的功課。愈學愈覺得學海無涯，該學的東西愈來愈多。本書只能算是我求學生涯中的一個里程碑吧。非常謝謝金祥恒師在百忙中審閱原文，多所賜正。周一田師日理萬機之中爲本書作序。於此一併敬申謝意，師恩永遠難忘。

　　總之，惠愛我的老師們和友人們甚多，我自己心裡有一個殿堂，銘刻着無數我該感激不忘的名字，然而不知怎麼能夠報答偲們的恩惠。我認爲努力用功學習也許是方式之一吧！

　　我是個已失去孝敬時機的人，謹以此小書獻給我父母在天之靈，以稍補往日不孝之罪。

鷄林後學　**全廣鎭**

檀紀 4322 年（ 1989 ）6 月 1 日謹序於臺北西藏路寓舍

兩周金文通假字研究　　目　次

第四章　兩周金文通假字譜‥‥‥‥‥‥392

第一章 緒 論

第一節 寫作動機與目的

本論文之主要課題與目的有二：其一，試就兩周金文中普遍之通假字通盤滙集整理，以此作爲未來可有的一部"金文通假字典"的礎石；再進一步去草擬"兩周金文通假字譜"，同時按歷時（diachronic）、共時（synchonic）之不同，把它再加以歸類、統計、分析，以提供對中國上古語言文字，尤其兩周（B.C 11C — B.C 3C）音系深入研究的參考。

衆所周知，所謂金文（bronze inscriptions），是指商周時代青銅禮器、樂器等器皿上所鑄刻的文字。有銘銅器總數已經達到三千件以上，其中百字以上長篇鉅幅之銘文也不少。其內容可大略分爲四類：㈠紀作器祭祀或紀念其祖先，㈡紀王之册命、訓誡、賞賜，㈢紀錄戰爭大事，㈣紀田地糾紛及疆界事（註1）。尤其，新出土的銅器銘文，日益增多（註2），由此可得的新消息甚爲廣泛，故銅器銘文，乃爲研究有關中國上古社會、文化、政治、思想、歷史、語言文字等，最可靠、最寶貴之直接資料。

　　金文研究，歷史悠久，自漢以來已有人從事研究（註
3），無論哪一方面之研究，第一步驟就是考釋銘文，所
以金文學者的第一任務乃是＂認字＂（註4），而對初學
者來說，很需要一部＂金文字典＂。金文字典一類的著作，
早在宋代已經問世，宋呂大臨所撰考古圖釋文一書，實爲
金文字典的濫觴（註5）。其後，元楊詢、增廣鐘鼎篆韻，
清汪立名、鐘鼎字源（1876），清吳大澂（1835-1903）、
說文古籀補（1883），丁福保（1878-1939）、說文古籀
補補（1925），強運開、說文古籀三補（1935），高田
忠周、古籀篇（1925），容庚（1894-1983）、　金文編
（1925、1939、1959、1985）等字典類著述，陸續付
梓，更是向前邁進一大步。近些年來，隨着考古發掘蓬勃
發展，新出土之有銘青銅器，與日俱增，著述如林，尤其
周法高主編的金文詁林（1975）以及金文詁林補（1982）
二書，廣泛「收集諸家之說，供學人檢查之用」（註6），
可算是「迄今爲止最詳密的金文研究成果總輯」（註7）。

　　雖然治是學者可參考的著作，如林似沙，而欲認字時，
仍有異說分歧，莫衷一是的困擾存在，其中又幾乎都是有
關辨認通假字的難題。黃季剛曾言：

　　「甲骨卜辭與鼎彝銘辭，皆爲文章。而中國文章與文
　　字，自古以來卽不完全相應。中國文章用字皆正假兼
　　　行，凡訓詁之難於推求，文義之難於推尋，皆假借之

事為之也。」（註8）

可見，凡文章中某字以其本義或引伸義無法通讀者，應該盡量尋求與此音同或音近的本字（被借字）來解釋。不過，對這種方法過度濫用亦屬不當，所以唐蘭提出：

> 「古音通假是清代所謂漢學家最喜歡講的，近代學者用得似乎太濫了。語音變化，自有一定的軌迹，所以應該追溯每一語詞的歷史，才能信而有證。不能只是聲轉、韻同，就都可以通假。至于旁轉，就更渺茫。如離開語詞歷史，空談通借，任何不同音的字都可想法把它講通，這不是科學的態度。」（註9）

可知，解決濫用通假之弊，不是"不用"通假之法，而是"弄清"通假之理。

　　爲了弄清通假之理，先把所有通假用例進行全面性的整理、分析、歸納、統計之後，才能得到一些線索和條理。兩周銘文中通假現象甚爲廣泛普遍（註10），並且各家異說甚爲紛紜，所以「金文中的假借字，需要專家編寫一兩部假借字典。」（註11）這乃爲本文寫作第一動機及課題。「這不但是作爲研究金文的工具書所必要的，而且這樣做，對文字學、語源學，乃至文化史的研究都有莫大的好處。」（註12）

　　研究金文通假字的必要性，除了以上所說的訓詁學上的需要以外，尚有古文字學、古音學上的希求，因爲對兩

周之間語言文字的眞面貌、演變以及特質等等，由金文通假現象，可以了解，可以尋找所有問題的某些線索。對於古文字學，衆人周知，不煩再談。以下則就古音學上的需要加以探討。

王國維（ 1877-1927 ），毛公鼎釋文序云：

「考之古音，以通其義之假借。」（註13 ）

此話甚具啓發性，如翻過來講，也可以成立，所以古音學專家李方桂先生曾謂：

「研究古音的，將來應該對字形下一番功夫。……近年出土文物很多，對古文字要好好學習。搞古文字的，要了解上古音；搞上古音的，要懂得古文字。希望後來人撿這個破爛攤子，同意一個可能的辦法。」（註14 ）

高師仲華亦云：

「前人從古經典的用韻以及說文解字中的形聲字的聲符來探索文字的古音，已經有輝煌的成就。但是從出土的"古器物"上所載的"古文字"來探索文字的古音，成就還不大。」（註15 ）

可見，古文字資料中可考訂上古音的材料甚爲豐富，同時，上古音知識也可幫助辨認古文字的工作。清代以來，古文字學、古音學的發展極爲隆盛，然而，一般說來，有一個普遍的弊病，即古文字學家多忽略古音學的問題，以致易

望形生義之誤（註16）；在另一方面，古音學家則多忽視古文字學的問題。譬如說，段玉裁（1735-1815）以後古音學家都用說文中的諧聲字來考訂上古音系，而很少人注意到每一諧聲字的出現時代的差異性。周祖謨謂：

> 「諧聲字數量大，但必須區分時代的早晚，說文解字中的諧聲字有不少是漢代開始出現的。研究古音，對所用的材料的時代要加以區分，同時也要注意到材料的地域性。」（註17、18）

這段話值得我們注意。

那麼，在古文字資料上究竟有多少古音學材料？首先，周祖謨舉出考訂上古音所根據的材料，主要有五（註19）：

㈠上古時代的韻文

㈡甲骨卜辭和銅器銘文

㈢形聲字的諧聲系統

㈣先秦古書中的異文，異文包括通假字在內

㈤古書中的音訓

周氏之說甚有啟發性惟不夠細密，就「甲骨卜辭和銅器銘文」來說，可根據的材料，除了甲金文中諧聲系統之外，韻語（限金文）、本字與後起字之間的音韻關係、異體字間的音韻關係、通假字與本字（被借字）之間的音韻關係等等，都值得注意。其中，兩周金文之通假現象相當普遍而廣泛。尤其重要的，是這些材料比先秦典籍中之通假字

可靠得多，未有「本經失傳，口以傳說」（註20）或「傳寫既久，肴雜難辨」（註21）之弊，並且較容易、客觀地找出其出現時間與地點，以供分時分域的研究。這也是本文撰作動機之一。

　　研究金文通假字的價值，不能一言以蔽之，而且這個問題牽涉廣泛，實為難題，並非易事。本論文只把注意力集中在兩周金文通假字通盤滙集和整理，同時將此整理的資料加以分時分域而歸類、統計、分析的問題上。其餘問題，留待以後再努力。

第二節　相關著作淺評

　　從清代以來考釋銘文的學者，都廣泛運用以通假認字的辦法，每一家都言之成理而眾說紛紜。雖然如此，可惜，尚未有一本對金文通假現象專門探討的著作。然較有份量的著述有二：一則瑞典漢學專家高本漢（Bernhard Karl-gren：1889-1978）所撰先秦文獻假借字例（1968）一書中有關金文通假字的部分；二則錢玄所寫金文通借釋例（1986）一文。於此先就此二氏論著簡單介紹而分別加以淺評。

　　高本漢所著先秦文獻假借字例一書，據譯者(陳舜政)之前言，原題作「Loan Characters in Pre-Han Texts」，

原文自 1963 年起到 1967 年，分五次陸續地在瑞典遠東博物館刊（Bulletin of Museum of Far Eastern Antiquities）發表。1968 年，該館又出版了單行本，此書中譯本，1974 年中華叢書編審委員會出版。此書「可以說是他一生研治訓詁之學的總體表現。」（譯者之言）對漢以前典籍中假借字（loan character）總 2215 組，詳盡敍述，批評各家之說，而披瀝己意。其中有關金文者，共有 170 組，其中高氏以為可成立之例凡 44 組（參見本章附表）。

高氏之主要着重點，「在於驗定中國學者所擬就的假借在聲韵條件上的可靠性」（該書 p11），所以金文中「屬於諧聲系列中的假借，本書將不作討論，因為它們在聲韻上並無可議之處。」（該書 p16）其說甚詳，故本文第三章例證篇數處參考高氏之說，然而其書只就屬於不同諧聲系統的通假字加以探討，缺乏通盤性，這是美中不足之處。

錢玄所撰金文通借釋例一文，發表於南京大學報，1986 年第 2 期（p93-112）。該文前言云：

「余曾蒐輯器銘中通借字，並採錄名家考釋，偶亦參以己意，分別例類，撰成金文通借釋例。」

錢氏所舉的通假字頭，共有 272 組。其「分別例類」較詳，於此將之移錄則如下：

1 一字借作數字例

2.數字借作一字例

3.同器或同作者之器，既用本字，又用通借字例

4.同字在一器中既用本義，又借作它字例

5.有經傳文互證為用通借字例

6.有其它銘文互證為用通借字例

7.金文用古字，古籍用後造之本字例

8.金文用本字，古籍用借字例

9.實為異體，非通借例

10.實為省簡，非通借例

11.用同聲旁字通借例

12.用不同聲旁而音同音近之字通借例

由錢氏之文，可得金文通假字的一般的、平面的情形以及其類型，此點就是錢氏之功；然而對兩周金文通假字，因時因地的差別、出現頻率、聲韻（把聲調包括在內）關係等等問題，錢氏沒有注意到，所以以此作為深入研究的參考，仍有不足之憾。

除了高、錢二氏著作之外，還有一文值得一提，即陳抗所撰之金文假借字研究。此文見於研究生論文選集、語言文字分冊㈠（江蘇古籍出版社，1985・9，第一版）所附錄的語言文字專業研究生畢業論文部分目錄。由此目錄僅可得知：作者是中山大學 1978 年級研究生以及其導師為古文字學專家容庚先生。至於此文內容，迄今未能一睹，

因此本文無法徵引評述，頗以爲憾。

第三節　寫作原則、方法與取材

　　有關本文寫作的原則、方法與取材，依撰寫過程爲順，分別條述如下：

1. 綜採郭沫若（ 1892-1978 ）‧兩周金文辭大系考釋（19-35），陳夢家‧西周銅器斷代（ 1955-1956 ），白川靜‧金文通釋（ 1962-1975 ）等專著之說，將每一銅器銘文之隸定、考釋資料滙集整理。

2. 以文物、考古、考古學報、考古與文物、江漢考古等考古學術期刊爲據，查出新出土銘文資料（以 1987 年 6 月以前所發掘而報告者爲限）以及諸家考釋著作，以每銅器爲單位分類整理。

3. 通過以上二階段滙集工作，最後得到 491 件器，29,073 字（西周：264 件 /20220 字；東周：227 件 /8,853 字），再把它按鑄作時代與地域分類整理，以作成資料卡及「本論文所採取銘文資料篇目」（參見末列附錄）。其細節分述如下：

　(1)西周銘文中鑄作年代不明者或東周銘文中鑄作國名未詳者，一律未採取。

　(2)西周銘文之時代，先分爲三期：初期（ WE ）、中期

（WM）、晚期（WL），西周銅器年代區分法，容庚、貝塚茂樹、陳夢家等諸家之說有所不同（註22），本文根據陳氏之說；再按朝代君王爲準分別細分。

(3)東周銘文之地域，先分爲五系：東土系（EE）、西土系（EW）、南土系（ES）、北土系（EN）、中土系（EC）。本文根據陳夢家（註23）、白川靜（註24）、呂思勉（註25）、楊寬（註26）等人之考證資料以分別歸屬，再按方國（總33國）分別細分。

(4)該篇目之編號，說明於后：

　＊「WM4182」，是指西周(W)中期(M)孝王(4)時所作，西周中第182器(182)，即「召卣」。

　＊「EE01004」，是指東周（E）東土系（E）莒國（01）所鑄，東周中第4器(004)，即「甫哀白者君鼎」。

　＊對西周君王別、東周方國別編號，請參見本章附表1中之號碼。

(5)該篇目，注明每銅器之字數、主要著錄，以便於檢查之用，尤其對西周銘文，分別注明其斷代根據。

4.就每一銅器資料卡，抄錄通假字句、各家之說等，以作成通假字卡。

5.對每通假字與本字，查出中古音、上古聲母、韻部以及

各家擬音、說文之訓釋、各家本義解釋等。

6. 辨別通假字，以作成第四章「兩周金文通假字例」。其辨別原則及方法則有二點（註27）：

(1)必要條件（ necessary condiction ）：以上古聲韻相同或相近爲準。

——除了考慮一定具有聲母相同（雙聲）或韻部相同（疊韻）之關係是否之外，對雙聲者，還須照顧兩個韻部之間關係如何（如通韻、合韻等）；對疊韻者，還須照顧兩個聲母之間關係如何（如複聲母之可能性、上古聲母之歸類與分合：喻四與定母之關係等等）；對聲韻皆相近者亦如此。

(2)充分條件（ sufficient condiction ）

①文義通順（必定以本字可以解釋與否）爲據。

②用同笵異器中之異文或其它銘文中文例相同者來，做爲佐證。

③用詩經、尚書等先秦典籍中文例相同或同一通假字來做爲佐證。

至於通假字之範圍，亦有二點說明：

(1)將「同源通用字」（如令＞命、事＞士等）包括在內。

(2)具有初文（本字）與後起字的關係者（如酉與酒、厄與軛等）一律不取。

7. 爲了便於歸類、分析、統計之用，編成「兩周金文通假

字譜」,而且附錄檢字表。

8. 按字數及出現頻率、出現時期與地域、字形結構、字音（聲韻調）關係等,分別歸類、統計,製成31種表（第五章）,藉以提供深入研究的參考。

9. 除了上述各點之外,尚有幾點補充說明:

(1)對於「假借」與「通假」,「通假字」與「古今字」、「同源字」、「通用字」等的界線不清,衆說紛紜,故特置「釋名」一章,作嘗試性的探討,並敍述個人的見解。

(2)對見於時地不明之銘文（參見本章附表3）的通假字,盡量找出,而估計總出現次數時,把它包括在內。

附　　註

註 1：參見黃然偉（1978）、殷周青銅器賞賜銘文研究，p1。

註 2：參見中國社會科學院考古研究所（1984）、新中國的考古發現和研究，p248-317。

註 3：參見白川靜（1981）、金文學史㈠（許禮平中譯文）、中國語文研究，第三期，p35-37。

註 4：參見高明（1983）、中國古文字學通論，p595（結束語）。

註 5：參見馬國權（1980）、金文字典述評，中華文史論叢、1980年第4輯，p27。

註 6：參見周法高（1975）、金文詁林、周序。

註 7：參見姜寶昌（1981）、金文詁林讀後，中國語文，1981年第4期，p312。

註 8：參見黃侃口述、黃焯筆記（1983）、文字聲韻訓詁筆記，p19。

註 9：參見唐蘭（1972）、永盂銘文解釋的一些補充，文物1972年第11期。

註10：參見錢玄（1986）、金文通借釋例，南京大學報，1986年第2期，p93。

註11：參見劉又辛（1979）、大型漢語字典中的異體字通假字問題，中國語文，1979年第4期，p259。

註12：同註5，p46。這句話是馬氏論及「比較滿意的金文字典的雛形該具備什麼樣的條件」時所提出的，他特別強調注明通假字與本字的需要和效用。

註13：參見王國維、觀堂集林卷六。

註14：參見李方桂（1984）、聲韻結合的問題，中國語文，1984年第1期，p41。

註15：參見高仲華師（1983）、古文字與古語言，古文字學論集（香港中文大學），p24。

註16：參見郭在貽（1985）、訓詁叢稿，p314：白兆麟（1984）、簡明訓詁學，p154。

註17：參見周祖謨（1984）、漢代竹書與帛書中的通假字與古音的考訂，音韻學研究，第一輯，p79。

註18：趙誠（1984）也說：
「至於諧聲，一般研究者基本上根據的是說文。……這一批材料和上述的韻文用字一樣，仍然存在着時間上和空間上這兩方面的致命弱點。……」（見商代音系探索、音韻學研究，第一輯，p259）

註19：同註17，p79。

註20：此話見於隋書‧經籍志。

註21：此話見於說文「義」字下段玉裁所注。

註22：同註1，p12，圖表一：諸家殷周銅器年代區分法。

註23：參見陳夢家（1946）、海外中國銅器圖錄，p4。

註24：參見白川靜（1975）、金文集（四），p64。

註25：參見呂思勉（1982）、先秦史，p150-155。

註26：參見楊寬（1955、1983）、戰國史，p261-263。

註27：周何師云：
「鑑定此字究竟是否即是某字假借之條件有二：①必要條件——即聲音關係的說明；②充分條件——即過去曾經通用，得到普遍公認的驗證。」（見訓詁學導讀，國學導讀叢編p1196）
本文大致根據周師之說而略加補充。

〈附表 1〉 **本論文所採取兩周銘文時期別地區別器數及字數一覽表**

	區分 / 王名	初期 (WE) A	B	區分 / 王名	中期 (WM) A	B	區分 / 王名	晚期 (WL) A	B			
西周	1 武王	3	156	1 穆王	24	1.589	1 厲王	37	3.750	西周	A	264
	2 成王	47	2.265	2 恭王	32	3.366	2 宣王	27	2.899		B	20.220
	3 康王	21	1.639	3 懿王	24	1.629	3 幽王	7	518	東周	A	227
	4 昭王	27	951	4 孝王	8	735					B	8.853
				5 夷王	7	723				總和	A	491
	總和	98	5.011	總和	95	8.042	總和	71	7.167		B	29.073

	國名	東土系 (EE) A	B	國名	西土系 (EW) A	B	國名	南土系 (ES) A	B	國名	北土系 (EN) A	B	國名	中土系 (EC) A	B
東周	01 莒	8	198	01 晉	8	539	01 吳	7	203	01 燕	4	107	01 江	3	80
	02 鄶	9	303	02 秦	6	421	02 越	7	259	02 中山	3	1.123	02 黃	8	187
	03 滕	2	34	03 虢	4	101	03 徐	11	494				03 鄧	3	57
	04 薛	2	32	04 虞	2	45	04 楚	20	492				04 蔡	5	270
	05 邾	9	287				05 鄀	5	180				05 許	5	196
	06 邿	5	92										06 鄭	11	215
	07 魯	11	198										07 陳	5	138
	08 杞	2	37										08 宋	5	73
	09 紀	6	140										09 戴	3	71
	10 祝	3	70										10 衛	2	49
	11 齊	42	2.142												
	12 曹	1	20												
	總和	100	3.553		20	1.106		50	1.628		7	1.230		50	1.336

註：A指器數；B指字數。

〈附表2〉 ## 高本漢所考究金文通假字例

編號	通假字	本字	備註	編號	通假字	本字	備註	編號	通假字	本字	備註
1	袁 ər	爰 ər		228	中 tiông	終 tiông		429	壺 g'o	筍 bįu	
3	安 ân	宴 ian		239	通 ńįăr	藝 ngiad		442	袞 g'įwer	鬼 kįwer	
13	戲 tsǎ	徂 dyo	✓	248	璗 p'iwăp	度 p'iwăd		446	還 giwan	縣 g'iwan	
14	乍 dzăg	祚 dzăg	✓	267	非 pįwər	璠 b'įwăn		451	環 giwan	珠 d'įwan	
15	乍 dzăg	佐 tsâ		290	不 pįůg	備 b'įog		461	皇 gwâng	衡 gwâng	
31	又 tsôg	宇 sįog		296	甫 pįwo	撫 p'įwo	✓	462	黄 gwâng	珩 gâng	✓
34	肇 d'įog	紹 dįog		300	匍 b'įwo	敷 p'įwo	✓	467	會 g'įwad	沬 mwad	
45	者 tįă	居 kįo		301	尃 pįwo	孚 p'įůg		471	惠 g'įwad	饋 pįwən	
61	朕 d'įəm	恒 g'əng		3:3	葍 pįůk	寶 pôg		479	誨 xmwəg	謀 mwəg	✓
104	㪅 tįəd	惠 g'įwəd		337	害 g'ăd	匃 kâd	✓	480	誨 xmwəg	敏 məg	✓
106	黹 tiər	希 xiər		346	函 g'əm	陷 g'em	✓	482	昏 xmwən	問 mįwən	✓
114	陟 tiək	德 tək		352	好 xôg	孝 xăg		512	學 g'ôk	教 kôg	✓
155	周 tįôg	壽 dįôg		365	孝 xăg	休 xįôg		513	學 g'ôk	效 g'ôg	
158	蓋 tįôg	遊 dįôg		388	孝 xôg	考 k'ôg	✓	523	擾 nįôg	柔 nįôg	
163	喜 dįôg	稠 d'įôg	✓	393	限 g'en	券 kįwăn		525	人 nįěn	年 nien	✓
181	野 tįo	予 dįo	✓	402	險 xliam	陷 g'em		528	壬 mįəm	男 nəm	
190	罙 tįu	柱 d'įu		409	休 xįôg	好 xôg		540	戎 ńįông	鏞 dįung	
195	祝 tįôk	鑄 tįug	✓	413	兄 xįwăng	荒 xmwâng		562	厭 kăm	函 g'əm	
216	㥯 d'įwər	他 t'â		423	合 g'əp	會 g'wâd		563	倝 kân	鍊 glian	

567	亢 kâng	璜 g'uâng		943	麗 lieg	媒 wâr		1190	蔽 piad	瀎 b'iět	
579	考 k'ôg	孝 xôg	✓	945	釐 liag	茉 lag		1196	畢 piět	祕 piəd	✓
640	昔 g'iag	訐 kiər		946	里 liəg	賚 lag		1203	辟 piěk	瀎 b'iět	
698	中 kien	斩 g'iər	✓	948	甬 gliek	歷 liek		1205	匹 piět	瀎 b'iět	
706	京 kliǎng	庚 kǎng		975	霝 lieng	令 lieng	✓	1208	票 piog	暴 b'og	
712	競 g'iǎng	疆 kiang	✓	989	魯 lo	嘏 kǎ		1228	賓 piěn	頒 pwan	
745	荆 kiěng	旌 tsieng		990	鹵 lo	旅 glio		1233	稟 pliəm	品 pliəm	✓
722	廄 kiǔg	就 dz'iog		997	敫 gliôk	穆 miôk		1237	粵 pieng	屏 b'ieng	✓
776	至 kwət	屈 k'iwət		1020	呂 glio	鑪 lo		1250	博 pâk	迫 pɐk	✓
792	覓 kwân	鮮 siam		1046	救 mwəd	救 miǎr		1261	白 b'ǎk	霸 p'ǎk	
795	光 kwâng	就 xiwang		1058	夢 miǔng	蔑 miat		1275	僕 b'uk	附 b'iu	
801	貴 g'iwəd	沫 xwəd		1076	蔑 miat	免 miǎn		1278	支 p'uk	頗 p'wâ	
813	愧 kiwər	畏 iwər		1081	珇 miǎn	現 iwǎn		1283	三 səm	參 siam	
817	毁 kiwəg	舅 g'iôg		1101	晦 məg	貿 mlug		1285	喪 sâng	尚 d'iang	
831	襲 kiung	鴻 g'ung		1102	某 məg	無 miwo		1301	相 siang	傷 siang	
838	虢 kwǎk	鞹 k'wǎk	✓	1103	某 məg	誨 xmwəg	✓	1318	薛 siat	躄 ngiad	
870	攻 kiwat	枯 kwat	✓	1126	淖 nôg	朝 d'iog	✓	1356	四 siəd	慈 dz'iəg	
884	均 kiwěn	君 kiwən		1139	女 niô	魯 lo		1373	寺 dz'iəg	之 tiěg	
889	剌 lât	烈 liat	✓	1173	備 b'iəg	廷 kǔk		1451	沙 sa	矮 ˑiwər	
893	蘭 glân	簡 kǎn	✓	1178	陪 b'wəi	附 b'iu		1466	舍 śia	予 d'ia	
902	老 lôg	考 kôg		1181	賁 pwən	渾 g'wən		1471	涉 d'iap	葉 d'iap	✓

1507	室 śjět	設 śjat		1227	臺 twər	屯 d'wən		2003	業 ngjăp	艾 ngjăd	
1510	尸 śjən	夷 djər	✓	1239	屯 d'wən	錞 d'iwən	✓	2004	葉 djap	世 śjad	
1539	壽 ḍʑôg	述 ǵjông		1241	同 d'ung	鐘 tśjung		2006	夜 zjăg	度 d'âk	
1541	獸 śjôg	酋 dzʑôg		1265	造 dzʑôg	肇 t'ôg		2041	藝 ngjad	臬 ngjat	
1549	述 d'iwət	盜 dziwət		1269	竈 tsôg	肇 d'iog		2047	豙 ngjăd	轙 ngjia	
1550	述 d'iwət	墜 d'iwəd	✓	1279	責 tsěk	迮 tsjăk		2051	衣 ·jər	殷 ·jən	✓
1558	叔 śjôk	素 so		1282	則 tsək	戴 tsəg	✓	2080	弋 diək	特 d'ək	
1571	爽 sjang	尚 ḍjang		1837	蹇 tśjan	玄 ǵiwen		2118	又 gjŭg	或 g'wək	
1579	順 d'iwən	峻 sjwən		1838	遷 tśjan	竄 ts'wân		2120	友 gjŭg	休 xjôg	
1620	尊 d'ôg	討 t'ôg		1846	進 tśjen	費 dzjen		2131	攸 djôg	休 xjôg	
1639	抵 tiən	祁 ǵjer		1871	甗 tsjeg	烝 tśjəng		2141	鹹 zjôg	緣 djog	
1652	翟 d'iok	禰 diok		1872	薦 tsjěg	識 tśjək	✓	2154	取 ngjo	朔 săk	
1680	典 tiən	奠 d'ien		1877	束 tśjôg	賜 sjěg	✓	2157	余 djo	璵 zjo	
1683	畋 d'ien	陳 d'jěn		1889	走 tsu	趣 ts'u	✓	2174	于 gjwo	虡 ngjwo	✓
1699	堵 to	土 t'o	✓	1917	恩 tśjung	沖 d'jong		2177	雩 gjwo	粤 gjwăt	
1711	茶 d'o	舒 śjo		1958	吾 ngo	藥 ngio	✓	2182	虞 ngjwo	吾 ngo	✓
1724	對 twəd	述 d'iwət		1972	武 mjwo	敏 mjəw					

註：1. 總字頭：170組
　　2. 高氏以為可以成立者(✓)：44組
　　3. 編號是從原書上的。

〈附表3〉

本文所採取銅器中 時地不明之器 篇目

	器　名	著　錄	備註		器　名	著　錄	備註
1	才盨	三代14.10	060	11	伯嬰父罍	三代14.16.3	144
2	匜卣	文選下3:9	063	12	農卣	三代13.42.3	168
3	質爯父盤	文選上3.25	071.213	13	獸鼎	三代4.7	218
4	叟季良父壺	三代12.28.2	073.213	14	旻戎侯鐘	三代18.19	254
5	鈇建鼎	三代2.52	088	15	少虘小器	三代18.39	254
6	筍伯盨	三代10.35	088	16	賈殷	三代8.39.1	258
7	晉父盤	三代17.3	088	17	王子姪鼎		283
8	晉父盉	周金4.65	088	18	白家父簋	三代13.2	312
9	鵙公劍	考古1962:5.p.266	088	19	㠱白子宲父盨	錄遺174	312
10	剛叔尊	文選下3:9	103				

註：備註欄的號碼是指從該器銘文所採錄通假字編號.

第二章　釋　　名

　　不論研究哪一方面的學問，從基本屬性來看，都具有
同樣的治學方法，即必須先把觀念弄清，如此不僅解決實
際的問題會容易些，而且可以令人避免誤解。所以，於此
本章試就通假之界義、產生原因、特性以及與有關用語之
關係等等問題，提出個人的看法。「把觀念弄清」的問題
並非易事，因此，以下所說的並不是融會貫通的見解，而
只是嘗試性的假定或前提而已。

第一節　通假之界義

　　所謂「通假」一詞，是爲了區別六書假借而提出來的。
許愼說文解字敍對假借的界說是：

　　「本無其字，依聲託事，令長是也。」

這四字成句（其中“字”、“事”二字是之部押韻）（註
１）的共十二個字，從字面來看，並不難懂，但卻成爲後
代討論六書的人，連篇累牘，爭論不已的焦點所在，幾乎
其中每句話都引起後人不同的解釋。其實，無論「六書假
借」或是「通假」，其共通的特點是「依聲託事」。「依

聲」是指假借的方式，換個角度，也可以說是假借得以成立的條件——音同或音近的必要條件（ necessary cond-iction ）；「託事」之事，即詞義（不是字義：註 2 ），「託事」是指假借的有意或無意的目的，也就是假借所要達到的效果。

「通假」和六書假借之異同的爭論焦點在「本無其字」四字。這句話是說明假借產生的原因。許愼「本無其字」一語簡單明瞭，看來似毫無歧義，不容置疑，故爲後代學者信守不渝，在清代以前，幾乎無人提出異說。然而果眞是毫無問題嗎？

從假借產生的原因來看，本無其字是有音而無字形，故借音同或音近者代之，這是個較合理的解釋，但問題是：「本字」之有無究竟如何確定？關於本字與假借字的產生時期之先後的問題，姑且不論（詳後），而在這裡先討論本字之有無問題。

「本無其字」，可能眞的沒有本字，但也可能有本字，而要用的人不知道，他的意識中也以爲是沒有本字：即「不知本字」，可能甲地有，乙地無，可能前人已有，通行未廣，後人不知。可見「本無其字」有時很難有絕對的標準（註 3 ）。然而，不能否定「本有其字」的現象。清代學者主張假借有「本無其字」和「本有其字」兩類者甚多，這種看法的產生，或可上溯到鄭玄這段話：

「其始書之也，倉卒無其字，或以音類比方假借為之，趣於近之而已。」（註4）

其中「倉卒無其字」一語，頗為含混，而後人理解，多主張是指：本有其字，而要寫時臨時忘記，故用音同（近）之字代替（註5）。由此引起兩個問題：一是可把「本無其字」者和「本有其字」者同等看待與否？二是「本有其字」者是否等於寫別字（即寫錯字）？後者另文討論，於此則只談論前者。

照一般的說法來講，「本無其字」者謂之「假借」；「本有其字」者謂之「通假」。然而，見仁見智，各是其是，需要加以澄清。首先看一看主張當分為二的說法，徐侃謂：

> 「通假又叫通借。其特點是"本有其字"的借用，與"本無其字"的假借有着根本的區別，是兩個不同的概念。……通假則基本是一種情況，即本來同時存在兩個字，書寫者在書寫時，正確的該用的一個字不用，反而用不該用的錯誤的一個。這本是一種病態，但大家承認，沿用了，合法了。」（註6）

與此相反，不少人把這二者常混為一談而無別，甚至有人主張沒有必要從假借中再分出通假來，而當取消「通假」一語為好，劉又辛說：

> 「"假借"和"通假"完全是同義語，用哪一個詞，

或是兩詞互用，大概是各人的習慣。……總之，我認為還是把"通假"取消為好。假借還叫假借。王引之在探討古籍中的假借字方面，"成績卓絕"，他在經義述聞中考證了幾百條假借字，全書只用"假借"一詞，沒有用過"通假"。但是他把古書上的假借關係講得明明白白；至于那些亂用"通假"的著作，倒常常是以己之惛惛，也令人惛惛的。」（註7、8）

依我看來，這二詞不僅不完全是同義語，而且「正確的該用的一個字」也不一定「同時」存在。從甲骨文、金文、戰國帛書、簡書等材料和後代的文字對比來看，可以知道所謂「本字」幾乎都是後起形聲字（註9），因此只依照先秦典籍中之「通假」現象而立論的說法已難以採信。足見，從該字產生時期先後的觀點來說，假借和通假的區別難以截然分別出來，也有點可以承認不必再分之說。

那麼，這二詞究竟有什麼差別呢？我認為假借是不一定有本字，而通假是必定有本字。總而言之，假借和通假二詞之概念不是截然相分的，而是相容的，從廣義來說，假借可把通假包括在內，從狹義來說，則當分為二，其區別條件就是具有本字（被借字）與否。為便於了解，試援用數學的「集合理論」（ set theory ）圖示如下：

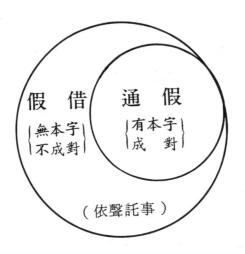

假借
{無本字
 不成對}

通假
{有本字
 成　對}

（依聲託事）

第二節　通假現象之特質與產生原因

上古時，無論地下資料或文獻資料，所謂通假的現象甚為普遍，非只是一人一地。所以，欲究明此原因，應該先考慮其特質，不應該把它貶低為寫別字。不少的學者把通假現象與寫別字等同看待，如徐侃說：

「書寫者一時想不起某一字，字音又易記一些，就只好用一個同音字代替，或者像今天寫別字一樣誤書一個同音字，這就是前所說有意誤寫與無意誤寫。」（註10）

所謂寫別字的類型，不只是因讀音相同或相近而誤寫，

除此以外，尚有三個類型：一為因形似而誤，二為因音同形似或音近形似而誤，三為因音同義近而誤（註11）。足見，通假的成因，與寫別字的起因不盡相同。再從其性質特點上着眼，寫別字是臨時性的，反之，通假現象則有約定俗成的規律，周大璞謂：

> 「實際上借什麼字來代替某字，不同的人，不同的書裡，往往是一樣的。 借蚤為早，旣見於詩經，又見於禮記、孟子、漢書等書（註12）。由此可見，假借是社會上約定俗成的現象，而不是某一個人的偶然寫別了字。」（註13）

周說甚有道理。因此，本文把西周金文通假字按時代先後而分，將東周金文通假字依地點之南、北、東、西、中而分，對每通假字組的出現頻率加以統計，其目的就在試圖找出通假現象約定俗成的內在規律。

易言之，產生通假之因與上古漢語、漢字的特質並非無關，我們可以說通假現象就是由於表意文字（Pictographs & Ideographs）和單音節語（Mono-syllabic Language）的漢語特質所造成的現象。在這裏，關於漢字全部是表意文字否？漢語詞彙都是單音節語否（註14）？這兩個問題在此姑且不論，然而我們不能否定漢語本身具有相當成分的表意性和單音節性。以下先將前人對通假現象之特質的說法引述於后：

(1)陸宗達、王寧之說：

「由於表意文字無法適應語言漸豐富和書面交流日益頻繁的需要，就使漢字的表音趨向越來越明顯。……造形與用字的矛盾主要來源於一般所稱的“用字的假借”或“通假”。」（註15）

(2)周藝、吳紹烈之說：

「這種通假現象，在拼音文字中是不存在的。……漢字將失去表意的特點，成為標音文字，而通假字也就不必研究了。」（註16）

(3)陳五雲之說：

「事實上，在口語中不存在假借（案：當把通假包括在內），因為口語並不借助於字形來理解意義。」（註17）

(4)周大璞之說：

「依我看來，假借（案：當把通假包括在內）的出現，表明漢字已經由象形的圖形始變成標音的符號，這是漢字發展史上從象形表意階段向表音階段過渡的開端。」（註18）

(5)劉又辛之說：

「假借字的特點，是把形意字當做聲符來用，只表音，不表形。……世界上的文字都是從形意文字向表音文字發展的。在向表音方向發展時，最初是同音假借。」

（註19）

以上五位學者的說法，大致相同，都是注意到漢語本身的特質所引起的通假現象。綜合以上所舉的各家之說，可以得知幾點有關通假現象的特質：

(1)先秦典籍以及甲骨文（註20）、金文都廣泛應用了通假的方法，雖然如此，這現象並不是漢字特有的。戴君仁曾引美國學者吉爾伯（I. J. Gelb）之說而謂蘇末（Sumerian）、埃及、赫泰的楔形文字也已應用了與漢字中假借（案：當包括通假）類似的「代音」（phonetic transfer）辦法（註21）。中國境內的少數民族中麼些文字也有相似的方法（註22），可見，通假乃為世界上任何表意文字共有的普遍現象。

(2)通假是因為字形與詞義之間矛盾所造成的現象。

(3)通假字離開某一特定的句子，則不能存在，在那句子上只有表音功能，而沒有表義作用。

(4)通假是為了彌補表意文字本身趕不上語言發展的缺點而產生。

以上幾點特質都與產生通假問題的原因息息相關，也可以說是「內因」。

　　還有幾個較偏重於外表的問題有待探討：一是以字形和單音節為主的表意文字本來具有難記難寫的問題；二是同音代替的現象是不是有意為之的問題。

　　漢語基本上是單音節的，一字一詞，一字一音，而音節有限，大約有四百多個，是以大量產生同音異字。「盡管有幾個聲調分別，但音同音近而詞義迥別者甚眾，加上字形難記難寫，開始又無字詞典」（註23），又從字形不一定能看得出字義來。這種現象也可能是廣泛通行通假的原因之一。

　　再者，就「有意取同音字代替」之說，試加探討於後。徐侃謂：

　　　「上古在甲骨、竹簡等物上鍥刻文字，當然困難，刻寫者為圖簡便（即使後來條件好了，也還有），找一個音同或者近而筆劃略少的字代替筆劃略多者。或求文字茂義，以多代少，也未可知。這也是屬有意誤寫的。」（註24）

王大年也在談到帛書老子和先秦古籍借字很多的主要原因時提到類似的說法：

　　　「趨簡求便。古人行文，求其簡便，雖識本字，但因形體繁複，書寫艱難，常習慣以一簡易之音同音近之字比況替代。……避復求義。凡人撰著，既求通達，更貴諧美。一篇之中，同字復出，視為文忌。……從上面的分析，可以看出，假借之用，始出於無心，後用於有意；它既有使文意難明之弊，亦有能使文詞修美之長，利害相兼，辯證地向前發展着。」

在金文通假情形裡較容易找出通假字的字體不如本字那麼繁雜的例子。但是，與此相反者亦不少（註26）。由此看來，所謂「有意趣簡求便」之說，是有可能的。然而，不能言凡，亦不可一概而論。「避復求義」之問題牽涉到修辭學的範圍，同時較易落於臆說，是以本文置之不論。

第三節　有關詞語詮釋與通假字之範圍

一　有關詞語詮釋

㈠　古今字

趙元任先生曾謂語言是保守的，但也是跟着時代變化的（「Like other social institutions, language is conservative and resists change」）（註27）文字也不例外。古今字，即古今異字，是漢字在發展過程中所產生的現象。

"古今字"一詞，是東漢鄭玄最早提出的訓詁詞語。禮記・曲禮下：「予一人」。鄭注：「余、予，古今字。」尚書・金縢：「植璧置注。」鄭注：「植，古置字。」又詩・小雅・鹿鳴二章：「視民不恌。」鄭箋：「視，古示字也。」鄭玄僅注明某為某的古字，或逕稱某某為古今字

而已，沒有言明其界義，因此引起後人的理解並不一致。

自漢以來提到古今字的訓詁注釋家甚衆，尤其，對這個現象的專著早在魏晉時代即已出現，即撰著廣雅一書的張揖所編的古今字詁，隋書、經籍志有著錄，可惜早已失傳。但南北朝和隋、唐的一些學者曾看到過這部書，並且還引用其中的解釋（註28）。清代以前的學者，既然廣泛應用此詞語，但是其概念仍含混不清。其中，較有條理，值得注意者是段玉裁的說法，段氏說：「隨時異用者，謂之古今字。」（註29）又說：「凡言古今字者，主謂同音而古用彼，今用此，異字。」（註30）他關於古今字的論述，雖然抓住了古今異字這一特點，但仍有兩個問題不能夠給人以明確的概念：其一爲「古」和「今」在時間上根本沒有統一的標準，連段氏也說：「古今無定時，周爲古則漢爲今，漢爲古則晉、宋爲今。」（註31）其二爲他所說的定義與異體字、同源字、通假字等的界限不清。

清代以前的學者關於古今字的論述，頗難徵信。所以，進而探討的途徑僅是就他們所舉的例子加以歸納分析。洪成玉曾就顏師古、高誘、韋昭、裴駰、司馬貞等所舉的古今字例歸納而說：

「上述幾種古今異字的情況，第一種屬于古今用字不同問題，而且是『隨時異用』，同文字的發展沒有關係。第二種情況，形體雖有古今之別，但音、義完全

相同，現在一般作異體字處理。第三種情況，只是語音相同或相近，意義毫無聯繫，現在一般作通假字處理。第四種情況，性質同第五種情況完全一樣，是沒有被正式通認分別字。第五種情況，古字和今字是造字相承的關係，兩者的關係明確而又固定。至于古今字和同源字的關係，如把古今字確定在分別字的範圍以內，按王力先生的意見，古今字一般都是同源字。」

（註32）

可知，洪氏所歸納而得的五種情況中，除了第一種以外，其餘都是一般理解爲異體字、通假字、分別字（區別字）或同源字。屬第一種的例子，如：「余予」、「于於」、「誼義」、「視示」，此亦似有可商，如予之本義爲賦予之予，「予一人」之予，當爲余之借。

近人關於古今字的論述中，較有條理，值得一提者乃爲曹元擢之說：

「古今字是指在歷史發展過程中相互間有『世系關係』的字，分爲兩類：

甲：字形、字義均有世系關係的字，卽今字的字形是由古字孳乳分化出來的；今字的字義溯源追本，是古字的字義或古字字義的某一部分。分三種類型：(a)由假借義分化出的今字。……(b)由本義產生的後起字。……(c)由字的引申義產

生的後起字。……

　乙：字義有先後承襲的關係，而字形沒有這種關係。……」（註33）

依我看來，此說不是關於傳統的「古今字」的解釋，而是有關字形、字義的孳乳分化的見解，尤其此說來源於王筠（1784-1854）說文釋例卷八所提到的「分別文」說以及戴震（1723-1777）的「況古字多假借，後人始增偏旁」（註34）之說。

　　綜觀，「古今字」一名，甚爲含混不清，自東漢鄭玄以來不少人提到此詞，至今尚無人能賦予明確而可從的界義。其原因究竟何在？我認爲從字面上的意義來看，此詞本身太籠統，所以易與其他訓詁詞語混淆（註35）。難怪清末以後考釋甲骨文、金文等地下資料的學者們不喜用此詞，而細分爲初文、本字、後起字、分別字（區別字）、通假字、異體字、同源字等較明確的詞語。在漢字整個發展過程中，應當有隨時不同的用字現象，誰也不能不承認，然而這個現象十分複雜，用「古今字」的籠統詞語不能夠歸納而得知其詳。所以，我認爲最好把這個詞語取消或不用，不必勉強給予它界義了。

㈡　通用字、同源字

「通用」一詞的出現時期比「通假」早得多，唐朝顏

師古（ 581-645 ）曾提到這個訓詁詞語，漢書・高帝紀：
「視項羽無東意。」顏師古注：「漢書多以視爲示，古通
用字。」余心樂謂：「以視爲示，就是借視爲示。這裡所
說的通用字就是通借字。」（註36）自顏氏以來訓詁注釋
家喜用此詞，而對此問題專述者甚少。爲了便於討論，先
把劉又辛、余心樂二氏的論述介紹於后：

(1)劉又辛說：

　「通用字是指同源字而言，兩個以上的字字源相同，
　音義相同或相近，只是在使用範圍上有所不同，這些
　字常常通用，這就叫通用字。」（註37 ）

(2)余心樂說：

　「所謂通用字是甲字可通作乙字，可當乙字用，二字
　同音或音近，有相同的意義。但多不能互通。通用字
　包括通借字。……通用字中還有古今字、異體字。馬
　壽齡說文段注撰要中的通用字就包括這三方面。通用
　字是一個概括的名稱，它和三者有不同的概念，而三
　者之間又有交叉關係。」（註38 ）

二氏的說法，從字面看來，有所不同，然而相去不遠，一
脈相承：對音韻條件，二氏均以爲通用字之間應有音同或
音近的關係；對詞義條件，二氏之說並同，皆以爲有詞相
同或相近的關係，但「只是在使用範圍上有所不同」或「多
不能互通」之別而已。由此看來，通用字是與同源字無異

的，<u>王力</u>謂：「凡音義皆近，音近義同，或義近音同的字叫做同源字。」（註39）所以<u>陸宗達</u>提出「同源同用字」一詞（註40）。還有一個問題有待商榷，就是通用字和通假字、異體字是否「有交叉關係」？此則下文討論之。

(三) 異體字、異文

從理論上講，所謂「異體字」就是指音義全同，用法相同，寫法（字形）不同，而互相通用的兩個或兩個以上的字而言（註41），或稱爲重文，或體字、俗（體）字等等。

異體字的產生原因，與漢字本身的特質有關係。表音文字不會有它的大量存在；而表意文字則不然。漢字是表意文字，所以它常常有幾個不同的文字符號（字形）來表示同一個詞義的現象（註42）。<u>陸宗達</u>、<u>王寧</u>也說：

「文字雖然在增多與節制互相制約的情況下發展，但在表意文字未能徹底改變爲拼音文字時，字形的增多是絕對的，節制是相對的。」（註43）

由此得知，異體繁多是漢字發展的必然的結果（註44），說文一書出現 1,292 個重文（註45），即其明證。

於此必須討論之問題即異體字、通假字、通用字之間的關係如何？異體字與通假字並無任何交叉關係，因爲前者是音義全同，而後者則不然；而異體字與通用字可能有

交叉關係，因爲兩者並有音義相同或相近的關係，僅有互相通用可否之別而已，而且以兩個或兩個以上的字構成的異體，並非一人一時一地所造，必定經過一段時間的通用階段。

異體與異文二者是迥然不同的詞語。依照陸宗達、王寧所說的界義，所謂「異文」，是指同一文獻的不同版本以及同一文獻的本文與別處的引文用字的差異。異文的情況十分複雜，一般包括：(1)同源通用字；(2)同音借用字；(3)傳抄中的訛字；(4)異體字；(5)可以互換的同義詞(註46)。金文與先秦典籍中文例相同而用字稍異者也可算是異文，用以辨識通假例證（註47）。

二　通假字之範圍

從理論和應用上講，通用字（同源字）和通假字不能混爲一談，然而唐顏師古旣以通假字例（視、示）作爲通用字例；余心樂也明言通用字包括通假字，此二者之間有交叉關係；陸宗達、王寧的主張也與此類似：

「實際上，所謂的『通假』反映了兩種不同的文字現象：一是同源通用字；二是同音借用字。㈠同源通用字：新詞因詞義引申而派生後，便孳乳出相應的新字。新字的字義已由發源字（按：指孳乳字的直接發源

字）分化出來，但是，由于過去長期的習慣，在新字尚未被完全習用的過渡階段，有與發源字通用的情況。這就是同源通用字。」（註48）

在斷定此說是否允當之前，必須考察實際上的情況。從整個漢字發展過程以及所有文字現象來看，此二者不是可以一刀截然分開的，所以不能否定在「過渡階段」上此二者之間有「交叉關係」。因此，本文在第三章例證部分把「同源通用字」包括在內而舉例論證。

不論何事，理論和實際之間必定有某種成分之隔閡。只為某一理論而立說者較易，至於為求徹底究明而歸納實際上的所有現象則困難得多，同時也更重要。我認為：堅持後者的態度就是清代樸學所重視的「實事求是」的治學精神，也是本文希望效法的研究態度。

附　註

註 1：東漢許慎（明帝朝〜桓帝朝）六書界說，每句均有押韻（四
　　　聲亦然），為了後日深入研究之參考，茲製表以示則如下：

		聲、韻、調	擬　音
象形	畫成其物，隨體詰詘。	明母、物部、入聲 溪母、物部、入聲	*miuət *kíuət
指事	視而可識，察而見意。	審母、職部、入聲 影母、職部、入聲	*ɕiuək *iək
會意	比類合誼，以見指撝。	疑母、歌部、平聲 曉母、歌部、平聲	*ŋiai *xiuai
形聲	以事為名，取譬相成。	明母、耕部、平聲 禪母、耕部、平聲	*mieng *ʑieng
轉注	建類一首，同意相受。	審母、幽部、上聲 禪母、幽部、上聲	*ɕiu *ʑiu
假借	本無其字，依聲託事。	從母、之部、去聲 莊母、之部、去聲	*dziə *tʃiə

　　——據王力的上古擬音而注音

註 2：參見張世祿（1957）、詞義和字義，p 372。張世祿語言學
　　　論文集（1984，上海，學林出版社）。
註 3：參見本文第五章表 9.10。
註 4：參見陸德明、經典釋文序引鄭玄說。
註 5：說文云：「無，亡也。」段注：「凡所失者，所未有者，皆
　　　如逃亡然也。」（p 640），可見「無」字本來就有兩種含義。

後人理解爲有本字而忘了，如清胡秉虔（說見說文詁林 1：
931 ）、黃季剛（說見文字聲韻訓詁筆記，p81 ）二氏之說
均如此。

註 6：參見徐侃（ 1982 ）、假借與通假初探，人文雜誌（ 1982 年
第 4 期），p118-119 。

註 7：參見劉又辛（ 1984 ）、論假借，羅常培紀念論文集（ 1984，
商務，北京），p99-100 。

註 8：周大璞（ 1982 ）、陳五雲（ 1985 ）二氏之說與劉氏說並同，
周說見假借質疑，武漢大學學報（ 1982 年第 2 期）p38-41；
陳說見字無引申義詞無假借義說，上海師範大學學報（1985
年第 4 期），p142-145 。

註 9：同註 7，p102；詳見本文第五章表 11.13 。

註 10：同註 6，p115 。

註 11：參見徐仲華（ 1965 ），談寫別字，中國語文（ 1965 年第 5
期），p376-377 。

註 12：周氏注云：

「詩·豳風·七月：『四之曰其蚤』。禮記·禮器：『不麾
蚤』。孟子·離類下：『蚤起，施從良人之所之』。國語·
周語：『若皆蚤世猶可』。漢書·劉向傳：『不可不蚤慮』。」
假蚤爲早之例又見於馬王堆帛書老子（參見王大年、帛書甲
乙本中的通假字，p286 ）以及睡虎地秦墓竹簡（參見劉方、
試析睡虎地秦墓竹簡中的同音假借，p37 ）。

註 13：同註 8，p44 。

註 14：參見周法高（ 1984A ），中國語單音節性之再檢討，中國語
文研究，第 5 期，p5-12 。

註 15：參見陸宗達、王寧（ 1983 ）、訓詁方法論，p55-56 。

註 16：參見周藝、吳紹烈（ 1980 ）、通假字試論，上海師範學院學

報（ 1980 年第 4 期 ），p 155 。

註 17 ：同註 8，p 145 。

註 18 ：同註 8，p 40 。

註 19 ：同註 7，p 89-90 。

註 20 ：參見島邦男、殷虛卜辭綜類，p 577-588，「 通用、假借、
　　　　同義用例」。

註 21 ：參見戴君仁、吉氏六書，p 41，學術季刊，第 4 卷第 1 期。

註 22 ：參見李霖燦（ 1954 ）、麼些族文字的發生和演變（ 上 ），
　　　　p 165，大陸雜誌，第 8 卷六期。

註 23 ：同註 6，p 120 。

註 24 ：同註 6，p 120 。

註 25 ：王大年（ 1985 ）、帛書老子甲乙本中的通假字，p 298-300，
　　　　古漢語論集（ 1985，湖南教育出版社，長沙 ）。

註 26 ：參見本文第五章表 15 之 C 類。

註 27 ：參見 Yuen Ren Chao（ 1968, 1980 ），Language and
　　　　Symbolic systems（ CAMBRIDGE UNIVERSITY
　　　　PRESS ），p 2 。

註 28 ：參見洪成玉（ 1981 ），古今字概說，p 138-139，中國語文
　　　　1981 年第 2 期。

註 29 ：參見說文詒字下段氏所注。

註 30 ：參見說文余字下段氏所注。

註 31 ：同註 29 。

註 32 ：同註 28，p 142-143 。

註 33 ：參見曹先擢（1982），通假字的識別，p 36，語文研究 1982
　　　　年第 2 輯。

註 34 ：參見戴東原集卷三，答江慎修先生論小學書。

註 35 ：參見張勁秋（ 1986 ），古今字淺談，安徽教育學院學報，

1986 年第 1 期，p 85-89，94；又陸錫興（ 1981 ）、談古今字，中國語文 1981 年第 5 期，p 392-396。

註 36：參見余心樂（ 1982 ）、論通用字，p 67，江西師院學報 1982 年第 2 期。

註 37：參見劉又辛（1979）、大型漢語字典中的異體字通假字問題，p 256，中國語文 1979 年第 4 期。

註 38：同註 36，p 67。

註 39：參見王力（1982）、同源字論，p 3，同源字典（ 1982，商務，北京），p 3-45。

註 40：同註 15，p 56。

註 41：同註 16，p 158。

註 42：同註 37，p 253。

註 43：同註 15，p 63。

註 44：參見梁東漢（1959）、漢字的結構及其流變，p 63。

註 45：據說文序，重文共有 1,163 字，許錟輝師（1973）曾據鉉本，繫傳、段注本，參合補正，得 1,292 字：參見說文重文形體考，p 5。

註 46：同註 15，p 188，訓詁學名詞簡釋中「異文」條。

註 47：同註 33，p 38。

註 48：同註 15，p 56。

第三章　兩周金文通假字例

【凡　例】

1. 每通假字組例證之文悉以「字形」、「字音」、「解字」「用例」、「謹案」之五個部門爲組成。

2. 對每通假字組，先按通假字所屬韻部（按王力 29 部說，而其順序稍加調整）爲序，再根據其上古聲母之發音部位（喉、牙、舌、齒、脣）之先後排列，分別予以編號。

3. 組頭上「＞」之符號，是指「假爲」之意，如「某＞某」，前者爲金文所用之通假字，後者則指被借字（本字）。

4. 「字形」一欄，是取自高明所編（1980）古文字類編一書，而將該字條之文縮小影印。高氏云：「通分四欄：商周時代的甲骨文；商和兩周時代的金文；春秋和戰國時代的石刻、竹簡、帛書、載書、符節、璽印、陶器，以及泉貨等文字；最後一欄爲秦篆。大體按時代先後順序排列，以便觀察每字的形體演變。」（見該書凡例貳）

5. 「字音」一欄通分爲三：①「國語」注音符號；②中古反切、聲紐、韻類、等呼、聲調；③上古聲母韻部；④三家古音學家所擬周秦上古音。其細節說明如下：

⑴中古反切是據廣韻（澤存堂本）而注，該書未收字之
反切，則於「謹案」一欄分別注明其來源。

⑵中古聲韻之歸類以及上古聲母、韻部，根據王力之說，
但辨認通假字時亦參考其餘諸家之說。

⑶為了便於深入研究之用，收集並錄三位古音學家所擬
之上古音：第一為王力所擬（用國際音標者），第二
為董同龢所擬，第三則高本漢（ B. Karlgren)所擬。
本文所注董、高二氏之上古音，係根據周法高主編
（ 1982 ）之漢字古今音彙。

6.「解字」一欄，是據說文、早期字書以及古文字學家之
說而注明訓釋。本文大致以說文（據段注本，但新附字
則以大徐本： 1985 年中華書局香港分局重印本為據）
為主。

7.「用例」一欄，是通盤滙集金文上通假用例，按時代先
後順予排列。為了便於把握其出現時代與地域，不錄器
名而用銅器編號（參見本文之末所附）以注明該通假用
例之來源。因用例極多而不勝枚舉時，為了估計出現次
數之便，只注明該銅器編號。加「 Δ 」以標識通假字，
如同一銅器上有該字之讀如字用例或本字（被借字）互
見之例，加「 ▲ 」以標識。

8.在「謹案」一欄，廣泛滙集衆說，並列舉詩經、尚書等
先秦典籍中用例相同者，同時基於聲韻(聲調包括在內)
條件，以考證金文通假字，並述淺見。

第一節 陰聲韻部

1. 之部【*ə】

001 其 > 期

(一) 字形

(二) 字音

其：ㄐㄧ ；居之‧見之開三平；見之、*kiə ‧*kiəɣ‧*kiəɣ

期：ㄑㄧˊ；渠之‧群之開三平；群之‧*giə ‧*giəɣ‧*giəɣ

(三) 解字

其：說文：「箕，所以簸者也。从竹其。象形。丌其下也。……其，籀文箕。」

期：說文：「會也。从月，其聲。」

(四) 用例

(1) WM 3171：「盞曰：王佣下不其期，則萬年保我萬宗。」

(2) WM 3172：「盞曰：天子不㠯段摅不其期，萬年保我萬邦。」

謹案：

「其」，郭沫若讀為基（見盞器銘考釋‧考古學報1957:2），說文：

44

「基，牆始也。」段注：「釋詁、周語、毛詩傳皆曰：『基，始也。』」，足見其義難通，似有可商，愚案此字當為期之借。期有限意(說詳談＞期條)，「不其」猶言「無期」、「無疆」，此二詞乃兩周金文常見頌禱之詞。Ecat 198 之同範異器無期之期作「其」(參見金文編 p.883，金文集 No.430)，可證。考其、期二字之古音，聲近(同為舌根音)而韻同(並在之部)，故得通假。金文假其為期者僅二見於西周中期銘文。

002 基 ＞ 期

(一) 字 形

期：參見其＞期 (001) 條

(二) 字 音

基：ㄐㄧ；居之，見之開三平；見之，*kiə，*kjeɡ，*kieɡ

期：ㄑㄧˊ；渠之，群之開三平；群之，*ɡiə，*ɡjeɡ，*ɡ'ieɡ

(三) 解 字

基：說文：「牆始也。从土，其聲。」

期：說文：「會也。从月，其聲。」

(四) 用 例

Ecat 198：「其賓眉壽無基（期）。」

謹案：

「基」，容庚言「假借為期」(見金文編 p.883)，是也。「無期」、「無疆」，為金文恒語，其義大致相同(觀談＞期條.001)。基、期二

字，聲近（同為舌根音）而韻同（並在之部），故得通假。段玉裁言：「禮經古文借萁為期年字。」（見說文萁字下注），是也。「期」已見於東周金文，而亦一見假萁為之者，此器為東周中土系許國銅器。

003 萁 > 期

（一） 字 形

期：參見 001 其 > 期 條

（二） 字 音

萁： 〈l ‧ 居之 ‧ 見之開三平；見之 ‧ *kiə ‧ *kiəg ‧ *kiəg

期： 〈l′ ‧ 渠之 ‧ 群之開三平；群之 ‧ *giə ‧ *giəg ‧ *giəg

（三） 解 字

萁：說文：「歎也。从言，其聲。」

期：說文：「會也。从月，其聲。」

（四） 用 例

(1) EE01003：「萬年無萁期。」　　(2) ES03138：「萬年無萁期。」

(3) ES04163：「萬年無萁期。」　　(4) EC05196：「萬年無萁期。」

(5) EC08221：「其賈眉壽萬年無萁期。」

謹案：

　　「萁」，容庚言假借為期（見金文編 .p146），趙世綱言萁‧期同音

通假（見王子午鼎銘文試釋，文物1980:10），是也。「期」，金文或作𦣻，如：EE11080「壽老無𦣻」．ES09144：「釁壽無𦣻」，是其例，古文字日月形旁多通用（如「昔」，WL1225从日；ES03135則从月：說詳高明·古體漢字義近形旁通用例·中國語文研究·第4期p49），金文編列為期之重文，是也。「萬年無期」．「萬年無疆」為金文恒語，其義無別，均見於詩經，如：

　　「樂衹君子．萬年無期。」（小雅·南山有臺一章）

　　「稱彼兕觥，萬壽無疆。」（豳風·七月八章）

　　「思無期，思馬斯才。」（魯頌·駉二章）

　　「思無疆，思馬斯臧。」（魯頌·駉一章）

是其例。魯頌·駉一章下傳疏云：「無疆．無期，頌禱之詞。」同二章下集傳云：「無期，猶無疆也。」廣韻：「期，限也。」，「無期」一詞僅見於東周金文；「無疆」則兩周銘文均見。「無期」之期，亦可解為卒也。廣雅·釋言：「期，卒也。」莊子·庚桑楚：「志乎期費。」注：「期，卒也。費，耗也。」蓋·期二字之上古音，聲近（同為舌根音）而韻同（並在之部），故得通假。金文假諆為期而用頌禱之詞者，皆為東周銘文之恒語也。

004 員 > 期

（一）字形

期：參見 001 其 > 期條

(二) 字音

其：ㄐㄧ；暨己．群止開三上；群之．*giə．*kiəg．*giəɣ

期：ㄑㄧ；渠之．群之開三平；群之．*giə．*giəg．*giəɣ

(三) 解字

其：說文：「長跪也。从己，其聲。讀若杞。」

期：說文：「會也。从月，其聲。」

(四) 用例

EE05027：「萬季無其期，子＝孫＝永寶用之。」

謹案：

　　「其」，郭沫若讀為期(見大系 p93)，是也。「無期」為金文恒語，與「無疆」同意(詳見003誅>期條)。其、期二字上古音相同(其字廣韻未收，字音欄之其反切是由集韻所引)，故得通假。金文假其為期者僅見此器(東土系郭國器)。

005 誅 > 謀

(一) 字形

金文			出處
說文			出處

(二) 字音

誨：rxゝ；荒內·曉隊合一去；曉之· *xuə · *ʂ̂ǥmwəg · *xmwəg

謀：nˀ；莫浮·明尤開三平；明之· *miəu · *mjwəg · *mïwg

(三) 解字

誨：說文：「曉教也。从言，每聲。」

謀：說文：「慮難曰謀。从言某聲。𢜨，古文謀。㥾，亦古文。」

(四) 用例

(1) WM2142：「井型帥宇誨謀。」

(2) ES03138：「憲于政憲，忞涿于威義儀，誨謀猷不丕飲飤。」

謹案：

　　例二之「誨」，吳大澂以為謀之借 (見愙齋·王孫遺者鐘)，郭沫若從之 (見大系 p160)，高本漢 (B. Karlgren) 云：「這是可信的。因為『誨猷』顯然就是詩經小雅小旻的『謀猷』。」(見先秦假借·上·p294)，其說甚是。小旻一章：「謀猷回遹，何日斯沮。」集傳：「猷，謀。」傳疏：「猷亦謀也。常武·傳云『猷，謀也。』單言謀，累言謀猷。」爾雅·釋詁：「猷，謀也。」足見「謀猷」為同意複詞，用為謀略·計策之意，金文言「誨猷」，誨即謀之借無疑。

　　例一之「誨」，唐蘭 (陝西扶風新出牆盤銘文佛釋·文物1978：3)、徐中舒 (西周牆盤銘文箋釋·考古學報·1978：2) 均讀如字 (數誨)，唐氏譯之曰：「用型範表率來數誨。」未允。李學勤 (論史牆盤及其意義·考古學報1978：2)、裘錫圭 (史牆盤銘佛釋·文物1978：3)、戴家祥 (師大校刊1978年 p70)、張政烺 (周厲王胡簋釋文 p113·古文字研究·第三輯，1980) 均以為當讀為謀，是也。此句「乃言遵循效法大謀。」(見張文)。爾雅·釋詁：

「宇，大也。」，「宇誨」一詞，與 WL1229 之「宇慕」、EE11092 之「大慕」意同，典籍則多作謨 (參見 287 慕>謨條)。考誨、謀二字之上古音，其聲雖異 (參見 033 每>誨條)，而韻則同在之部，故得通假。金文假誨為謀字，僅二見耳。

006 誨>敏

(一) 字形

誨：參見 005 誨>謀條

(二) 字音

誨：ㄏㄨㄟˋ；荒內·曉隊合一去；曉之·*xuə ·*ɡ̑meŋ ·*xmuəɡ

敏：ㄇㄧㄣˇ；眉殞·明軫開三上；明之·*miə ·*mêɡ ·*məɡ

(三) 解字

誨：說文：「曉教也。从言，每聲。」

敏：說文：「疾也。从攵，每聲。」

(四) 用例

WM 5491：「不顯，女 汝 小子，女 汝 肇 誨 敏 于戎工。」

謹案：

　　「誨」，王國維以為敏之假借字，郭沫若則以為武 (案：明母魚部) 之假借字 (見大系 p.107)，二氏說均可通。但從聲韻觀之，王說為長，高本漢 (B. Karlgren) 亦從之 (見先秦假借上·p.294)。與此文例相同而

作敏者見於典籍，如詩‧大雅‧江漢四章：「肇敏戎公，用錫爾祉。」是其例。考誨‧敏二字之古音，其上古聲紐分別為曉‧明二紐，然而同從每得聲，按董同龢‧高本漢二氏上古音說，有 *m- (唇鼻音) 與 *m- 或 χm- 與 *m- 之關係；其韻部則並在之部，故可通假。金文已見敏字，而假誨為之例僅見於此器 (西周中期考王時器)。

007 又＞右

(一) 字 形

(二) 字 音

又：ㄧㄡˋ；于救‧于宥合三去；匣之‧ *ɣĭwəg‧ *ɣĭwəg‧ *gĭwəg

右：ㄧㄡˋ；于救‧于宥合三去；匣之‧ *ɣĭwəg‧ *ɣĭwəg‧ *gĭwəg

(三) 解 字

又：說文：「手也。象形。三指者，手之列，多略不過三也。」

右：說文：「助也。从口又。」

(四) 用 例

(1) WE1003：「天亡又^右王。」

(2) WM3122：「穆公又^右盠中廷，北鄉。」

(3) WM3173：「穆公又右盞中廷，北鄉。」

(4) EWa2110：「竆造又右下國。」

(5) EE11090：「台以登烝台以嘗，保又右齊邦。」

謹案：

　　「又」，劉心源讀為佑，助也。(見奇觚4:12)，後人皆從之，愚以為當讀為右，佑字未見於金文，金文作「右」，如WE4094：「康公右邰晉。」、WM2127：「宰弘右頌入門，立中廷。」是其例。說文：「右，助也。」又、右二字，古音相同(匣母之部)，故得通作。是例兩周金文屢見。

008　又＞有

(一) 字形

又：參見007 又＞右條

(二) 字音

又：ì×̀ ；于救・于宥合三去：匣之・*$ɣ_i ə g$・*$ɣ_i w ə g$・*$g i u ə g$

有：ì×̌ ；云久・于有合三上：匣之・*$ɣ_i ə g$・*$ɣ_i w ə g$・*$g i u ə g$

(三) 解字

又：說文：「手也。象形。三指者，手之列，多略不過三也。」

有：說文：「不宜有也。春秋傳曰：日月有食之。从月，又聲。」

(四) 用例

(1) WE2011：「隹十又_有三月。」

(1) WE2011：「隹十又有三月。」

(2) WE3052：「人鬲自馭至于庶人六百又有五十又有九夫。」

(3) WE4072：「朕猷又有成亡競。」

(4) WL2240：「又有進退，雩邦人正人師氏人又有辠又有故辠。」

(5) WL2244：「休既又有工功。」

謹案：

　　金文凡計數之字所加連詞多作「又」，是例甚多，不煩盡舉，而作「有」者一見：ES02130：「隹戉䇂十有九年」，是其例。典籍則多作「有」，如尚書·堯典：「二十有八載，放勳乃徂落」，是也。例(3)·(4)·(5)之「又」借為有無之有，金文或作有字，如EC04193：「有虔不易，……休有成慶」，可證。王國維言有無之有，古本無正字，所用又·友·有三字皆假借，而謂有為侑食之本字(見觀堂別集2:5)，未允。說文誤从月，金文字从肉，不从月，楊樹達以為造字之意與隻·尋·取等相類，為有無之有本字(見積微 p140)，其說甚允。又·有二字，古音相同(匣母·之部)，故得通作，是例兩周金文屢見。

○○九 有＞右

(一) 字形

有：參見 008 又＞有條

右：參見 007 又＞右條

（二）字音

有：ㄧㄡˇ；云久．于有合三上；匣之．*ɣiuə̆・*ɣ̃əmiɔ̆・*ɡ̌iuɡ̌

右：ㄧㄡˋ；于救．于宥合三去；匣之．*ɣiuə̆・*ɣ̃əmiɔ̆・*ɡ̌iuɡ̌

（三）解字

有：說文：「不宜有也。春秋傳曰：日月有食之。从月，又聲。」

右：說文：「助也。从口又。」

（四）用例

(1) WE 3052：「匍専有右三方。」

(2) WE 3068：「武公有右南宮柳，即立在中廷。」

(3) WM 2142：「匍専有右上下。」

(4) WM 2148：「匍専有右三方。」

(5) WM 3164：「井予叔有右兔即令命，」

(6) EE 11091：「儦保有右齊邦。」

(7) EE 11092：「保有右齊邦。」

謹案：

「有」，諸家以為假借為右，助也，導也。金文多作右字，如 WE 4094：「康公右邲唘」、WM 2127：「宰弘右頌入門，立中廷」，是其例。爾雅・釋詁下：「右，導也。」詩・大雅・大明六章：「保右命爾」毛傳：「右，助。」說文亦訓為助也。有・右二字，古音相同，故得通假。是例金文屢見。

010 宥 > 囿

(一) 字形

| 宥 | | 國子教室 | | 𢦏 |
| 囿 | 八川行‖‖縮‖‖‖‖ | 𢦏 糸伯飤鼎・糸伯飤鼎 | 虎 糸伯飤鼎・糸伯飤鼎 | 囿 |

(二) 字音

宥：ㄧㄡˋ；于救，于宥合三去；匣之・*ɣiuə・*ɣiwəɡ・*ɡiuɡ

囿：ㄧㄡˋ；于救，于宥合三去；匣之・*ɣiuə・*ɣiwəɡ・*ɡiuɡ

(三) 解字

宥：說文：「寬也。从宀，有聲。」

囿：說文：「苑有垣也。从口，有聲。一曰所召養禽獸曰囿，，籀文囿。」

(四) 用例

WL1204：「先王既命女，汝簸嗣司王宥囿。」

謹案：

「宥」，僅一見於此器，林潔明以為假作囿（說見金文詁林7.493-0975），是也。或解為官職名（見方麗娜・西周金文虛詞研究 p.42），未允。當指帝王囿林。詩・大雅・靈臺二章：「王在靈囿，麀鹿攸伏」，毛傳：「囿，所以域養禽獸也。天子百里，諸侯四十里。」宥・囿二字，古音全同（匣母・之部），故得通假。是例僅一見於西周晚期厲王時器。

011　友＞有

㈠ 字形

友				

有：參見 008 又＞有條

㈡ 字音

友：ㄧㄡˇ；云久．于有合三上；匣之．*ɣiuə．*ɣiwəg．*giug

有：ㄧㄡˇ；云久．于有合三上；匣之．*ɣiuə．*ɣiwəg．*giug

㈢ 解字

友：說文：「同志為友。從二又相交。双，古文友。習，亦古文友」

有：說文：「不宜有也。春秋傳曰：日月有食之。從月，又聲。」

㈣ 用例

WL 1208：「乍作旅盨，絲茲盨有十又二。」

謹案：

「友」，郭沫若讀為有（見大系p120），是也。有，金文從肉，說文誤從月（說詳008又＞有條）。友、有二字，古音相同（匣母之部），故得通假。是例僅見於此器（西周晚期鷹王時器）。

012 友＞宥

㈠ 字形

友：參見 011 友＞有條

宥：參見 010 宥＞囿條

㈡ 字音

友：ㄧㄡˇ；云久．于有合三上；匣之．*ɣiuə．*ɣiwǎg．*ɡiŭɡ

宥：ㄧㄡˋ；于救．于宥合三去；匣之．*ɣiuə．*ɣiwǎg．*ɡiŭɡ

（三）解字

友：說文：「同志為友。从二又相交。双，古文友。習，亦古文友。」

宥：說文：「寬也。从宀，有聲。」

（四）用例

WM3157：「王才在周康宮，鄉醴。卽遠蔑曆友宥。」

謹案：

「友」，金文作「習」，容庚云：「說文友古文作習，乃傳寫之誤。」（見金文編 p193），是也。陳夢家云：「此器曰友曰字從友從廿，假作宥。王國維釋宥（觀堂別補2-3）論金文之宥甚詳確。左傳僖廿五．廿八記王饗醴命晉侯宥；而莊十八曰『虢公．晉侯朝王，王饗醴，命之宥，皆賜玉五瑴，馬三（應作四）匹』，則尤與本銘相符合。」（見斷代（六）101～102），其說甚是。友．宥二字古音相同，故得通假。金文假友為宥者僅見於此器。「宥」字僅見於 WL12 4，而假作囿（參見宥＞囿條010）。

013 囿＞右

（一）字形

囿：參見010 宥＞囿條

右：參見007 又＞右條

（二）字音

囿：ㄧㄡˋ；于救·于眉合三去；匣之· $*\gamma iu\eta$ · $*\hat{g}iw\ddot{a}\eta$ · $*\hat{g}iu\eta$

右：ㄧㄡˋ；于救·于眉合三去；匣之· $*\gamma iu\eta$ · $*\hat{g}iw\ddot{a}\eta$ · $*\hat{g}iu\eta$

(三) 解 字

囿：說文：「苑有垣也。从囗，有聲。一曰所㠯養禽獸曰囿，▦，籀文囿。」

右：說文：「助也。从囗又。」

(四) 用 例

EW0209：「竉造囿右三方。」

謹案：

「囿，兩周金文僅見於此器(秦公設)，楊樹達以為古通戌(案：兩通切·匣母·職部)(見積微 p45)；容庚言「假借為有為又」(見金文編 p426)，二氏說皆未允。郭沫若言「此竉囿為造佑。」近是，愚以為此字當讀為右，訓為助也。EW0210(秦公鐘)：「竉造又右下國。……囿事又右三方。」EE11090：「保又右齊邦。」，文例皆與此類似，三「又」字皆當讀為右，說文訓右為助；詩·大雅·大明六章：「保右命爾」，毛傳：「右，助也。」，皆其證。囿、右二字，古音全同，同在匣母之部，故得通假。是例僅見於東周西土禾秦國彝器。

014 事 > 士

(二) 字 音

事：ㄕˋ；鉏吏·牀志開三去；牀之· $*dʒiä$ · $*dẓə\eta$ · $*dʒ'i\ddot{e}\eta$

士：ㄕˋ；鉏里·牀止開三上；牀之· $*dʒiä$ · $*dẓə\eta$ · $*dʒ'i\ddot{e}\eta$

（一） 字　形

（三） 解　字

事：說文：「職也。从史业省聲。𠁐，古文事。」

士：說文：「事也。數始於一，終於十。从一十。孔子曰：推十合
　　　一為士。」

（四） 用　例

(1) WL1223：「王令命鞶嗣公族卿事士大史寮。」

(2) WL2237：「父厝！已日彶弦卿事士寮。」

(3) WL3265：「我用召昭卿事士辟王。」

謹案：

　　　「卿事」，即官名。典籍或作卿士，如尚書·微子：「卿士師
師非度。」又洪範：「卿士惟月，師尹惟日。」詩·大雅假樂：「
百辟卿士。」皆其例。段玉裁云：「（事）古假借為士字。」（說文
事字下注），然無法考知何者為本字。事、士二字，當係音同義近之

通用字，二字同為牀母·之部。「士」作為官名者習見於金文，如
WM5195：「王乎呼士曶召克。」是其例。王力以為事·士二字為音
同義近之同源字（見同源字典 p97）。說文·廣雅·釋詁三並訓士為事
，典籍注釋家亦如此，如詩·周頌·桓：「保有厥士。」毛傳：「
「士，事也。」，然而訓事為士者未見，可見此二字之意域有所差
別，不能完全互相通用。

015 史 > 使

(一) 字形

使：參見 014 事 > 士條

(二) 字音

史：ㄕˇ；踈士·山止開三上；山之·*ʃia ·*səg ·*sliəg

使：ㄕˇ；踈士·山止開三上；山之·*ʃia ·*səg ·*sliəg

(三) 解字

史：說文：「記事者也。从又持中，中正也。」

使：說文：「令也。从人，史聲。」

(四) 用例

(1) WE2012：「中絲故裏人入納史使易賜于璜王乍作臣。」

(2) WE3050：「弘召告中史使書。」

(3) WE3064：「師雄父眉史使逆事于獣厥侯。」

「史」，均用作動詞，郭沫若讀為說文訓令之使，其說是也。史、使二字古音全同，並在山母之部，故得通假。金文假史為使者僅見於西周初期金文，其餘銘文均假事、吏為之，事、史二字金文字形亞同，無法分辨，或隸定為事，而讀為使；或隸定為史，而讀為使，疑未能決，故本文不另立事＞使條或史＞使條，存疑待考。

016 史＞事

(一) 字形

史：參見015 史＞使條

事：參見014 事＞士條

(二) 字音

史：尸ˇ；踈士・山止開三上；山之・ *ʃiə ・ *səg ・ *sliəg

事：尸ˋ；鉏吏・牀志開三去；牀之・ *dẓiə ・ *dẓʻəg ・ *dẓʻiəg

(三) 解字

史：說文：「記事者也。从又持中。中，正也。」

事：說文：「職也。从史之省聲。𠛵，古文事。」

(四) 用例

(1) WE4085：「𠨢𢦏驗叔史事遣趣馬。」

(2) WL1198：「自今余敢憂擾乃小史事。」

謹案：
WE4085之「史」，周文讀為事，譯云：「𠨢𢦏驗叔檐任趣馬之職。」（見新出土的幾件西周銅器，文物1972：7）；WL1198之「史」，唐蘭

讀為事，譯云：「從今以後，我大小事不敢擾亂你。」（見文物,1976:5）
，二氏之說是也。考史‧事二字之上古音，聲近（同為正齒音）而韻同
（並在之部），故得通假。金文假史為事者僅二見於西周銘文，東周金
文未見是例

０１７ 戋＞哉

（一）　字　形

戋			戋
哉			哉

（二）　字　音

戋：陽　；祖才‧精咍開一平；精之‧ *tsə　‧ *tsâg　‧ *tsəg

哉：陽　；祖才‧精咍開一平；精之‧ *tsə　‧ *tsâg　‧ *tsəg

（三）　解　字

戋：說文：「傷也。从戈，才聲。」

哉：說文：「言之間也。从口，戋聲。」

（四）　用　例

(1) WE2033：「苟敬高戋哉！」

(2) WE2040：「隹周公于征伐東尸‧豐白‧尃潭古姑，咸戋哉。」

(3) WE3067：「烏虖虖呼，倏，敬戋哉！」

謹案：

　　「戋」，用作句末助詞，表感歎，唐蘭讀為哉，而譯例⑴云：「敬沒亨祀啊！」(見柯尊銘文解釋，文物1976:1)。WL1233：「烏鳴虖呼，衰哉！」，同例．戋、哉二字古音並同(精母・之部)，故得通假。是例金文共三見，皆為西周初期銘文。

018　子 > 巳

(一)　字形

(二)　字音

　　子：ㄗˇ；即里．精止開三上：精之．*tsiə・*tsiəg・*tsiəg

　　巳：ㄙˋ；詳里．邪止開三上：邪之．*ziə・*ziəg・*dziəg

(三)　俑字

　　子：說文：「十一月陽气動，萬物滋，人以為俑。象形。……[ ]，古文字从巛，象髮也。[ ]、籀文子，囟有髮，臂脛在几上也。」

　　巳：說文：「巳也．四月陽气巳出，陰气巳藏，萬物見，成文章，

故巳為蛇，象形。」

(四) 用例

(1) WE 2029：「丁子巳̂」　　(2) WE 3059：「丁子巳̂」

(3) WE 4084：「戊子巳̂」　　(4) WM 2126：「丁子巳̂……天子̂…

…子＝孫＝」　　(5) WM 2135：「癸子巳̂……子＝孫

＝」　　(6) WM 2145：「丁子巳̂」

(7) WM 3162：「初吉丁子巳̂」

(8) WL 2248：「乙子巳̂……子＝孫＝」

(9) EC 0620?：「初吉乙子巳̂……子＝孫＝」

謹案：

「子」，均用為十二支名，當讀為巳，郭沫若云：「殷周金文
凡十辰辰巳之巳均作子，而子丑之子均作孻。」(見大系 p.71)，是也。
考子·巳二字古音，聲則相近(同為齒頭音)，韻則相同(並在之部)，故
得通作。金文已見「巳」字，而未見用為十二支名者，均借子為之
。是例兩周金文共九見。

019　才〉在

(一) 字形

				才
				在

（二） 字 音

才： ㄘㄞˊ ；昨哉．從哈開一平；從之．*dzə ・ *dzˈəg ・ *dzəg

在： ㄗㄞˋ ；昨代．從代開一去；從之．*dzə ・ *dzˈəg ・ *dzəg

（三） 解 字

才：說文：「艸木之初也。從丨上貫一，將生枝葉也。一，地也。」

在：說文：「存也。从土，才聲。」

（四） 用 例

(1) WE1003： 「文王監才在上。」

(2) WM2133： 「王才在周，各𢓊大室，即立位。」

(3) WE2006： 「辰才在甲申。」

(4) ES0314： 「正月初吉，日才在庚。」

(5) WE1002： 「才在二月既望。」

(6) WL2246： 「師𩰫！才在昔先王小學教……」

(7) WE2033： 「昔才在爾考公克逨玟王。」

(8) WE2042： 「才在二月既望乙亥。……公大史在豐，賞乍冊魃馬。」

(9) WE3052： 「王才在宗周令命盂。……在珷王嗣玟乍邦。」

(10) WE4088： 「辰在乙亥，王才在菶京。」

(11) EN0275： 「𥄂忱顧於從在大夫以請靜郾疆。……夫古之聖王敫務才在見得孳賢。」

謹案： 「才」，諸家皆讀為在，已得定論，無一異詞。才、在二字古音並同(從母之部)，僅有其聲調平、去之分，故得通假。是側金文甚

多，不煩盡舉，例(11)．(12)用作處所介詞，是例西周初期銘文共32見，中期者共39見，晚期者共31見．東周銘文共9見．例(13)至(18)用作時間介詞：例(13)言「辰才某某(干支)」，其例見於 WE2036．2048．3053．3056．3058．3063．3069；WM1103．1105．1111．1116．1117．2136．3171．4485；WL1202．1207．1220；EE05022．11058諸器。例(15)言「才某月」，其例見於 WE2022．2031．2033．2036．3056 諸器。例(17)之「昔才」殆為才昔之倒文，WL2246作「才昔」，可證。例(18)至(11)為假借字與本字同器互見者也。由例(1)．(10)，可知，才在二字之語法成分有異。

020 在 > 杍

(一) 字形

在：參見 019 才 > 在條

杍：金文未見

(二) 字音

在：ㄗㄞˋ；昨代．從代開一去；從之．*dzə ．*dzʼəg ．*dzʼəg

杍：ㄗㄞˇ；昨哉．從始開一平；從之．*dzə ．*dzʼəg ．*dzʼəg

(三) 解字

在：說文：「存也。从土，才聲。」

杍：說文：「木梃也。從木，才聲。」

(四) 用例

EN02175：「遂使臾得𡠋賢在杍良猿佐圜以輔相平身。」

謹案：

趙誠曰：「在，借為材。在‧材均从才聲，故得通假。」（古文字研究 1：249），張政烺說並同（古文字研究 1：213），二氏之說甚允。在‧材二字古音，同為从母‧之部。金文未見材字，而假在為之者僅一見於中山國銅器。

021 才 > 哉

(一) 字形

才：參見 019 才 > 在條

哉：參見 017 𢦏 > 哉條

(二) 字音

才：ちゔ；昨哉‧從哈開一平；從之‧*dzə‧*dzêg‧*dzəg

哉：ㄗㄞ；祖才‧精哈開一平；精之‧*tsə‧*tsêg‧*tsəg

(三) 解字

才：說文：「艸木之初也。從丨上貫一，將生枝葉也。一，地也。」

哉：說文：「言之閒也。从口，𢦏聲。」

(四) 用例

(1) WE 2017：「隹民亡（？）𠯑沽拙才哉！舞志昧天令命，故亡。」

(2) WL 2238：「王曰：師訇！哀才哉今日，天疾畏威降喪。」

謹案：

「才」，郭沫若讀為哉，而譯例 (1) 云：「頑民們真夠蠢咧！經常瞎搗亂，不明白上天之意，故活該滅亡！」（見班毁的再發現‧文物 1972：9‧p2），例 (2) 之才亦如此；WL 1233：「烏鳴辟吟，哀哉！」，

同例。楊樹達云：「哉，語中、語末助詞，表感歎。」（見詞詮p280）。
考才、哉二字上古音，聲則相近（才從母，哉為精母，同為齒頭音），韻則同在之部，故得通假。是例共二見於西周金文，東周銘文則未見。

022 絲 > 兹

(一) 字形

(二) 字音

絲：ㄙ；息茲、心之開三平；心之 $*si\partial$. $*si\partial g$. $*si\partial g$

兹：ㄗ；子之、精之開三平；精之 $*tsi\partial$. $*tsi\partial g$. $*tsi\partial g$

(三) 解字

絲：說文：「蠶所吐也。从二糸。」

兹：說文：「艸木多益，从艸絲省聲。」

(四) 用例

WM4485：「昷，用絲兹金乍作……鼎。」

又：「用匹馬束絲。」

又：「卑俾復乎絲束。」

又：「用償延𧣴贖絲兹五夫。」

又：「𤔲嗣拜頴首，受𡆮五□夫。」

又：「𤔲酉酒彶及羊，絲三孚，用𣪠致𡆮人。」

又：「用𡆮三夫頴首。」

謹案：

　　WM 4185（𤔲鼎）絲字共五見，其中加▲者均讀如字，而加△者（二見）郭沫若讀為茲（見大系 p97），是也，用作指示代詞。爾雅·釋詁：「茲，此也。」是也。考絲·茲二字古音，聲則相近（同為齒頭音），韻則相同（並在之部），故得通假。是例僅見於此器，郭沫若·白川靜皆以為西周中期孝王時器。茲字金文多作「88」，林義光謂：「絲茲省借為茲。」（見文源，又見金文詁林13.109-1625），絲借為茲者無疑，而絲借為茲，未允，二字聲韻均懸殊（絲為影母幽部字）。絲茲二字金文字形無別，蓋同形異字也。

023 𤔲 > 事

㈠ 字形

　　𤔲：參見 024 𤔲 > 嗣條

　　事：參見 016 史 > 事條

㈡ 字音

　　𤔲：ㄙ；息茲·心之開三平；心之·*siəg·*siəg·*siəg

　　事：ㄕ；鉏吏·牀志開三去；牀之·*dzjəg·*dzəg·一

㈢ 俪字

　　𤔲：說文：「臣𤔲事於外者。从反后。」

　　事：說文：「職也。从史出省聲。𤔲，古文事。」

(四) 用例

WL1205:「王若曰: 嬰! 乍(作)嗣工……眾嗣工司事。」

謹案:

「司」，張日昇言叚作事(見金文詁林 9.121-1206)，是也。郭沫若云:「『嗣工司』司一(器)作事。」(見大系 p118)，可證。考司、事二字古音，其聲雖相去較遠(司為齒頭音心母；事為正齒音林母,可知同為齒音)，韻則同在之部，故得通作。是例僅一見於西周晚期厲王時器。

024 司 > 嗣

(一) 字形

司			
嗣			

(二) 字音

司：ム；息茲·心之開三平；心之·*eis·*ɡeis·*siəɡ

嗣：ム；祥吏·邪志開三去；邪之·*sia·*zeiz·*beizʔ

(三) 解字

司：說文:「臣司事於外者。从反后。」

嗣：說文:「諸侯嗣國也。从冊口，司聲。𤔲·古文嗣，从子。」

(四) 用 例

(1) WE4012：「隹唯司嗣配皇天王。」

(2) WL1222：「今小子司嗣朕皇考，肇帥井型先文且祖。」

(3) WL2237：「司嗣余小子弗彶，邦將害吉？」

(4) EN0110l：「今隹唯司嗣朕先姑君晉邦。」

謹案：

「司」，徐中舒等諸家均解作嗣 (徐說見來稿考，集刊2:1 p51)，是也。金文多作嗣字，如：

(1) WE3052：「令命女汝盂井型乃嗣且祖南公。」

(2) EN0275：「誐誐郢之訛，召懲譽嗣王。」

典籍亦習見二字通作之例，如尚書・高宗肜日：「王司敬民」周富美云：「司蓋假為嗣，王司言王嗣也。民亦當為啟之假，非省文。」(見尚書假借字集證 p33)；史記・殷本紀引作嗣，皆其例。考司・嗣二字古音，聲則同為齒頭音，韻則同在之部，故得通假。是例兩周金文共四見。

025 嗣 > 嗣

(一) 字形

嗣				

嗣：參見 024 司 > 嗣條

(二) 字音

詞： ㄘ'；似兹·邪之開三平；邪之·$*ziə$·$*ɡeizp$·$*dzeizp$

嗣： ㄙ'；祥吏·邪志開三去；邪之·$*ziə$·$*ɡeizp$·$*dzeizp$

(三) 解字

詞：<u>說文</u>：「辭，說也。从䚕辛，䚕辛猶理辜也。詞、籀文辭，从司。」段注：「易毄辭本亦作詞。」

嗣：<u>說文</u>：「諸侯嗣國也。从冊口，司聲。孞·古文嗣，从子。」

(四) 用例

(1) WL2234：「王乎呼史牆冊命師酉：詞嗣乃且祖啻官邑人。」

(2) WL2246：「今令……今女詞嗣乃且祖舊官小輔。」

謹案：

　　「詞」，當讀為嗣，續也，賡也。作嗣字者亦見於<u>西周初期康王</u>時器，即 WE3012：「在珷王嗣玟作邦。……盂井型乃嗣且祖南公。」是其例。考詞·嗣二字古音，同為邪母之部（詞字廣韻失收，依說文當讀與辭同，辭廣韻讀似兹切），故得通假。是例僅二見，省為<u>西周</u>晚期<u>宣王</u>時器。」

026 似 > 嗣

(一) 字形

似					

嗣：參見 024 司 > 嗣條

（二）字 音

似：ㄙˋ；詳里·邪止開三上；邪之·*ziə·*zieӡ·*dzizp

嗣：ㄙˋ；祥吏·邪志開三去；邪之·*eiz·*ziez·*dzizp

（三）解 字

似：說文：「像也。从人，目聲。」

嗣：說文：「諸侯嗣國也。从冊口，司聲。𤔲，古文嗣，从子。」

（四）用 例

(1) WE4094：「用㠯嗣乃且祖考，叀乍嗣司土徒。」

(2) WL1202：「王命膳夫白晨曰：㠯嗣乃且祖考庶于輜。」

謹案：

「㠯」，即似之異體，當讀為嗣。沈寶春云：「㠯者，嗣也，繼也。蓋嗣其祖考作嗣土之事緒。」（見商周金文錄遺考釋 p384），其說是也。段玉裁云：「詩·斯干·裳裳者華·卷阿·江漢，傳皆曰：『似，嗣也。』此謂似為嗣之假借字也。」（見說文似字下注）。又周頌·良耜：「以似以續，續古之人。」元劉瑾撰詩傳通釋云：「似即嗣之假借，故似續二字同義。」似·嗣二字古音，同為邪母·之部，故得通假。金文似與嗣通作者僅二見耳，皆為兩周銘文。

027 寺＞持

（一）字 形

寺：參見028寺＞郭條

持：金文未見

(二) 字音

寺：ㄙˋ；祥吏·邪志開三去；邪之·*ziə·*ziəɡ·*dziəp

持：ㄔˊ；直之·澄之開三平；定之·*diuə·*d'iəɡ·*d'iəp

(三) 解字

寺：說文：「廷也。有法度者也。从寸，㞢聲。」

持：說文：「握也。从手，寺聲。」

(四) 用例

EE05022：「至于萬季，分器是寺持。」

謹案：

「寺」，乃是持之假，郭沫若訓為持也，守也。(見大系 p/91) 考寺·持二字古音，其聲雖遠(寺為齒頭音邪母；持則舌頭音定母)，而韻則同在之部，故得通假。是例金文僅一見於東周東土系邾國銅器。方濬益謂寺為古持字(見綴遺 2:22)、高田忠周說同(古籀篇 57:2)，考二字上古音未全同，故二氏之說未允。

028 寺＞邦

(一) 字形

寺		
邦		

(二) 字音

寺：ㄙ；祥吏·邪志開三去；邪之·*ziə ·*ziəg ·*dziəp

邦：ㄕ；書之·審之開三平；審之·*ɕiə ·*ɕiəg ·*ɕiəg

(三) 解字

寺：說文：「廷也。有法度者也。从寸，止聲。」

邦：說文：「附庸國，在東平亢父。从邑，寺聲。春秋傳曰取邦。」

(四) 用例

EE06031：「寺邦季故公乍作寶殷。」

謹案：

「寺」，當為邦之假。其餘邦國彝銘（EE06032·06033·06034）均作「邦」，可證。考寺·邦二字上古音，其聲雖遠（寺為齒頭音邪母；邦為舌面音審母），而韻則同在之部，故得通假。是例金文僅一見耳。復考春秋襄公十三年：「夏，取邦。」杜注：「邦，小國也。任城亢父縣有邦亭。」左氏·穀梁官作邦，而公羊作詩，陳師新雄云：「邦詩皆从寺聲，二字古字通也。」（見春秋異文考 p.151）詩，盧韻讀書之切，可知邦古讀書之切，無可置疑，而寺讀祥吏切是否其上古音亦如此，可商。

029 不＞丕

(一) 字形

(二) 字 音

不：ㄅㄨ；甫鳩‧非尤開三平；幫之‧ *piə ‧ *piwăg‧ *piŭg

丕：ㄆㄧ；敷悲‧敷脂開三平；滂之‧ *p'iə ‧ *p'iwəg‧ *p'iəg

(三) 解 字

不：說文：「鳥飛上翔，不下來也。从一，一猶天也。象形。」

丕：說文：「大也。从一，不聲。」

(四) 用 例

「不顯」一詞，金文習見，不煩舉例，茲僅將其編號移錄於後：

WE：1003‧2047‧3052‧4072 （4 ）

WM：1099‧1111‧1119‧2122‧2127‧2131‧2134‧2147‧2151‧

2153‧2154‧3157‧3158‧3161‧3163‧3178‧3180‧4486‧

6190‧6192 （20）

WL：1201‧1203‧1204‧1205‧1206‧1211‧1212‧1216‧1217‧

1223‧1225‧1227‧1228‧1233‧2234‧2235‧2237‧2238‧

2239‧2240‧2245‧2249‧2250‧2255‧3259‧3261 （26）

EE：11058‧11061 （2）

EW：0209‧0210 （2）

謹案：

「不顯」之不，諸家均讀為丕。典籍亦見作不者，如詩‧大雅
思齊三章：「不顯亦臨，無射亦保」，于省吾詩經新證：「不，
應讀為丕；亦，猶惟也。」今從之。考不‧丕二字之上古音，聲近
（同為唇音）而韻同（並在之部），故得通叚。岑仲勉云：「周語的

不顯與梵文 mahan 為同源，唯兩字合言才是大，非丕可單獨訓大。

┴（見從漢語拼音文字聯系到周金銘的熟語，兩周文史論叢，p.199），朱氏。

030 每 > 謀

（一）字形

謀：參見 005 誨 > 謀條

（二）字音

每：ㄇㄟˇ；武罪．微賄合一上；明之．*muə．*mwə̂g．*mwəg

謀：ㄇㄡˊ；莫浮．明尤開三平；明之．*miuə．*mįweg．*mįŭg

（三）解字

每：說文：「艸盛上出也。从屮，母聲。」

謀：說文：「慮難曰謀。从言，某聲。呣，古文謀。惎，亦古文。」

（四）用例

EN02761：「弟裁忍坎百每謀，笄篤胄迪匕疆。」

謹案：

「每」，張政烺讀為謀（古文字研究 1：p.235），周法高從之（見金詁林補 173．1-0054），是也。金文未見「謀」字，而見从心，母聲之古文（說文謀字下古文作「𢜩」），段玉裁注云：「上从母，下古文言。」未允，下當為心之譌。）如 EN02196：「忍謀忌慮唇皆从从。」此字作「𢜩」，與說文古文極似。考每·謀二字之上古音，每字中

古時讀微母，而上古時讀明母（依古無輕唇音說），故與謀字同，此二字之韻部並為之部，故得通假。是例僅一見於東周北土系中山國銅器。

031 每＞敏

(一) 字形

每：參見030每＞謀條

敏：參見006誨＞敏條

(二) 字音

每：ㄇㄟˇ；武罪‧微賄合一上；明之‧*əmu‧*mwêg‧*mwəg

敏：ㄇㄧㄣˇ；眉殞‧明軫開三上；明之‧*ɪəm‧*mêg‧*məg

(三) 解字

每：說文：「艸盛上出也。从屮，母聲。」

敏：說文：「疾也。从攴，每聲。」

(四) 用例

(1) WE1003：「每敏朝揚王休珝蹲白。」

(2) WE2033：「叀王龏恭德谷裕天，順訓我不每敏。」

(3) WM1104：「君夫敢每敏朝揚王休。」

(4) WM1117：「檳改每敏朝揚白犀父休。」

(5) EW0101：「每敏覯揚华光剌烈，虔不家隊。」

謹案：「每」，當讀為敏，諸家無異解。每‧敏二字，古音相同（並為明母‧之部字），故得通假。「敏」字已見於西周金文：WL2246：「

女汝敏可吏使。」是其例。以上所舉作每者皆同音通假也。

032 毋＞母

(一) 字形

母	母	毌	母
	母	母	母
			毋

(二) 字音

母：ㄇㄨˇ；莫侯・明侯開一上；明之・*məɡ・*muəg・*məɡ

毋：ㄨˊ；武夫・微虞合三平；明之・*miua・*miwag・*miwo

(三) 解字

母：說文：「牧也。从女，象褱子形。一曰象乳子也。」

毋：說文：「止之詞也。从女一。女有姦之者，一禁止之令勿姦也。」

(四) 用例

(1) EE11058：「公曰：『女汝尸夷！母毋曰余少小子。……用享于皇且祖皇妣妣皇母皇考。』」

(2) EE11059：「用享用孝于……皇母，用祈眉壽羞无母毋死。」

謹案：

　　　　以上所舉二例為本字用例與通假用例同器互見者也。金文假毋為母之例，比比皆是，不必盡錄，茲將其編號迻錄則如下：WE3050・3067；WM1114・1117・2153・3159・3160・4188・5190；WL1200・1204・1226・2237・2247・2243・2253（以上西周時器，共16見）；EE11058・11059・11080・11090・11091；EW01105・

02112; EN 01194、02176、02161; EC 0494、0596（以上東周時器，共12見），

可見除東周南土系銘文之外，均有是例。母・毋二字古音並同（明母

・之部），故得通假。「毋」字金文未見，始見於戰國簡帛文字。

033 每 > 誨

(一) 字形：

每：參見 030 每 > 謀條

誨：參見 005 誨 > 謀條

(二) 字音

每：ㄇㄟˇ；武罪・微賄合一上；明之・$*mu\partial$・$*m\hat{u}g$・$*mu\partial g$

誨：ㄏㄨㄟˋ；荒內・曉隊合一去；曉之・$*xu\partial$・$*\hat{x}\partial g$・$*xmu\partial g$

(三) 解字

每：說文：「艸盛上出也。从屮，母聲。」

誨：說文：「曉教也。从言，每聲。」

(四) 用例

WM4185：「△曶延每誨于酩□曰……。」

謹案：

「每」，郭沫若讀為「曉教」之誨（見大系p99），容庚從之（見金
文編p140）。考每・誨二字之上古音，其聲雖遠（如按高本漢・董
同龢二氏之古音說，二字有 $*m-$ 跟 $*g-$（濁鼻音）或 $*m-$ 跟 $*xm-$（複聲母）之
關係），但韻部則同在之部，故可通假。金文已見誨字，皆與謀、
敏通假（參見005誨>謀，006誨>敏二條）。金文假每為誨者僅一見。

2 支部〔*e〕

034 解 > 懈

㈠ 字 形

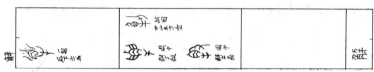

| 解 | | | | 懈 |

懈：金文未見

㈡ 字 音

解：ㄐㄧㄝˇ；佳買、見蟹開二上；見支 · *ke · *keg · *kěg

懈：ㄒㄧㄝˋ；古隘、見卦開二去；見支 · *ke · *keg · *kěg

㈢ 解 字

解：說文：「判也。从刀判牛角。一曰解廌，獸也。」

懈：說文：「怠也。从心，解聲。」

㈣ 用 例

(1) EN02175：「受貨任猷佐邦，夙夜篚非解懈。」

(2) EN02176：「夙夜不解懈，以誖逢道尊賽寡人。」

謹案：
「解」，當讀為懈。說文懈字下段注云：「古多叚解為之。」
是也。毛詩·大雅·烝民：「夙夜匪解」，魯·韓詩作懈，韓詩外
傳卷八引作懈；孝經·卿大夫亦作「夙夜匪懈」，皆為其明證。解
·懈二字，古音並同，故得通假。是例金文僅二見於東周北土系中
山國彝銘。

035 智 > 知

(一) 字 形

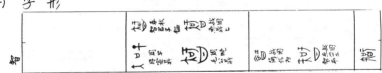

知：金文未見

(二) 字 音

智： ㄓ ；知義．知寘開三去；端支 $\ast$tie $\ast$tĭeg $\ast$tĭĕg

知： ㄓ ；陟離．知支開三平；端支 $\ast$tie $\ast$tĭeg $\ast$tĭĕg

(三) 解 字

智：說文：「識詞也。從白亐知。㹊，古文智。」

知：說文：「詞也。從口矢。」

(四) 用 例

(1) EN0217б：「余智知其忠諅信施也。」

(2) EN0217б：「連使智知社稷稷之賃任。」

又：「智知天若否。」

又：「事愚女如智。」

又：「克有工，智施也。」

又：「智知為人臣之宜誼施也。」

謹案：

「智」，張政烺讀為知（見古文字研究1：p208~228），是也。智．知二字之上古音，聲韵俱同，故得通作。知字金文未見，均作智。典籍亦二字多通用，荀子．正名：「故知者之言也。」注：「知讀為智」，又臣直：「有能比知同力。」注：「知讀為智」，皆其例。

036 氏 > 是

(一) 字形

氏				止
是				叱

(二) 字音

氏：ㄕˋ；承紙‧禪紙開三上；禪支‧$*zie$‧$*jieg$‧$*d\hat{i}eg$

是：ㄕˋ；承紙‧禪紙開三上；禪支‧$*zie$‧$*zieg$‧$*d\hat{i}eg$

(三) 解字

氏：說文：「巴蜀名山岸脅之旁箸欲落墮者曰氏，氏崩聲聞數百里。象形。乁聲。」

是：說文：「直也。從日正。」

(四) 用例

(1) EN0275：「氏是以遊夕飲飤。」

又：「氏是以身蒙羍橐冑，以栽謀不心順。」

(2) EN0276：「氏是以頒賓人匽商賃任之邦而去之遊。」

又：「氏是以頒賓人許之，思謀惡慮唐皆延從。」

謹案：

「氏」，張政烺讀為是（古文字研究1：p213），是也。用作連詞，義猶於是也（參見楊樹達‧詞詮 p225）。連詞「是」早見於西周晚期

時器，即 WL2235：「是启先行。……是用左佐王。」是其例。氏、是二字古音，聲韵俱同，故可通作。金文假氏為是者，僅見於東周北土系中山國彝銘。

3. 魚部 [*a]

037 古 > 故

(一) 字形

古				
故				

(二) 字音

古：《《〉；公戶．見姥合一上；見魚．　*kua　　*kâg　　*ko

故：《《〉；古暮．見暮合一去；見魚．　*kua　　*kâg　　*ko

(三) 解字

古：說文：「故也。从十口。識前言者也。」

故：說文：「使為之也。从攴，古聲。」

(四) 用例

(1) WE3062：「無敢醺𩢍，古故天異翼臨子。…… 率肄于酉酒，古故遷𢋧。」

(2) WL2238：「天疾畏降喪，首德不克畫，古故𣱛永于先王。」

謹案：

「古」，乃後果小句關係詞「故」之借，典籍作故（見楊樹達．詞詮 p97），金文亦見作「故」者，如 WE2017：「隹唯民亡䛃䛞扰

才哉！彝志昧天令命，故亡。」是其例。古、故二字上古音同為見母、魚部，故得通借。是例金文僅二見，皆為西周銘文。

038 故 > 辜

(一) 字 形

　　故：參見 037 古 > 故條

　　辜：~~金文未見~~

(二) 字 音

　　故：ㄍㄨˋ；古暮·見暮合一去；見魚· *kua · *kâg · *ko

　　辜：ㄍㄨ；古胡·見模合一平；見魚· *kua · *kâg · *ko

(三) 解 字

　　故：說文：「使為之也。从攴，古聲。」

　　辜：說文：「辠也。从辛，古聲。」

(四) 用 例

　　WL2240：「雩邦人、正人、師氏人又有辠又有故辜。」

謹案：

　　「故」，郭沫若讀為辜（見大系p141），是也。此器故、辜二字對文，可證。段玉裁云：「按辜本非常重罪，引申之凡有罪皆曰辜。」（見說文辜字下注）。故、辜二字之古音，同為見母、魚部，故得通假。金文未見辜字，而假故為之者僅一見於西周晚期宣王時器。

039 古 > 姑

(一) 字 形

古：⺍⺍·公尸·見姥合一上；見魚·*kua·*kâg·*ko

姑：⺍⺍·古䓕·見模合一平；見魚·*kua·*kâg·*ko

(三) 解 字

古：說文：「故也。从十口。識前言者也。」

姑：說文：「夫母也。从女，古聲。」

(四) 用 例

(1) WE2040：「隹唯周公于征伐東尸志·豐白·尃薄古姑。」

(2) ES0293：「戉越王丌北古姑。」

謹案：

　　陳夢家云：「此方鼎(案WE2040)周公所伐的尃古即薄姑(或作蒲姑)，他和奄君是誘致武庚叛周的主使者。」(見斷代(一)168)。左傳昭公九年：「及武王克商，蒲姑·商奄，吾東土也。」漢書·地理志·齊地：「殷末有薄姑氏，皆為諸侯，國此地。」馬承源云：「越王丌北古就是越王盲姑，盲姑即不壽，他是句踐的孫子。」(見文物1962:12)，今從二氏之說。古·姑二字上古音，聲韻俱同(見母·魚部)，故得通作。金文作古，而典籍則作姑。

040 叚 > 蝦

(一)　字　形

叚					

蝦：金文未見

(二) 字音

叚：ㄐㄧㄚˇ；古疋．見馬開二上；見魚．＊kea ．＊kăg ．＊kå

瑕：ㄍㄨㄚˇ；古疋．見馬開二上；見魚．＊kea ．＊kăg ．＊kå

(三) 解字

叚：說文：「借也。闕。 ，古文叚。叚，譚長說叚如此。」

瑕：說文：「大遠也。从古，叚聲。」

(四) 用例

(1) WM3172：「盨曰：天子不丕叚瑕不丕其基，萬年保我萬邦。」

(2) WM5195：「用勾屯純叚瑕永令命。」

(3) WL1217：「寒拜頴首，敢對瀞揚天子不丕顯叚瑕休令命。」

謹案：

「叚」，郭沫若．徐中舒均讀為瑕（見大系．p112．126；金文瑕辭釋例，p31），是也。「純瑕」一詞屢見於詩經，如：

「錫爾純瑕，子孫其湛。」 （小雅．賓之初筵二章）

「俾爾彌爾性，純瑕爾常矣。」（大雅．卷阿四章）

「俾緝熙于純瑕。」 （周頌．載見）

「天錫公純瑕。」 （魯頌．閟宮七章）

毛傳並云：「大也。」，鄭箋均訓福。爾雅．釋詁：「瑕，大也。」與毛傳同，皆是也。叚、瑕二字，古音相同（見母、魚部），故得通假。是例金文凡三見，皆為西周銘文。

041 叚 > 瑕

(一) 字形

叚：參見 040 叚 > 骰

瑕：金文未見

(二) 字 音

叚：ㄐㄧㄚˇ；古疋．見馬開二上；見魚．*kea ．*kăg ．*kà

瑕：ㄒㄧㄚˊ；胡加．匣麻開二平；匣魚．*ɣea ．*ɣăg ．*g'à

(三) 解 字

叚：說文：「借也。闕。𠬝，古文叚。段，譚長說叚如此。」

瑕：說文：「玉小赤也。從玉，叚聲。」

(四) 用 例

EE 02010：「用鄉饗賓客，為德無叚瑕。」

謹案：

　　「叚」，郭沫若讀為瑕（見大系 p186），是也。詩‧豳風‧狼跋二章：「公孫碩膚，德音不瑕。」毛傳：「瑕，過也。」鄭箋：「言不可瑕疵也。」毛詩正義：「瑕者玉之病，玉之有瑕，猶人之有過。」；禮記‧聘義：「瑕不揜瑜。」注：「瑕，玉之病也。」，並與此語文例相似。考叚、瑕二字上古音，聲近（同為舌根音）而韻同（並在魚部），故得通假。金文無瑕字，假叚為之。是例金文僅一見於東周東土系賈國銅器。

<h2 style="text-align:center">042 叚 > 遐</h2>

(一) 字 形

叚：參見 040 叚 > 骰條

遐：金文未見

(二) 字　音

　　叚：ㄐㄧㄚˇ；古疋‧見馬開二上；見魚‧ *kea ‧ *kăg ‧ *kå

　　遐：ㄒㄧㄚˊ；胡加‧匣麻開二平；匣魚‧ *ɣea ‧ *ɣăg ‧ *ɡ'å

(三) 解　字

　　叚：說文：「借也。闕。𠭙，古文叚。叚‧譚長說叚如此。」

　　遐：說文未收。爾雅‧釋詁：「遐，遠也。」

(四) 用　例

　　EE02009：「曾白伯𦉥叚遐不黃耇彌萬秊，𧶨眉壽無彊。」

謹案：

　　　　「叚」，郭沫若讀為胡（見大系‧p186），未允。詩‧小雅‧南山有

臺四章：「　　　君子，遐不眉壽。」又五章：「樂祇君子，遐不黃

耇。」毛傳：「遐，遠也。」，與此文例相同，是「叚」當讀為遐

。考遐‧叚二字上古音，聲近（同為舌根音）而韻同（並在魚部），故

可通叚。遐字金文未見，假叚為之。是例僅一見耳。

043　叚＞暇

(一) 字　形

　　叚：參見040 叚＞瑕條

　　暇：金文未見

(二) 字　音

　　叚：ㄐㄧㄚˇ；古疋‧見馬開二上；見魚‧ *kea ‧ *kăg ‧ *kå

　　暇：ㄒㄧㄚˊ；胡駕‧匣禡開二去；匣魚‧ *ɣea ‧ *ɣăg ‧ *ɡ'å

(三) 解　字

段：<u>說文</u>：「借也。闕。叚，古文段。叚，譚長說叚如此。」

暇：<u>說文</u>：「閒也。从日，叚聲。」

(四) 用 例

(1) WL2244：「今敢博乎眾段[暇]，反乎工吏。」

(2) EW01101：「今不段[暇]妄寧，至經難朙德。」

謹案：「叚」，郭沫若、高田忠周皆讀為暇（大系 p146.269；古籀篇 56:33，

，是也。郭氏謂：「『博乎眾叚』謂迫其眾使暇。『反乎工吏』謂

背叛王官，古者王官示稱工。」。考叚‧暇二字上古音，聲近（同為舌

根音）而韵同（並在魚部），故得通假。暇字金文未見，叚段為之，

此例僅二見。

044 吳＞虞

(一) 字 形

(二) 字 音

吳：ㄨˊ；五乎‧疑模合一平；疑魚‧ *ŋua ‧ *ngwâg ‧ *ngo

虞：ㄩˊ；遇俱‧疑虞合三平；疑魚‧ *ŋiua ‧ *ngiwag ‧ *ngiwo

(三) 解 字

吳：<u>說文</u>：「大言也。从矢口。𡘋，古文如此。」

虞：<u>說文</u>：「騶虞也。白虎黑文，尾長於身。仁獸也。食自死之。

　　　从虎吳聲。」

(四) 用 例

   (1) WM3160：「嗣王易場林吳虔牧。」

   (2) WM3165：「嗣王奠遷數眔吳虔眔牧。」

   (3) WL2234：「王才在吳虔，各俗吳虔大廟。」

   (4) EW0420：「吳虔龍父乍作皇且祖……。」

謹案：

    阮元曰：「案古籍周王無適吳事，此吳(案 WL2234) 古虔字也。」(積古6:24)

其說甚是。史記・吳世家每以中國之虞、夷蠻之吳分別言之，金文

虞國之虞每作吳，吳國之吳每作工䤩・攻敔・攻吳。吳・虔二字，

古音並同 (同為疑母・魚部)，故得通作。

045 敔＞吳

(一) 字 形

   敔：參見「 ..b 吾＞敔條

   吳：參見 044 吳＞虔條

(二) 字 音

   敔：ㄩˇ；魚巨・疑語開三上；疑魚・*ŋia・*ngiag・*ngio

   吳：ㄨˊ；五乎・疑模合一平；疑魚・*ŋua・*ngiwag・*ngiwo

(三) 解 字

   敔：說文：「禁也。一曰樂器，椌楬也。形如木虎。从攴，吾聲。」

   吳：說文：「大言也。从矢口。𡗾古文如此。」段注：「大言之上，

        各本有『姓也。亦郡也。一曰吳。』八字乃妄人所增

        ，今刪正。」

㈣ 用 例

(1) ES01123 ：「攻敔吳王元瘗自乍作其元用。」

(2) ES01126 ：「攻敔吳王光自乍作用鐱劍。」

(3) ES01127 ：「攻敔吳王光自乍作用鐱劍。」

謹案：

上列皆東周南土系吳國器，「敔」當讀為吳。吳國銅器中亦見作「吳」者，如：

ES01124：「攻吳大緒罨擇牟吉金，……」

ES01125：「吳王光罨擇其吉金，……」

皆其例。北土系中山國器亦作「吳」，如 EN02176：「昔者，吳人幷雩越。」考敔·吳二字上古音，聲韵均同（疑母·魚部），故得通假。

046 吾 > 敔

㈠ 字 形

吾		△□▷ 沇兒鐘一 沇兒鐘二	△□▷ 沇兒鐘二 沇兒鐘三	□▷ 沇兒鐘 □▷ 黝鐘 其余□	▷□
敔		△□丫 攻敔王 △□▷ 者減鐘	△□丫 戉王矛 △□ 王矛	△□丫 攻敔王 丫□▷	▷□

㈡ 字 音

吾：ㄨˊ；五乎·疑模合一平；疑魚 *ŋua · *ngâg · *ngo

敔：ㄩˇ；魚巨·疑語開三上；疑魚 *ŋia · *ngiag · *ngio

㈢ 觧 字

吾：說文：「我自偁也。从口，五聲。」

敔：說文：「禁也。一曰樂器，椌楬也。形如木虎。从攴，吾聲。」

(四) 用 例

(1) WL2237：「召乃族干[△]敔吾敔王身。」

(2) WL2238：「召乃友干[△]敔吾敔王身。」

謹案：

「吾」，當讀為敔。高鴻縉曰：「干吾，吳清卿讀為敔敔，以其族入衛王身也。」（見毛公鼎集釋，頁94）。考吾、敔二字上古音，聲韻並同，故得通假。是例金文凡二見，皆為西周晚期宣王時器。

047 虞 ﹥ 吾

(一) 字 形

虞：參見044 吳﹥虞條

吾：參見046 吾﹥敔條

(二) 字 音

虞：ㄩˊ；遇俱‧疑虞合三平；疑魚‧ *iua‧ *ngǐwag‧ *ngǐwo

吾：ㄨˊ；五乎‧疑模合一平；疑魚‧ *ŋua‧ *ngˆg‧ *ngo

(三) 解 字

虞：說文：「騶虞也。白虎黑文，尾長於身。仁獸也。食自死之。从虎，吳聲。」

吾：說文：「我自偁也。从口，五聲。」

(四) 用 例

ES02131：「台以樂虞吾家，歔喜而爾賓各客。」

謹案：

「虞」，郭沫若讀為吾（見大系補一），是也。高本漢 (B. Karlgren)

從之（見先秦假借下：483）。考虞・吾二字之古音，其聲・韵・調均同，僅其等呼稍異耳，故得通假。是例金文僅見於東周南土系越國器。

048 虎 > 琥

(一) 字 形

琥：金文未見

(二) 字 音

虎：ㄏㄨˇ；呼古・曉姥合一上；曉魚。 *xua ・ *xâg ・ *xo

琥：ㄏㄨˇ；呼古・曉姥合一上；曉魚。 *xua ・ *xâg ・ *xo

(三) 解 字

虎：說文：「山獸之君。从虎从儿。虎足象人足也。」

琥：說文：「發兵瑞玉，从王，虎聲。春秋傳曰：賜子家子雙琥是。」

(四) 用 例

WM2141：「矩或又取赤虎琥兩。」

謹案：

「虎」，唐蘭以為琥之借字（見文物1976：5），是也。又唐氏譯此句謂：「矩又取了兩個赤王的琥。」考虎・琥二字，古音全同（曉母・魚部），故得通假。是例金文僅見於西周中期恭王時器。

049 唬 > 于

(一) 字 形

虖 今	𤰰 川𤰰 松筆三日川	𠂤𠃊 國中 D 乔㫱陶		虖辰
卄 皇頌 泰川KK	卄 明鄭 皀㝢·BI	卄 奉林 㚡洣川㝢		
木 三期 邑匹·K	卄 鄭 釆101凡	卄 杉㒕牛 旁鄰川㒕		
木 乐·秉 㣭平川	卄 乐·敦 㣭:川KK0	卄 國牛 天化戲	卄 違國 閃中㒕㒕	川

(二) 字音

虖：ㄏㄚ‧呼許；曉模開二去；曉魚‧ $^*xea$ ‧ $^*xɔg$ ‧ 一

于：ㄩˊ‧羽俱；于虞合三平；匣魚‧ $^*\gamma iua$ ‧ $^*\delta iwag$ ‧ $^*giwo$

(三) 解字

虖：說文：「虎聲也‧从口虎‧讀若滹‧」

于：說文：「於也‧象气之舒亏，从丂从一，一者其气平也‧」

(四) 用例

(1) WM1112：「隹唯用妥神褱懷虖于壽前文人‧」

(2) WM1116：「唯用妥福虖于壽前文人‧」

謹案：「虖」字金文僅二見，WM1112（伯威設）之虖原作「睰」，容庚
謂从甘（見金文編 p75虖字條），楊樹達謂偏旁非日非甘，乃口字之譌
（見積微 p189），郭沫若亦隸定為虖（見大系 p65），楊‧郭二氏之說甚
允‧而楊氏謂假為效，郭氏謂當讀如乎，張日升以為當讀作于（見金
文詁林2.285-0130），張說可從，張氏云：「竊以為字當讀作于，古韻
于虖同部，聲紐亦同，于 $\delta iwag$ ‧虖 $x\dot{o}g$ ‧」而於二字之注音有誤，
「于‧$\delta iwag$」為董同龢所擬上古音，無誤，而董氏擬「虖」之上古

音為Xɔg（參見上古音韵表稿p143宵部）。總之，二字之古音，如依董氏古音說則不為一部（魚、宵合韻），如依段王裁·王力二氏說則同在魚部，聲則相近（同為舌根音），故可得通假。又文例相同而作「于」者可以為證（本張氏說），如EC04491：「尹丕用妥多福于皇考德尹叀姬。」由此可知，「虖」·「于」二字，用作受事介詞，方麗娜云：「西周金文，受事介詞僅「于」一字。」（見西周金文虛詞研究p79），可補其闕。

050 土 > 徒

(一) 字 形

(二) 字 音

土：ㄊㄨˇ；他魯·透姥合一上；透魚·*tʰua ·*tʰâɡ ·*tʰo

徒：ㄊㄨˊ；同都·定模合一平；定魚·*dua ·*dʰâɡ ·*dʰo

(三) 解 字

土：說文：「地之吐生萬物者也。二象地之上地之中，｜物出形也。」

徒：說文：「步行也。从辵，土聲。」

(三) 用 例

(1) WE4074:「吏乍作嗣司土徒。」

(2) WM2138:「公逎命酉鄭嗣司土徒。」

（「嗣土」一詞，除此以外亦見於 2139‧2141‧2146‧3165‧3172‧3173‧4486器）

(3) WL1220:「嗣司土徒芈蓬‧嗣司馬冀臣‧叡人‧嗣司工空驟君。」

（2248‧2255亦見此詞）

謹案：

「嗣土」，諸家多讀為「司徒」（參見楊樹達‧小學 p242），金文或作「嗣徒」，如 WL1205:「嗣徒單伯」；WL2249：「嗣徒南中」；EE0N37：「魯大嗣徒」等是其例。考土‧徒二字上古音，聲近（土為透母；徒為定母，二字同為舌頭音，但依集韻讀土為動五切，則同在定母，何為上古者，待考。）而韻同（並在魚部），故可通作。有人以為金文之「嗣土」、「嗣徒」二者實非同官而異名（參見黃然偉‧殷周青銅器賞賜銘文研究，p143～145），待考。

051 女＞汝

(一) 字形

女			
汝			

(二) 字音

女：ㄋㄩˇ；尼呂‧娘語合三上；泥魚‧ *niua‧ *nĭag‧ *nio

汝：ㄖㄨˇ；人諸‧日魚合三平；日魚‧ *ȵua‧ *ńĭag‧ *ńĭo

㈢ 解 字

女：說文：「婦人也。象形。王育說。」

汝：說文：「汝水，出弘農盧氏還歸山東入淮。从水，女聲。」

㈣ 用 例

第二人稱代詞「汝」金文均作「女」，是例甚多，不煩盡錄，茲將該器編號移錄於下：

WE ：2006．2012．2024．3052．3067．3068 （7）

WM ：1102．1111．1116．2122．2127．2128．2133．2134．2136．2137．2139．2150．2152

2153．3164．3125．3178．4485．4486．5190．1191 （21）

WL ：1198．1200．1202．1204．1205．1207．1211．1216．1225．1226．1227．1230．1234

2236．2237．2238．2239．2240．2244．2245．2246．2248．2249．2253．2255．3259

3260．3261 （28）

EE ：11058 （1）

ES ：01121．02130 （2）

其中，一器上通假用例與本字用例均見者僅一見，如 WL2244：「今余肇令命女汝運⋯⋯殿于偁士女羊牛，⋯⋯」

謹案：

用為代詞之「女」，諸家皆讀為汝，是也。典籍亦習見假女為汝之例，如詩‧鄭風‧蘀兮一章：「叔兮伯兮，倡予和女。」烈女‧魯公乘姒傳引作「汝」；又大叔于田：「戒其傷女。」揚之水：「維予與女。」又魏風‧碩鼠：「逝將去女。」又小雅‧谷風一章：「將安將樂，女轉棄予。」又商頌‧殷武二章：「維女荊楚，居

國南鄉。」尚書・舜典：「汝陟帝位」，史記・五帝紀引作「女登帝位」(參見王力・同源字典 p158；向熹・詩經詞典 p223)，皆其例。考女・汝二字上古音，韻則同為魚部，聲則分別在泥・日二母，章太炎有「娘・日二母古歸泥母」說，此例可為佐證 (詳述於後)。西周金文之第二人稱代詞有三：即「女」・「爾」・「乃」是也。爾・乃二字僅用為修飾語，而女字則用作主語・賓語・兼語 (參見管燮初・西周金文語法研究 p174)。

052 女 > 如

(一) 字 形

女：參前 051 女 フ 汝 條。

(二) 字 音

女：ㄋㄩˇ；尼呂・娘語合三上；泥魚・$*niua$・$*ni̯ag$・$*ni̯o$

如：ㄖㄨˊ；人諸・日魚合三平；日魚・$*ṋi̯ua$・$*ṋi̯ag$・$*ṋi̯o$

(三) 解 字

女：說文：「婦人也。象形。王育說。」

如：說文：「從隨也。从女从口。」

(四) 用 例

(1) EN02176：「事尊小女如張長，事愚女如智。」

(2) EN02176-1：「其遵會女如林。」

謹案：

趙誠云：「女．母古文通，母．毋古文通，女釋為毋當無問題。」(見中山壺中山鼎銘文試釋 p.256)，未允。朱德熙．裴錫圭．張政烺．周法高皆讀女為如(見金文詁林補 12-1526)，是也。考女．如二字古音，韻則同在魚部，聲則分別在泥．日二母，章太炎有「娘日二母古歸泥母」說(見國故論衡上卷)，可證，故得通假。「如」字早見於甲骨文，而金文則未見，假女為之。是例凡二見，皆為中山國銅器。

053 盧＞廬

(一) 字形

甲骨				
金文				

(二) 字音

盧：ㄌㄨˊ；落胡．來模合一平；來魚．*lua ・*lâg ・*lo

廬：ㄌㄨˊ；力居．來魚開三平；來魚．*lia ・*ljag ・*ljo

(三) 解字

盧：說文：「盧飯器也。从皿，虍聲。」

廬：說文：「寄也。秋冬去，春夏居。从广，盧聲。」

(四) 用例

(1) WM2124：「王射于射盧廬。」

(四) WM3154：「王才在射盧盧，乍作象舞。」

謹案：
「盧」，原不从皿，容庚以為盧之異體（見金文編p657），郭沫若謂假為盧（見大系p69），其說是也。金文作盧者一見，即WM2125：「王才在新宮，才在射盧。」考盧·盧二字之古音，同在來母·魚部，其聲調亦同讀平聲，故得通假。陳夢家云：「凡有新宮·射盧之稱者，多恭·禮時器。」（見斷代(六)104），其說可從。

054 盧 > 櫓

(一) 字 形

盧：參見053盧>盧條

櫓：金文未見

(二) 字 音

盧：ㄌㄨˊ；落胡·來模合一平；來魚·*lua · *lâg · *lo

櫓：ㄌㄨˇ；郎古·來姥合一上；來魚·*lua · *lâg · *lo

(三) 解 字

盧：說文「盧飯器也。从皿，盧聲。」

櫓：說文「大盾也。從木，魯聲。櫓，或從鹵。」

(四) 用 例

WM2124：「王射于射盧盧，史趨聲易賜弓·矢·韋·盧櫓·冑甲·殳。」

謹案：「盧」，郭沫若以為當讀為盧，乃指盧器而言（見大系p69），未允

。陳夢家云：「一在賞賜之品者假作楯，廣雅‧釋器云：『楯也。』」(見斷代(又)98)，是也。此器之賞賜物品皆為兵器，可見盧當讀為楯。考盧‧楯二字上古音，除其聲調之平上之分外，聲母‧韻部‧等呼均同，故得通假。金文未見楯字，假盧為之。是例僅一見於此器。盧字於此器凡二見，一為假作盧者(參見053盧＞盧條)。

055 者＞赭

(一) 字形

赭			

赭：金文未見

(二) 字音

者：业ˇ；章也‧照馬開三上；照魚‧ $*t\varsigma ia$ ‧ $*t\check{\jmath}ag$ ‧ $*t\check{\imath}a$

赭：业ˇ；章也‧照馬開三上；照魚‧ $*t\varsigma ia$ ‧ $*t\check{\jmath}ag$ ‧ $*t\check{\imath}a$

(三) 解字

者：說文：「別事詞也。从白，米聲。米，古文旅。」

赭：說文：「赤土也。从赤，者聲。」

(四) 用例

WE3055：「厌易賜者赭朝綝臣二百家劑。」

謹案：

　　郭沫若云：「者當讀為赭，朝字說文云：『擊踝也。讀若踝。』此當讀為踝，言井侯受天子錫以赭衣踝跣之臣二百家之券契也。

ㅗ（見大系 p44）白川靜亦從之（見通釋 11:638）。荀子・正論：「殺赭衣而不純。」注：「以赤土染衣，故曰赭衣。」考者・赭二字古音全同，故得通假。赭字金文未見，假者為之。是例金文僅一見於西周初期康王時器。

056 者 > 諸

（一）字形

者：參見 055 者 > 諸條

諸：金文未見

（二）字音

者：坐ˇ；章也・照馬開三上；照魚・*tɕia・*t̑i̯ǎg・*t̑i̯å

諸：坐ㄨ；章魚・照魚開三平；照魚・*tɕia・*t̑i̯ǎg・*t̑i̯o

（三）解字

者：說文：「別事詞也。从白，米聲。米，古文旅。」

諸：說文：「辯也。从言，者聲。」

（四）用例

(1) WE2006：「眔者諸屄尹、眔里君・眔百工・眔者諸屄。」

　　（「者屄」一詞亦見於 WL1207・2243・2256；EE11090・11091・11082；EN0217 等器）

(2) WL3265：「用召諮者諸考者諸兄，用旂祈釁眉壽。」

(3) EE02014：「用鞥饔其者諸父者諸兄。」

(4) EE05022：「台以喜者諸士。」

(5) EC05198：「用樂父跟兄者諸士。」

謹案：

　　「者」，劉心源讀為諸（見奇觚18:27），後人均從之。其義即眾也，各也。者、諸二字，古音並同（照母·魚部），故得通假。諸字金文未見，假者為之，典籍均作諸。

057　揟≯祖

(一)　字　形

揟：「𠂤」WM2128（師虎𣪘）「𠂤」ES05170（鄭公㝬簠）

祖：

	𠇑𠇑 文字	文字文字 四文 文字文字		祖

(二)　字　音

揟：ㄓㄚˊ；側加·莊馬開二平；莊魚·*tʃea　—　*tsǎ

祖：ㄗㄨˇ；則古·精姥合一上；精魚·*tsua　*tsâg　*tso

(三)　解　字

揟：說文：「拽也。从手，且聲。讀若椓黎之椓。」

祖：說文：「始廟也。从示，且聲。」

(四)　用　例

(1) WM2128：「先王既令命乃揟祖考事。……令命女汝憂虔乃揟祖考」

(2) ES05170：「用追孝于皇揟祖皇考。」

謹案：

　　揟字金文作「𠂤」，吳大澂謂古助字（見古籀補頁81），郭沫若云：「蓋助之異文，叚借為祖。」（見大系p24），考古文字未見又·力通作之例，二氏說為助之異體，未允。容庚金文編收於且字條下（見該書p924），亦非。牆盤（WM2142）沮喪之沮作「𠂤」；祖考之祖作「

「且」，足見此字非且之或體。墻盤之「組」，李學勤隸定為祖（見考古學報1978:2.p156），其說甚是，此「㫑」亦祖之異體無疑，古文字屢見手、又通用之例（參見韓耀隆．中國文字義符通用釋例，p265-266）。此當讀為祖。考祖、祖二字上古音，聲則相近（同為齒音），韻則相同（並在魚部），故得通假。是例凡二見。

058 𣪠＞祖

㈠ 字形

𣪠：「𣪠」WM1121（生史簋）

祖：參見057 祖＞祖條

㈡ 字音

𣪠：ㄓㄚ；側加．莊麻開二平；莊魚：*tʃea．*tsăg．*tså

祖：ㄗㄨˇ；則古．精姥合一上；精魚．*tsua．*tsâg．*tso

㈢ 解字

𣪠：說文：「叉卑也。从又，虘聲。」

祖：說文：「始廟也。从示，且聲。」

㈣ 用例

WM1121：「用事厥𣪠祖日丁，用事厥考日戊。」

謹案：

「𣪠」，與考對文，當讀為祖。考𣪠、祖二字上古音，聲則相近（同在齒音），韻則相同（並在魚部），故得通假。是例僅一見於此器（生史簋：1981.3.26出土於扶風黃堆村，始發表於文物1986:8）。

059 揟 > 沮

(一) 字形

揟：參見 057 揟 > 祖候

沮：金文未見

(二) 字音

揟：虫丬；側加．莊馬開二平；莊魚．*tʃea — ．*tsă

沮：丩丬；慈呂．從語開三上；從魚．*dzia ．*dzʻiag ．*dzʻi̯o

(三) 解字

揟：說文：「抾也。从手，且聲。讀若樝棃之樝。」

沮：說文：「沮水出漢中房陵東入江。从水，且聲。」

(四) 用例

WM2142：「牆弗敢揟沮，對瞽揚天子不丕顯休令命。……刺列且祖文考。」

謹案：「揟」、「异」字，亦見於 WM2128（師虎簋），吳大澂・郭沫
若以為助之異體，非是（參見 057 揟 > 祖候）。此器（牆盤）之「揟」
，徐中舒云：「揟从十（左）且聲，當讀為沮，沮敗壞也。」（見考
古學報1978：2. p146）；李學勤云：「揟字見說文，此處讀為沮，義為
敗壞。弗敢沮，與不墜老思接近。」（見考古學報1978：2 p156），二氏之
說甚允，而今從李氏之說隸定為揟，以手・又義近通作故也（參見龔
光隆・中國文字義符通用釋例．p265~266）。考揟・沮二字，古音聲近韻
同，故得通假。是例金文僅一見耳。

060 楚＞胥

(一) 字形

(二) 字音

楚：彳ㄨˇ；創舉。初語開二上；初魚。 $*t\int^hea$ ・ $*ts^hag$ ・ $*ts^hio$

胥：ㄒㄩ；相居。心魚開三平；心魚。 $*sia$ ・ $*siag$ ・ $*sio$

(三) 解字

楚：說文：「叢林，一名荊也。從林疋聲。」

胥：說文：「蟹醢也。从肉，疋聲。」

(四) 用例

(1) WL2236：「易賜女汝赤舄・攸鉻勒，用楚胥弼白。」

(2) WL2237：「尃命尃政，埶小大楚胥賦。」

(3) 才盤：「用鬳壽用楚胥保鼏吊才。」(三代14：10)

謹案：

「楚」，孫詒讓・王國維等均讀為胥，後人皆從之。爾雅・釋詁：「胥，皆也。」又曰：「胥，相也。」方言：「胥，輔也。」考楚・胥二字之古音，同從疋得聲，聲近(並在齒音)而韻同(同在魚部)，故得通叚。「胥賦」一詞見於尚書・多方：「越惟有胥伯小大多政，爾罔不克臬。」「胥伯」尚書大傳作「胥賦」。

061 且＞祖

(一) 字形

且

祖：參見057 揖＞祖

(二) 字音

且：ㄐㄩ；子魚．精魚開三平；精魚．＊tsia ．＊tsĭag ．＊tsio

祖：ㄗㄨˇ；則古．精姥合一上；精魚．＊tsua ．＊tsâg ．＊tso

(三) 解字

且：說文：「所以薦也。从几，足有二橫。一，其下地也。……𠀆
　　古文以為且，又以為几字。」

祖：說文：「始廟也。从示，且聲。」

(四) 用例

　　祖父．祖考之祖，西周金文均作「且」；東周金文則或作「祖
」或作「且」：

(1) WE4022：「丕顯且祖考先王。」(3051．3052．4077．4078．4094 亦見是例)

(2) WM1110：「用乍作文且祖辛公寶隩設。」(1111．1113．1116．1119．2131

　　2136．2142．2144．2145．2147．2148．2149．2162．3157．3159．3173．3174．3178．

　　3181．4485．4486．5191．5195 亦見是例)

(3) WL1201：「用乍作朕文且祖辛公隩鼎。」(1197．1200．1202．1206．1211

　　1212．1213．1215．1216．1217．1222．1223．1225．1229．1230．1233．2234．2236．

2238、2239、2242、2245、2246、2247、2252、3259、3264 亦見比例。)

(4) EE 02009：「用鬲于我皇且 $\hat{}$ 祖文考。」(02017、1108、1060、1072 亦見是例。)

(5) EW 01103：「我皇且 $\hat{}$ 祖唐公。」(02109、02113、04420 亦見此例。)

(6) ES 01121：「用龢祈顜眉壽……于其皇且祖。」(03138、03140、04163、05166、05166、05167、05768、05769 亦見此例。)

謹案：「且」之本義，眾說紛紜，見仁見智，莫衷一是。或以為男姓生殖器；或以為祖之本字；或以為木主，即祖之本字。此字兩周金文則俱假作沮、租之例僅二見（參見062且>租；063且>沮二條）之外，其餘均用作祖父、祖考之祖字，但東周金文則多作「祖」，是例見於 EE 11058、11059、11085；ES 04160、EN 02175、02176 等器，可見東周金文多通用此二字。考二字古音，聲韻相同（精母・魚部），故可通用。「祖」字則始見於 1976、12、15 新出土之三年癲壺（WM 2145），該器亦見「皇且」一詞，分別原作「𥙿」・「且」，足見且・祖二字並不可混為一談。

0 6 2 且 > 租

(一) 字 形

　　且：參見061且>祖條

　　租：金文未見

(二) 字 音

　　且：ㄐㄩ；子魚・精魚開三平；精魚・ * tsia　 * tsiag　 * tsio

　　租：ㄗㄨ；則吾・精模合一平；精魚・ * tsua　 * tsâg　 * tso

(三) 解 字

且：說文：「所以薦也。从几，足有二橫。一，其下地也。……Ⅱ
　　　　古文以為且，又以為几字。」

租：說文：「田賦也。从禾，且聲。」

(四) 用 例

WL.1218：「我弗具付쯆从其且租，射謝分田邑，剔放。……朕皇
　　　　　且祖丁公……。」

謹案：

「其且」之且，郭沫若讀為租（見大系 p.127），白川靜從之（見通釋
29:627)，是也。且・租二字，古音並同，故得通假。是例罕見，金
文僅一見於西周晚期宣王時期。

063 且 > 沮

(一) 字 形

且：參見 061 且 > 祖條

沮：金文未見

(二) 字 音

且：ㄐㄩˇ；子魚・精魚開三平；精魚・*tsia ・*tsiag ・*tsio

沮：ㄐㄩˋ；慈呂・從語開三上；從魚・*dzia ・*dziag ・*dzio

(三) 解 字

且：說文：「所以薦也。从几，足有二橫。一，其下地也。……Ⅱ
　　　　古文以為且，又以為几字。」

沮：說文：「沮水出漢中房陵東入江。从水，且聲。」

（四）用 例

匽盄：「弔敢且沮，用乍作父乙寶尊彝。」（文選下3:9）

謹案：

于省吾云：「且謂沮要。」（見文選下3:9），是也。「且」當讀為沮，沮謂沮要，義猶詩·小雅·小旻一章：「謀猶回遹，何日斯沮。」毛傳：「沮，壞也。」是其例。考且·沮二字上古音，聲近（同為齒頭音）而韻同（並在魚部），故得通假。金文假且為沮者僅一見，而亦一見假挱為沮之例（參見059挱＞沮條）。

064 甫＞撫

（一）字 形

甫			

撫：金文未見。

（二）字 音

甫：ㄈㄨˇ；方矩·非虞合三上；幫魚。 $*piua$ · $*p\check{i}wag$ · $*p\check{i}wo$

撫：ㄈㄨˇ；芳武·敷虞合三上；滂魚。 $*p'iua$ · $*p'\check{i}wag$ · $*p'\check{i}wo$

（三）解 字

甫：說文：「男子之美偁也。从用父，父亦聲。」

撫：說文：「安也。从手，無聲。一曰揗也。」

（四）用 例

WM3154：「歗王才在射盧盧，乍作象舞。匽甫撫象𣪏二，王曰休。」

謹案：「甫」，郭沫若以為當讀為撫（見大系p83），是也。其義為演奏
。考甫、撫二字，上古音聲近（同為唇音）而韻同（並在魚部），故可
通假。是例金文僅一見於西周中期懿王時器。

o65 尃 > 溥

（一） 字 形

尃：參見o66 尃 > 傅

溥：金文未見

（二） 字 音

尃：ㄈㄨ；芳無·敷虞合三平；滂魚· *p'iua　 *p'iwag　 *p'iwo

溥：ㄆㄨˇ；滂古·滂姥合一上；滂魚· *p'iua　 *p'iwâg　 *p'âg

（三） 解 字

尃：說文：「布也。从寸，甫聲。」

溥：說文：「大也。从水，尃聲。」

（四） 用 例

(1) WM5495：「克不敢豙豚，尃溥奠鄭王令命。」

(2) WL1223：「虔殂夙夜尃溥求不瞢德。」

謹案：　郭沫若云：「尃，溥·大也。奠，鄭·重也。『尃奠王令』猶
言鄭重王命。」（見大系·p113），其說甚是。溥字說文、爾雅·釋詁並
訓為大·詩·大雅·公劉三章：「逝彼百泉，瞻彼溥原。」毛傳：「
溥，大也。」，可證。考尃·溥二字，上古音則同在滂母·魚部（

但中古音則其聲母有重唇、輕唇之別，是「古無輕唇音」說之證）

，故得通假。是例金文凡二見，皆為西周銘文。

066 尃 > 備

(一) 字形

尃				
備				

(二) 字音

尃：ㄈㄨˊ；芳無‧敷虞合三平；滂魚‧ *p'iua‧ *p'iwag‧ *p'iwo

備：ㄈㄨˋ；芳武‧敷　合三上；滂魚‧ *p'iua‧ *p'iwâg‧ 一

(三) 解字

尃：說文：「布也。从寸，甫聲。」

備：說文：「輔也。从人，甫聲。讀若撫。」

(四) 用例

EE110甲：「公曰：『女汝尸！……女汝尃備余于囏卿，……女汝
台以尃備戒公家。」

謹案：

「尃」，孫詒讓‧郭沫若均讀為備，釋為輔（大系p205），是也
。段玉裁云：「謂人之備，猶車之輔也。……蓋輔尃行而備廢矣。
」(說文備字下注)，近是，詩經未見作備者，而見作輔者，如魯頌‧

閟宮二章：「大啟爾宇，為周室輔。」金文則作偩，如 EN0216 ：「

「隹偩𠈽氏𢓊。」；或作輔，如 EN0275：「輔相平身。」皆其例，

是二器皆為東周中山國所作。考専・偩二字之古音，聲韻俱同（滂

母・魚部），故得通假。是例金文僅一器二見。

067 甫 > 敷

(一) 字 形

甫					甫

敷：金文未見

(二) 字 音

甫： ㄈㄨˇ；薄胡・並模合一平；並魚・ *bua ・ *bǐwâg ・ *bǐwo

敷： ㄈㄨ ；芳無・敷虞合三平；滂魚・ *pǐua ・ *pǐwag ・ *pǐwag

(三) 解 字

甫：說文：「手行也。从ㄅ，甫聲。」

敷：說文：「㪔也。从攴，尃聲。周書曰：用敷遺後人。」

(四) 用 例

(1) WE3052：「甫敷有右三方。」

(2) WM2142：「甫敷有右上下。」

(3) WM2148：「甫敷有右三方。」

(4) EW02110：「𡨄造又右下國，甫敷又右三方。」

謹案：　「甫」，王國維讀為尚書・金縢：「敷佑四方」之敷，後人皆

　　從之；楊樹達以為當讀為撫，亦可通。今從王說，甫、敷二字屬同

一諧聲系列之故。詩‧小雅‧小旻:「旻天疾威,敷于下土。」毛
傳:「敷,布也。」與此同例。說文敷‧攴二字互訓,段玉裁云:
「今作施,施行而攴廢矣。」(說文攴字下注)。考敷‧數二字,古音
聲近(同為唇音)而韻同(並在魚部),故得通假。是例金文凡曰見。

068 無＞鄦

(一) 字形

(二) 字音

無: ㄨˊ;武夫‧微虞合三平;明魚‧ *miua ‧ *mįwag ‧ *mįwo

鄦: ㄒㄩˇ;虛呂‧曉語合三上;曉魚‧ *xiua ‧ *mįwag ‧ *xmįo

(三) 解字

無:說文:「亡也。从亡,橆聲。」

鄦:說文:「炎帝大嶽之胤,甫侯所封,在潁川。从邑,橆聲。讀
若許。」

(四) 用例

(1) EC05199:「無︿鄦大邑魯生乍作……。」

(2) EC05200:「乍作無︿鄦者諸俞寶口盨。」

謹案：

「無」，當讀為鄦，金文或作「鄦」，如 EC0596：「鄦子𥫄自

罿擇其吉金。」(ES04159、EC0492、05791亦如此作)，可證。典籍若作

許 (說文鄦讀若許，廣韻同讀虛呂切)。考無、鄦二字之古音，同為魚

部字，聲則相遠：無為明母 (唇音)；鄦為曉母 (舌根音) (董同龢

擬鄦字之上古聲母為唇鼻音 *m̥-；高本漢 (B.Karlgren) 則以為 *xm̥複

聲母)，故可通作。是例金文凡二見。

069 尃 > 孚

(一) 字 形

尃			
			孚𠂤匜
孚			EC3

(二) 字 音

尃：ㄈㄨ′；芳無、敷虞合三平；滂魚。 *p'iuɑ 、 *p'iwɑg 、 *p'iwo

孚：ㄈㄨ′；芳無、敷虞合三平；滂幽。 *p'iu 、 *p'iŏg 、 *p'iug

(三) 解 字

尃：說文：「布也。从寸，甫聲。」

孚：說文：「卵即孚也。从爪子。一曰信也。」

(四) 用 例

EE1108：「公曰：女汝尸，余經乃先聶祖，余兪專乎乃心，女汝
恋小心慎畏忌。」

謹案：「專」，與經對文，均當動詞用，郭沫若云：「專當讀為乎，
信也。」（見大系 p204），其說甚是。或讀為敷（見江淑惠·齊國彝銘
彙考 p30），恐非。專·乎二字並為芳無切，然而其上古音分別屬魚
·幽二部，而仍為滂母雙聲，此外，其聲調同讀平聲，等呼並為合
口三等，故可通假。說文訓乎謂：「一曰信也。」段玉裁以為此義
乎字之引伸義（見說文乎字下段注），詩·大雅·文王七章：「儀刑文
王，萬邦作乎。」毛傳：「乎，信也。」，可證。又金文亦見假乎
為專之例，即 WL2238：「乎佑天命」乎字 EE1108 作專謂：「專佑天
命」，足見 WL2238 之「乎」乃專之借（詳見 104〈乎〉專條）。總之郭說
可信。

070 雩〉越

(一) 字形：

越：金文未見

(二) 字音

雩：ㄩˊ；羽俱·于虞合三平；匣魚· $*\chi iua$ · $*\chi iwag$ · $*g\check{i}wo$

越：ㄩㄝˋ；王伐·于月合三入；匣月· $*\chi iuat$ · $*\chi iwat$ · $*g\check{i}wat$

(三) 解字

雩：說文：「夏祭樂於赤帝，以祈甘雨也。从雨，亏聲。」

越：說文：「度也。从走，戉聲。」

(四) 用例

EN02176：「昔者，吳人并雩越，雩越人鵗修教教備恁恁。」

謹案：

「雩」，張政烺云：「此處假為越。吳人并越在吳王夫差二年，即公元前494年，見左傳哀公元年，史記十二諸侯年表乃吳太伯世家。」(見古文字研究1：p230) 其說甚是。越國之越，金文多作戉，戉越同音(參見311戉>越條)。考雩、越二字古音，其聲母、介音、主要元音均同，僅其韻尾陰、入之別耳，故可通作。詩經未見魚部與月部合韻之例，金文則假魚部之雩為月部之越之例僅一見於東周北土系中山國銅器，魚月之轉是否為戰國時南土與北土之間方言所致？待考。

4，侯部〔*o〕

071 冓>媾

(一) 字形

冓				媾

媾：金文未見

(二) 字音

冓：《又ˋ；古候，見候開一去；見侯，*ko、*kug、*ku

媾：《又ˋ；古候，見候開一去；見侯，*ko、*kug、*ku

(三) 解字

冓：說文：「交積材也。象對交之形。」

媾：說文：「重婚也。从女，冓聲。」

(四) 用例

屑而多父盤：「兄弟者諸子閒婚冓媾。」（周金4.5；文選上3.25）

謹案：「冓」，于省吾以為當讀為媾（見文選上3.25），是也。是二字古音並同（見母魚部），故得通假。媾字金文未見，假冓為之，是例僅一見。又假遘‧顜為之（參見072‧073條）

072 遘 > 媾

(一) 字形

遘					遘
媾					媾

(二) 字音

遘：《ㄍㄡ》；古候‧見候開一去；見侯‧ $^*ko$ ‧ $^*kûg$ ‧ $^*ku$

媾：《ㄍㄡ》；古候‧見候開一去；見侯‧ $^*ko$ ‧ $^*kûg$ ‧ $^*ku$

(三) 解字

遘：說文：「遇也。从辵，冓聲。」

媾：說文：「重婚也。从女，冓聲。」

(四) 用例

(1) WL/2/2：「隹唯用劓刂于師尹·倗友·聞婚遘媾。」

(2) WL2245：「殹倗友雫與百者諸聞婚遘媾。」

謹案：

「遘」，郭沫若謂假為媾（見大系 p123），周名煇亦云：「金文婚媾字作遘者，蓋古文字少，假遘遇之遘為婚媾之媾也。……易曰：『匪寇婚媾』」（見古籀考中 p20，又見金文詁林 2.489-0186），二氏之說甚是。考遘媾二字上古音，同為見母侯部去聲，故得通假。是例金文凡二見，皆為兩周晚期銘文。婚媾之媾又假姤·顜為之（參見 071·073 二條）。

073 顜＞媾

(一) 字形

顜：「顜」（三代12.28.2；綴遺13.14，金文僅見）

媾：金文未見

(二) 字音

顜： ；古項·見講開二上；見侯 *ko · ── ──

媾：《又》；古候·見侯開一去；見侯 *ko · *kûg · *ku

(三) 解字

顜：說文未收

媾：說文：「重婚也。从女，冓聲。」

(四) 用例

兄丩季良父壺：「用蕊孝于兄弟聞婚顜媾者老。」（三代12.28.2；綴遺13.14）

謹案：方濬益曰：「此从頁作顜。說文無顜字，惟見史記·曹參世家

：「百姓歌之曰：蕭何為法，顜若畫一。」徐廣注曰：『顜，音古項反，一音較。』以顜為媾，蓋通冓字。」（見綴遺13：15，又見金文詁林12：268－1545），其說甚允，今從之。考顜、媾二字古音，聲則同為見母；韻則同在侯部（顜字按徐廣注音古項切，蓋屬講韻，古音學家多以江韻為東部，然此字乃从頁冓聲無疑，故愚以為此字殆為侯部字），故得通假。是例金文僅一見耳。婚媾之媾字，金文又假冓通為之（參見 071、072 二條）

074 朱＞銖

(一) 字形

妓 一 ◌◌◌ ◌◌◌	◌◌◌ ◌◌◌	◌◌◌ ◌◌◌	◌◌◌ ◌◌◌	◌◌◌

銖：金文未見

(二) 字音

朱：ㄓㄨ；章俱；照虞合三平；照侯。＊tɕio、＊tɕiug、＊tĭu

銖：ㄓㄨ；市朱、禪虞合三平；禪侯。＊ʑio、＊ʑiug、＊dĭu

(三) 解字

朱：說文：「赤心木。松柏屬。從木。一在其中。」

銖：說文：「權十絫黍之重也。从金，朱聲。」

(四) 用例

ES04161 ：「郘邔賸所告造，駟十晉至朱銖。」

謹案：「朱」，李零等讀為銖（見楚郘陵君三器，文物，1980：8），可從。朱

字全文皆用作朱色之朱，如「朱黄」、「朱市」，是其例。然而用作重量單位者僅一見。此器（郘郘賸豆）1973 年12月出土於江蘇無錫前洲，始發表於文物1980:8。考朱、鈇二字古音，聲近（同為舌面音）而韻同（並在侯部），故可通作。金文未見鈇字，而假朱為之者僅一見於東周南土系楚國銅器。

075 趣＞取

(一) 字形

趣	𝄂 楚帛乙 侯馬盟書	侯馬盟書	趣
取	甲見本文 / 粹 九九九 / 金 一 見本文 / 克鐘	𝄂 屯郘鐘 長甶盉 / 𝄂 大師虘簋 揚簋 / 𝄂 柳鼎 柳簋	師酉簋 / 王孫鐘 / 𝄂 楚帛文	取

(二) 字音

趣：ㄑㄩˋ；七句．清遇合三去；清侯．＊tsio．＊tsiug． ──

取：ㄑㄩˇ；七庾．清麌合三上；清侯．＊tsio．＊tsiug．＊tsiu

(三) 解字

趣：說文：「疾也。從走，取聲。」

取：說文：「捕取也。從又耳。」

(四) 用例

EE 01001 ：「不巨鬣趣取吉金，妬而乍作……祭器八段。」

謹案：

「趣」，僅見於此器，當讀為取(見大系 p.173)，義猶 EC 05196：「鄦子𣪘自署擇其吉金，自乍作鈴鈴鐘。」之「擇」。金文已見取字

，取·趣二字古音並同，故假趣為取，是例僅一見於東周東土系莒
國彝銘。

076 敄＞務

（一） 字 形

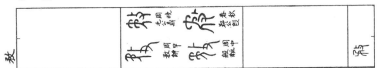

務：金文未見

（二） 字 音

敄： ㄨˋ ；亡遇·微遇合三去；明侯· *mio· *mǐug· *mǐug

務： ㄨˋ ；亡遇·微遇合三去；明侯· *mio· *mǐug· *mǐug

（三） 解 字

敄：說文：「彊也。从攴，矛聲。」

務：說文：「趣也。从力，敄聲。」

（四） 用 例

EN0.2175：「夫古之聖王敄務才在見得舉賢，其即次見民。」

謹案：
「敄」，張政烺讀為務，訓為趣（故宇研究1：p.220），是也。敄
·務二字，古音全同（明母·侯部），故得通假。務字金文未見，
假敄為之。是例僅一見於東周北土系中山國銅器。

5.宵部〔*ô〕 ## 077 喬＞蹻

（一） 字 形

蹻：金文未見

(二) 字音

喬：〈ㄧㄠˊ；巨嬌．群宵開三平；群宵．＊giô．＊gǐɔg．＊g'iog

蹻：〈ㄧㄠ．去遙．溪宵開三平；溪宵．＊k̑iô．＊k̑iǒg．—

(三) 解字

喬：說文：「高而曲也。从夭从高省。」

蹻：說文：「舉足小高也。从足，喬聲。詩曰：小子蹻蹻。」

(四) 用例

EW01104：「喬＝蹻＝其龍。……余不敢為喬蹻。」

謹案：「喬喬其龍」，孫詒讓云：「喬讀為蹻，詩‧大雅‧崧高：『四牡蹻蹻』毛傳：『蹻蹻，壯貌。』……蹻蹻即狀其壯猛之容也。」(見籀高述林7.部鐘跋)，是也。考喬、蹻二字，古音聲近(同為舌根音)而韻同(並在宵部)，故可通假。「余不敢為喬」之「喬」，當讀為驕(參見078喬＞驕條)。此器二「喬」字，分別作「喬」、「喬」，其形稍異，其因安在？是否文義相異之故？待考。

078 喬＞驕

(一) 字形

喬：參見077喬＞蹻條

驕：金文未見

(二) 字音

喬：〈ㄧㄠˊ；巨嬌．群宵開三平；群宵．＊giô．＊gǐɔg．＊g'iog

驕：ㄐㄧㄠ；舉喬．見宵開三平；見宵．＊kiô．＊kǐǒg．＊kiǒg

(三) 解字

喬：說文：「高而曲也。从夭从高省。」

驕：說文：「馬高六尺為驕。从馬，喬聲。詩曰：我馬維驕。一曰野馬。」

(四) 用例

(1) EW01104：「今不敢為喬驕。」

(2) EN02176：「毋毋富而喬驕，毋毋衆而囂。」

謹案：

「喬」，郭沫若（大系 p233）、張政烺（古文字研究 1：p231）皆讀為驕傲之驕，是也。喬、驕二字，古音聲近（同為舌根音）而韻同（並在宵部），故得通假。驕字金文未見，假喬為之。是例凡二見，皆為東周銘文。

079 朝＞廟

(一) 字形

朝			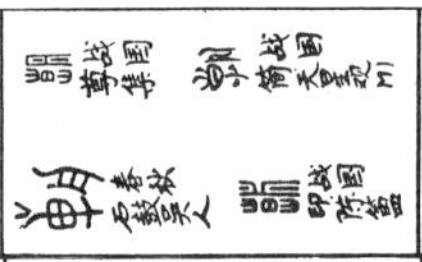	
廟		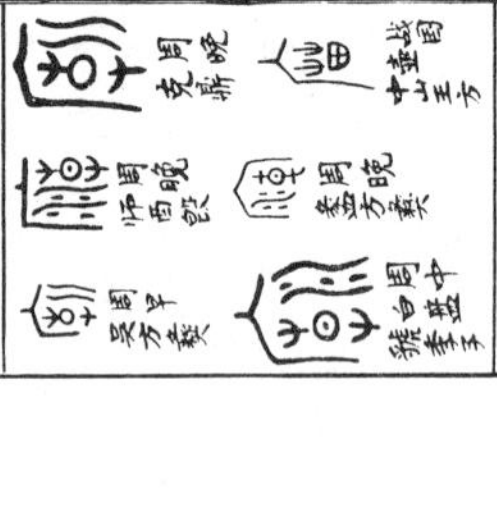		

(二) 字音

朝：ㄓㄠ；陟遙·知宵開三平：端宵·*tiô·*ti̯ɔg·*ti̯og

廟：ㄇㄧㄠˋ；眉召·微笑開三去：明宵·*miô·*mi̯ŏg·*mi̯og

㈢ 解字

　　朝：說文：「旦也。从倝，舟聲。」

　　廟：說文：「尊先祖皃也。从广,朝聲。𢃚、古文。」

㈣ 用例

　　⑴ WM1102：「王各(格)于大朝(廟)。」

　　⑵ WL2245：「用好宗朝(廟)，爲婪凤夕。」

謹案：

　　「朝」，當爲廟之假，金文多作本字：「廟」WM2129、2140、5190
WL1225；「大廟」WM3160、3164、5193、WL3261；「周廟」WM3172、WL2235、
2249；「穆廟」WL1211；「吳大廟」WL2234；「康朝」WL3259；「天子
之廟」EN0175，皆其例。考朝、廟二字古音，聲則有舌頭音與脣
音之別，而韻則同在宵部，故得通假。是例凡二見，皆爲西周銘文。

080　召〉詔

㈠ 字形

㈡ 字音

　　召：业么；直照·澄笑開三去；定宵· *diô · —— · *d'iog

　　詔：业么；之少·照笑開三去；照宵· *tśiô · *ȶi̯og · *ȶi̯og

㈢ 解字

　　召：說文：「評也。从口,刀聲。」

詔：說文新附：「告也。从言从召，召亦聲。」

(四) 用 例

(1) WE3052：「召[△]詔芟芳 敬譬雖德坙坙。」

又：「召[△]詔夾妃尸嗣司戎。」

又：「召[△]詔我一人登逨三方。」

(2) WL1233：「虎夾召[△]詔先王。」

(3) WL2238：「用夾召[△]詔乎辥覃大令令。」

(4) WL3265：「我用召[△]詔卿事土辥王，用召[△]詔者謀者者諸兄。」

(5) EW0101：「用召[△]詔正彌辥辥。」

謹案：

「召」，金文作「𥃭」，或作「召」(WL3265)，典籍則均作召。

郭沫若·陳夢家等均讀為詔，言輔助也·(見大系p.229；斷代(六)：119)。

爾雅·釋詁：「詔·亮·左右·相，導也。」考召·詔二字之古音，聲近(同為舌音入而韻同(並在宵部)，故得通假。詔字金文未見，而假召為之。是例兩周金文習見

<h2 style="text-align:center">081 少 > 小</h2>

(一) 字 形

(二) 字 音

少：ㄕㄠˇ；書沼。審小聞三上；審宵。*ɕi̯o。*ɕi̯oɡ。*ɕi̯oɡ

小：ㄒㄧㄠˇ；私兆。心小聞三上；心宵。*si̯o。*si̯oɡ。*si̯oɡ

(三) 解字

少：<u>說文</u>：「不多也。从小，丿聲。讀若輟。」

小：<u>說文</u>：「物之微也。从八丨見而八分之。」

(四) 用例

(1) EE 11058 ：「余少小子，……伊少小臣佳唯補輔。」

(2) EE 11087 ：「少小子陳逆」

(3) EC 0493 ：「余唯雖末少小子，余非敢窓忘。」

謹案：

　　「少」，諸家均讀為小，金文或作小字，如「小子」、「小臣
」之名常見，不煩舉例。此詞多為合文，甲骨文並同 (參見<u>高明</u>·<u>古
文字類編</u>· p545「学」；p549「宫」）。「小子」、「小臣」於金
文用為官名（說詳<u>黃然偉</u>·<u>殷周青銅器賞賜銘文研究</u> p148-150)。考
少、小二字之上古音，聲相去雖遠（少為舌面音　母；小為齒頭音
心母，但其發音方法同為全清擦音），而韻則同在宵部，故得通作
。是例金文共三見，省為東<u>周</u>器。

082 邵 > 昭

(一) 字形

邵			

昭：金文未見。

㈡ 字 音

邵：ㄕㄠˋ；寘照·禪笑開二去；禪宵·*ʑiô · — · *diog

昭：ㄓㄠ；止遙·照宵開二平；照宵·*tɕiô · *ȶiɔg · *ȶiog

㈢ 解 字

邵：說文：「高也。从卩，召聲。」

昭：說文：「日明也。从日，召聲。」

㈣ 用 例

(1) WE4072：「艮燮迎遣間來逆邵昭王。」

(2) WM1105：「王毒裸，用牲于大室，毒裸邵昭王。」

(3) WM2142：「家魯邵昭王，廣啟楚荊，佳眔南行。」

謹案：

「邵王」，即典籍之昭王，方濬益始讀邵為昭（見綴遺4:18.刺鼎），後人皆從之。「邵王」一詞，除此之外，亦見於邵王簋（三代7:17）、邵王鼎（三代3:11）。典籍作昭者有二例：其一作「邵考」；其二作「邵各」，茲分別陳述於後：WE2017：「佳作邵考簋。」EN0276：「邵考成王.」，典籍作昭，如詩·周頌·載見：「率見昭考，以孝以享。」毛傳：「昭考，武王也。」又周頌·訪落：「訪予落止，率時昭考。」箋傳謂昭考為武王。WM2147：「用追孝，鑾祀邵各樂大神。」·WM2149：「用邵各喜侃樂前文人。」，「邵各」一詞金文習見（參見268各＞惠條），而此邵字典籍亦作昭，如左傳文公十五年：「以昭事神」·國語·楚語下：「以昭祀其先祖」，其義為向神·祖先禱告，以表明誠敬之心之意，用作動詞

。考卲‧昭二字之古音，聲則相近，同為舌面音，韻則同在宵部，義亦相近，故多通用。金文均作卲‧典籍多作昭。

6、幽部〔*u〕

083 鳩丁句

(一) 字形

鳩				
句		(小篆)		

(二) 字音

鳩：ㄐㄧㄡ；居求‧見尤開三平；見幽‧*kiu‧*kiǒg‧*kiôg

句：ㄍㄡˋ；古候‧見候開一去；見侯‧*kiô‧*kûg‧*kiu

(三) 解字

鳩：說文：「鶻鵃也。从鳥，九聲。」

句：說文：「曲也。从口，丩聲。」

(四) 用例

ES02/34：「邟越王鳩淺句踐自作作用鐱劍。」

謹案：

此器即越王句踐劍，1965年秋出土於湖北省江陵縣境內紀申城，始發表於文物1966：5. p33。越王自作劍作「鳩淺」，而左傳宣公二十二年，史記‧六國年表等典籍均作「句踐」。考鳩‧句二字之古音，聲則同為見母，而韻則有幽‧侯之分。鏐王裁始分幽‧侯為二，後人省從之，已得定論，然而詩經仍習見幽侯合韻韻腳，一如大

雅·楲樸：樞.jiu // 趣 tsio（見王力·詩經韻讀 p22）等是，揚句之轉，與此同例，所謂幽侯旁轉者也，弘為戰國時南土與中土之間方言所致。

084 丂 > 考

(一) 字形

(二) 字音

丂：丂幺ˇ；苦浩·溪皓開一上；溪幽· *k'u   *k'ɔg   *k'ɔg

考：丂幺ˇ；苦浩·溪皓開一上；溪幽· *k'u   *k'ɔg   *k'ɔg

(三) 解字

丂：說文云：「气欲舒出ㄅ上礙於一也。丂古文㠯為亏字，又㠯為巧字。」

考：說文云：「老也。从老省，丂聲。」

(四) 用例

(1) WM3160：「用乍朕文丂考惠中仲障饎段。」

(2) EE11069：「用高用考于皇祖……皇丂考遘中仲。」

(3) EE11087：「台高台養考于大宗皇祖皇祀妣皇丂考。」

(4) EW02113：「用敢鄉孝于皇且祖丂考。」

(5) ES05166：「用高考考于乍皇且祖，于乍皇丂考。」

謹案：「丂」，諸家皆讀為考。丂·考二字，古音全同（溪母·幽部），故得通假。「考」字已見於甲·金文。「皇考」·「文考」者，是亡父之奪稱。ES05166「享考之考，假考為之，「祖考」之考則假丂為之。金文假丂為考者多為東周銘文

085 考 > 丂
086 丂 > 考

(一) 字形

(二) 字音

考：丂ㄠˇ；苦皓·溪皓開一上；溪幽·*kʼu ·*kʼôg ·*kʼâu

孝：丅ㄧㄠˋ；呼教·曉效開二去；曉幽·*Xeu ·*Xog ·*Xôg

(三) 解字

考：說文：「老也。从老省，丂聲。」

孝：說文：「善事父母者。从老省从子，子·承老也。」

(四) 用例

1.考假作孝之例：

⑴ WE 3054：「上下帝無冬終令命丂有周逜考考。」

⑵ WM 2132：「用逜考孝于剌中仲。」

⑶ EE 0201b：「用考孝用亯，民彝兄鄉。」

⑷ EE 07039：「曾邊乍作龢鐘，用亯考孝。」

⑸ EE 100b7：「其口子用亯考孝于弔皮父。」

⑹ ES 0212g：「台以亯台以考孝。」

⑺ ES 0516b：「用亯考孝于平皇且祖，于平皇丂考。」

2 孝假作考之例：

WM 4485：「迠用絲兹金，乍𢓊文孝考宮白鬲牛鼎。」

謹案：

上舉為考孝二字互相通作之例。此說劉心源始提及（參見奇觚

2:7 仲師父鼎。），後人皆從之（參見高本漢・先秦假借上: 306.599）。

考孝・孝二字古音，聲則相近，同為舌根音；韻則並在幽部，故得

通假。考假為孝者兩周金文常見，然孝假作考之例僅一見於西周中

期孝王時器。典籍未習見二字通假之例（參見周富美・尚書假借字

集證，p37.40）。

087 𦣻＞首

㈠ 字形

首：參見 095 手＞首條

㈡ 字音

醜：ㄒㄧㄡˋ；許救．曉宥開三去；曉幽．*xiu．*xiŏg．*śiog

首：ㄕㄡˇ；書久．審有開三上；審幽．*qiu．*xiŏg．*śiôg

（三）解　字

醜：說文：「獸牲也。象耳頭足厹地之形，古文醜下从厹。」

首：說文：「古文百也。巛象髮，髮謂之鬊，鬊即巛也。」

（四）用　例

(1) WE3053：「□手呼□我征，執醜首一□人。……折醜首于□。」

(2) WL2244：「正征淮尸夷，即質乍邦醜首：曰䝅、曰籫、曰鈴、曰達。」

謹案：「醜」，前人釋者紛紜，大致有二說：一為此字假作酋長之酋，郭沫若（說見大系 p35.146）、陳夢家（說見斷代（四）p86）、白川靜（說見金文通釋 12.692，金文詁林補 14-1841 有林潔明譯）主是說；二為此字當假借為首，楊樹達（說見積微 p153 師袁敦跋）、高本漢（B. Karlgren）（說見先秦假借．No1541）主其說。二說均可通，而從聲韻條件與字義產生時期之角度觀之，楊、高二氏之說為長。楊氏云：「余謂酋與醜同屬幽部字，韻固相近而聲則相遠，余意醜當讀為首，廣雅．釋詁云：『首，君也。』然則銘文之邦醜猶尚書之邦君也。……」高氏云：「此說（案：醜假為酋之說）不能成立的。『酋』字作官銜用，在漢以前的文獻裏只當『酒官』（掌管酒的官）講（見：禮記．周禮）；『酋』作『部族之長』講，不會早於漢代。」，又「折首」一詞金文屢見，如 WM5191．WL2235．WL2244．均作本

字，而 WE3053 則作「折昬」，是昬當為首之借無可置疑。考昬、首二字之古音，韻則同屬幽部，聲則有曉母與審母之別，而董同龢擬首之音為 xjóg，與昬同，而注云：「『達』字或作『遣』；廣雅·釋詁二『首，君也』；又曰：『首，窩也。』」（參見上古音韵表稿 p137-138），故得通假。金文假昬為首之例凡二見，皆為西周時器，東國銘文則未見。

088 匋 > 寶

(一) 字形

匋					

寶：參見 102 保 > 寶保

(二) 字音

匋：ㄊㄠ；徒刀·定豪開一平；定幽·*du·*d'ôg·*d'ɔg

寶：ㄅㄠ；博抱·幫晧開一上；幫幽·*pu·*pôg·*pɔg

(三) 解字

匋：說文：「作瓦器也。从缶，包省聲。古者昆吾作匋。案史篇讀與缶同。」

寶：說文：「珍也。从宀玉貝，缶聲。宲，古文寶省貝。」

(四) 用例

(1) EC01179：「邛君婦龢乍作其壺，子孫永匋寶用。」

(2) 龢建鼎：「龢建乍作匋寶器。」（三代 2.52）

(3) 筍伯邁：「鑄匋　邁，其子孫永匋　用。」(三代 10.35)

(4) 畕父盤：「畕父乍作茲女匋　盤。」(三代 17.3)

(5) 畕父盃：「畕父乍作茲女匋　盃。」（周金 5.65)

(6) 膃公劍：「自乍作元鐱劍，永匋　用之。」(考古 1966:5 p266. 三代 20.45)

謹案：

「匋」，郭沫若讀為寶（見大系 p171），是也。「永寶用」為金文恆語（說詳 102 保＞寶條）。考匋‧寶二字之古音，聲遠（唇音與舌上音之分）而韻同（並在幽部），故得通假。然而，匋字之中古反切似有可商，楊樹達云：「今以字形核之，匋讀徒刀者，非古音也。何者，匋字實從勹聲（勹包音同，許云从包省聲，誤。）而讀與缶同，勹缶皆唇音字非舌音字也。言部詢或作誂，余近日考得肇齡鎛之肇叔即經傳之鮑叔，此皆匋包同音之證也。」（見積微. p21 筍白大父盤跋），其說可從。金文亦見假缶為寶之例（參見 103 缶＞寶條）。

089 憂＞擾（擾）

(一) 字形

擾：金文未見

(二) 字音

憂：弜ˊ；奴刀‧泥豪開一平；泥幽‧ $*nu$ ‧ $*n\delta g$ ‧ —

擾：昳ˊ；而沼‧日小開三上；日幽‧ $*n\dot{p}iu$ ‧ $*n\dot{i}\delta g$ ‧ —

(三) 解 字

夒：說文：「貪獸也。一曰母猴，佀人。从頁，巳止文其手足。」

擾：說文：「煩也。从手，夒聲。」

(四) 用 例

WL1197：「自今余敢夒擾乃小史事。」

謹案：　李學勤云：「夒字，讀為擾亂之擾。『自今敢擾乃小大事。』」（見岐山董家村訓匜考釋 p154），唐蘭說並同（說見文物 1976：5）。擾為擾字之俗作（參見說文該字下段氏所注）。考是二字之上古音，同在幽部，而其聲母分為泥、日二母，章太炎有「娘日二母古歸泥」說（參見國故論衡上卷），董同龢擬之同為ʰn-（參見上古音韻表稿 p137），故得通假。是例金文僅一見於西周晚期厲王時器。

·090 夒＞柔

(一) 字 形

夒：參見089 夒＞擾條

柔：金文未見

(二) 字 音

夒：ㄋㄠˊ；奴刀·泥豪開一平；泥幽·　$^*nu$　·　$^*n\hat{o}g$　·　—

柔：ㄖㄡˊ；耳由·日尤開三平；日幽·　$^*nįu$　·　$^*n\hat{i}\hat{o}g$　·　$^*nįog$

(三) 解 字

夒：說文：「貪獸也。一曰母猴，佀人。从頁，巳止文其手足。」

柔：說文：「木曲直也。从木，矛聲。」

(四) 用例

WM2142：「上帝司思嬰柔，允卯保受天子寵令，厚福豐年，方繼蠻亡不規規。」

謹案：

「嬰」字金文作「嬰」，象說紛歧，周法高謂：「史墻盤（案：WM2142）此字，唐·陳·趙釋夏，徐中舒釋曼，均非；李學勤釋嬰，是也。」（見金文詁林補 5-0729A），李氏云：「司，讀為思（案：同讀息茲切），釋名·釋言語：『思，司也。』思是語中助詞，無義，見詞詮卷六。嬰，字形與五祀衛鼎（案：WM2139）㜝字所從相仿，讀為柔，詩·民勞傳：『安也。』家語·入官注：『和也。』詩·桑扈『旨酒思柔』，與本銘相似而意義不同。」（見論史墻盤及其意義，考古學報 1978:2，p.153），今從李說。「柔」，用作形容詞，義為安也，和也；「思」，置於形容詞前而用為助詞之例習見於詩經（參見向熹·詩經詞典，p.429）。考是二字古音，聲則相近（參見 089 嬰>擾條案語），韻則同在幽部，故可通假。是例金文僅一見於西周中期恭王時器。

(一) 字形

091 老>考

老				
考				

(二) 字 音

老：ㄌㄠˇ；盧皓・來皓開一上；來幽・*lu ・*lôg ・*lâu

考：ㄎㄠˇ；苦皓・溪皓開一上；溪幽・*k'u ・*k'ôg ・*k'âu

(三) 解 字

老：說文：「考也。七十曰老。从人毛匕。言須髮變白也。」

考：說文：「老也。从老省，丂聲。」

(四) 用 例

WL 2241：「今老考止公僕喜附庸土田。」

謹案：
　　「老」，郭沫若以為考之借（見大系 p142），是也。考老・考二字古音，韻則同為幽部，聲則相去懸遠，即有舌頭（來母）與舌根（溪母）之分，而有些學者擬為複聲母：考 *Klôg・老 glôg（參見 Paul L-M Serruys・The study of the Chuan Chu in Shuo Wen，集刊 29：1957，p157。又參見丁邦新・中國文字與語言的關係，清華學報・新 9 卷（½）．1971．p149），說又是二字同部互訓而以為轉注之例。金文以老為考之例僅見於此器（弓伯虎殷一），可見，西周時是二字乃同源通用字；然而金文未見以考為老之例，可知，是二字之義域有所差別，不完全互用。

092 周 > 琱

(一) 字 音

周：ㄓㄡ；職流・照尤開三平；照幽・*tçiu ・*ţiôg ・*ţiôg

琱：ㄉㄧㄠ；都聊・端蕭開四平；端幽・*tyu ・*tiog ・*tiôg

(二) 字形

(三) 解字

周：說文：「密也。从用口。」

琱：說文：「治玉也。一曰石似玉。从玉，周聲。」

(四) 用例

WM 1117：「易賜女汝⋯⋯𦩻之弋 秘周 琱玉·黄㠯。」

謹案：

郭沫若云：「周與琱通，𢒎皇父殷（案：WL 1221）之琱娟·匜文作

周娟，正其證。」（見大系 p67），是也。「琱」字金文習見，義

即「戈琱戚」，此為西周賞賜物品中最普遍之兵器（參見黃然偉、

殷周青銅器賞賜銘文研究 p198）。考周·琱二字古音，聲則相去不

遠，同為舌音，僅有舌頭·舌面之分；韻則同在幽部，故得通假。

是例僅一見於西周中期穆王時器。

093 攸 > 修

(一) 字形

攸：參見 094 修 > 鑒

修：金文未見

(二) 字音

攸：I又；以周・喻尤開三平；喻幽・*ʎiu・*djôg・*djôg

修：TI又；息流・心尤開三平；心幽・*siu・*siôg・*siôg

(三) 解字

攸：說文：「行水也。从攴从人，水省。」

修：說文：「飾也。从彡，攸聲。」

(四) 用例

ES 04160 ：「郍麦陵君王子申，攸修䒱䵺敬造金監鑑。」

謹案：

李零云：「攸字，或讀為國語・周語：『修其簠簋』的修，是置備之義。」（見楚郍陵君三器，文物 1980：8），其說是也。考攸・修二字上古音，聲則雖殊（攸為古面音喻母；修為齒頭音心母），而韻則同在幽部，故得通假。金文未見修字，而假攸為之。是例僅一見於東周南土系楚國銅器。

094 攸 > 鑒

(一) 字形

| 攸 | 甘攸修匜爸兮 | | | 作 |
| 鑒 | | | | 鑒 |

(二) 字音

攸：I又；以周・喻尤開三平；喻幽・*ʎiu・*djôg・*djôg

鑒：ㄊㄩˊ；徒聊・定蕭開三平；定幽・*diu・*d'iôg・*d'iôg

(三) 解字

攸：說文：「行水也。从攴从人，水省。」

鑒：說文：「鐵也。一曰轡首銅也。从金，攸聲。」

(四) 用例

(1) WE3068：「易（錫）賜女（汝）赤巿幽黃‧攸鑒勒。」

(2) WM2172：「易賜女（汝）玄衣……攸鑒勒，用事。」

（作「攸勒」者亦見於 WM2129‧2143‧3172‧3173‧4486；WL1202‧1204‧1216 1217‧2234‧2236‧2246‧2249‧2258‧3261。）

謹案：

「攸」，諸家謂鑒之借，一無異詞。金文或作「鑒」，見於 WM1111‧2122‧3158‧3178‧1210；WL2246‧EE02010。鑒勒者，用以絡馬首之具也。以皮革為之，其上有銅飾或以具為飾者（本黃然偽說，殷周青銅器賞賜銘文研究 p162），岑仲勉曰：「鑒，鑣鑒，銅也。」（見周鑄青銅器所用金屬之種類及名稱，西周文史論叢，p113），「鑣鑒」一詞見於 WM1210‧EE02010。考攸‧鑒二字古音，韻則同為幽部，聲則相近（據喻四古讀定說），故得通假。

$$095 \quad 手 > 首$$
$$096 \quad 首 > 手$$

(一) 字形

手				
首				

(二) 字 音

手：アヌˇ；書九．審有開三上；審幽．*ɕiu ．*ɕiŏg ．*ɕiŏg

首：アヌˇ；書久．審有開三上；審幽．*ɕiu ．*ɕiŏg ．*ɕiŏg

(三) 解 字

手：說文：「拳也。象形。」

首：說文：「古文百也。巛象髮，髮謂之鬊，鬊即巛也。」

(四) 用 例

1. 手假作首之例：(1) WM3159：「卯拜手頁[頫手首]。」

　　　　　　　　　(2) WM5191：「不娶拜頭[手首]。」

2. 首假作手之例： WM1098：「遹拜首[手頭首]。」

謹案：

「拜頭首」一辭，習見於賞賜銘文，不勝枚舉，亦見於詩經，
即大雅·江漢五章：「虎拜稽首，天子萬年。」；銘文亦作「拜手
頭首」，此例亦不少，見於WM1111·3154·4486·5190·5192·1205；WL1205
·1216·2245·2246等器，足見「拜頭首」·「拜手頭首」乃金文通例
。說文云：「頴，頴首也。」則「頭手」之手，乃首之假；又「拜
首」之首，即手之借也。手·首二字，古音相同（審母·幽部），
故相通作。張光裕云：「拜手頭首一辭，在金文所稽首禮中，僅佔
十分之一，且自穆王以後始得見之，可知拜手頭首實較拜頭首為晚
出，然則拜頭首於頭首禮中當為最早見之者矣。」(參見拜頭首釋義
，中國文字28冊p4)，其說可從，此詞均載於西周中期·晚期冊賜
銘文，而「頭首」一詞僅一見，其用法稍殊，即WM4185：「匜迺頴

首于邑。……用丝三夫頜首。」郭沫若釋此詞謂：「猶言叩頭謝罪
。」（見大系 p.99）

097 受 > 授

(一) 字 形

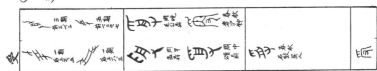

授：金文未見

(二) 字 音

受：ㄕㄡˋ；殖酉・禪有開三上；禪幽・ *źiu ・ *źiôg ・ *diôg

授：ㄕㄡˋ；承呪・禪宥開三去；禪幽・ *źiu ・ *źiôg ・ *diôg

(三) 解 字

受：說文：「相付也。從受，舟省聲。」

授：說文：「予也。從手受，受亦聲。」

(四) 用 例

(1) WM 2127：「頌……，尹氏受授王令命書。」

(2) WM 2142：「受授天子魯官令命。」

(3) WM 2147：「受授余屯純魯。」

(4) WM 2148：「褱懷受授余爾龍龕福需冬終。」

(5) WM 3164：「王受授乍作冊尹者書，卑俾冊令命免曰：」

(6) WL 1217：「史燅受授王令命書。」

謹案：

「受」，諸家均讀為授，WL 22/3：「山拜頴首，受冊，佩呂出

。」、WL 223B：「不顯文武受令」之「受」即當如字用者也，此例

金文亦習見。受、授二字，古音並同（禪母‧幽部），僅有其聲調

之差別（上‧去，而今音無別），故可通作。金文未見授字，均以

受為之，可見「受本有授受二義。」（本高邁楷說，見領器考釋，

　　P38）。

098 竃 > 造

(一) 字形

體			
楷			

(二) 字音

竃：Pㄨˋ；則到‧精號開一去；精幽‧ *tsu ‧ *tsôg ‧ *tsôg

造：Pㄨˋ；七到‧清號開一去；清幽‧ *tśu ‧ *tsʰôg ‧ *tsʰôg

(三) 解字

竃：說文：「炊竃也。周禮呂竃祠祝融。从穴竃省聲。竈，或不省

　　　　作。」

造：說文：「就也。从辵，告聲。譚長說：造，上士也。艁，古文

　　　　造，从舟。」

(四) 用例

⑴ EW02109：「高弘又有慶慶，寵造圓右三方。」

⑵ EW02110：「不丕顯朕皇且祖，受天命，寵造又右下國。」

謹案：

「寵」，方濬益謂：「當為奄之籀文。」（見綴遺2:9），蓋據詩・大雅・皇矣三章：「受祿無喪，奄有四方。」為說，非是。

高田忠周曰：「此寵，疑造字之段借，朱氏駿聲，寵段借為造。周禮・太祝故書二曰：『寵』，釋名：『寵，造也。創造飲食也。』銘云：『造有下國』者，創造保有之意，與石鼓文亦借寵為造，大意相同矣。」（見古籀篇72:31）其說甚是。考寵・造二字，古音聲近（同為齒頭音）而韻同（並在幽部），故可通假。造字已見於金文，而假寵為之例，凡二見，皆為東周西土系秦國銅器。詩・皇矣之「奄」，鄭箋訓為覆蓋之義，未得正解。由銘文較之，疑為「寵」字之譌作，用為與EW02109（秦公殷）同例。奄字於甲・金文以及戰國文字並未見。

099 寵＞邀

㈠ 字 形

寵：參見 098 寵＞造條

邀：金文未見

㈡ 字 音

寵：ㄗㄠˋ；則到・精號開一去；精幽・*tsu ・*tsôg ・*tsôg

邀：ㄙㄡˋ；初救・初宥開三去；初幽・*tʃíu ・*tsʼóg ・*tsʼíog

㈢ 解 字

竈：說文：「炊竈也。周禮曰竈祠祝融。从穴，黿省聲。𥧰，或不省作。」

遳：說文未收。

(四) 用　例

EW0/104：「大鐘八聿𦎫，其竈遳三䯀堵。」

謹案：「竈」，从宀，劉心源以為竈之異體（見奇觚9:29），甚是，宀、穴形近通作之例古文字習見（參見韓耀隆‧中國文字義符通用釋例，p2l2），而劉氏云：「是竈即造字」，未允。孫詒讓云：「其讀當為遳。」（見述林7:18），是也。郭沫若（大系 p233）、容庚均從之，容氏云：「大鐘八𦎫，其竈四堵者，猶歌鐘二𦎫，又其鏄磬，以磬為鐘之副遳此。」（見善圖 p5），是也。遳字說文未收，左傳昭公十一年杜注云：「遳，副倅也。」廣韻云：「遳，倅。」考此二字，古音聲近（同為齒音）而韻同（並在幽部），故可通假。是例僅一見於東周西土系晉國銅器。

100　遳 > 裍

(一) 字　形

遳：參見 098 竈 > 造條

裍：金文未見

(二) 字　音

遳：ㄗㄠˋ；七到‧清號開一去；清幽‧*tsú‧*tsôg‧*tsôg

裍：ㄎㄠˇ；苦浩‧溪晧開一上；溪幽‧*kú‧*kôg　　　—

（三） 解字

造：說文：「就也。从辵，告聲。譚長說：造，上士也。艁，古文
　　　　造，从舟。」

祰：說文：「告祭也。从示，告聲。」

（四） 用例

EE01002：「申乍（作）其造祰鼎十。」

謹案：

　　「造」，郭沫若讀為祰（見大系 p.174），是也。東周金文言其
用途之銘文，其例多見，如「飤器」、「祭鬻」、「媵甬」、「盥
盤」等是（詳見徐鴻修，商周青銅器銘文概述，文史哲（山東大學
）1985:4），此字亦為辨器用語。考造、祰二字之古音，其聲雖遠
，而韻則同在幽部，故得通假。祰字金文未見，而假造為之。是例
僅一見於東周東土系莒國舞銘。

101 曹＞遭

（一） 字形

遭：金文未見

（二） 字音

曹：ㄘㄠˊ；昨勞．從豪開一平；從幽．*dzu ．*dzôg ．*dz·ôg

遭：ㄗㄠ；作曹．精豪開一平；精幽．*tsu ．*tsôg ．*tsôg

(三) 解字

曹：說文：「獄之兩曹也。在廷東，从㯥；治事者，从曰。」

遭：說文：「遇也。从辵，曹聲。一曰邐行。」

(四) 用例

EN.0215 ：「倘通曹遭鄙君子儈不驕辨大宜誼。」

謹案：張政烺謂：「曹，聲之簡化，在此讀為遭。」(見古文字研究1：

p246) 是也。曹字金文凡四見，除此例之外，均用作人名。考曹、

曹二字古音，聲近(同為齒頭音)而韻同(並在之部)，故得通假。

102 保 > 寶

(一) 字形

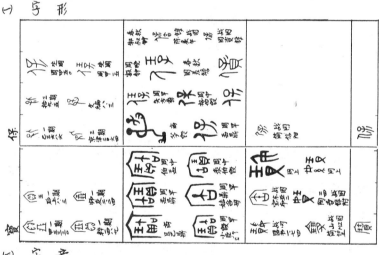

(二) 字音

保：ㄅㄠˇ；博抱·幫晧開一上；幫幽·＊pu ·＊pôg ·＊pôg

寶：ㄅㄠˇ；博抱·幫晧開一上；幫幽·＊pu ·＊pôg ·＊pôg

(三) 解字

保：說文：「養也。从人，呆省聲。呆，古文孚。保，古文不省。

禾，古文。」

寶：說文：「珍也。从宀玉貝，缶聲。寚，古文寶省貝。」

(四) 用例

(1) WM2135：「豐鑄保寶段。……其邁邁萬年子二孫二永保寶用。」

(2) EE11087：「子二孫二兼保寶用。」

謹案：

殷周時代銅器乃國之祊寶，世代永以寶用不移，故銘文每言「

寶器」、「永寶用」，此詞即金文恒語，如WM2137：「用作朕文考

幽叔寶段，即其萬年子二孫二永寶用。」是其例。而是寶字假「保

」為之者甚多，是例除上舉之外，亦見於如下諸器：

EE：01001·01003·02013·05023·05026·07037·09053·09054·11058·11059·11060·11062

11064·11070·11071·11022·11025·11028·11080·11082·11083·11087·11088 (23)

EW：01108

ES：02128·02129·02130·03437·03438·03144·04448·04452·04456 (9)

EN：02175

EC：01178·04494·05196·05197·05198·08221 (6)

「永保用」之保，亦可釋為保守之義，尤以或從玉作「㻛」，或从

貝作「儥」，而「恐非寶玉專字。」（張日升說，見金文詁林8·28

−1060），此為寶之借，說較允。保·寶二字同為博抱切，聲同屬幫

母，而韻同在幽部，故可通假。保字或附加「缶」聲之例亦見於東

周金文（參見字形欄，陳侯午錞）。金文假保為寶之例凡41見，其中西周者僅一見耳。

103 缶 > 寶

（一）字 形

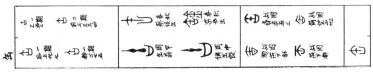

寶：參見 102 保 > 寶條。

（二）字 音

缶：ㄈㄡˇ；方久，非有開三上；幫幽，*piu，*piŏg，*piôg

寶：ㄅㄠˇ；博抱，幫晧開一上；幫幽，*pu，*pôg，*pôg

（三）解 字

缶：說文：「瓦器，所以盛酒漿。秦人鼓之以節歌。象形。」

寶：說文：「珍也。从宀玉貝，缶聲。㝉，古文寶省貝。」

（四）用 例

岡刦尊：「用乍作朕蒿且祖缶(寶)隣彝。」（商周上·395）；文選下3.9）

謹案：　陳夢家云：「容庚讀祖缶為人名（案：通考 p395），不知缶是寶之假借。」（見斷代（二）76），周法高從之（見金文詁林 上·707-0697）。「寶隣彝」為金文恒語，WE2018：「用乍寶隣彝」（陳氏謂岡刦尊為成王時所作，與 WE2018 時代相去不遠。）是其例。考缶寶二字之音，中古時有輕唇、重唇之別，而上古時同為重唇音幫母，並且同在幽部，故可通假。金文假缶為寶者僅見於此器。

104 孚 > 尃

(一) 字形

孚	（古文字形）	（古文字形）	（古文字形）
尃	（古文字形）	（古文字形）	

(二) 字音

孚：ㄈㄨˊ；芳無．敷虞合三平；滂幽１ $*p'iu$ ． $*p'i\check{o}g$ ． $*p'iug$

尃：ㄈㄨˊ；芳無．敷虞合三平；滂魚 $*p'iua$ ． $p'iwag$ ． $p'iwo$

(三) 解字

孚：說文：「卵即孚也。从爪子。一曰信也。」

尃：說文：「布也。从寸，甫聲。」

(四) 用例

WL2238：「王若曰：師訇！不顯文武，孚尃受天命。」

謹案：

「孚」，郭沫若讀為敷（見大系 p139），近是，字當讀為尃，
EE1108 孚作尃：「尃受天命」，可證。郭氏 EE1108 之「尃」讀為溥
（見大系 p206），恐非。說文訓尃為布，訓敷為改（即施），段玉
裁說文敷字條下注云：「此字寸部尃音義同。……俗作敷，古寸與
方多通用。」其說甚是。詩．小雅．小旻一章：「旻天疾威．敷于
下土。」毛傳：「敷，布也。」又商頌．長發四章：「敷政優優，

百祿是遒。」左傳‧成公二年‧昭公二十年皆引詩作:「布政優優
」,可見專‧敷二字並訓為布,金文作尃,典籍則作敷。金文言「
尃受天命」之尃,當釋為普遍‧廣泛之義,當副詞用,與詩‧大雅
‧抑三章:「罔敷求先王,克共明刑。」之敷同例,集傳:「敷求
先王,廣求先王所行之道也。」再者,WL2238 之「孚」當為尃之
借,考尃‧孚二字之聲韻,同為芳無切,而二字上古韻部分屬魚‧
幽二部(鄭庠以後古音學家全然將是二部合而為一),然而仍為雙
聲(滂母),且其聲調同讀平聲,等呼亦同為合口三等,故可通假
。金文亦見尃假作孚之例(參見069 尃〉孚條)

7、微部 [*əi]

105 畏〉威

(一) 字形

(二) 字音

畏:ㄨㄟˋ;於胃‧影末合三去;影微 *iuəi‧*ịwæd‧*ịwær

威:ㄨㄟ;於非‧影微合三平;影微 *iuəi‧*ịwæd‧*ịwær

(三) 解字

畏：說文：「惡也。从田虎省，鬼頭而虎爪可畏也。」

威：說文：「姑也。从女，戌聲。漢律曰：婦告威姑。」

(四) 用例

(1) WE2017：「亡不威，畏毄天畏威。」

(2) WE3052：「萬奔走，畏天畏威。」

(3) WL2237：「啟啟天疾畏威。……夙夕敬念王畏威。」

(4) WL2238：「王曰：師訇！哀才威今日，天疾畏威降喪。」

謹案：

「畏」，郭沫若謂古威畏字通，威乃後起字（見大系P.160），是也。今從之。威、畏二字古音並同（影母·微部），故得通假。是例金文凡四見，皆為西周銘文。金文亦見假威為畏之例（參見106威＞畏條）。

106 威＞畏

(一) 字形 ⎤

(二) 字音 ⎬ 參見105畏＞威條

(三) 解字 ⎦

(四) 用例

(1) EE05022 ：「余畢龏恭威畏忌。」

(2) EE05023 ：「余畢龏恭威畏忌。」

謹案：

「威」，乃畏懼之畏之借，EE11059：「余彌心畏諰」，可證。

威·畏二字古音並同（影母·微部），故得通假。是例金文凡二見，均為東周東土系齊國銅器。典籍亦習見假威為畏之例，如詩·小

雅．常棣：「死喪之威」毛傳：「威，畏也。」國語．晉語四：「見懷思威。」傳：「威，畏也。」尚書．洪範：「威用六極」史記．宋微子世家與漢書．五行志引作「畏用六極」，皆其例。

107 愧＞畏

㈠ 字形

愧：「」（陳財毁：三代8.46.2，金文集440）

畏：參見105畏＞威條

㈡ 字音

愧：ㄎㄨㄟˋ；俱位．見至合三去：見微．*kiuəi．—．*kĭwer

畏：ㄨㄟˋ；於胃．影未合三去：影微．*iuəi．*iwə̆d．*iwər

㈢ 解字

愧：說文：「媿，慙也。从女，鬼聲。愧，媿或从恥省。」

畏：說文：「畏，惡也。从甶，虎省。鬼頭而虎爪可畏也。」

㈣ 用例

EE11089：「毀龏恭愧△畏忌」

謹案：

「愧」，郭沫若讀為畏（見大系p214），是也。EE05022．05023：「畢龏威忌」，皆假威為畏（參見106威＞威條）。金文亦見作本字者，如EE11058：「女汝忩小心愄忌」，可證。愄字，字書未見，諸家以為畏之重文。考愧．畏二字古音，聲則相去稍遠（愧為舌根音見母，畏為喉音影母，舌根與喉不太遠），韻則同在微部，故得通假。是例僅一見於東周齊國銅器。「愧忌」、「威忌」、「愄

忌」皆見於東周東土系銘文，故江淑惠以為東土之習用語（今見齊彙考 p31）。愧、畏二字之義亦相去不遠，故詩·小雅·何人斯三章：「不愧于人，不畏于天。」禮記·表記引此詩，鄭注：「言人有所行，當慚愧于天人也。」

108 歸＞饋

(一) 字形

歸				
饋				

(二) 字音

歸：ㄍㄨㄟ；舉韋·見微合三平；見微·*kiuəi·*kǐwăd·*kǐwər

饋：ㄎㄨㄟ；求位·羣至合三去；羣微·*giuəi·*gǐwəd·*gʼiwed

(三) 解字

歸：說文：「女嫁也。从止婦省，𠂤聲。」

饋：說文：「餉也。从食，貴聲。」

(四) 用例

(1) WE 2013：「中乎呼歸饋生鳳形王。」

(2) EE 0905O：「王令命士衛歸饋絡子鹿三。」

謹案：

「歸」，方濬益以為饋之假，釋為贈送（見綴遺 12:11），後人皆從之。郭沫若釋例(1)句謂：「語乃被動詞，言王呼饋中以生鳳也。」（見大系 p18），是也。假歸為饋之例，典籍習見，如論語

陽貨：「歸孔子豚。」鄭注：「魯讀饋為歸。」可證．考歸．饋二字古音，聲則同為舌根音；韻則同在微部，故得通假。金文假歸為饋之例凡二見，皆與魯國故地有關，即鄭注「魯讀饋為歸」，其說可信。EE0go6o（貉子卣）為東周紀國所作，紀國在今山東壽光縣（參見呂思勉．先秦史 p.153），去魯國所在地（今山東曲阜縣：見呂書 p.151）不遠。WE2013 （中方鼎二）又言：「王才在寒飲。」，郭沫若考證其地云：「寒斥古同元部，而喉牙亦相近轉，故知二者必為一地．寒當是寒促故地，在今山東濰縣境內。」（見大系 p.16），由此得知，是二器皆為周時山東地區之物，歸假作饋則此地方言所致。又尚書．序：「王命唐叔歸周公子東作歸禾。」史記．魯周公世家引作饋，亦其例也。

109 襄＞懷

(一) 字形

懷：金文未見

(二) 字音

襄：ㄒㄩㄤ'；戶乖．匣皆合二平；匣微 ．$*\delta\varepsilon\vartheta i$ ．$*\delta w\vartheta d$ ．$*g'w\varepsilon r$

懷：ㄒㄩㄤ'；戶乖．匣皆合二平；匣微 ．$*\delta\vartheta\vartheta i$ ．$*\delta w\vartheta d$ ．$*g'w\varepsilon r$

(三) 解字

襄：說文：「俠也。从衣，眔聲。」

懷：說文：「念思也。从心，褱聲。」

(四) 用 例

(1) WE2017：「文王孫亡弗褱懷井型。」

(2) WE4075：「沈子其顡褔褱懷多公能宏福。……用褱懷丞我多弟子。」

(3) WM2142：「福褱懷龕祓录祿。」

(4) WL2237：「衍率褱懷不廷方。」

(5) EW0110l：「用康頤柔妥褱懷遠猷君子。」

謹案：

「褱」，諸家均讀為懷。爾雅・釋言：「懷，來也。」又詩・大雅・大明：「昭事上帝，聿懷多福。」集傳：「懷，來也。」，WM2142：「福褱龕录」，意蘭釋為「福祿來臨」(見陝西扶風新出牆盤銘文解釋，文物 1978：3, p19)，是也。褱、懷二字，古音相同 (匣母・微部)，故得通假。懷字金文未見，均假褱為之，是例凡五見。

110 隹ㄱ唯

(一) 字 形

隹				
唯				

(二) 字 音

隹：ㄓㄨㄟ；職追．照脂合三平；照微．*t̑ɕiuəi．*t̑ĭwəd．*t̑ĭwər

唯：ㄨㄟˊ；以水．喻旨合三上；喻微．*ɣiuəi．ĭenĭɣ．*dĭwəd．*dĭwər

(三) 解 字

隹：說文：「鳥之短尾總名也。象形。」

唯：說文：「諾也。从口，隹聲。」

(四) 用 例

　　金文隹、唯二字之用法有五：即名詞並例連詞、因果關係詞、加合關係詞、句首助詞、語首助詞（本方麗娜說，西周金文虛詞研究 p336）。其中二字通用無別者有三，茲分別舉例於後：

　　1.置於時間詞前，表強調認定語氣者：

(1) WE3053：「隹八月既望，辰才甲申，……隹王廿又五祀。」

(2) WE2026：「唯征正月既望癸酉，王獸于昏歔。」

　　2.附於主語前，以興發語氣者：

(1) WE4072：「隹皇上帝百神，保余小子。」

(2) WE1008：「唯王令命明公遣三族，伐東或國。」

　　3.置於謂語前，有強調謂語之作用者：

(1) WM1128：「今余隹帥井型先王令命，令命女更厥乃且考。」

(2) WM1116：「今余唯䌛先王令命，令命女汝作足象庆。」

　案　　由上所舉各例可知「隹」、「唯」二字之用法，相同無別。考金文隹字最多（本孫詒讓說，名原上 p10），是字諸家讀為唯，或讀

為惟，愚以為二說均可從，而前說為長，因金文亦多作唯，而未見作惟者（註1）。段玉裁云：「按經傳多用為發語之詞，毛傳官作維，論語皆作唯，古文尚書皆作惟，今文尚書皆作維。」（見說文惟字下段氏所注），而典籍未見以惟用為發語詞之例。考隹、唯二字古音，聲則相近（同為舌面音），韵則同在微部，故得通作：是例金文不勝枚舉。二字互見於同器之例亦不少，如：

(1) WE4075：「烏嗚庫呼！隹考敗又。……用賂多公，其凡哀乃沈子也唯福。……用妥公唯壽。」

(2) WL2240：「剔隹輔天降喪，不延，唯死。」

(3) WM4185：「隹王元年六月既望乙亥。……弋唯朕口口朱是賞償」

皆其例。由此可知其用例有所差別，而作器者之用意何在？存疑待考。

註1：容庚金文編惟字條下收入「雖」一字。是字見於EE11092：「其雖因肓奡揚皇考叟叩練統。」，郭沫若當惟字解（見大系p219），孫詒讓則當唯字解（見餘論3:15），愚以為孫說較長，因金文多作唯字，而除此以外未見作惟者，且是字置於主語前以興發語氣之發語詞，與金文唯字用法相同。

111 隹 > 誰

(七) 字形

隹：參見 110 隹 > 唯條

誰				

(二) 字 音

隹：ㄓㄨㄟ；職追‧照脂合三平；照微‧ $*t\hat{\varphi}iu\partial i$ ‧ $*\hat{t}\underset{\tiny j}{}w\partial i$ ‧ $*\hat{t}\underset{\tiny j}{}w\partial r$

誰：ㄕㄨㄟ；視隹‧禪脂合三平；禪微‧ $*\hat{z}iu\partial i$ ‧ $*\hat{z}\underset{\tiny j}{}w\partial i$ ‧ $*d\hat{\underset{\tiny j}{}}w\partial r$

(三) 解 字

隹：說文：「鳥之短尾總名也。象形。」

誰：說文：「誰何也。从言，隹聲。」

(四) 用 例

EN0.2176：「其隹誰能之，其隹誰能之？隹唯廈吾老賈是𧧻克行之。」

謹案：

二「隹」字，張政烺‧趙誠皆讀為誰（二氏說分別見古文字研

究1：p216‧p256），是也。考隹‧誰二字古音，聲則相近（同為舌面

音），韻則相同（並在微部），故得通叚。是例全文僅一見於東周

北土系中山國舞銘。

1 1 2　隹 > 雖

(一) 字 形

隹：參見 110 隹 > 唯條

雖			

(二) 字 音

隹：ㄓㄨㄟ；職追‧照脂合三平；照微‧ $*t\hat{\varphi}iu\partial i$ ‧ $*\hat{t}\underset{\tiny j}{}w\partial i$ ‧ $*\hat{t}\underset{\tiny j}{}w\partial r$

雖：ㄙㄨㄟ；息遺‧心脂合三平；心微‧ $*siu\partial i$ ‧ $*s\underset{\tiny j}{}w\partial i$ ‧ $*s\underset{\tiny j}{}w\partial r$

(三) 解 字

隹：說文：「鳥之短尾總名也。象形。」

雖：說文：「似蜥易而大。从虫，唯聲。」

(四) 用 例

EN02176 ：「隹雖有死辠，乃參△絀世，亡不若赦。」

謹案：

「隹」，張政烺讀為雖（見古文字研究：1·p228），是也。EN02109：「余雖小子，穆△帥臮瞯德。」（EN02110 文亦同），可證。考隹·雖二字古音，聲則雖殊（隹為舌面音照母；雖為齒頭音心母），然韵則相同（並在微部），故得通作。是例僅一見於東周中山國筩銘。

113 唯＞雖

(一) 字 形

唯：參見110 隹＞唯條

雖：參見112 隹＞雖條

(二) 字 音

唯：ㄨㄟˊ；以水·喻旨合三上；喻微·*ĭuəi·*dĭwəd·*dĭwər

雖：ㄙㄨㄟ；息遺·心脂合三平；心微·*sĭuəi·*sĭwəd·*sĭwər

(三) 解 字

唯：說文：「諾也。从口，隹聲。」

雖：說文：「似蜥易而大。从虫，唯聲。」

(四) 用 例

EC0493 ：「隹唯王五月，……余唯雖未少小子，余非敢盍忘，有△虔不易。」

謹案：

「唯」，郭沫若謂讀為雖（見壽縣蔡器論到蔡墓的年代．考古學報，1956:1），其說可從．EWa2109:「余雖小子，穆=帥秉明德。」(EW02110文並同)，可證．考唯·雖二字古音，聲則迥殊（唯為舌面音喻母，雖為齒頭音心母），然韻則相同（並在微部），故得通作．是例金文僅一見於東周中土系蔡國銅器．

114 篚 > 非

(一) 字形

篚	〔字形〕		〔篆〕
非	〔字形〕〔字形〕	〔字形〕	〔篆〕
	〔字形〕〔字形〕	〔字形〕〔字形〕	

(二) 字音

篚：ㄈㄟˇ；府尾．非尾合三上；聲微．$*piuəi$．$*piwăd$．$*piwər$

非：ㄈㄟ；甫微．非微合三平；聲微．$*piuəi$．$*piwăd$．$*piwər$

(三) 解字

篚：說文：「車笭也。从竹，匪聲。」

非：說文：「韋也。从飛下翄，取其相背也。」

(四) 用例

EN02175：「受貹任猛佐邦，夙夜篚非解懈。」

謹案：

「篚」，金文僅一見，此當讀為非．詩·大雅·烝民：「夙夜匪解」毛傳：「夙，早。夜，暮。匪，非也。」匪乃非之借．解，

魯・韓詩作懈。經典釋文卷十:「匪,不也。言不懈也。」EN0276
:「夙夜不解」,是其證。考匪・非二字,古音僅聲調稍異,其餘
全同,故得通假。此例未見於西周金文,然而西周金文非字用作否
定副詞者凡七見(參見<u>管燮初</u>・西周金文語法研究・p147)。

115 衣 > 殷

(一) 字形

(二) 字音

衣:ㄧ ;於希・影微開三平;影微・*iəi・*iəi・*iei
殷:ㄣ ;於斤・影欣開三平;影文・*iən・*iən・*iən

(三) 解字

衣:說文:「依也。上曰衣;下曰常。象覆二人之形。」
殷:說文:「作樂之盛偁殷。从月殳。」

(四) 用例

(1) WE1003:「衣殷祀羽王。……不丕克三衣殷王祀。」

(2) WE3059:「王客各圉宮,衣殷事。」

(3) WE4075:「遹妹栔克衣殷。」

謹案：

　　「衣」，孫詒讓・王國維・郭沫若均讀為殷・郭氏云：「衣即是殷，書・康誥『殪戎殷』，禮・中庸作『壹戎衣』，鄭注『衣讀如殷，……齊人言殷聲如衣』呂氏・慎大：『親郼如夏』，高注：『鄭讀郼如衣，今袞州人謂殷氏皆曰衣』」（見大系，p44），其說甚是。考衣・殷二字之古音，聲母・等呼・主要元音（王力・董同龢・高本漢均擬為同一元音）以及聲調皆同，僅韻尾稍殊，是為陰陽對轉，詩經韻腳亦有微文通韻之例，如邶風・北門：遺 jiuəi 摧 dzuəi／敦 tuən，又小雅・采芑：雷 luəi 威 iuəi／焞 thuən（見王力・詩經韻讀，p30），故可通假。金文衣假作殷之例凡三見，皆為西周初期銘文。

8・脂部〔ei〕　　116 豐＞禮

(一) 字形

(二) 字音

豐：41 ；盧啓・來薺開四上；來脂・ *lyei ・ *lied ・ *liər

禮：41 ；盧啓・來薺開四上；來脂・ *lyei ・ *lied ・ *liər

(三) 解字

豐：說文：「行禮之器也。從豆象形。……豐讀與禮同。」

禮：說文：「所吕事神致福也。從示從豐，豐亦聲。礼，古文禮。」

（四）用例

(1) WE1003：「乙亥，王又大豐禮。」

(2) WE2033：「復亯祿珷王豐禮，祼福自天。」

(3) WE3055：「才在璧盬辟雝，王乘邗舟為大豐禮。」

謹案：

WE2033 之「豐」，唐蘭讀為禮（見柯尊銘文解釋，p.63，文物19
76：1），是也。而 WE1003‧WE3055 之「大豐」，各說紛歧，大致有
三說，其一隸作豐而讀為封，郭沫若‧黃盛璋‧孫常敍等言其說；
其二讀為禮，孫詒讓‧柯昌濟‧陳夢家‧唐蘭‧孫稚雛等言其說；
其三讀為醴，赤塚忠‧白川靜言其說。今從孫詒讓之說讀為禮，「
大豐」即大禮，為饗射之禮，行於辟雝（詳見斷代(一)162）。「禮」
字金文未見而其異體見於 EN02175：「新君子之，不用豐禮宜諸。」
「豐」字張政烺釋為禮之異體（見古文字研究1：p.218），金文編‧古
文字類編從之（參見字形欄）。豐‧禮二字，古音全同（來母‧脂
部），故得通假。是例金文凡三見，均為西周初期銘文。

117 豐＞醴

（一）字形

豐：參見 116 豐＞禮條

醴			

(二) 字 音

豐：ㄌㄧ ；盧啟．來薺開四上；來脂．*lyei ．*lied ．*liər

醴：ㄌㄧ ；盧啟．來薺開四上；來脂．*lyei ．*lied ．*liər

(三) 解 字

豐：說文：「行禮之器也。从豆象形。……豐讀與禮同。」

醴：說文：「酒一宿孰也。从酉，豐聲。」

(四) 用 例

(1) WM2145：「王才在奠，鄉豐醴。」

(2) WM5192：「䀇氏駿方內納豐醴于王。」

謹案：
「豐」，當讀為醴，「鄉豐」即儀禮中之鄉醴，金文亦見作本
字者，如 WM3157：「王才在康寢，鄉醴。」，可證。豐、醴二字
古音全同（來母、脂部），故得通叚。金文假豐為醴之例，除此
以外，尚有一器，即仲嬰父鬲：「中嬰父作豐鬲。」（三代 5：35）
，豐字金文多作醴，如 EC06208：「予實父作醴壺。」，是其例。
高鴻縉云：「周人多加酉旁以示區異。」（見散盤集釋 p30 ）

118 豐 > 二

(一) 字 形

(二) 字 音

貳：心；而至·日至開三去；日脂· $*ȵiei$ · $*ȵied$ · $*ȵiər$
二：心；而至·日至開三去；日脂· $*ȵiei$ · $*ȵied$ · $*ȵiər$

(三) 解字

貳：說文：「副益也。从貝，弍聲。弍古文二。」
二：說文：「地之數也。从耦一……弍·古文二。」

(四) 用例

(1) WL2241：「公启宕其參三，女汝剮启宕其貳二，公启其貳二，女汝剮启宕其一。」

(2) EN0217：「以猙左右卒闢辪，不貳二其心。」

謹案：

貳字金文僅二見，WL2241之貳為數名二之借。EN0217之貳字原作「貳」，張政烺云：「从肉，弍聲，當是膩之異體，在此讀為二。」（見古文字研究1:p214），而孫稚雛隸定作貳（見同上書 p293），今從孫說，所从之肉為貝之誤，當讀為三心二意之二。考貳·二二字，古音並同（日母，脂部），故得通假。是例金文凡二見。典籍亦習見此例，如詩·大雅·大明七章：「上帝臨女，無貳爾心。」毛傳：「言無敢懷二心也。」，是其例。

119 尸>夷

(一) 字形

（二）字音

尸：ㄕ；式脂·審脂開三平；審脂·*ɕiei·*xied·*ɕiər

夷：ㄧˊ；以脂·喻脂開三平；喻脂·*ʎiei·*died·*diər

（三）解字

尸：說文：「陳也。象臥之形。」

夷：說文：「東方之人也。从大从弓。」

（四）用例

(1) WE 2016：「王令命趞戡東反尸夷。」

(2) WE 2018：「虢東尸夷大反，白懋父吕殷八𠂤征東尸夷。」

(3) WE 2022：「隹嗤公大僕來伐反尸夷秊。」

(4) WE 2024：「隹嗤王伐東尸夷。」

(5) WE 2040：「隹嗤周公于征伐東尸夷。」

(6) WE 3065：「隹嗤白屖父吕成𠂤即東，命伐南尸夷。」

(7) WE 4072：「南尸夷東尸夷具見。」

(8) WE 4075：「虢吾考克㣲克尸夷。」

(9) WE 4077：「王征南尸夷。」

(10) WM 1109：「虢，淮尸夷敢伐内國。」

(11) WM 5193：「南淮尸夷遷遷㱾，内入伐溒。」

(12) WL 1207：「易賜女汝尸夷臣十家，用事。」

(13) WL 1208：「虢中仲吕王南征，伐南淮尸夷。」

(14) WL 1231：「王征南淮尸夷。」

(15) WL 1233：「唯靈厌駿方準南淮尸夷東尸夷。」

(16) WL 2234：「嗣乃且祖啻官邑人虎臣西門尸夷、㝬尸夷、殼尸夷、京尸夷、奠身尸夷。」

(17) WL 2238：「賜賜女汝……尸夷允㦰三百人。」

(18) WL 2239：「今余令命女汝啻官嗣邑人，先虎臣后庸備：西門尸夷、𡩜尸夷、京尸夷、㝬尸夷、師筌側新，□華尸夷、由□尸夷、㕩人、成周走亞、戌秦人、降人、服尸夷。」

(19) WL 2243：「王令命里政征鮨治成周三方賨至于南淮尸夷。淮尸夷舊我賨畮人。」

(20) WL 2244：「淮尸夷誅我賨畮臣。」

(21) WL 2256：「者諸厌邏高父，見南淮尸夷。」

(22) EE 0209：「克狄淮尸夷。」

謹案：

郭沫若云：「古金文凡夷狄字均作尸·上辭屢見尸方亦即夷方，揆其初意蓋斤異族之死人，猶今人之稱為鬼也。後乃通改為夷字。……又左傳成十七年『吾一朝而尸三卿』，韓非子·內儲說·六微尸作夷，此尸夷通用之明證。」（大系 p14-15），其說甚是，而作「夷」者亦僅一見於金文，如 WE 3068：「王乎作冊尸冊令柳嗣六自牧，陽大□嗣羍夷，陽佃吏。」此「羍夷」用作地名，即夷狄之夷（參見沈寶春·商周金文錄遺考釋 p251-262）。考尸·夷二字古音，聲則相近（同為舌面音），韵則同在脂部，故得通假。是例西周銘文屢見，而東周銘文則僅一見耳。

120 死 > 屍

(一) 字形

死	(字形)	(字形)	(字形)	(字形)	(字形)

屍：金文未見

(二) 字音

死：ㄙˇ；息姊‧心旨開三上；心脂‧*siei‧*sied‧*siəg

屍：ㄕ；式之‧審脂開三平；審脂‧*çiei‧*xied‧*siər

(三) 解字

死：說文：「澌也。人所離也。从歺人。」

屍：說文：「終主也。从尸死。」

(四) 用例

(1) WE 3062：「盂，迺召夾死屍嗣戎。」

(2) WM 2152：「王乎呼史牟冊令命壑：死屍嗣朕王家。」

(3) WM 3158：「王命：死屍嗣王家。」

(4) WM 3159：「袤乃先且祖考死屍嗣楚公室。」

又：「今命乃父死屍嗣莽人。」

又：「余隹唯令命女汝死屍嗣莽宮莽人。」

(5) WM 5190：「令命女汝……死屍嗣王家內外。」

(6) WL 1200：「今令命女汝死屍我家。」

(7) WL 2237：「死屍毋毋童動令一人才在立位。」

(8) EE 11058：「虩虔卹卒死屍事。」

(9) EC 06210：「死屍于下土，台以事康公。」

謹案：

　　金文習見之月相用語「既死霸」、又 EE11059：「壽老母死」、EN02176：「隹雖有死皋」等句之「死」，皆當讀如字。而上舉「死」字各例，均為屍之借，說文云：「屍，終主也。」，段玉裁云：「終主者，方死無所主，以是為主也。」（見說文屍字下所注），段氏誤以終當動詞解，愚以為當作副詞解，終主者，猶終身而管理、畢死而主管矣。金文單言「死屍」或連語「死屍爾」者，即終主也（本陳夢家說·見斷代(三) 97）。「死屍爾」乃為同義複合詞。考死·屍二字古音，韻則同在脂部；聲則相去較遠，死為齒頭音心母，屍為舌面音審母，其發音部位較遠，然發音方法則同為全清·擦音。說文以為屍字从尸死會意，未允。據金文用例以及上古音韻觀之，當為从尸死，死亦聲。金文未見屍字，而假死為之，是例兩周銘文習見。典籍則多假尸為之，段玉裁云：「今經傳字多作尸，同音假借也。亦尚有作屍者。」（說文屍字下所注），是也。詩·召南·采蘋三章：「誰其尸之，有齊季女。」毛傳：「尸，主。」爾雅·釋詁：「尸，主也。」，皆假借義。金文之「尸」，均用為夷之借（參見119 尸 > 夷條）。

121 隮 > 齊

(一) 字形

隮			齊

齊：金文未見

(二) 字 音

　　儕：衫′；士皆·林皆開二平；林脂·*dẓei · *dẓed · *dẓ'ər

　　齎：凵；即夷·精脂開四平；精脂·*tsjei · *tsjed · *tsjər

(三) 解 字

　　儕：說文：「等輩也。从人，齊聲。」

　　齎：說文：「持遺也。从貝，齊聲。」

(四) 用 例

　　WL1226：「儕齎女汝十五易瑒登簋。」

謹案：　「儕」，郭沫若云：「儕假為齎，意與賜同。」（見考古學報
　　1962:1），是也。西周賞賜銘文用作賞賜之動詞，除最習見之「易
　　」·「商」二字以外，尚有「賓」·「令」、「歸」、「休」、「
　　舍」·「儕」等（參見黃然偉·殷周青銅器賞賜銘文研究, p14）。
　　考二字古音，聲近（同為齒音）而韻同（並在脂部），故得通假。
　　是例僅一見於西周晚期厲王時器。

122　匕 > 妣

(一) 字 形

				匕

(二) 字 音

匕：ㄅㄧˇ；卑履‧幫旨開三上；幫脂‧ *pǐei · *pǐed · *pǐər

妣：ㄅㄧˇ；卑履‧幫旨開三上；幫脂‧ *pǐei · *pǐed · *pǐər

（三）解字

匕：說文：「相與比敘也。从反人，匕亦所㠯用匕取飯，一名柶。」

妣：說文：「歿母也。从女比聲。𣢘，籀文妣省。」

（四）用例

EE11076：「齊侯乍作皇匕妣孟姬寶䀠盤。」

謹案：

「匕」，高田忠周云：「銘即借為妣字。」（見古籀篇33:29）

，是也。EE01001作「皇妣」，可證。匕‧妣二字古音並同（幫母

‧脂部），故得通假。金文假匕為妣之例凡十二見（參見金文編P

576），其中合文者凡六見。

123 祉＞妣

（一）字形

妣：參見122匕＞妣條

（二）字音

祉：ㄅㄧˇ；卑履‧幫旨開三上；幫脂‧ *pǐei · *pǐed · *pǐər

妣：ㄅㄧˇ；卑履‧幫旨開三上；幫脂‧ *pǐei · *pǐed · *pǐər

（三）解字

祉：說文：「吕豚祠司命也。从示，比聲。」

妣：說文：「歿母也。从女，比聲。𣢘，籀文妣省。」

(四) 用　例

(1) EE/1059：「用喬用孝于皇祖聖丏．皇祁祉聖姜．」

(2) EE/1087：「用喬用養孝于皇視祖皇祁祉皇丂孝皇母。」

謹案：

　　高田忠周曰：「說文祉字籀文作祂，知祁亦籀文祉字。銘本段借，用為祉字．」（見古籀篇9:22），張日昇亦云：「據齊鎛（案：EE/1059）文知祁當釋祉，讀作祂，同音（案：並為幫母．脂部）通叚也。」（見金文詁林1.104-0020），二氏之說甚是，今從之。金文假祉為祂之例凡二見，均為東周東土系齊國彝銘．

9. 歌部〔*ai〕
124　加＞嘉

(一) 字　形

加					甲骨
嘉					金文

(二) 字　音

加：ㄐㄧㄚ；古牙．見麻開二平；見歌．*keai ．*ka ．*ka

嘉：ㄐㄧㄚ；古牙．見麻開二平；見歌．*keai ．*ka ．*ka

(三) 解　字

加：說文：「語相增加也．从力口．」

嘉：說文：「美也。从壴，加聲。」

(四) 用　例

WL2235：「王孔加嘉子白伯義。」

謹案：

　　「加」，方濬益謂假為嘉（見綴遺 7:19，虢季子白盤），是也。作本字者見於東周南土系徐國銘文，即 ES03137：「孔嘉元成」，是其例。「孔嘉」一詞亦見於毛詩，即幽風・東山四章：「其新孔嘉，其舊如之何？」傳：「孔，甚也。」鄭箋：「嘉，善也。」加・嘉二字，古音全同（見母・歌部），故得通假。嘉字已見於甲・金文，而假加為之例僅一見於西周晚期宣王時器。

125　宜＞誼

(一) 字　形

誼：金文未見

(二) 字　音

宜：ㄧˊ；魚羈・疑支開三平；疑歌・＊ŋiai・＊ngia・＊ngia

誼：ㄧˊ；宜寄・疑真開三去；疑歌・＊ŋiai・＊ngia・＊ngia

(三) 解　字

宜：說文：「所安也。从宀之下，一之上，多省聲。㝠・古文宜。宜・亦古文宜。」

誼：說文：「人所宜也。从言宜，宜亦聲也。」

(四) 用例

(1) EN02175：「倘遹晉遭愍邦君子噲遹不顯，䎜大宜誼。」

又：「佳唯惠德算附民，佳唯宜誼可長。」

(2) EN02176：「吕猷左右寽嗣人，逆使智知社稷稄之賃任，宗臣之宜誼。」

(3) EN02176-1：「大劈辭不宜誼。」

謹案：

張政烺云：「宜，讀為義」（見古文字研究 1：p215），未允。仁義之義，本當作誼，劉又辛云：「其實『義』乃威儀字的初文（案：威儀之儀金文均作『義』，即『威義』一詞習見於銘文，WM2144、2147；WL1222、1228；ES03137、03138、0412、EC0414 皆有是詞），因為『義』字假借為仁誼的『誼』」（見論假借，羅常培紀念論文集 p99），其說甚是，而段玉裁已言之（參見說文義字下段氏所注）。由此足見此「宜」字，乃誼之假借。宜·誼二字古音相同（疑母·歌部），故得通假。是例金文凡四見，皆為東周中山國器銘。

126 義 > 宜

(一) 字形

宜：參見 125 宜 > 誼。

(二) 字音

義：ㄧˋ；宜寄．疑寘開三去；疑歌．*ŋiai．*ngia．*ngia

宜：ㄧˊ；魚羈．疑支開三平；疑歌．*ŋiai．*ngia．*ngia

(三) 解字

義：說文：「己之威義也。从我从羊。羛，墨翟書義从弗。魏郡有

羛陽鄉，讀若錡，今屬鄴本內黃北二十里鄉也。」

宜：說文：「所安也。从宀之下，一之上，多省聲。宐、古文宜。

宜，亦古文宜。」

(四) 用例

(1) WE3050：「義宜殺播鼓卒不從車右征。」

(2) WM2142：「義宜其禋禋祀。」

(3) WL1198：「我義宜俊臣女汝千。」

謹案：

　　例(1)之「義」，郭沫若讀為宜（見大系 p26），周法高從之；例
(2)之「義」，唐蘭．戴家祥．周法高皆讀為宜；例(3)之「義」，唐
蘭．李學勤均讀為宜（諸家說見金文詁林補 12-1618），是也。「義
」為威儀之本字，「威義」一詞習見於金文（說詳 125 宜＞誼條）
，於此則當為宜之假借，宜者當也。詩．大雅．蕩五章：「天不湎
爾以酒，不義从式。」毛傳：「義，宜也。」邶風．谷風一章：「
「不宜有怒」，省其例。義．宜二字，古音同為疑母．歌部，故得
通假。是例金文凡三見，皆為西周銘文。

127 訶＞歌

(一) 字 形

訶			

歌：金文未見

(二) 字 音

訶：ㄏㄜ；虎何．曉歌開一平；曉歌．*xai ．*xâ ．*xâ

歌：ㄍㄜ；古俄．見歌開一平；見歌．*kai ．*kâ ．*kâ

(三) 解 字

訶：說文：「大言而怒也．从言，可聲。」

歌：說文：「詠也．从欠，哥聲。訶，歌或从言。」

(四) 用 例

(1) ES03140：「樂我父兄，飲飲訶（歌）遷舞。」

(2) EC04490：「自作作訶（歌）鐘，元鳴無暮期。」

(3) EC08219：「来公成之訶（歌）鐘。」

謹案：「訶」，當讀為歌詠之歌，說文以訶謌為二字，然容庚金文編以為訶歌乃一字（見該書 p147．p641）。今從許說，高田忠周亦以為銘文之訶假借為歌字（見古籀篇 13：18）。訶、歌二字，古音聲則相近（並為舌根音），韻則同在歌部，故得通假。是例共三見，皆為東周銘文，西周則未見之。

128 禾＞穌

(一) 字　形

禾			
龢			

(二) 字　音

禾：ㄏㄜˊ；戶戈‧匣戈合一平；匣歌‧ *ɣuâi‧ *ɣwâ‧ *g'wâ

龢：ㄏㄜˊ；戶戈‧匣戈合一平；匣歌‧ *ɣuâi‧ *ɣwâ‧ *g'wâ

(三) 解　字

禾：說文：「嘉穀也。……从木象其穗。」

龢：說文：「調也。从龠，禾聲。讀與咊同。」

(四) 用　例

(1) EE05024：「郗公釻乍作𢆶禾龢鐘。」

(2) ES02131：「自祝鑄禾龢鐘。」

謹案：「禾」，當讀為龢，釋為調也，和也。金文多作龢字，如WM
2147：「敢乍文人大寶龢鐘。」‧EW02110：「乍𢆶龢鐘」等是其例
‧禾‧龢二字，古音同為匣母‧歌部，故得通假。是例金文凡二見
，皆為東周銘文

(一) 字 形

也			也
匜			匜

(二) 字 音

也：ㄧㄝˇ；羊者．喻馬開三上：喻歌 ．$*ʑiai$ ．$*diǎg$ ．$*diǎ$

匜：ㄧˊ；弋支．喻支開三平：喻歌 ．$*ʑiai$ ．$*djeg$ ．$*dia$

(三) 解 字

也：說文：「女会也。从乁，象形，乁亦聲。」

匜：說文：「佀羹魁，柄中有道，可以注水酒。从匚，也聲。」

(四) 用 例

(1) EE 07037：「作其庶女鑄孟姬媵也匜。」

(2) EE 07046：「作其子孟姬媵也匜。」

(3) EE 11064：「作㮚姬寶也匜。」

(4) EE 11081：「作虢孟姬良母寶也匜。」

(5) EC 06202：「作季姜寶也匜。」

謹案：

　　「也」、用作名詞，當讀為匜。全文未見從匚作匜者，而習見
其異體，或從皿作盈（見於 EN 01172．EC 06207）．或從金作鉈（見於 EC

0721)，或從金從皿作鎰（見於 Ec01214），皆其例。金文編收於匜字下（參見讀書 p843）。也、匜二字，古音相同（喻母、歌部），故得通假。是例凡五見，皆為東周銘文。

130 皮＞彼

（一）字形

皮					

彼：金文未見

（二）字音

皮：ㄆ一ˊ；符羈・奉支開三平；並歌・ *biai ・ *b'iwa ・ *b'ia

彼：ㄅ一ˇ；甫委・非紙開三上；幫歌・ *piai ・ *piwa ・ *pia

（三）解字

皮：說文：「剝取獸革者，謂之皮。从又爲省聲。」

彼：說文：「往有所加也。从彳，皮聲。」

（四）用例

(1) EN02176-1：「于皮（彼）新奎野，其遷會女（如）林。」

(2) ES03141：「□皮（彼）吉人喬，士余是尚。」

謹案：

　　「皮」，張政烺（古文字研究1：p242）・郭沫若（大系 p163）均讀為彼，是也。考皮・彼二字，古音聲近（同為脣音）而韻同（並在歌部），故可通假。金文無彼字，均假皮為之，而此例未見於西周金文。

131 過＞勻

(一) 字形

過		
（字形）	（字形）	（字形）
勻		
（字形）	（字形）	（字形）

(二) 字音

過：《ㄛˋ；古臥．見過合一去；見歌．*kuai ．*kwâ ．*kwâ

勻：《ㄢˊ；古達．見曷開一入；見月．*kat ． — ．*kât

(三) 解字

過：說文：「度也。从辵，咼聲。」

勻：說文：「气也。亡人為勻，求安說。」

(四) 用例

EE05026：「〔弢〕用過勻寬壽多福福萬季無疆。」

謹案：「過」，郭沫若讀為勻（見大系 p192），是也。或作本字，即 WM5191：「用勻多福寬壽無疆。」是其例。典籍則多假介為之（容庚說，見金文編 p840 勻字條下），如詩．豳風．七月六章：「為此春酒，以介眉壽。」考過．勻二字之古音，韻則歌．月之別，而聲則同在見母，故可通作。金文假過為勻之例，僅一見於東周東土系邾國銅器。

第2節 陽聲韻部

10. 蒸部 [*əng]

132 登 > 鄧

(一) 字形

登			

(二) 字音

登：ㄉㄥ；都縢．端登開一平；端蒸．*təng．*têng．*təng

鄧：ㄉㄥˋ；徒亙．定嶝開一上；定蒸．*dəng．*d'êng．*t'əng

(三) 解字

登：說文：「上車也。从癶豆。象登車形。耸，籀文登，从収。」

鄧：說文：「曼姓之國，今屬南陽，从邑，登聲。」

(四) 用例

(1) WE2044：「王令令盂寧登白鄧伯，賓償貝。」

(2) EC03188：「戝鄧盂乍作……壺。」

(3) EC03189：「隹唯戝鄧八月初吉……。」

(4) EC03190：「隹唯蒦鄧九月初吉……。」

謹案：「登」，即諸家讀為鄧侯．鄧國之鄧（參見陳夢家．斷代(二)：119）

，左傳桓七年：「鄧侯吾離來朝」，漢書·地理志·南陽郡鄧縣云：「故國」。登·鄧二字之古音，聲近（同為舌頭音）而韻同（並在蒸部），故可通作。金文鄧均假登為之，典籍則从邑作鄧，所从之邑，秦以後所加。

133 登 > 烝

(一) 字形

登			
			烝

烝			

(二) 字音

登：ㄉㄥ；都滕·端登開一平；端蒸 $*təng$ · $*têng$ · $*təng$

烝：ㄓㄥ；煮仍·照蒸開三平；照蒸 $*ȶiəng$ · $*ḱiəng$ · $*ɟiəng$

(三) 解字

登：說文：「上車也。从癶豆。象登車形。聲，籀文登，从収。」

烝：說文：「火气上行也。从火，丞聲。」

(四) 用例

(1) EE11090：「台以鬟烝台以嘗，保又右齊邦。」

(2) EE11091：「台以鬟烝台以嘗，僅保有右齊邦。」

(3) EE11092：「台以畀烝台以嘗，保有右齊邦。」

(4) ES01121：「其畀烝于上下□□。」

謹案：

「畀」，各家均讀為祭名之烝。詩·小雅·楚茨二章：「絜爾牛羊，以往烝嘗。」鄭箋：「冬祭曰烝，秋祭曰嘗」，或作蒸，爾雅·釋天：「冬祭曰蒸」又釋詁：「烝，祭也。」說文云：「蒸，析麻中榦也。」，廣韻烝蒸二字並為煮仍切，故本文讀畀為烝。金文作「畀」、「畀」者早見於西周初期銘文，如 WE3052：「有嗣畀尸。……召我一人畀三方。」；WE4011：「王嘉畢畀」是其例，是字名家均釋為烝，或以為烝之本字（參見金文編 p330 畀字）。考畀·烝二字之古音，聲近（同為舌音全清音，僅有舌頭與舌面之別）而韻同（並在烝部），故可通作。金文假畀為烝之例，凡四見，皆為東周銘文。

134 升＞烝

(一) 字形

烝：參見 133 畀＞烝條

(二) 字音

升：ㄕㄥ；識蒸·審蒸開三平；審蒸 *ɕiəng *ɕieŋ *ɕiəŋ

烝：ㄓㄥ；煮仍·照蒸開三平；照蒸 *ȶiəng *ȶieŋ *ȶiəŋ

(三) 解 字

升：說文：「十合也。从斗象形，合龠為合龠容千二百黍。」

烝：說文：「火气上行也。从火，丞聲。」

(四) 用 例

WE4078：「升烝于𤔲文且祖考。」

謹案：

「升」，容庚釋為進也。（見善圖 p.18 友簋），陳夢家言升段作登或烝（見斷代四：118），今讀為烝。爾雅·釋詁：「烝，祭也。」又釋天：「冬祭曰烝」注云：「進品物也。」考升·烝二字，古音聲近（同為舌面音）而韻同（並在蒸部），故可通假。是例僅一見於西周初期昭王時器。

135 曾 > 贈

(一) 字 形

贈				𧶼

贈：金文未見

(二) 字 音

曾：ㄘㄥˊ；昨棱·從登開一平；從蒸·*dzeng·*dzʼeng·*dzʼəng

贈：ㄗㄥˋ；昨互·從嶝開一去；從蒸·*dzeng·*dzʼeng·*dzʼəng

(三) 解 字

曾：說文：「詞之舒也。从八从曰，四聲。」

贈：說文：「玩好相送也。从貝，曾聲。」

（四） 用 例

WE4071：「唯王十又三祀十又一月丁卯，王嘉畢量盂。戊辰曾贈。」

謹案：

郭沫若云：「曾，殆贈之省文。周官·男巫『冬堂贈』，莊子春云：『堂贈謂逐疫也。』鄭玄云：『冬歲終，以禮送不祥及惡夢。』此在十一月，正合。」（見大系 p50）其說可從，然愚以為「省文」一詞，未允，金文未見「贈」字，此當讀為贈。曾·贈二字，古音相同（從母·蒸部），故得通作。是例全文僅一見於西周初期昭王時器。

136 曾＞增

（一） 字 形

曾：參見 135曾＞贈條

增：金文未見

（二） 字 音

曾：ㄘㄥˊ；昨棱·從登開一平；從蒸。*dzəng *dzʻəng *dzʻəng

增：ㄗㄥ；作滕·精登開一平；精蒸。*tsəng *tsʻəng *tsəng

（三） 解 字

曾：說文：「詞之舒也。从八从曰，四聲。」

增：說文：「益也。从土，曾聲。」

（四） 用 例

WL1230 ：「王……冊令令龔曰……，又今余曾增乃令命，……」

謹案：

「曾」，用作動詞·假借為增，義為益也。考曾·增二字之古

音，聲則相近（同為齒頭音），韻則同在蒸部，故得通假。增字金文未見，而假曾為之，是例僅一見於西周晚期屬王時器，土部後加。

137 䍷>媵

(一) 字形

䍷				
媵				

(二) 字音

䍷：ㄕㄥ；以證·喻證開四去；喻蒸·$^{*}\text{ɕiəng}$·$^{*}\text{dieng}$· —

媵：ㄕㄥ；以證·喻證開四去；喻蒸·$^{*}\text{ɕiəng}$· — $^{*}\text{dieng}$

(三) 解字

䍷：說文：「物相增加也。从貝，朕聲。一曰送也。副也。」

媵：說文未收

(四) 用例

(1) EE07037：「中白伯作作其庶女鷸孟姬䍷媵也匜。」

(2) EE07038：「魯大宰遽父乍作季姬身䍷媵䵼。」

（除此之外，EE07040·07044·07046；EW01103·01148；ES04448·04149；EC02180·02181 04192·04797·0828·亦均作「䍷」）

謹案：「䍷」，即言明該器之用途，乃指媵器而言。上所舉銅器均為媵器，而不作媵而作䍷者，以二字音同（喻母·蒸部）義近而通作

。金文作「滕」者亦習見（詳見234朕＞滕條），可證。

11. 耕部〔*eng〕

138 坙＞經

(一) 字 形

坙			
經			

(二) 字 音

坙：ㄐㄧㄥ；古靈・見青開四平；見耕・*kyeng・*kieng・*kieng

經：ㄐㄧㄥ；古靈・見青開四平；見耕・*kyeng・*kieng・*kieng

(三) 解 字

坙：說文：「水巠也。从川在一下，一・地也。壬省聲。一曰水冥坙也。坙，古文坙不省。」

經：說文：「織從絲，从糸坙聲。」

(四) 用 例

(1) WL1211：「坙經念乎聖保且祖師華父。」

(2) WL1229：「余亡康晝夜，坙經雝擁先王，用配皇天。」

(3) WL2237：「父厝，口今余唯肇坙經先王命。」

(4) EW0110l：「今不叚眇妄盜，坙經雝擁朕德。」

謹案：

張政烺云：「坙蓋讀為經。毛詩・小雅・小旻（案：四章）：『匪大猶是經』，箋：『不循大道之常』，則經是循常。」（見周

屬王胡盨釋文，古文字研究・3：p106），其說可從。巠・經二字，古音並同（見母・耕部），故得通假。金文有經字，即 WL2235：「經縫三方」，是其例，或假巠為之，是例金文凡四見。

139 憼 > 警

（一）字　形

	（字形圖）		（字形圖）

警：金文未見。

（二）字　音

憼：ㄐㄧㄥ˙；居影・見梗開三上；見耕・*kieng・*kǐěng・*kǐěng

警：ㄐㄧㄥ˙；居影・見梗開三上；見耕・*kieng・*kǐěng・*kǐěng

（三）解　字

憼：說文：「敬也。从心从敬，敬亦聲。」

警：說文：「戒也。从言从敬，敬亦聲。」

（四）用　例

EN0275：「諴誠鄙之訓，以憼警嗣王。」

謹案：「憼」字金文僅見，張政烺云：「此銘敬省口旁，與古璽文同。憼，讀為警，戒也。」（見古文字研究 1：p211），其說允當。高明・古文字類編誤收於警字下（參見字形欄），而金文編無誤（見該書 p712・憼字條）。憼・警二字，聲韻全同（並讀居影切・見母耕部），故得通假。是例僅一見於東周北土系中山圓壺銘。

140 冋 > 絅

(一) 字形

冋	正 圖畫	正 圖畫			匚
絅	正 圖畫				

(二) 字音

冋：ㄩㄥ，古螢‧見青合四平；見耕‧*Kyueng‧*Kiweng‧*Kiweng

絅：ㄐㄩㄥˊ；古螢‧見青合四平；見耕‧*Kyueng‧*Kiweng‧ ——

(三) 解字

冋：說文：「邑外謂之郊，郊外謂之野，野外謂之林，林外謂之冂。冋，古文冂从囗，象國邑。坰、冋或从土。」

絅：說文：「急引也。从糸，冋聲。」

(四) 用例

(1) WM2123：「易賜趞鑾載市、冋絅黃珩‧鑾旂。」

　　　（「冋黃」一詞亦見於 WM2132‧3168；WL1225‧2239）

(2) WL1211：「易賜女汝叔市‧參冋絅苒恩。」

(3) WL3260：「易賜女汝赤市‧冋絅要緟黃珩，鑾旂，用事。」

謹案：

　　郭沫若云：「冋亦當是色名。凡言黃之例均著其色。如朱黃‧幽黃、恩黃均其證。冋乃叚為絅若蒜。」（見大系 p68），其說可從。WL2234：「新易賜女汝赤市‧朱朱黃‧中鼎絅。」，可證。「鼎」，阮元‧吳大澂言韠字（見積古1:25；古籀補 p13），非是

，吳式芬、高田忠周皆隸定為絅（見攈古3·1·63；古籀篇68·19），是也。典籍則「絅」、「褧」、「蕀」三字通作：詩·鄭風·豐二章：「衣錦褧衣，裳錦褧裳。」禮記·玉藻注引詩作「絅」，說文林部引作「蕀」，衣部引作「褧」，是其例。冋、絅二字，古音同為見母·耕部，故可通假。是例習見於西周中期·晚期賞賜銘文。

141 型 > 荆

(一) 字形

型：參見164 井 > 型條

荆：參見153 井 > 荆條

(二) 字音

型：T11ˊ；戶經·匣青開四平；匣耕·*ɣyeng·*ɣieng·*gˇieng

荆：T11ˊ；戶經·匣青開四平；匣耕·*ɣyeng·*ɣieng·*gˇieng

(三) 解字

型：說文：「鑄器之灋也。从土，荆聲。」

荆：說文：「罰辠也。从刀井。易曰：井者，法也。」

(四) 用例

EN02176-1：「大去去型刑罰，以憂卹民之隹．靡不剋𡖊。」

謹案：「型」，張政烺讀為刑（見古文字研究1：p236）。說文荆字下段注云：「假借為典型字。」此則相反。型·荆（此字典籍多作刑）二字，古音相同（匣母·耕部），故得通假。是例僅一見於中山國銅器。

142 廷 > 筳

(一) 字形

廷			筳

筳：金文未見。

(二) 字音

廷：ㄊㄧㄥˊ；特丁·定青開四平；定耕·*dyeng·*dieng·*d'ieng

筳：ㄊㄧㄥˊ；特丁·定青開四平；定耕·*dyeng·*dieng·*d'ieng

(三) 解字

廷：說文：「朝中也。从廴，壬聲。」

筳：說文：「繀絲筦也。从竹，廷聲。」

(四) 用例

WE2033：「隹珷王既克大邑商，則廷(筳)告天曰：『余其宅茲(茲)中或(國)，自之茲(茲)乂(乂)民。』」

謹案：

唐蘭云：「『廷』疑當讀為『筳』」，離騷：『索瓊茅以筳篿兮』『筳篿是折竹卜。』」又譯云：「武王戰勝了『大邑商』，就向天卜告，說：『我要住在中央地區，從這裏來治民眾。』」（見何尊銘文解釋，文物1976：1），其說可從。吳棫范氏筳篿卜法序：「筳篿卜法者，本楚越間小術也。」此卜法是否流行於西周初中原地區（此器1963年出土於陝西寶雞）？待考。筳·廷二字，古音並同（定母

‧耕部），故可通假。莛字金文未見，而假廷為之例僅一見於西周初期成王時器。

143 霝＞靈

(一) 字形

霝

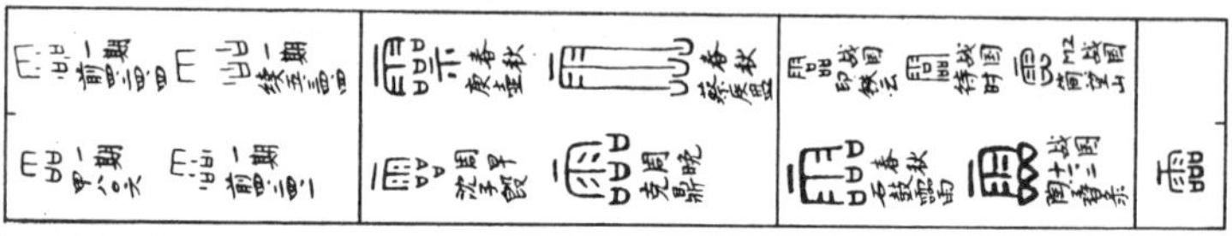

靈：金文未見

(二) 字音

霝：ㄌㄧㄥˊ；郎丁‧來青開四平；來耕‧*lyeng‧*lieng‧*lieng

靈：ㄌㄧㄥˊ；郎丁‧來青開四平；來耕‧*lyeng‧*lieng‧*lieng

(三) 解字

霝：說文云：「雨零也。从雨吅，象零形。」

靈：說文云：「巫也。以玉事神，从玉，霝聲。靈，靈或从玉。」

(四) 用例

A.言「霝冬」者：

(1) WM2127：「畯駿臣天子，霝靈冬終。」

(2) WM2147：「受授余屯純魯，通彔祿永令、釁壽霝靈冬終。」

(3) WM2148：「褱懷受授余爾𩰫福霝靈冬終。」

(4) WM5191：「永屯純霝靈冬終。」

(5) WL1213：「永令命霝靈冬終、萬秊無疆。」

(6) WL2253：「釁壽綽綰、永令命霝靈冬終。」

(7) WL 3264：「肆駿臣天子，霝[⌃]冬終。」

(8) EC 0491：「用衛匄眉壽、綽綰永令命，彌生霝[⌃]冬終。」

　2、其他

(1) WM 2142：「青幽高且祖，才在霝[⌃]處。」

(2) EE 11068：「用祈匄壽霝[⌃]命難㞢老。」

(3) EE 11079：「台以匄衛匄眉壽、霝[⌃]命難老。」

(4) EC 0494：「咸義逑逑，霝[⌃]頌託商。」

謹案：

「霝冬」、「霝命」之「霝」，劉心源、徐中舒、高本漢等讀為令終之令，釋為善。「令終」一解見於詩・大雅・既醉及國語・周語下（說詳徐氏金文叚借釋例 p22-23，高氏先秦假借上 p539），其訓為善無疑，然讀霝為令者，似有可商。霝為耕部字，令為真部字，詩經常與顯・仁・鄰・電等真部字互押（參見拙書詩經韻腳古韻四聲譜 p40~46）。愚以為是字當讀為靈，詩・鄘風・定之方中三章：「靈雨既零，命彼倌人。」鄭箋：「靈，善也。」劉瑾・詩傳通釋：「靈，說文訓巫，本為巫善事神之偁，因通謂善為靈。」廣雅・釋詁：「靈，善也。」；EC 0494 之「霝」，于省吾讀為靈，善也（見壽縣蔡侯墓銅器銘文考釋 p46），WM 2142 之「霝」，唐蘭、裘錫圭皆讀為靈，靈處即善處（二氏說均見於文物 1978：3）。霝靈二字，古音相同（來母、耕部），故得通假。靈字金文未見，而假霝為之例凡十二見，然西周初期銘文未見。

　　144 霝＞矯

(一) 字形

霝：參見 143 霝>靈條。

罍	霝霝霝霝 缶 金文雨		霝

(二) 字音

霝：ㄌㄧㄥˊ；郎丁・來青開四平；來耕・*lyeng・*lieng・*lieng

罍：ㄌㄧㄥˊ；郎丁・來青開四平；來耕・*lyeng・*lieng・*lieng

(三) 解字

霝：說文：「雨零也。从雨吅，象零形。」

罍：說文：「瓦器也。从缶，霝聲。」

(四) 用例

伯嬰父霝：「伯嬰父乍作畢姬尊霝罍。」（三代18.16.3；通考452:1）

謹案： 「霝」，孫詒讓云：「此霝當即罍之省。」（見餘論2:18），
近是，當為罍之假作，金文多作本字，如曾白文罍（文物1973:5,p22）
、善大吉父罍（蓋）（考古1959:11 p635）、仲義父罍（三代18.15.3）、奧
義白罍（文物1966:5,p71）等皆其例。霝、罍二字，古音全同（來母
・耕部），故得通假。是例僅見此器。

145 正>征

(一) 字音

正：ㄓㄥˋ；之盛・照勁開三去；照耕・*tɕieng・*ţieng・*ţjěng

征：ㄓㄥ；諸盈・照清開三平；照耕・*tɕieng・*ţieng・*ţjěng

(二) 字形

正	(字形)	(字形)	(字形)	正
征	(字形)	(字形)		征

(三) 解字

正：說文：「是也。从一，一曰止。」

征：說文：「延，正行也。从辵，正聲。征，延或从彳。」

(四) 用例

(1) WL2244：「今令肇令命女汝達齊币·吳楚·樊尿左右虎臣正征淮尸夷。」

(2) ES04153：「中子化用保楚王，用正征招。」

謹案：

「正」，當動詞用，諸家皆讀為征。金文多作征，即WE2018：「白懋父呂殷八自征東尸夷。」，是其例。正·征二字古音同為照母·耕部，故得通假。是例亦習見於典籍，如尚書·湯誓：「舍我穡事，而割正夏。」又多方：「越惟有胥伯小大多正。」二正字皆為征之借（參見周富美·尚書假借字集證，p27·59·66）。

146 征＞正

(一) 字 形 ⎤
(二) 字 音 ⎬ 參見 145 正 > 征 條
(三) 解 字 ⎦
(四) 用 例

WE 202b：「唯征正月既望癸酉，王獸于昏麤。」

謹案：「征」，郭沫若讀為正（見大糸 p29），容庚從之（見金文編 P 94）。正月之正，金文多作正（參見金文詁林 2.420 - 0168），而假征為之例，兩周金文中僅見於此器。正‧征二字古音並為照母‧耕部，故得通假。金文征行之征亦假正為之（參見 145 正 > 征條）。金文言「正月」‧「正某月」，乃為二事。前者稱一月而言；後者則指周正而言，黃然偉云：「今所見殷代銅器銘文，皆稱『正月』而無『一月』之稱者；西周金文亦然，悉以殷代新派稱『正月』或『征月』，無一例外。」（見殷周青銅器賞賜銘文研究 p28），是也。

147 政 > 征

(一) 字 形

政				商
征				周

(二) 字 音

政：业ㄥˋ；之盛·照勁開三去；照耕· *tɕïeng · *t̑ïeng · *t̑ǐ̯eng

征：业ㄥ；諸盈·照清開三平；照耕· *tɕïeng · *t̑ïeng · *t̑ǐ̯eng

(三) 解 字

政：說文：「正也。从攴正，正亦聲。」

征：說文：「延，正行也。从辵，正聲。征，延或从彳。」

(四) 用 例

(1) WL2235：「賜用戍，用政征㽒鬯方。」

(2) WL2237：「易賜女汝絲茲矣，用歲用政征。」

(3) WL2243：「王令命甲政征䑃治成周三方責積至于南淮尸夷。」

(4) EC02185：「白亞自乍作鎬，用政征用樂。」

謹案：

　　郭沫若云：「政讀為征無可疑，用歲與用祼相同。」（見大系 p.137，其餘政字亦均讀為征，分別見該書 p.104·144），其說可從。政 字均用作征伐義，EC07212：「用征用行」，作本字，可證。後王裁 說文征字下注云：「引伸為征伐。」說文以征為延字之或體，金文 則通用無別，典籍均作征。政·征二字，上古時音韻並同，僅有其 中古聲調去·平之別，故得通作。是例金文凡四見。

148 成 > 盛

(一) 字 音

成：化ˊ；是征·禪清開三平；禪耕· *z̑ïeng · *ẑïeng · *d̑ǐ̯eng

盛：化ˊ；是征·禪清開三平；禪耕· *z̑ïeng · *ẑïeng · *d̑ǐ̯eng

(二) 字　形

(三) 解　字

成：說文：「就也。从戊，丁聲。戌，古文成从午。」

盛：說文：「黍稷在器中，目祀者也。从皿，成聲。」

(四) 用　例

WL3265：「用成糯稻稻需劃。」

謹案：

「成」，周原考古隊以為讀為盛（見周原出土伯公父簋，文物
1982：6.p87），是也。考成、盛二字，古音全同（禪母、耕部），
故得通假。東周金文亦見作盛者，即EE0200g：「用盛稻粱」，與此
文例相同，可證。金文假成為盛之例僅見於此器耳。

149　眚＞生

(一) 字　形

生：參見150生＞姓條

(二) 字 音

　　眚：ㄕㄥˇ；所景・山梗開二上；山耕・ *ʃeng ・ *seng ・ *sěng

　　生：ㄕㄥ；所庚・山庚開二平；山耕・ *ʃeng ・ *seng ・ *sěng

(三) 解 字

　　眚：說文：「目病生翳也。从目，生聲。」

　　生：說文：「進也。象艸木生出土上。」

(四) 用 例

　(1) WM2131：「唯王二月既眚生霸。」

　(2) WM4185：「隹王三月既眚生霸。」

　(3) WL1205：「隹王九月既眚生霸庚寅。」

謹案：

　　　眚字金文作「苼」，吳大澂謂古相字（見古籀補 p.19），容庚謂
省眚為一字而將之收於省字下（見金文編 p.242），二氏之說皆未允
。孫詒讓云：「竊謂此非相字，乃眚字也。說文目部眚，从目生聲
，是眚本从生得聲，故得相通借。此下从橫目形，上从屮者，即生
之省。」（見餘論3:28，亦見金文詁林 4.112-0470），是也。今從
之。「既生霸」之生，金文多作生，典籍亦如此作（參見黃然偉・
殷周青銅器賞賜銘文研究 p.46，圖表五：傳統文獻所見月相名稱表。）
眚、生二字古音同為山母、耕部，故得通假。是例凡三見，皆為西
周銘文。

150　生 > 姓

(一) 字 形

生			
姓			

（二）字音

生：ㄕㄥ；所庚・山庚開二平；山耕・*ʃeng・*seng・*sĕng

姓：ㄒㄧㄥ；息正・心勁開三去；心耕・*sieng・*şieng・*sĭeng

（三）解字

生：說文：「進也。象艸木生出土上。」

姓：說文：「人所生也。……从女生，生亦聲。」

（四）用例

(1) WE2031：「琱百生[姓]豚。」

(2) WE2036：「易賜才在圓宜王人口又七生[姓]。」

(3) WM1116：「今其用各佫我宗子雩與百生[姓]。」

(4) WM2126：「鴌友里君百生[姓]。」

(5) WL2243：「其隹唯我者諸侯百生[姓]。」

(6) EWo2110：「萬生[姓]是敎。」

(7) ES0337：「用盤歙飲酉酒，龢遣會百生[姓]。」

謹案：

「生」，郭沫若云：「生假為姓，一姓代表一族。」（見矢殷銘芳釋，考古學報1956:1），其說甚是，今從之。考生・姓二字古音，聲則按王力說有山母・心母之分，而按章太炎・黃侃二氏說則同

為心母，即二氏以照系二等完全併於精系（參見章氏文始·董氏音論），董同龢說並同（參見上古音韻表稿 p21），董氏擬是二字之上古聲母同為 *s-，韻則同在耕部，故得通假。是例金文凡七見。「姓」字始見於戰國詛楚文，金文未見而「生」字僅一見，EE 11059：「保虜吾子生姓」，方濬益謂生即姓（見綴遺卷27），是也。女·亻義近而通用（參見高明·古體漢字義近形旁通用例，p21）。「子姓」一詞典籍習見，如儀禮·特牲饋食禮：「子姓兄弟如主人之服。」國語·楚語：「即其子姓，從其時享。」傅斯年謂子姓即子孫男女之共名也（見傅孟真先生集·三冊·性命古訓辨證 p128）。

151 井 > 邢

(一) 字 形

井	井^{一期} 菁11,10之三 井^{一期} 佚811之三	井^{五期} 甲2418 井^{一期} 乙8638	井^{周早} 沈子簋 井^{周中} 師秦宮鼎		井
井形邢	邢多寫作井 邢^{邢字相同字} 井^{一期} 乙813之六 井^{一期} 菁11,10之三	邢^{周早} 邢侯簋 井^{周中} 免簠 井^{周早} 麥鼎 井^{周晚} 參簠	邢^{周中} 邢人鐘 邢^{周晚} 邢伯鼎	邢^{周中} 邢伯簋 邢^{周晚} 弭叔簋	邢 邢

(二) 字 音

井：ㄐㄧㄥˇ；子郢·精靜開三上；精耕·*tsieng ·*tsieng ·*tsǐeng

邢：ㄐㄧㄥˇ；子郢·精靜開三上；精耕·*tsieng ·*tsieng ·*tsǐeng

(三) 解 字

井：說文：「八家為一井，·象構韓形也。古者伯益初作井。」

邢：說文：「鄭地有邢亭。从邑井聲。」

（四）用 例

(1) WM4185：「井邢丕叔易賜邑秉金菌。」

(2) WM4186：「井邢公內入右邑。」

(3) WL1220：「賡簋井邢邑田：自棫木道。」

(4) WL1233：「命禹仳騰且祖考政于井邢邦。」

(5) WL2246：「井邢人妄曰：『麗盈淑文且祖皇考，……。』」

謹案：
上舉「井」字，中有一點，皆與姜姓之鄭井有關，當讀為邢，與「井」有所差別（參見152 井＞邢條）。此例未見於西周初期銘文。井・邢二字，古音全同（精母・耕部），故得通假。金文均作井，典籍則作邢或作邢。「邢」字始見於戰國印文，其形符「邑」乃戰國時所加。

152 井＞邢

（一）字 形 ：參見150 井＞邢條

（二）字 音

井：ㄐㄧㄥˇ；子郢・精靜開三上；精耕・ *tsieng・ *tsi̯eng・ *tsi̯ĕng

邢：ㄒㄧㄥˊ；戸經・匣青開四平；匣耕・ *ɣyeng・ *ɣieng・ ——

（三）解 字

井：說文：「八家為一井，・醫象也。古者伯益初作井。」

邢：說文：「周公子所封。从邑，幵聲。」

（四）用 例

(1) WE2049：「井邢厥厚搏戎。」

(2) WE3054：「冀井邢厥服。」

(3) WE3055：「王令命辟井邢厥出狩厥丙井邢。」

(4) WE3056：「辟井邢厥光帀正吏。……用禹井邢厥出入。」

(5) WE3057：「井邢厥光帀吏夌。……用從井邢厥征事。」

謹案：

　　「井」、「井」二字，金文用例有別（說詳吳其昌・金文世族譜1.18；3.6；陳夢家・斷代(四):107-111），上所舉各例均作「井」（即字中無一點），乃為西周初期井侯諸器也。此字即「邢」之借，「井侯」乃周公後，姬姓，左傳・僖公廿四年傳：「凡・蔣・邢・茅・胙・祭・周公之胤也。」是也，今河北邢臺縣西南襄國故城（參見郭沫若・大系p40），後為衛文公所滅。此字與姜姓之鄭井有所差別（參見151井＞邢條）。考井・邢二字之古音，其聲雖遠，而韻則同在耕部，故可通假。金文均作「井」，與籍則作「邢」或作「邢」。

153　井＞荊

(一) 字　形

井：參見151井＞邢條。

| 荊 | | 井 商晚期 周金文 | 井 西周 毛公鼎 | 井 西周 即簋 | 荊 戰國 仲山王鼎 | 荊 |

(二) 字　音

井：ㄐㄧㄥ˘；子郢・精靜開三上；精耕・*tsieng・*tsi̯eng・*tsĭĕng

荊：ㄒㄧㄥ˘；戶經・匣青開四平；匣耕・*ɣyeng・*ɣi̯eng・*g'ieng

(三) 解字

　井：說文：「八家為一井，‧甕象也。古者伯益初作井。」

　荊：說文：「罰辠也。从刀井。易曰：井者，法也。」

(四) 用例

　(1) WL.2243：「敢不用令命，剷井荊，厥撲伐。」（此句二見）

　(2) EW.2110：「虔專明井荊，度敬朕祀，曰受多福。」

謹案：

　　　「井」，郭沫若讀為荊（見大系 p.143‧250），是也。說文之「荊」，典籍多作刑，爾雅‧釋詁：「刑，法也。常也。」「荊」字，金文凡二見（參見字形欄），均作人名用。考井‧荊二字之古音，其聲雖遠，而韻則同在耕部，故得通假。是例金文凡二見。

154 井 > 型

(一) 字形

井	井				井
型		井			荊

(二) 字音

　井：ㄐㄧㄥˇ；子郢‧精靜開三上；精耕‧ *tsieng‧ *tsieng‧ *tsǐeng

　型：ㄒㄧㄥˊ；戶經‧匣青開四平；匣耕‧ *ɣyeng‧ *ɣieng‧ ―

(三) 解字

　井：說文：「八家為一井，‧甕象也。古者伯益初作井。」

型：說文：「鑄器之瀂也。从土，刑聲。」

(四) 用 例

(1) WE 2017：「文王孫亡弗褢懷井型，亡克竟率刺烈。」

(2) WE 3052：「孟井型乃嗣且祖南公。」

(3) WE 4075：「我孫克又井型毀敦。」

(4) WM 1111：「子=孫=其帥井型受絲茲休。」

(5) WM 2128：「今余佳唯帥井型先王令命。」

(6) WM 2136：「用井型乃聖且祖考。」

(7) WM 2142：「井型歸宇于誨，文武長刺烈。」

(8) WM 2141：「聖肇帥井型皇考，虔夙夙夜出內納王命。」

(9) WM 2153：「迺多簡亂，不用先王乍作井型，亦多虐庶民，」

　　　　又：「母毋敢不明不中不井型。」

(10) WL 1206：「余小子肇帥井型朕皇且祖考歊懿德。」

(11) WL 1222：「余小子司嗣朕皇考，肇帥井型先文且祖。」

(12) WL 1223：「番生不敢弗井型皇且祖考不杯元德。」

(13) WL 1228：「旅敢肇帥井型皇考威義。」

(14) EW 01103：「今隹今小子，敢帥井型先王。」

謹案：　「井」，諸家皆讀為型，無一異詞。考井、型二字之上古音，

其聲雖遠，而韻則並在耕部，故可通假。全文作型字者見於東周中

山國銅器，如 EN 02176：「亡不悉順道，考宅佳惟型。」上舉諸例中

「帥井」一詞凡七見，均為西周中期以後銘文，陳夢家云：「凡此

所帥井者是儀型共先祖考之德戎威儀，與詩之儀刑文王之德相同。

」（見斷代（四）p93），是也。詩·大雅·文王七章：「儀刑先王，

萬邦作孚。」毛傳：「刑，法。」鄭箋：「儀法文王之事，則天下

咸信而順之。」集疏：「魯，刑作形。……同音通假。」，毛詩之

「刑」當為型之借。「帥」，龍宇純先生謂金文之帥，從巾在門右

，會意，經傳借為銜戎遵，有將帥導之義（見說帥·集刊 1959:30下

p597-602），是也。「帥井」，即遵循而效法之義。

155 請＞靜

(一) 字形

請		→ [圖] 侯馬盟書	[圖] 溫縣盟書	靜

靜：參見156 青＞靜條

(二) 字音

請：〈ㄧㄥˇ；七靜·清靜開三上；清耕· *tsǐeng· *tsǐeng· *tsǐeng

靜：ㄐㄧㄥˋ；疾郢·從靜開三上；從耕· *dzieng· *dzieng· *dzieng

(三) 解字

請：說文：「謁也。从言，青聲。」

靜：說文：「宷也。从青，爭聲。」

(四) 用例

ENo2175：「圓忧願従従在大夫以請靜郾彊。」

謹案： 「請」，張政烺讀為靖（見古文字研究1：p218），周法高従之（

見金文詁林補 3-0267A），近是。愚以為當讀為靜，靖·靜二字古音
雖同，而金文未見靖，字均作靜之故此。如：

WL 1210：「女汝既靜京自，薳釐女汝，易賜女汝土田。」

WL 2237：「嗣二三方，大從縱不靜。」

EE 1143：「齊邦冥屏靜安盛。」

皆其例。考靖·靜二字古音，聲近而韵同，故得通假。是例金文僅
見於此器。

156 青 > 靜

(一) 字形

青				
靜				

(二) 字音

青：ㄑㄧㄥ；倉經·清青開四平；清耕·*tsʸeng ·*tsʰieng ·*tsʰieng

靜：ㄐㄧㄥ；疾郢·從靜開四上；從耕·*dzʸeng ·*dzʰieng ·*dzʰieng

(三) 解字

青：說文：「東方色此。木生火。从生丹。丹青之信言必然。」

靜：說文：「宷此。从青，爭聲。」

（四）用 例

WM2142：「青靜幽高且祖，才在微微需靈處。」

謹案：

「青」，唐蘭、裘錫圭、李學勤並讀為安靜之靜（唐、裘二氏說並見文物1978：3；李氏說見考古學報1978：2），可從。唐氏譯之曰：「安靜的隱居的高祖，在微國很好地居住。」「靜」於金文用安靜之意者，如 EE11083：「齊邦屢靜安寧。」是其例。考青、靜二字之古音，聲近（同為齒頭音）而韻同（並在耕部），故得通假。是例僅一見於西周中期恭王時器。

157 甹 > 屏

（一）字形

屏：金文未見

（二）字音

甹：ㄆㄧㄥ；普丁·滂青開四平；滂耕 *p'yeng·*p'ieng·*p'ieng

屏：ㄆㄧㄥ；薄經·並青開四平；並耕 *byeng·*b'ieng·*b'ieng

（三）解字

甹：說文：「亟詞也。从丂从由。或曰：甹，俠也。三輔謂輕財者為甹。」

屏：說文：「蔽也。从尸，并聲。」

（四）用 例

(1) WE2017：「毛白伯雯賾虢戜公服，嬰屏王立位，乍作三方畧璺。」

(2) WM2142：「上帝降懿德大嬰屏，匍有上下，迮受萬邦。」

(3) WL1223：「番生……用嬭爾綢繆大令命，嬰屏王立位。」

(4) WL2237：「命女汝……嚶屏朕立位。」

謹案：

「嬰」、「嚶」，諸家以為甹文繁文（參見金文編 p320）。郭沫若：「本器（案：指WE2017）與番生殷（案WL1223）之嬰，正分明甹之繇文，乃叚為屏，左傳哀十六年『閔天不弔，不憖遺一老，俾屏予一人在位』，句法與此相近。……故知器銘甹嚶均叚為屏也。」（參見大系 p22），其說甚是，董作賓（說見毛公鼎考年註釋 p19）、高本漢（B. Karlgren，說見先秦假借 第1237條）、白川靜（說見金文通釋15:40 又見說文新義 上:961）、裘錫圭（說見史墻盤銘解釋 p26）、徐中舒（說見西周墻盤銘文箋釋 p39）、李學勤（說見論史墻盤及其意義 p149）等諸家皆從之。甹假為屏，義為「遮蔽」、「掩護」、「保護」、「輔弼」。甹、屏二字古音，同為耕部，聲亦相近，卲並在重唇音（甹為滂母；屏為並母），故得通假。是例金文凡四見，皆為西周銘文。

12. 陽部〔*aŋ〕

158 更 > 賡

(一) 字形

更	〖古文〗	〖古文〗	〖金文〗	〖戰國〗	〖小篆〗
廣					〖小篆〗

(二) 字 音

更：《ㄥ；古行・見庚開二平；見陽・ *keang ・ *kǎng ・ *kǎng

廣：《ㄥ；古行・見庚開二平；見陽・ *keang ・ *kǎng ・ *kǎng

(三) 解 字

更：說文：「改也。从攴，丙聲。」

廣：說文：「續，連也。从糸，賣聲。賡、古文續，从庚貝。」許
　　慎以廣作續之重文，未允。羅振玉以廣、續非一字（見
　　增訂殷虛書契考釋中 p74），許鉄輝師云：「當刪續下
　　古文廣，以廣別出為正篆，移廁貝部，釋云：『續也。
　　从貝庚聲。』」（見說文重文形體考 p620），說至允當
　　。爾雅・釋詁：「廣，續也。」可證。

(四) 用 例

(1) WM3178：「王曰：服余！今命女汝更廣乃且考事。」

(2) WM4185：「王若曰：㕞！今命女汝更廣乃且祖考嗣卜事。」

(3) WM4186：「王乎呼尹氏冊令命㕞，曰：更廣乃且祖考乍作嗣土。」

(4) WM4188：「王乎呼內史冊令命趞：更廣乍且祖考服，……」

(5) WL1230：「更廣乃且祖考嗣輔。」

(6) WL2246：「既令命女汝更賡乃且祖考嗣小輔。」

謹案：

「更」，當讀為賡，釋為續也，嗣也。更、賡二字古音，同為見母、陽部，故得通假。是例金文凡六見，皆為西周中期及晚期之冊賜銘文。

159 兄 ＞ 貺

(一) 字 形

貺：金文未見

(二) 字 音

兄：TЦ∠；許榮·曉庚合三平；曉陽·*xiuaŋ· — ·*xiwǎŋ

貺：ㄎㄨㄤ；許訪·曉漾合三去；曉陽·*xiuaŋ· — ·*xiwǎŋ

(三) 解 字

兄：說文：「長也。从儿从口。」

貺：說文新附：「賜也。从貝，兄聲。」

(四) 用 例

(1) WE2005：「公尹白丁父兄貺于戍。」

(2) WE2034：「師橁酤闆兄貺，用對王休。」

(3) WE4084：「令命乍作冊折兄貺望土于相侯。」

謹案：

例(1)、(2)之「兄」，郭沫若讀為賜貺之貺（見大系 p4·文物1922:7

）；例⑶之「兄」，陝西周原考古隊讀作既（見文物 1978：3）皆是也。考兄、既二字，古音相同（曉母、陽母），故可通假。金文無既字，而假兄為之，是例凡三見，皆見於西周初期銘文。典籍則均作本字，如詩·小雅·彤弓一章：「我有嘉賓，中心既之。」毛傳：「既，賜也。」此外金文言「兄」而可商榷者有二例，分別陳述於後：

㈠ WE2012：「王令令大史兄裏土。」郭沫若釋為人名（見大系 p16）；周法高釋為賞賜（既）（見西周年代考 p186，亦見金文詁林·8.448－1164），二氏之說均可通，未知孰是？待考。

㈡ WE1002：「王令命保及殷東或國五侯，征兄六品，蔑曆于保，易賜賓。」此「兄」，郭沫若讀為荒，亡也（見考古學報 1958：1）。陳夢家（說見斷代㈠ p157）、容庚（說見金文編 p616）、周法高（說見金文詁林·8.448－1164）皆讀為既。「及」原作「子」，郭氏釋為逮捕之意，陳氏當連詞解，黃盛璋謂西周初年不應有連詞「及」之出現，是「及」乃動詞，為「捕獲」之意，故「王令保及殷東國五侯」即王命令保捕獲殷東國五侯（見保卣銘的時代與史實，考古學報 1957：17），其說甚允，郭說較優，是「兄」非為賞賜之意。

160 皇＞況

㈠ 字音

皇：厂ㄨㄤˊ；胡光·匣唐合一平；匣陽 *ɣuang· *ɣwâng· *gwâng

況：ㄎㄨㄤˋ；許訪·曉漾合三去；曉陽 *xiuang· *x̌iuang· *x̌iwang

(二) 字形

皇			
況			

(三) 解字

皇：說文：「大也。从自王。自，始也。始王者，三皇，大君也。自讀若鼻。今俗以作始生子為鼻子是。」

況：說文：「寒水也。从水，兄聲。」

(四) 用例

EN02176：「而皇況才在斁於字少君庠乎？」

謹案：

張政烺曰：「皇讀為況。」（見古文字研究1：p224），趙誠曰：「皇用為況，尚書大傳：『皇于聽獄乎。』注：『猶況也。』」（見古文字研究1：p54），二氏之說是也。尚書·秦誓：「我皇多有之。」春秋公羊·文十二年引作：「而況乎我多有之。」，可證。楊樹達言「皇」為轉接連詞，與「況」同（見詞詮p128）。皇·況二字古音，聲則相近（按王力說匣·曉二母同為舌根音），韻則並在陽部，故得通作。「況」字已見甲骨文，而金文未見，假皇為之，是例僅一見於東周北土系中山國銅器。

161 黄 > 珩

(一) 字 形

珩：金文未見

(二) 字 音

黄：ㄏㄨㄤˊ；胡光・匣唐合一平；匣陽・*ɣuang・*ɣwâng・*gʻwang

珩：ㄏㄥˊ；戶庚・匣庚開二平；匣陽・*ɣeang・*ɣâng・*gʻâng

(三) 解 字

黄：說文：「地之色也。从田，炗聲。炗，古文光。」

珩：說文：「佩上玉也。从玉行。所以節行止也。」

(四) 用 例

　　西周賞賜銘文之命服中有幽黄・朱黄・同黄・悤黄・素黄・金

黄・五黄之賜，茲分別舉例於後：

(1)言朱黄者：WM.1119：「易賜衛載市・朱黄珩・緑䜌。」

　　（此詞亦見於WM 2127・2136（「横」）2137・3175；WL 1203・1217・1230・2234・3263）

(2)言同黄者：WM 2123：「易賜趞𤲬載市・同黄珩・緑䜌。」

　　（此詞亦見於WM 2132・3168・4188；WL 1225・2239・2250・2259・2254・3260（「同䜌黄」）

(3)言幽黄者：WE 3068：「易賜女汝赤市幽黄珩攸鋚勒。」

　　（此詞亦見於WM 3158・3178・4186・1216）

(4)言恩黃者：WL1223：「易賜朱巿·恩黃珩……逴錯衡。」

（此詞亦見於 WL 2237）

(5)言素黃者：WL1230：「易賜女汝戴巿·素黃珩·総鑾旃旂。」

又：「易賜女汝……赤巿·朱黃珩…，日用事。」

(6)言金黃者：WL2246：「易賜女汝叔巿·金黃珩·赤舄，攸鑾勒。」

(7)言五黃者：WL3259：「易易女汝乃且祖巿·五菶黃珩、赤舄。」

謹案：

「黃」，唐蘭釋為衡·衡乃衣帶，所以系佩玉（見毛公鼎朱戴·枈玉·璜新解，光明日報，1961年5月8日），王慎行以 WM2146 銘黃作「橫」，而證成唐說（見師訇鼎銘文通釋譯論，求是學刊 1982：4，p53-61），恐非·黃·衡同時見於 WL1223銘（參見用例(4)），足見其不為一物·郭沫若謂金文之黃乃經傳之珩·衡，黃為佩玉，其本字為古佩玉之象形（見金文叢攷·釋黃 p148）·詩·小雅·采芑：「有瑲葱珩」，朱駿聲說文通訓定聲：「按珩，佩首橫玉，所以繫組。」國語·楚語下：「楚之白珩猶在乎？」注：「珩，佩上之橫者。」，足見金文之「黃」為典籍「珩」之借·若黃·珩二字，古音相同（匣母·陽部），故可通假也·是例西周銘文習見，而東周則未見。

162 黃＞璜

(一) 字形

黃：參見 161 黃＞珩條

璜				

218

(二) 字 音

黃：ㄏㄨㄤˊ；胡光・匣唐合一平；匣陽・*ɣuang・*ɣwâng・*g'wang

璜：ㄏㄨㄤˊ；胡光・匣唐合一平；匣陽・*ɣuang・*ɣwâng・*g'wang

(三) 解 字

黃：<u>說文</u>：「地之色也。从田，芡聲。芡，古文光。」

璜：<u>說文</u>：「半璧也。从王，黃聲。」

(四) 用 例

WM1117：「易賜女汝婦爵・鉯之弋，周珦王・黃璜口。」

謹案：

　　「黃」，非與幽黃・朱黃之黃為一物，此則璜之借字。用璜字者亦見於金文，如 WL2241：「報寢氏帛束璜。」黃・璜二字，古音相同（匣母・陽部），故得通假。「黃」，用作黃色之黃者，金文多見，如：WL3265：「其金孔吉，亦玄亦黃。」・EE02009：「余冪擇其吉金黃鏽鑑。」・EC06210：「乍作鼄鑄飤器黃鑊。」，皆指銅之顏色而言。

163 湯＞盪

(一) 字 形

湯	

盪：金文未見

(二) 字 音

湯：ㄊㄤ；吐郎・透唐開一平；透陽・ *t'âng ・ *t'âng ・ *t'âng

璗：ㄉㄤ；徒朗・定蕩開一上；定陽・ *dang ・ *dâng ・ *d'âng

（三） 解 字

湯：說文：「熱水也。从水，易聲。」

璗：說文：「金之美者，與玉同色。从玉，湯聲。」

（四） 用 例

WL1210：「易賜女汝圭鬲一、湯璗鐘一精……。」

謹案：

兩周金文湯字凡九見（參見金文編 p738），除此以外均用為人名。「湯」，李學勤讀為璗（見論多友鼎的時代及意義，人文雜誌 1981：6），是也。考湯、璗二字之上古音，聲近（同為舌頭音）而韻同（並在陽部），故可通假。金文未見璗字，均假湯或易（參見 110 易＞璗條）為之。假湯為之者僅一見於西周晚期銘文。

164 章＞璋

（一） 字 形

章				
璋				

（二） 字 音

章： 此 ； 諸良 · 照陽開三平 ； 照陽 · *tɕïang · *ȶïang · *ȶïang

璋： 此 ； 諸良 · 照陽開三平 ； 照陽 · *tɕïang · *ȶïang · *ȶïang

(三) 解 字

章： 說文：「樂竟，从音十。十，數之終也。」

璋： 說文：「剡上為圭。半圭為璋。从玉，章聲。」

(四) 用 例

(1) WE3015：「競喪曆，賓競章璋。」

(2) WM2126：「穌賓儐章璋，馬三匹。」

(3) WM2127：「呂𣄨反返入鈉堇瑾章璋。」

(4) WM2141：「矩白伯庶人取堇瑾章璋于裘衛。」

(5) WM3157：「易賜師遽瑁圭一 · 瑗琛章璋三 。」

(6) WM3159：「易賜女汝晜章璋三 。」

(7) WM3161：「嬰賓儐丞章璋 · 帛束。」

又：「大賓儐丞觐章璋 · 馬兩，賓儐嬰觐章璋帛束。」

(8) NL2241：「今舉于君氏大章璋，報寰氏帛束璜。」

(9) WL2253：「反返入鈉堇瑾章璋。」

謹案：

「章」，諸家均讀為璋。典籍則从玉作璋。璋為長方形玉塊，去其一角而呈尖形者；其上有一孔以資貫穿之用（本黃然偉說，見殷周青銅器賞賜銘文研究 p.186）。章、璋二字古音並同（照母 · 陽部），故得通假。是例共九見於西周銘文，東周銘文未見。「璋」字金文凡二見，皆用作人名（參見字形欄 w 及金文編 p.25 璋字條），與此不類。

165 喪＞爽

(一) 字形

				爽(5)

爽：金文未見

(二) 字音

喪：ㄙㄤ；息部；心唐開一平；心陽．*sang ．*saŋ ．*sâng

爽：ㄕㄨㄤ；疏兩．心養開三上；山陽．*siang ． — ． *siang

(三) 解字

喪：說文：「亡也。从哭亡，亡亦聲。」

爽：說文：「明也。从㸚大。爽，篆文爽。」

(四) 用例

(1) WE3063：「辰才在甲申，昏喪昧爽。」

(2) WM3164：「王才在周。昏鷺昧爽，王各㝩于大廟。」

(3) WM2142：「乙公彶遠趣爽。」

(4) WL2247：「妾富富㘴趣爽。」

謹案：　「昏喪」，即尚書・周書・牧誓：「時甲子昧爽，王朝至于商郊牧野乃誓。」之「昧爽」，各家一無異詞，孫星衍・尚書今古文注疏曰：「日未出也。」，此詞銘文凡二見，皆指賜命禮儀式之時間而言，而作「旦」者屢見（說詳黃然偉・殷周青銅器賞賜銘文研

兒 p93.94）。例(3)(4)之「趩」・「趩」，字書未見，諸家以為喪字之繁文（參見金文編 p79 喪字條），唐蘭（說見文物 1978:3. p24）、李學勤（說見考古學報 1978:2. p155），皆謂假為爽，今從之。唐氏譯「㣫遠趩爽」為「極其明智」。考喪・爽二字古音，聲則相去不遠（同為齒音，喪為齒頭音心母，爽為正齒音山母），韻則同為陽部，故可通假。是例金文凡四見，皆為西周者，而東周銘之則未見。典籍則假爽為喪者一見（參見高本漢・先秦假借 p159）

166 昜 > 揚

(一) 字 形

昜			
揚			

(二) 字 音

昜：ㄧㄤˊ；與章・喻陽開三平；喻陽・ *ɣiang ・ *djang ・ *djang

揚：ㄧㄤˊ；與章・喻陽開三平；喻陽・ *ɣiang ・ *djang ・ *djang

(三) 解 字

昜：說文：「開也。从日一勿。一曰飛揚。一曰長也。一曰彊者眾兒。」

揚：說文：「飛舉也。从手，昜聲。」

(四) 用 例

(1) WL1216：「伊科手頤首，對号揚天子休。」

(2) WL1226：「旅敦号揚王休。」

(3) EE09050：「絡子号揚王休。」

謹案：

詩・大雅・江漢六章：「虎拜稽首，對揚王休。」之揚字，金文或作𤦲・𤦲・𤦲・𤦲等體，並為說文揚之古文。果以來研究彝銘者，皆知𤦲即揚字（參見王讚源・周金文釋例 p96），而作「号」（号即易：參見朱芳圃・釋叢 p50易字條）・「易」者，音同通作也。「對揚」一詞，金文常見，不煩盡舉，義為報答頌揚，禮記・祭統：「夫鼎有銘，顯揚先祖，所以崇孝也。」是也。

167 易 > 陽

(一) 字 形

易：參見 166 易 > 揚條

(二) 字 音

易：ㄧㄤˊ；與章・喻陽開三平；喻陽・ *ʎiang・ *dʎiang・ *diang

陽：ㄧㄤˊ；與章・喻陽開三平；喻陽・ *ʎiang・ *dʎiang・ *diang

(三) 解 字

易：說文：「開也。从日一勿。一曰飛揚。一曰長也。一曰彊者眾見。」

陽：說文：「高朙也。从𨸏，易聲。」

(四) 用例

(1) WM2138：「易賜畀師永氒田滄陰易陽洛疆眔師俗父田。」

(2) EN02.1761：「胤嗣好盗敢明易陽告：昔者先王……。」

謹案：

例(1)之「易」，唐蘭讀為陰陽之陽（見永盂銘文解釋，文物1972:1）；例(2)之「易」，張政烺讀為陽（見中山國胤嗣好盗壺釋文，古文字研究，第一輯），二氏之說甚是。考二字之音，中古音、上古音全同，故得通假。作本字之例亦見於西周晚期金文，如WL2235：「搏伐厥執玁狁于洛之陽。」是其例。

168 陽＞揚

(一) 字形

陽：參見167易＞陽條

揚：參見166易＞揚條

(二) 字音

陽：ㄧㄤˊ；與章、喻陽開三平；喻陽、*ʎiang、*dɪang、*dɪ̭ang

揚：ㄧㄤˊ；與章、喻陽開三平；喻陽、*ʎiang、*dɪang、*dɪang

(三) 解字

陽：說文：「高明也。从𨸏，昜聲。」

揚：說文：「飛舉也。从手，昜聲。」

(四) 用例

農卣：「農三拜䭫首，敢對陽揚王休。」（三代13.42.3）

謹案：

　　「陽」，原作「昜」，容庚言假借為揚（見金文編 p938），其說甚是。「對揚」一詞習見於金文，義為報答頌揚。陽、揚二字，其中古音‧上古音全同，故可通假。金文假陽為頌揚之揚之例僅見於此器。

169 昜＞場

(一) 字 形

　昜：參見 166 昜＞揚條

場			AT 海匋 海匋 陶文	乜

(二) 字 音

　昜：ˊ ；與章‧喻陽開三平；喻陽‧ *ƙiang‧ *djiang‧ *djiaŋ

　場：ˊ ；直良‧澄陽開三平；定陽‧ *diang‧ *d'iang‧ d'iaŋ

(三) 解 字

　昜：說文：「開也。从日一勿。一曰飛揚。一曰長也。一曰彊者眾兒。」

　場：說文：「祭神道也。一曰不田不耕者。一曰治穀田也。从土，昜聲。」

(四) 用 例

　　WM3160：「嗣司昜場林吳虞牧。」

謹案：

　　郭沫若云：「昜當讀為場。周禮有場人。林，林衡。吳，虞。山虞澤虞之類。牧，牧人牧師之類。」（見大系 p86），其說可從，周禮‧地官‧場人：「場人掌國之場圃，而樹之果蓏珍異之物。」詩‧豳風‧七月七章：「九月築場圃，十月納禾稼。」毛傳：「春

夏為圃，秋冬為場。」考易、場二字之古音，聲近（按高本漢、董同龢說）而韻同（並屬陽部），故可通假。金文未見場字，而假易為之。是例僅一見於西周中期金文耳。

170 易 > 璗

(一) 字　形

易：參見166易>揚條。

璗：金文未見

(二) 字　音

易：ㄧˋ；與章、喻陽開三平；喻陽．$*\sinng$ ・$*djang$ ・$*diang$

璗：ㄉㄤˋ・徒朗・定蕩開一上；定陽．$*dang$ ・$*d'ang$ ・$*d'âng$

(三) 解　字

易：說文：「開也。从日一勿。一曰飛揚。一曰長也。一曰彊者眾兒。」

璗：說文：「金之美者，與玉同色。从玉，湯聲。」

(四) 用　例

(1) WE2021：「白伯易賜小臣宅⋯⋯易璗金戈車馬兩。」

(2) WL1226：「儐賸女十五易璗登饇。」

謹案：

郭沫若云：「『易』假為錫，廣雅・釋器：『赤銅謂之錫』又作璗戎璗。爾雅・釋器：『黃金謂之璗。』說文：『璗，金之美者。』所謂『黃金』或『金之美者』，在古時均指銅而言。」（見長安縣張家坡銅器群銘文滙釋，考古學報1962：1），其說甚是。錫字說文所無，故今讀為璗，二字之古音，聲近（按喻母古歸定母說）

而韻同（並在陽部），故可通假。是例凡二見於西周銘文，而東周銘文則未見。

171 羕＞祥

㈠ 字形

羕：參見172羕＞永條

祥：金文未見

㈡ 字音

羕：ㄧㄤˋ；餘亮，喻漾開三去；喻陽，*ʎiang，*gịang，*zịang

祥：ㄒㄧㄤˊ；似羊，邪陽開三平；邪陽，*ziang，*ziang，*dzịang

㈢ 解字

羕：說文：「水長也。从永，羊聲。詩曰：江之羕矣。」

祥：說文：「福也。从示，羊聲。」

㈣ 用例

EN02175：「為人臣而仮（反）臣其宗，不羕（祥）莫大焉。」

謹案：

張政烺云：「羕，疑是羕之異體，在此讀為祥。祥，善也。」（見古文字研究1：p217），其說可從。容庚金文編：「祥，不从示。中山王嚳壺：『不祥莫大焉』」（見該書p8）。考羕、祥二字之古音，聲則雖殊（羕為舌面音喻母，祥為齒頭音邪母），而韻則相同（並在陽部），故得通假。金文未見「祥」字，而假羕為之，是例僅一見於東周北土系中山國彝銘。

172 羕 > 永

(一) 字形

羕				羕
永				

(二) 字音

羕：ㄧㄤˋ；餘亮．喻漾開三去；喻陽．*ʎiang．*gʎiang．*zʎiang

永：ㄩㄥˇ；于憬．于梗合三上．匣陽．*ɣiuang．*ɣiwǎng．*giwǎng

(三) 解字

永：說文：「水長也。象水坙理之長永也。詩曰：江之永矣。」

羕：說文：「水長也。从永，羊聲。詩曰：江之羕矣。」

(四) 用例

(1) EE0904：「羕永保其身。……羕永保用之。」

(2) EE11086：「吕貝勾羕永令命頌眉壽。」

(3) EE11087：「子=孫=羕永保用。」

(4) ES04160：「羕永甬用之。」

(5) EC0577：「其子=孫=羕保用之。」

謹案：

　　金文「永命」、「永寶用」或「永保用」習見，用以作嘏詞之恒語也。除上舉之外，永作羕之例亦見於邾公孫班鎛（文選下1.2；通釋39：485）及匝君壺（三代12.18.3），同為東周時器也。金文凡永作羕者，均為東周時器。說文是二字同訓，又引詩之異文，段玉裁

注兼云:「漢廣文毛詩作永,韓詩作兼,古音同也。」,而廣韻不以是二字之反切為一,上古音則聲列而韻同(陽部)。二字說文不以為重文,廣韻之反切有異,而段氏以為二字古音同,其因何在,待考。

173 商 > 賞

(一) 字形

商				
賞				

(二) 字音

商:ㄕㄤ ;式羊·審陽開三平;審陽·＊ɕiang·＊siang·＊siang

賞:ㄕㄤˇ;書兩·審養開三上;審陽·＊ɕiang·＊siang·＊siang

(三) 解字

商:說文:「從外知內也。从冏,章省聲。爾,古文商,爾,亦古之商,爾,籀文商。」

賞:說文:「賜有功也。从貝,尚聲。」

(四) 用例

(1) WE2005:「王姜商賞令貝十朋。」

(2) WE2030:「唯成王大黍才在宗周,商賞獻灰爲貝。」

(3) EE11084:「國差商賞末,用乍作距是。」

謹案：

「商」，諸家均讀為賞賜之賞，是也。考商、賞二字之上古音，聲韻並同（審母、陽部），故得通假。金文已有賞字，而多假為償（參見 175 賞＞償條），作賞賜之義用者僅一見，即 EW0l05：「賞于違宗，令命于晉公。」是其例。賞賜之賞，多假商、賣為之（參見 174 賣＞賞條）。尚書‧費誓：「我商賚汝」，于省吾以為商當讀為賞，是也，周富美亦從之（見尚書假借字集證，p71）。

174 賣＞賞

(一) 字形

賣			

賞：參見 173 商＞賞條

(二) 字音

賣：ㄕㄤ；式羊‧審陽開三平；審陽‧ *ɡiang‧ *siang‧ *siang

賞：ㄕㄤˇ；書兩‧審養開三上；審陽‧ *ɡiang‧ *siang‧ *siang

(三) 解字

賣：說文：「行賣也。从貝，商省聲。」

賞：說文：「賜有功也。从貝，尚聲。」

(四) 用例

(1) WE2006：「翺公賣賞刢乜丁。」

(2) WE2018：「懋乜賣賞卹御正衛馬匹。」

(3) WE2031：「眔賣_賞自乇員。」

(4) WE2035：「櫨中_仲賣_賞𢆶罃𤔲𤔲毛兩。」

(5) WE2042：「賣_賞乍冊䰍馬。」

(6) WE2043：「賣_賞叔鬱鬯‧白金。」

(7) WE2047：「尹賣_賞史獸瓛。」

(8) WE3051：「公賣_賞乍冊大白馬。」

(9) WE3053：「王令命賣_賞盂囡囡」

(10) WE3060：「王賣_賞畢公，迺易賜史䝬員十朋。」

(11) WE3063：「帝后賣_賞庚姬貝卅朋。」

(12) WE3065：「競氒曆，賣_賞競章瑝。」

(13) WE3066：「白犀父䙷卯史競曆，賣_賞金。」

(14) WE4482：「賣_賞畢土方五十里。」

(15) EN0171：「王賓_賞旨貝廿朋。」

謹案：

「賣」，諸家均讀為賞，無一異詞。考二字古音全同（審母、陽部），故得通假。金文已見賞字，然而用作賞賜義者僅一例（參見 113 商＞賞條），其餘均用作償還之償（參見 175 賞＞償條）。金文賞賜字多假商‧賣為之，但此例未見於西周中期、晚期銘文。此期賞賜銘文專用「易」字。金文「賣」字之結構多與說文符合，从貝商省聲，或从商聲，如 WE2019‧2035 是其例。

175 賣＞償

(一) 字形

賞：參見173商＞賞條.

償：金文未見

(二) 字 音

賞：ㄕㄤˇ；書兩·審養開三上；審陽·*ɕiang·*śiang·*śi̯ang

償：ㄔㄤˊ；市羊·禪陽開三平；禪陽·*źiang·*źiang·*d̑i̯ang

(三) 解 字

賞：說文：「賜有功也。从貝，尚聲。」

償：說文：「還也。从人，賞聲。」

(四) 用 例

WM4485：「卑偠戎賞償馬。」

又：「唯朕□□未是賞償。」

又：「賞償百禾十秭。」

又：「□如來歲弗賞償，則付世秭。」

謹案：「賞」，从貝尚省聲，與說文籀殊，當為賞之異體，於此則當
　　讀為償還之償。考賞·償二字，古音聲近（同為古上音）而韻同（
　　並在陽部），故得通假。金文未見償字，多假賞為之，是何凡四見。

176 尚＞常

(一) 字 音

尚：ㄕㄤˋ；市羊·禪陽開三平；禪陽·*źiang·*źiang·*d̑i̯ang

常：ㄔㄤˊ；市羊·禪陽開三平；禪陽·*źiang·*śiang·*d̑i̯ang

㈡ 字形

尚			
常			

㈢ 解字

尚：說文：「曾也。庶幾也。从八，向聲。」

常：說文：「下帬也。从巾，尚聲。裳，常或从衣。」

㈣ 用例

⑴ WM1114：「嗣則尚^常安永宕乃子㦷心，安永襲^㦷身。」

⑵ EE1092：「茲萬子孫，永為典尚^常。」

⑶ EN0217b：「可彊法可尚^常。」

⑷ EC0721L：「子=孫=是尚^常。」

謹案：「尚」，當讀為常，方濬益云：「彝器銘典常字但作尚，經典
作常者，通假字也。」（見綴遺 9：312），其說甚是。尚‧常二字古
音，同為禪母‧陽部，故得通假。是例典籍亦習見。如尚書‧酒誥
：「爾尚克羞饋祀，爾乃自介用逸。」楊筠如云：「尚，猶常也。
陳侯午鐘（案：EE1092）『永為典常』，即假為常之證。」，是也。
是例尚書屢見（參見周富美‧尚書假借字集證 p.28.48），皆為其明
證。

177 明 ⊃ 盟

（一）字形

明				
盟				

（二）字音

明：ㄇㄧㄥˊ．武兵．明庚開三平；明陽．*miang．*mjwǎng．*mjǎng

盟：ㄇㄥˊ．武兵．明庚開三平；明陽．*miang．*mjwǎng．*mjǎng

（三）解字

明：說文：「照也。从月囧。……明，古文从日。」

盟：說文：「盟，周禮曰：國有疑則盟。諸侯再相與會十二歲一盟
，北面詔天之司慎司命，盟殺牲歃血朱盤玉敦以立牛
耳。从囧，皿聲。盟篆文从朙。盟古文从明。」

（四）用例

ES03144：「余敢敬明盟祀。」

謹案：
「明」，牟永抗讀為盟（見紹興306號戰國墓發掘簡報，文物
1984：1 ），是也。EE05023：「台w卿其祭祀盟祀。」ES04163：「敬
隹盟祀。」等多作本字，可證。明，盟二字古音同為明母，陽部，

故得通假。是例金文僅見於東周南土系徐國郙銘。

178 亡＞氓

(一) 字形

氓：金文未見。

(二) 字音

亡：ㄨㄤˊ；武方・微陽合三平；明陽・*miuaŋ・*mi̯waŋ・*mi̯waŋ

氓：ㄇㄥˊ；莫耕・明耕開二平；明陽・*meaŋ・*mwăŋ・*măŋ

(三) 解字

亡：說文：「逃也。从入从乚。」

氓：說文：「民也。从民，亡聲。讀若盲。」

(四) 用例

WE2017：「隹唯民亡△氓估㧑才哉！彝夷眛天令命，故亡。」

謹案：郭沫若譯云：「頑民們真夠蠢呵！經常聽撓亂，不明白上天之意，故活該滅！」(說見班殷的再發現，文物1972:9)，以為亡當讀為氓，是也。方言三：「氓，民也。」注：「氓，民之總名。」廣雅・釋詁四：「氓，民也。」詩・衛風・氓：「氓之蚩蚩。」傳：「氓，民也。」戰國策・秦策一：「而不憂民氓」注：「野民曰氓。」皆其例，足見比器之「民亡」，與戰國策之「民氓」，同為同

意複詞，所謂「民亡」者乃指殷國遺民而言。亡、泯二字古音同為明母、陽部，故得通假。是例僅一見，是器為西周初期成王時器。

179 望 > 忘

(一) 字形

(二) 字音

望：ㄨㄤˋ；巫放．微漾合三去；明陽．*miuang．*mi̯wang．*mi̯wang

忘：ㄨㄤˋ；巫放．微漾合三去；明陽．*miuang．*mi̯wang．*mi̯wang

(三) 解字

望：說文：「月滿也。與日相望，侣朝君。从月从臣从壬，壬朝廷也。望，古文望省。」

忘：說文：「不識也。从心，亡聲。」

(四) 用例

(1) WE4099：「弗望忘穆公聖弊瞵。」

(2) WM1117：「孫＝子＝毋毋敢望忘白伯休。」

(3) WM3171：「王弗望忘丷舊宗小子。」

(4) WL1233：「韓武公亦弗叚望忘償朕聖且祖考幽大叔。」

謹案：

「䢵」，容庚解作譿（見金文編 p.562 䢵字條下），非是。例(2)
(3)之「䢵」，郭沫若讀為忘（見大系 p.67；考古學報 1957.2）；例 (1)、
(4)之「䢵」，沈寶春謂假借為「忘」（見商周金文錄遺考釋 p.246、
260），郭、沈二氏之說是也。「譿」字亦金文習見，亦為忘之借
（參見 180 譿＞忘條）。䢵、忘二字古音並在明母，陽部，故得
通假，是例凡四見，皆為西周銘文，東周彝銘均作本字「忘」（
說詳 180 譿＞忘條）。

180 譿＞忘

(一) 字 形

金文					
心					

(二) 字 音

譿：ㄨㄤˋ；亡放・微漾合三去；明陽 $^*miuang$ ・ $^*mi\underset{\sim}{w}ang$ ・ $^*mi\underset{\sim}{w}ang$

忘：ㄨㄤˋ；亡放・微漾合三去；明陽 $^*miuang$ ・ $^*mi\underset{\sim}{w}ang$ ・ $^*mi\underset{\sim}{w}ang$

(三) 解 字

譿：說文：「責望也。從言，䢵聲。」段注：「按䢵之古文作望，
　　　故譿之古文亦作譿。」

忘：說文：「不識也。從心，亡聲。」

（四） 用 例

(1) WE3061：「十枇世不諲忘獻身才在畢公家，役天子休。」

(2) WM2136：「天子亦弗諲忘公上父獸德。」

(3) WM2151：「王用弗諲忘聖人之後。」

(4) WM4122：「豐弗敢諲忘王休異翼。」

謹案：

「諲」、「諲」，郭沫若謂：「此乃叚為忘」（見大系 p46），是此。諲·忘二字，古音全同，故得通假。是例凡四見，皆為西周時器，而東周鄴銘則均作忘字，如：

(1) EW01105：「永亗母忘。」   (2) EE1090：「永亗母忘。」

(3) EE11091：「永亗母忘。」   (4) EC0493：「余非敢㝬忘。」

(5) EN02125：「天子不忘其有勳。」 (6) EN02176：「母忘尔邦。」

(7) EN02164：「日夜不忘。」 ，是其例

13 東部 (*ong)
181 雚〉雙

（一） 字 形

（二） 字 音

雝：ㄩㄥ；於容‧影鍾合三平；影東‧ *iong ‧ * iung ‧ * iung

饔：ㄩㄥ；於容‧影鍾合三平；影東‧ * iong ‧ * iung ‧ * iung

(三) 解 字

雝：說文：「雝渠也。从隹，邕聲。」

饔：說文：「孰食也。从食，雝聲。」

(四) 用 例

(1) EE0201H：「用雝（饔）其者諸父者諸兄。」

(2) ES03135：「用雝（饔）賓客。」

謹案：　「雝」，即雝之異體，隸作雍，讀為饔（隸作饔），當訓為樂

也，和悅也。EE11060：「用樂嘉賓。」、EC05798：「用樂父兄兄者

諸士。」與此句法文義大致相同，可證。「饔」字見於命王鼎：「

奠饔逴又鑄」（三代4:9），用作人名，與此不類。考雝、饔二字，

古音全同，故得通作。是例金文凡二見，皆為東周銘文。

182 雝＞擁（擁）

(一) 字 形

雝：參見 181 雝＞饔條

擁：金文未見

(二) 字 音

雝：ㄩㄥ；於容‧影鍾合三平；影東‧ * iong ‧ * iung ‧ * iung

擁：ㄩㄥˇ；於隴‧影腫合三上；影東‧ * iong ‧ * iung ‧ * iung

(三) 解字

雖：說文：「雖渠也。从隹，巴聲。」

攤：說文：「裒也。从手，雖聲。」

(四) 用例

(1) WL1229：「余亡康晝夜，至經雖攤先王，用配皇天。」

(2) WL2237：「虔夙夕，惠余一人，雖攤我邦小大猷。」

(3) EW01101：「今不叚暇妄寧，至經鼉攤明德。」

謹案：

「至雖」、「鼉」，皆用作動詞，張政烺云：「鼉，疑讀為攤，意為抱持，猶今言擁護。此句蓋言遵循常規擁護先王政令。」(見周厲王胡簋釋文，載古文字研究 3：p106)，其說甚是。上舉「雖」、「鼉」、「鼉」，即雖之異構，於此則當讀為攤(俗作擁)。雖、攤二字，古音相同(影母·東部)，故得通假。是例金文凡三見。

183 工 > 功

(一) 字形

工：參見 188 工 > 空 條

功：金文未見

(二) 字音

工：《XL；古紅·見東開一平；見東·*kong·*kûng·*kung

功：《XL；古紅·見東開一平；見東·*kong·*kûng·*kung

(三) 解字

工：說文：「巧飾也。象人有規榘，與巫同意。」

功：說文：「吕勞定國也。从力，工聲。」

(四) 用 例

(1) WE2017：「廣成牟工功。」

(2) WE2047：「尹令命史獸立工功于成周。十又二月癸末，史獸獻工功于尹。咸獻工功。」

(3) WE4075：「告剌成工功。」

(4) WE4086：「魯庆又有囟卜工功。」

(5) WM2139：「余執龏恭王卹卹工功。」

(6) WL2235：「子白伯冑壯武于戎工功，經維三方。」

(7) WL2245：「休既又有工功，折首執訊執訊。」

(8) EN02175：「上下之體，休有成工功。」

(9) EN02176：「吕明其惠德，庸誦其工功。」

(10) EN02767：「吕追庸誦先王之工功剌烈。」

謹案：

「工」，諸家均讀為功，無一異詞。考工，功二字之上古音，聲韻全同，故可通假。功字金文未見，皆假工為之。是例金文習見。

184 共>供

(一) 字 形

共：參見 185 共>恭條

供：金文未見

㈡ 字音

龏 : ㄍㄨㄥ ; 九容‧見鍾合三平 ; 見東‧ *kiong ‧ *kịung ‧ *kịung

供 : ㄍㄨㄥ ; 九容‧見鍾合三平 ; 見東‧ *kiong ‧ *kịung ‧ *kịung

㈢ 解字

龏 : 說文:「同也。从廿卄。」

供 : 說文:「設也。从人,共聲。」

㈣ 用例

(1) WL1233:「龏供朕辟之命。」

(2) EE11058:「又龏供于遹武靈公之所。」

(3) ESO4155:「启龏供哉棠嘗。」

(4) ESO4157:「启龏供哉棠嘗。」

謹案:「龏」,當讀為供,奉行也。龏‧供二字,古音全同,故得通假。金文未見供字,而假龏為之,是例凡四見,皆為西周晚期以後銘文。

185 共 > 恭

㈠ 字形

共				
恭				

(二) 字音

共：ㄍㄨㄥ；九容‧見鍾合三平；見東‧ *kiong‧ *kǐung‧ *kǐung

恭：ㄍㄨㄥ；九容‧見鍾合三平；見東‧ *kiong‧ *kǐung‧ *kǐung

(三) 解字

共：說文：「同也。从廿廾。」

恭：說文：「肅也。从心，共聲。」

(四) 用例

(1) WE1112：「秉德共恭屯純。」

(2) WE1116：「秉德共恭屯純。」

(3) EE11058：「公曰：尸！女汝敬共恭辝命。」

(4) EC0494：「虔共恭大命，上下陟恪。」

謹案：「共」，當讀為恭。共、恭二字，古音相同，故得通作。詩‧

大雅‧皇矣五章：「愚人不恭，敢距大邦。」集疏：「魯，恭作共

。」是其例。恭字始見於戰國印文，金文則未見，而假共為之，是

例凡四見。

186 巩＞鞏

(一) 字形

𭤁	𠃨 𤼽 𡊬		𠃨

鞏：金文未見

(二) 字音

巩：《《公ˇ；居悚．見腫合三上；見東．*Kiong．*Kiung．—

鞏：《《公ˇ；居悚．見腫合三上；見東．*Kiong．*Kiung．*Kiung

(三) 解字

巩：說文：「袤也。从丮．工聲。鞏，巩或加手。」

鞏：說文：「召靷柬也。易曰：鞏用黃牛之革。从革，巩聲。」

(四) 用例

(1) WM2142：「不丕巩鞏狄虘祖。」

(2) WL2237：「不丕巩鞏先王配命。」

又：「永巩鞏先王。」

謹案：

「巩」，唐蘭謂當讀為鞏固之鞏（見文物 1978：3．p23），今從之。詩．大雅．瞻卬七章：「藐藐昊天，無不克鞏。」毛傳：「鞏，固也。」段玉裁言鞏釋為固，引伸義也（見說文鞏字下注）。巩、鞏二字，古音全同，故得通假。鞏字金文未見，而假巩為之，是例凡三見，皆為西周銘文。

187 龏 > 恭

(一) 字形

345

(二) 字音

龏：《义乙；九容．見鍾合三平；見東．*kiong ．*kịung ．*kịung

恭：《义乙；九容．見鍾合三平；見東．*kiong ．*kịung ．*kịung

(三) 解字

龏：說文：「愨也。从廾，龍聲。」

恭：說文：「肅也。从心，共聲。」

(四) 用例

(1) WE 2033：「叀王龏恭德谷裕天，順訓我不每敏。」

(2) WE 3055：「用龏恭義儀窒厥顯考于井。」

(3) WM 2124：「龏恭王才在周新宮。」

(4) WM 2139：「余執龏恭王卲工功。」

(5) WL 1211：「犨克龏恭保乍辟龏恭王。」

(6) EE 11089：「龏恭盠螀襩鬼神，畢龏恭愧畏忌。」

(7) EE 05022：「余畢龏恭威畏忌。」

(8) EE 05023：「余畢龏恭威畏忌。」

(9) EE 05027：「余諾若龏恭孔惠，其簧眉壽召䚣。」

(10) EE 11058：「是以小心龏恭遧。」

(11) EE 11093：「皇考孝武趄公，龏恭戜戜！」

(12) EW 02109：「嚴龏恭夤天命。」

(13) ES 03137：「余圅宖龏恭㷼犀。」

謹案：

恭敬之恭．恭王之恭，金文未見而多作龏．龏（从兄者僅見於

東周銘文，西周銘文則未見）。龔、龏二字義近音同（並為九容切，見母、東部），故得通作。金文均作龏，典籍則多作恭，故徐同柏曰：「龏恭古今字。」（見從古 6:33）。金文亦見假夫為恭之例（參見 185 共＞恭條）。

188 工＞空

(一) 字形

(二) 字音

工：《XL；古紅、見東開一平；見東、*kong、*kûng、*kung

空：5XL；苦紅、溪東開一平；溪東、*k'ong、*k'ûng、*k'ung

(三) 解字

工：說文：「巧飾也。象人有規榘，與巫同意。⋯⋯ 𠄎古文工，从彡」

空：說文：「竅也。从穴，工聲。」

(四) 用例

「司空」，金文均作「嗣工」，此詞見於以下諸器：

WM：2139、2141、3168、3172、3173

WL：1205、1220

EC：06206

謹案：工、空二字，古音聲近（同為舌根音）而韵同（並在東部），

故可通用。高鴻縉云：「嗣工掌製作之官。名稱其實。漢人通作『司空』，迄今雖習以為常，但未如周人原稱之為得也。」（見散盤集釋，p28）。

189 童＞動

(一) 字形

童：參見 190童＞踵條

動：金文未見

(二) 字音

童：ㄊㄨㄥˊ；徒紅．定東合一平；定東：*dong．*dŭng．*d'ung

動：ㄉㄨㄥˋ；徒揔．定董合一上；定東：*dong．*dŭng．*d'ung

(三) 解字

童：說文：「男有辠曰奴，奴曰童，女曰妾。从辛，重省聲。童，籀文童。中與竊中同从廿，廿，㠯為古文疾字。」

動：說文：「作也。从力．重聲。連，古文動，从辵。」

(四) 用例

WL2237：「奴尸母毋童動令一人才在立位。」

謹案：

童原作「瞳」，說文未收，諸家以為童之重文（見金文編 p154），而其釋義有二說：其一讀為動，徐同柏．吳大澂．孫詒讓．容庚．郭沫若等主其說。左傳．宣公十一年：「陳人無動」，詩．商頌．長發五章：「不震不動，不戁不竦。」之動與此同，可證。其二讀為憧，劉心源．高鴻縉主其說，說文謂：「憧，意不定也。」，

二說均可通，而從其音韵觀之，讀為動之說較長（憧，尸容切、直
絳切）。童、動二字古音同為定母、東部，故可通假。是例金文僅
一見耳。

190 童 > 踵

（一）字 形

甲骨			殷
金文			戰國

（二）字 音

童：ㄊㄨㄥˊ；徒紅・定東合一平；定東・*doŋ・*duŋ・*duŋ

踵：ㄓㄨㄥˇ；之隴・照腫合三上；照東・*tɕioŋ・*ȶjuŋ・*ȶjuŋ

（三）解 字

童：說文：「男有辠曰奴，奴曰童，女曰妾。从辛，重省聲。𥦂，
　　籀文童。中與竊中同从廿，廿，㠯為古文疾字。」

踵：說文：「追也。从足，重聲。一曰往來皃。」

（四）用 例

WL1223 ：「易賜……金童踵・金豪軛。」

謹案：「童」，郭沫若讀為踵（見大系 p133），是也。WL2237：「金
　　踵踵・金豪軛。」是其例。高鴻縉謂：「吳清卿曰：『𣀈即踵。鞃
　　末也。周禮・考工記注，踵，後承軓若也。』」（案：憲齋 4:9 毛公
　　鼎）繼按鞃與軓同用。單曰鞃，雙曰軓。鞃前細而曲・鞃後粗而

直。故名其後末曰鐏。金鐏，鐏之飾以銅者也。」（見毛公鼎集釋 p165）。考童、鐏二字之上古音，童為定母，鐏為照母，並在古音，韻則同在東部，故得通作。金文假童為鐏之例僅一見於西周晚期厲王時器。

191 童＞東

(一) 字形

童：參見190童＞鐏條.

(二) 字音

童：ㄊㄨㄥˊ；徒紅・定東合一平；定東・*dong・*dŭng・*dŭng

東：ㄉㄨㄥ；德紅・端東合一平；端東・*tong・*tŭng・*tung

(三) 解字

童：說文：「男有辠曰奴，奴曰童，女曰妾。从辛，重省聲。童，籀文童。中與竊中同从廿，廿，㠯為古文疾字。

東：說文：「動也。從木，官溥說，從日在木中。」

(四) 用例

WM2142：「雩圉武王，遹征三方，……㞢伐尸夷童東。」

謹案：

　　唐蘭以為夷童指殷紂（說見文物1978：3.p23）；裘錫圭・李學勤讀為「夷東」（裘說見文物1978：3.p26）；李說見考古學報1978：2 p151）；徐中舒・戴家祥讀童為僮僕之僮（徐說見考古學報1978：2.p14；戴

說見師大校刊（1978：p66）；用法高謂當以裘‧李說較長（說見金文
詁林補 3-0308）。李學勤言：「童字寫法與番生簋相同，字从東聲
。逸周書‧作雒載，武王克殷，『建管叔于東』，周公東征後『俾
中旄父宇于東』。本銘尸童當讀為夷‧東，都是周朝東部的地區名
。」今從之。童‧東二字，古音聲近（同為舌頭音）而韻同（並在
東部），故可通假。金文假童為東者僅一見於西周中期恭王時器。

192 甬 > 通

(一) 字 形

甬：參見 193 甬 > 用條

(二) 字 音

甬：ㄩㄥˇ；余隴‧喻腫合三上；喻東‧*ɦiong ‧*dįung ‧*dįung

通：ㄊㄨㄥ；他紅‧透東合一平；透東‧*t'ong ‧*t'âng ‧*t'ung

(三) 解 字

甬：說文：「艸木芎甬甬然也。从乁，用聲。」

通：說文：「達也。从辵，甬聲。」

(四) 用 例

EN02176-1 ：「厥寡人學幼踵踵，未甬通智。」

謹案：　張政烺云：「通‧讀為通。未通智，知識未開。」（見古文字

研究1：p.224），是也。考甬、通二字，古音鄰近（同為舌音，僅有舌頭、舌面之別，但依喻母古歸定母說，並為舌頭音）而韻同（並在東部），故可通假。「通」字早見於西周銘文，而假甬為之者亦一見於東周北土系中山國銅器。

193 甬＞用

(一) 字形

田				乃

(二) 字音

甬：ㄩㄥˇ；余隴，喻腫合三上；喻東。 $^{*}\hbar iong$ · $^{*}d\underset{\cdot}{i}ung$ · $^{*}d\underset{\cdot}{i}ung$

用：ㄩㄥˋ；余頌，喻用合三去；喻東。 $^{*}\hbar iong$ · $^{*}d\underset{\cdot}{i}ung$ · $^{*}d\underset{\cdot}{i}ung$

(三) 解字

甬：說文：「艸木華甬甬然也。从乙，用聲。」

用：說文：「可施行也。从卜中，衛宏說。」

(四) 用例

(1) ES0451：「甬（用）乍作宗彝尊壺，遟後嗣甬（用）之職（職）才在王室。」

(2) ES0442：「兼永甬（用）之，官攸無彊。」

謹案：

「用作某器」、「永用（之）」，金文常見，此作「甬」者，乃

用之假。「用作某器」之用，用作後果小句關係詞，其義與「因而」同（本方麗娜說）。其餘二「甬」字當用作動詞，義謂「使用」、「保用」、「寶用」。甬、用二字古音相同（喻母、東部），故得通假。金文假甬為用之例僅二見於東周南土系楚國彝銘耳。

194 甬＞釭

(一) 字形

釭：金文未見

(二) 字音

甬：ㄩㄥˇ；余隴·喻腫合三上；喻東·＊ʎiong·＊ḍiung·＊ḍiung

釭：ㄍㄨㄥ；古紅·見東合一平；見東·＊kong·＊kûng·一

(三) 解字

甬：說文：「艸木華甬甬然也。从𠃌，用聲。」

釭：說文：「車轂中鐵也。从金，工聲。」

(四) 用例

(1) WM 2129：「易（賜）女（汝）……金甬（釭）·馬三匹·攸鞄（勒）。」

(2) WL 2237：「易（賜）女（汝）……金甬（釭）·金瞳䡅……。」

(3) WL 2240：「易（賜）女（汝）……金甬（釭）·馬三匹·鞄（勒）。」

(4) WL 3261：「易（賜）女（汝）……金甬（釭）·馬三匹·攸鞄（勒）。」

謹案：

徐同柏讀甬為釭，曰：「說文……，釋名：『釭，空也。其中

空也。』甬迴鐘柄，釭形似之，故假甬為釭。」（見綴古 16:29）吳大澂曰：「鐘柄謂之甬，此甬當在轂之兩端，似鐘柄，故名甬。」（見釋文膡稿上:23）高田忠周云：「愚謂此甬疑釭之叚借，古音用工同部，甬釭亦當通用也。」（見古籀篇 88:44）。金釭即車畧，為質穿車軸兩端之圓形器，用以固定兩端之輪者（按黃然偉說）。金文未見釭字，甬釭二字，聲遠而韻同（並在東部），故假甬為之，是例凡四見，皆為西周中期·晚期之賞賜銘文。

195 甬＞傭

(一) 字 形

	甬			傭

傭：金文未見

(二) 字 音

甬：ㄩㄥˇ；餘封·喻鐘合三平；喻東· *hiong · *djung · *djung

傭：ㄩㄥˊ；餘封·喻鐘合三平；喻東· *hiong · *djung · *djung

(三) 解 字

甬：說文：「用也。从用庚，庚·更事也。易曰：先庚三日。」

傭：說文：「均也。直也。从人，庸聲。」

(四) 用 例

WL2239：「今余令命女攷嗇適官嗣邑人，先虎臣後庸傭：西門尸夷·秦尸夷……服尸夷。」

謹案：
　　郭沫若曰：「『先虎臣後庸』猶大盂鼎（案：WE3062）：『自馭
至于庶人』。庸與僕通，即是如僕。庸字統括『西門夷』以下直至
『服夷』」（見𢨋叔簋及匋簋考釋，文史論集 p348），其說可從
。于省吾亦謂庸指奴隸言之（說見甲骨文字釋林下：318釋庸）。通
雅・釋詁：「庸，勞也。」廣雅：「傭，役也。」庸・傭二字，古
音並同，故可通作。傭字未見於金文，而假庸為之者僅一見於西周
晚期宣王時器。

196 庸 > 誦

(一) 字 形

鳡		誦		庸

誦：金文未見

(二) 字 音

庸：ㄩㄥ；餘封・喻鍾合三平；喻東・*ɣiong・*ḍiung・*ḍiung

誦：ㄙㄨㄥ；似用・邪用合三去；邪東・*ziong・*ziung・*dziung

(三) 解 字

庸：說文：「用也。从用庚，庚・更事也。易曰：先庚三日。」

誦：說文：「諷也。从言，甬聲。」

(四) 用 例

(1) EN0276：「呂明其惠德，庸誦其工功。」

(2) EN0276-1：「呂追庸誦先王之工功剌烈。」

謹案：趙誠云：「庸其工，庸借為誦・音近而通。」（見中山壺中山

鼎銘試釋，古文字研究 1：p2份）是也。EN02764之「庸」，張政烺讀為誦（古文字研究1：p245），今從二氏說。鄭玄·周禮注：「公之言誦也，容也，誦今之德，廣以美之。」考庸·誦二字之古音，聲則雖遠（有舌面與齒頭之分），而韻則相同（並在東部），故可通假。「誦」字未見於金文，而假庸為之。是例僅二見於東周北土系中山國舞銘。

197 從〉縱

（一）字形

縱：金文未見

（二）字音

從：ちㄨㄥˊ；疾容·從鍾合三平；從東·*dziong· *dźiung· dźiung

縱：ㄗㄨㄥ；子用·精用合三去；精東·*tsiong· *tsiung· *tsiung

（三）解字

從：說文：「隨行也。从从辵，从亦聲。」

縱：說文：「緩也。一曰捨也。从系，從聲。」

（四）用例

(1) WL2237：「龠冊＝三方，大從縱不靜。」

(2) EE11074：「用從縱爾大樂。」

謹案： 例⑴之「從」，吳大澂謂古縱字，近是，當讀為縱。爾雅·釋詁：「縱，亂也。」例⑵之「從」，亦當讀為縱，說文：「縱，緩也，捨也。」考是二字，古音聲近（同為齒頭音）而韻同（並在東部），故可通假。是例金文凡二見。

198 奉 > 封

(一) 字形

(二) 字音

奉：ㄈㄥˋ；扶隴·奉腫合三上；並東 $*biong$ $*biung$ $*b'iung$

封：ㄈㄥ；府容·非鍾合三平；幫東 $*piong$ $*piung$ $*p'iung$

(三) 解字

奉：說文：「承也。從手從廾，丰聲。」

封：說文：「爵諸侯之土也。從之土從寸，守其制度也。公侯百里，伯七十里，子男五十里。」

(四) 用例

WL1220：「自瀺涉，日南，至于大沽，一尋封。」

謹案：「尋」字於此器凡十七見，前人之說甚為紛歧，張日昇謂：「

阮元、吳大澂並釋表，非是，劉心源釋為封字古文，王國維謂古奉字，亦即封字，二氏之說亦未諦，楊樹達釋奉，段作封，是也。」見金文詁林 3.255-0244），楊說為長。郭沫若亦云：「銘中十七弄字均是㪁（奉）字，讀為封疆之封。」（見大系 p130）。考奉、封二字，古音聲近（同為脣音）而韻同（並在東部），故可通假。周禮、地官、封人：「掌設王之社壝，為畿封而樹之。」又地官、司徒：「辨其邦國都鄙之數，制其畿疆而溝封之，設其社稷之壝而樹之田主，各以其野之所宜木，遂以名其社與其野。」即其義也。

14. 文部 [*ən]

199 菫 > 謹

(一) 字形

菫：參見 200 菫 > 勤條

謹：金文未見

(二) 字音

菫：ㄐㄧㄣˇ；居隱、見隱開三上；見文、*kiən、*kiǎn、*kiən

謹：ㄐㄧㄣˇ；居隱、見隱開三上；見文、*kiən、*kiǎn、*kiən

(三) 解字

菫：說文：「黏土也。从黃省，从土。……堇、古文菫，菫、亦古文。」

謹：說文：「慎也。从言，菫聲。」

(四) 用例

EE11074：「其人民都邑菫謹宴宴無舞，用從縱爾大樂。」

謹案：

「堇」，江叔惠謂讀為謹慎之謹（見齊彙考 p200），是也。今從之。堇·謹二字古音並為見母·文部，故得通假。是例僅一見於東周東土系齊國銅器。

200 堇＞勤

(一) 字形

銅			
竹			

(二) 字音

堇：ㄐㄧㄣˇ；居隱·見隱開三上；見文·*kiən·*kǐən·*kiən

勤：ㄑㄧㄣˊ；巨斤·羣殷開三平；羣文·*giən·*gǐən·*g'iən

(三) 解字

堇：說文：「黏土也。从黃省，从土。……𡻈，古文堇，𡋹，亦古文。」

勤：說文：「勞也。从力，堇聲。」

(四) 用例

(1) WL1206：「速匹先王，轟勞堇勤大令命。」

(2) WL2237：「亦唯先正辥襄辥辥辥，轟勞堇勤大命。」

(3) EE11058：「堇勤袞營其政事。」

(4) EE11088：「肇堇勤經德。」

謹案：「堇」，諸家讀為勤，勤字讀如字之例僅一見於東周中山國銅

器：即 ENO2176：「身勤社稷行三方」，是其例。堇、勤二字，古音同為舌根音、文部，故得通假。是例金文凡四見。

201 堇＞瑾

(一) 字形

堇：參見 200 堇＞勤條

瑾：金文未見

(二) 字音

堇：ㄐㄧㄣˇ；居隱·見隱開三上；見文· *kiən · *kiǎn · *kiən

瑾：ㄐㄧㄣˋ；渠遴·群震開三去；群文· *giən · *gʻiən · *gʻiən

(三) 解字

堇：說文：「黏土也。从黃省，从土。…𡑞，古文堇，𦰤，亦古文。」

瑾：說文：「瑾瑜，美玉也。从玉，堇聲。」

(四) 用例

(1) WM 2127：「頌拜頷首，受令命冊佩，呂出，反反入納堇瑾章璋。」

(2) WM 2141：「矩白（伯）庶人取堇瑾章璋于裘衛。」

(3) WL 2253：「山拜頷首，受冊，佩以出，反返入納堇瑾章璋。」

謹案：

「堇章」，諸家皆讀為瑾璋，無一異詞。堇、瑾二字之古音，聲近（並在舌根音）而韻同（同為文部），故得通作。瑾字金文未見，而假堇為之，後加玉符。是例金文凡三見，均為西周銘文。

202 勤＞覲

㈠ 字形

　勤：參見 200 董 > 勤 條

　覲：金文未見

㈡ 字音

　勤：ㄐㄧㄣˊ；巨斤．群殷開三平；群文 ＊$g'iən$ ．＊$g'ei\eta$ ．＊$g'iəi$

　覲：ㄐㄧㄣˋ；渠遴．群震開三去；群文 ＊$g'iən$ ．＊$g'ei\eta$ ．＊$g'iəi$

㈢ 解字

　勤：說文：「勞也．从力，堇聲。」

　覲：說文：「諸侯秋朝曰覲，勤勞王事也。从見，堇聲。」

㈣ 用例

　EN02175：「啻上勤覲於天子之届廟。」

謹案：　「勤」，張政烺謂讀為覲（見古文字研究 1：p216），今從之。

勤、覲二字古音同為群母、文部，故得通假。覲字金文未見，而假勤為之。是例金文僅一見於東周中山國銅器。

203 訓 > 順

㈠ 字形

訓					
順					

㈡ 字音

　訓：ㄒㄩㄣˋ；許運．曉問合三去；曉文 ＊$\chi iuən\eta$ ．　—　＊$\chi iwən$

　順：ㄕㄨㄣˋ；食閏．神稕合三去；神文 ＊$d\dot ziuən p$ ．＊$d'iwən\dot z$ ．＊$d'iwən$

㈢ 解字

訓：說文：「說教此。从言，川聲。」

順：說文：「理也。从頁川。」

㈣ 用例

⑴ EN02175：「是隻有耗純惠德遺訓。……則益上逆氣於天，下不訓
順氣於人臣也。……以我殊不訓順。……不餘辟逆訓
順。……佳訓順生福。」

⑵ EN02176：「克訓順克卑俾。……亡不達卒臣夫敬訓順天惠德。……
……亡不訓順道。」

謹案：

訓字原作「𢞳」，張政烺云：「忡，从心，川聲。訓之異體。
說文从言之字，古文多从心，其例不可盡舉。」（見古文字研究八
p242），趙誠云：「忡，即訓。古鉢邵訓，武訓信鉢，訓皆作忡（
古鉢彙編三上十頁），可證。遺訓即遺屬·遺言。」（見同上書 p
248），二氏之說甚是，今從之。張氏又云：「忡，已見前，是訓
字異體，在此讀為順。逆順對言，王佩行氣銘：『順則生，逆則死
』，與此語法同。」（見同上書 p217），趙誠又云：「忡，用為訓
。忡，順均从川聲，故可通。」，是也。「訓」字 EN02175·02176 二
器凡八見，其中「遺訓」之訓讀如字，其餘皆為順之借。訓·順二
字上古音，聲則雖殊（曉母·神母）而韻同（並在文部），故得通假。
是例僅見於東周北土系中山國彝銘。

204 豚 > 盾

(一) 字形

豚	(字形)	(字形)		豚
盾	(字形)	(字形)		盾

(二) 字音

豚：ㄊㄨㄣˊ；徒渾・定魂合一平；定文．*duən ・ ── ・*d'wən

盾：ㄕㄨㄣˇ；食尹・神準合三上；神文．*dʑiuən．*d' iwən．*d'iwən

(三) 解字

豚：說文：「小豕也。从古文豕，从又持肉以給祠祀也。……ⴜ豚・
　　篆文从肉豕。」

盾：說文：「瞂也。所以扞身蔽目。从目，象形。」

(四) 用例

WM 1115：「孚俘戎兵：腰盾・矛・戈・弓……。」

謹案：唐蘭云：「豚，在這裏借為盾。豚・盾古音同。」（見用青銅
器來研究西周史，文物 1976:6. p31），其說甚是，但二字上古音不盡
相同，聲則相近（豚為古頭音定母，盾為古面音神母，而同為古音
），韻則並在文部，故可通假。盾字已見於甲骨文；而假豚為之者
一見於西周中期穆王時器。

205 屯〉純

(一) 字形

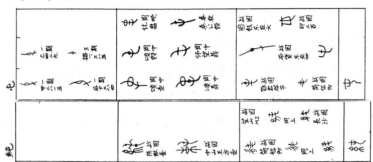

(二) 字音

屯：ㄓㄨㄣˊ；陟綸·知諄合三平；端文·*tiuən·*tiwən·*tiwən

純：ㄔㄨㄣˊ；常倫·禪諄合三平；禪文·*ȵiuən·*ȵiwən·*ǒiwən

(三) 解字

屯：說文：「難也屯。象艸木之初生。屯然而難。从屮貫一屈曲之
也。一，地也。易曰：屯剛柔始交而難生。」

純：說文：「純也。从糸，屯聲。論語曰今也，純儉。」

(四) 用例

(1)言「得屯」者：WM2151：「用辥于先王，得屯純亡敃愍。」

（WL1211·1228·2242·2247亦見此詞）

(2)言「永屯」者：WM5391：「永屯純需冬終。」

(3)言「屯純」者：EW01106：「永永受屯純德，祈無疆。」

(4)言「屯魯」者：WM1116：「今用匃屯純魯雪德萬年。」

（WM2147·2148·3174·3179；WL1219；EE02109·02110亦見此詞）

264

(5)言「屯叚」者：WM5195：「用匄屯（屯叚）叚永令命。」

(6)言「屯右」者：WM2127：「用追孝薔祈匄康鬘屯（屯右）祐，通录（禄）永令命。」

(7)其餘：WM1112：「秉德共龏屯（屯純）。」

WM1116：「秉德夨龏屯（屯純）。……今用匄屯（屯純魯）魯。」

WL2238：「鄉女（汝）彶，屯（屯純）卹周邦。」

WL2245：「用薔祈屯（屯純）求（禄）祿永命壽壽。」

EW11058：「余用聲屯（屯純）厚乃命。」

謹案：

「屯」，阮元始讀為純（見積古7:14），後人均從之，一無異辭。徐中舒云：「金文言屯者，曰得屯，曰永屯，曰屯德，曰屯魯，曰屯叚，曰屯右，舊或以經傳之純釋之。案此諸仂語辭類各異。屯有厚音。……純又有大意。……純又有全意。」（說契金文叚辭釋例，p29-32）。考屯、純二字，古音聲近（同為舌音）而韻同（並在文部），故可通作。純字金文僅二見：一用作人名（EE11098：「敔者曰墮純。」）；一用作形容詞（EN02175：「是實有軘（純）惠遣忘訓。」，與EW01106文例類似。「軘」从束屯聲，字書未見，張政烺云：『从束與从糸同義，如詛楚文約作軘。軘即純之異體。』（見古文字研究1:p212），是也。）。

206 順之訓

(一) 字　形：參見203訓之順條

（二）字音

順：ㄕㄨㄣˋ；食閏·神稕合三去；神文·$*dʑiuən$·$*ȡ'iuən$·$*ȡ'iwən$

訓：ㄒㄩㄣˋ；許運·曉問合三去；曉文·$*ɕiuən$· — ·$*xiwən$

（三）解字

順：說文：「理也。从頁川·。」

訓：說文：「說教也。从言，川聲。」

（四）用例

WE2033：「亖唯王聾恭德谷裕天，順訓我不每敏。」

謹案：「順」，唐蘭讀為訓，而譯云：「王是有恭德，能够順天的，教訓我們這些不聰敏的人。」（見何尊銘文解釋，文物1976:1）.其說甚是，今從之,金文亦見假訓為順之例（參見203訓＞順條）。考順·訓二字之上古音，聲則雖殊（順為舌面音神母，訓為舌根音曉母），而韻則同在文部，故可通假。是例僅二見於西周初期成王時器。

207 允＞狁

（一）字形

狁：金文未見

（二）字音

允：ㄩㄣˇ；余準·喻準合三上；喻文·$*ɕiuəniɣ$·$*dʑiuəp$·$*ziuəs$

狁：ㄩㄣˇ；余準·喻準合三上；喻文·$*ɕiuəniɣ$·$*dʑiuəp$·$*ziuəs$

(三) 解字

允：說文：「信也。从吕儿。」

狁：說文未收

(四) 用例

(1) WM5491：「嚴允獫狁廣伐西俞。」

又：「女汝卑我戰車砦伐嚴允獫狁于高陸。」

(2) WL1210：「用嚴狻獫狁放方槐與。」

(3) WL2235：「博博伐嚴執獫狁于洛之易陽。」

(4) WL2243：「王初各略伐嚴執獫狁于置廬。」

謹案：

「嚴允」，毛詩作「獫狁」，如小雅·采薇一章：「靡室靡家，獫狁之故。」傳：「獫狁，北狄也。」鄭箋：「北狄，今匈奴也。」漢書·匈奴傳：「獫允之故。」皆其例。允·狁二字，古音全同，故可通作。金文作「允」、「狻」、「執」，典籍則作「允」「狁」。

208 申>神

(一) 字形

申			
			申

神			
			神

㈡ 字音

申：ㄕ ；失人・審真開三平；審真・*ɕien・*sien・*śiēn

神：ㄕˊ；食鄰・神真開三平；神真・*dẑien・*ďien・*ďiēn

㈢ 解字

申：說文：「神也。七月陰氣成，體自申束。从臼自持也。吏以餔
時聽事，申旦政也。」

神：說文：「天神也。引出萬物者也。从示，申聲。」

㈣ 用例

⑴ WL121：「天子明憼㛰，覯考于申神。」

⑵ WL2252：「其用爲孝于皇申神且祖考。」

⑶ WL2265：「用爲孝于文申神，用匃眉壽。」

謹案：
「申」，諸家均讀爲神。「神」字未見於甲骨文，而見於金文
，如 WE4012：「隹皇上帝百神，保余小子。」；WM2144：「大神
妥多福」，皆其例。若申・神二字之上古音者，聲則相近（同爲舌面
音），韻則同在真部，故得通用。以申作神者共三見於西周銘文，
而東周器未見。

209 畯＞駿

㈠ 字形

					㏒㏒

駿：金文未見

(二) 字音

畯：ㄐㄩㄣˋ；子峻．精穀合三去；精文．$*tsiuən$．$*tsi̯wən$．$*tsi̯wən$

駿：ㄐㄩㄣˋ；子峻．精穀合三去；精文．$*tsiuən$．$*tsi̯wən$．$*tsi̯wən$

(三) 解字

畯：說文：「農夫也．从田，夋聲。」

駿：說文：「馬之良．从馬，夋聲。」

(四) 用例

(1) WE4072：「畎駿保三或國。」

(2) WM2127：「畎駿臣天子，霝冬終。」

(3) WL1203：「畎駿才在立位。」

(4) WL1211：「畎駿尹三方。」

(5) WL1212：「畎駿臣天子。」

(6) WL1229：「匃永令命，畎駿才在立位。」

(7) WL2255：「此其萬年無彊，畎駿臣天子，霝冬終。」

(8) WL3264：「用彌匃釁壽永令命，畎駿臣天子，霝冬終。」

(9) EW01101：「畎駿保其孫子，三壽是构。」

(10) EW02109：「畎駿臺才在天。」

(11) EW02110：「畎駿臺才在立位。」

謹案：　「畎」，字書未見，諸家以為畯字之異體（參見金文編p.892畯字下）。吳式芬．徐同柏．孫詒讓等皆謂畯當讀為駿，義為長也，大也（說見金文詁林13.253-1723）。上舉各例均用作嘏辭。徐中舒云

：「此諸𨵤字皆當釋長，言長在位，長尸四方，長正（尸正俱君長之稱）厥民，長保四國，長保其子孫，長臣於天子也。爾雅‧釋詁『永羕引延融䫻長也。』，永與駿並釋長，故金文之𨵤保𨵤臣亦曰『永保臣』（見師𡥆𣪘）。𨵤釋長，故又引申為君長之長。」（見金文詁林釋例 p25-26），其說甚辭。考𨵤‧駿二字之上古音，並為精母‧文部，故得通假。EW0210g 之「𨵤」，郭沫若讀為「峻」（見大系 p248），其意亦可通。典籍多以駿峻二字音義相近而通用，如詩‧大雅‧崧高一章：「崧高維嶽，駿極于天。」禮記‧中庸皆引作「峻極于天」。集疏：「三家，駿作峻。」是其例。峻字為心母字，則金文「𨵤」字，讀為駿較長。

210 敃>愍

(一) 字形

敃				愍

愍：金文未見

(二) 字音

敃：ㄇㄧㄣˇ；眉殞‧微軫開三上；明文‧*miən‧*miʷən‧*mjʷen

愍：ㄇㄧㄣˇ；眉殞‧微軫開三上；明文‧*miən‧*miʷən‧*mjʷen

(三) 解字

敃：說文：「彊也。从攴，民聲。」

愍：說文：「痛也。从心，敃聲。」

(四) 用 例

(1) WM2151：「尋得屯純亡無啟憨。」（此詞亦見於 WL1211、1228 器）

(2) WL2237：「啟憨天疾畏威。」

(3) WL2243：「兮甲從王，折首執囂訊，休，亡無啟憨。」

謹案：

孫詒讓云：「啟讀為憨，廣雅·釋詁：『憨，亂也。』」（見拾遺下：26 毛公鼎），于省吾從之（見文選上2：7 毛公鼎）。高田忠周云：「亡啟者，諸家云啟與憨通，亡憨，猶言無所痛憂也。」（見古籀篇60：12）。愚謂「尋屯亡啟」之亡啟，亦可讀如字，與金文習見之「無疆」、「亡疆」同意；得純者猶言得全也（說詳徐中舒·金文嘏辭釋例，p29）。啟·憨二字，古音全同，故可通作。憨字未見於金文，假啟為之，是例西周銘文共五見，而未見於東周器。

211 聞 > 輚

(一) 字 形

聞：參見 213 聞 > 婚

輚				輚

(二) 字 音

聞：ㄨㄣˊ；無分·微文合三平；明文·*miuən·*miwən·*miwən

輚：ㄇㄩㄣˋ；眉殞·明軫合三上；明文·*miuən·*miwən· —

(三) 解 字

聞：說文：「知聲也。从耳，門聲。䎽，古文从昏。」

轗：說文：「車伏兔下革也。从車，㥢聲。㥢，古文婚字，讀若閔。」

(四) 用例

WM1111：「令易賜女汝……金甬、畫聞轗……。」

謹案：

聞字原作「䎽」，郭沫若云：「乃聞字，叚為䡅（案：依說文當作轗），䡅者伏兔下之革帶。」（見大系 p64），龍宇純、張日昇二氏之說並同（詳見 213 聞＞婚條）。WL2237（毛公鼎）、WL1223（番生毁）、WL3261（師兌毁二）均作本字「轗」（參見金文編 p932），可證。二字古音同為明母、文部，故得通假。是例僅見於此器（彔伯𢦚毁）。

212 聞＞昏

(一) 字形

聞：參見 213 聞＞婚條

昏：金文未見

(二) 字音

聞：ㄨㄣˊ；無分、微文合三平；明文、*miuən、*mi̯wən、*mi̯wən

昏：ㄏㄨㄣ；呼昆、曉魂合一平；曉文、*xuən、*m̥wən、*xmwən

(三) 解字

聞：說文：「知聲也。从耳，門聲。䎽，古文从昏。」

昏：說文：「日冥也。从日氐省，氐者，下也。一曰民聲。」

(四) 用例

WL2237：「今非章庸又聞昏，女汝母毋敢妄盪。……無唯正聞昏，弘其唯王智。」

謹案：
聞字原作「？」，其隸定各說紛紜（說詳 213 聞>婚條），今從郭沫若·龍宇純·張日昇三氏之說，當假借為昏憒之昏。考二字上古音，聲則相去不遠（說詳 213 條），韻則同在文部，故得通叚。是例金文僅見於此器（毛公鼎）。

213 聞>婚

(一) 字形

(二) 字音
聞：ㄨㄣˊ；無分·微文合三平；明文·$*miuən$·$*mǐwən$·$*mǐwən$
婚：ㄏㄨㄣ；呼昆·曉魂合一平；曉文·$*xuən$·$*muən$·$*xmwən$

(三) 解字
聞：說文：「知聲也。从耳，門聲。䎽，古文从昏。」
婚：說文：「婦家也。禮·娶婦以昏時，婦人陰也。故曰婚。从女昏，昏亦聲。㜫，籀文婚如此。」

(四) 用例
(1) WL1212：「隹唯用劇于師尸，倗友·聞婚遘媾。」
(2) WL2245：「汝倗友寧與百者諸聞婚遘媾。」

(3)厝匜多父盤：「兄弟者諸子聞婚觏媾。」（厝金45；文選上3.25）

(4)兒李良父壺：「用爲芳于兄弟聞婚顜媾。」（三代12.29.2，殷道13.14）

謹案：

聞字原作「𦕢」，孫詒讓隸定作婚（見名原下:1，又見金文詁林12.212-1534），容庚‧張之綱‧朱芳圃等從之（容說見金文編p793；張‧朱說見金文詁林12-216.235-1534）；而郭沫若謂此字乃古文聞，於此則假為婚（見大系p123），龍宇純謂此字為聞之本字而借用為婚字（見說婚‧載集刊30下p605~614），張日昇從之（見金文詁林12.235-1534），今從郭‧龍二氏之說。芳聞‧婚二字上古音，韻則同在文部，而聲則有脣音明母與舌根音曉母之別，然而，高本漢擬婚字上古聲母為*xm-複聲母（見GSR.457m），李方桂‧董同龢以為是字可能帶有「清的脣鼻音*m̥-」（李說見Archaic Chinese *-jwang‧*-jwak and *-jwag p71，集刊5:1；董說見上古音韻表稿p12.13），可見二字之上古聲母亦相去不遠。金文假聞為婚者凡四見，二為西周晚期銘文，而其餘未能確知何時何國之器。

15. 真部 [*en]

214 田 > 甸

(一) 字形

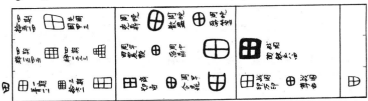

甸			⊕

(二) 字音

田：ㄊㄧㄢˊ；徒年・定先開四平；定真・*dyen ・*dʻien ・dʻien

甸：ㄉㄧㄢˋ；堂練・定霰開四去；定真・*dyen ・*dʻien ・*dʻien

(三) 解字

田：說文：「陳也。樹穀曰田，象形。囗十，千百之制也。」

甸：說文：「天子五百里內田，从勹田。」

(四) 用例

(1) WE 2006：「眔者厥諸侯：厥・田甸・男・舍三方令命。」

(2) WE 30l2：「隹殷儵邊厥田侯甸。」

謹案：「田」，郭沫若・高鴻縉以為甸之借，高氏云：「代甸，甸子
男小國之稱，名詞，如令彝：『眔諸侯：侯・田・男』盂鼎：『侯
田』按侯田，即書・酒誥侯甸字。」(見散氏盤集釋，p22)，其說甚
是。田・甸二字，古音相同，故可通假。是例金文凡二見，皆為西
周初期銘文。

215 奠 > 鄭

(一) 字形

鄭：金文未見

(二) 字 音

奠：ㄉㄧㄢˋ；堂練・定霰開四去；定真・ *dyen ・ — ・ *dien

鄭：ㄓㄥˋ；直正・澄勁開三去；定耕・ *dieng ・ *dieng ・ *d'ieng

(三) 解 字

奠：說文：「置祭也。从酋，酋酒也。丌其下也。禮有奠祭。」

鄭：說文：「京兆縣，周厲王子友所封。从邑，奠聲。」

(四) 用 例

(1) ECo6201：「奠鄭義白伯……」　(2) ECo6202：「奠鄭聳白伯……」

(2) ECo6203：「奠鄭聳𠦪……」　(4) ECo6204：「奠鄭戥句父……」

(5) ECo6205：「奠鄭虢中仲……」　(6) ECo6206：「奠鄭白伯大𤔲工」

(7) ECo6207：「奠鄭白伯大內史」　(8) ECo6208：「奠鄭白伯楙……」

謹案：

上舉諸器皆為東周鄭國所作。鄭國之鄭，金文均作奠，不從邑，而從韋作「韓」者，僅一見，如 ECo6210：「余韓邦之產。」是其例。容庚金文編將之收於鄭字條下，是也。奠・鄭二字之上古音，韻雖稍殊，而聲則同為定母，故得通作。鄭字所從之邑，為戰國以後所加。

216 舛 > 瞬

(一) 字 形

舛		㲋		瞬

瞬：金文未見

(一) 字音

嶙：ㄌㄧˊ；哀刃．來震開三去；來眞．*lien．*lĭen．*lĭěn

矒：ㄌㄧˊ；力珍．來眞開三平；來眞．*lien．*lĭen．*lĭěn

(三) 解字

嶙：說文：「兵死及牛馬之血為嶙。嶙鬼火也。从炎舛。」

矒：說文：「目精也。从目，嶙聲。」

(四) 用例

WE4079：「休天君，弗聖忘穆公聖嶙，明毗事先王。」

謹案：

「嶙」，假為矒，目精也。陳夢家云：「『事先王』前四字，形容穆公的聖矒。明毗：說文『矒，目精也。』，與聖皆指耳目聰明：方言十三『毗，曉明也』，與明皆指明白。」（見斷代(五)119）。此「聖矒」一詞，與WL2247：「聖爽」同意，爽，明也（參見165葉＞爽條）。嶙・矒二字上古音同為來母、眞部，故可通假。是例僅一見於西周初期昭王時器。

217 令＞命

(一) 字形

(二) 字音

令：ㄌㄧㄥˋ；力政・來勁開三去；來真・ *lien ・ *lǐeng ・ *liěng

命：ㄇㄧㄥˋ；眉病・微映開三去；用真・ *mien ・ — ・ *mǐang

(三) 解字

令：說文：「發號也。从亼卪。」

命：說文：「使也。从口令。」

(四) 用例

　　「令」字早見於甲骨文；「命」字則始見於西周初期康王時器，如 WE3065（競卣）：「隹唯白犀父召戍自即東，命伐南尸夷。」二字文義・用法並無差別。茲將一器中或同笵異器中令命二字互見者，縷舉如下：

(1) WM2163：「王乎呼內史吳冊令牧。王若曰：『牧，昔先王既令女汝作嗣土。今余唯或又敔改令女汝辟百寮。……今余佳龠稟乃命，……」

(2) WM5191：「王令我羞追于西，余來歸獻禽。余命女汝御追于鬐。」

(3) WL1213：「王命(六作命一作令)善夫克令(皆作令)于成周遹正八自之季。……永令(皆作令)霝冬終……」(三代4.28箸錄凡七器)

(4) WL2234：「王乎呼史壽冊命(四作命兩作令)師酉。……敬夙夙夜勿灋廢朕令(皆作令)。師酉拜頭首，對罴揚天子不丕顯休命(五作命一作令)。」(三代9.21箸錄三件，然蓋拓片凡六)

謹案：

　　令字屢見於甲骨文，其語意與金文同（參見傅斯年・性命古訓辨證，p180-203），命字則始見於西周康王時器，足知命為後起字。

金文此二字常通用，然而用命字不用令字之器亦不少，甚至如毛公鼎（WL2237），文中命字十二見，而無一作令字者，且鈴字亦从命作鈴（EE05025‧ES04154‧EC05796亦作鈴，而 WL1223‧WL2244‧EE0/6/8 均作鈴）；又叔夷鎛（EE11058）文中命字十見，全無作令字者。考令‧命二字之古音，聲遠而韻則並在真部，故可通用。傅斯年以為二字上古聲母為 *ml 複聲母（同上書 p.203），姚祭松說並同（見上古漢語同源詞研究 p.151），待考‧許慎以為命字為會意字。

218 勻 ⁊ 鈞

(一) 字 形

勻			⑾
鈞			⒁

(二) 字 音

勻：ㄩㄣ；羊倫‧喻諄合三平；喻真‧ *ʎiuen‧ *gịwen‧ *gịwěn

鈞：ㄐㄩㄣ；居勻‧見諄合三平；見真‧ *kiuen‧ *kịwen‧ *kịwěn

(三) 解 字

勻：說文：「少也。从勹二。」

鈞：說文：「三十斤也。从金，勻聲。鋆，古文鈞从旬。」

(四) 用 例

(1) WL1210：「易賜女汝……鑾鋚鑾百勻鈞。」

(2) 敔鼎：「易賜金一勻鈞。」

謹案：「勻」，李學勤讀為鈞（見論多友鼎的時代及意義，人文雜志

1981：6），是也。小臣守設：「金十鈞」，可證。「鈞」字原作从金从勹，諸家隸定為「釣」（參見字形欄）。考勹、鈞二字上古音，聲則雖遠（勹為舌面音喻母，鈞為舌根音見母），而韻則相同（並在真部），故得通假。是例金文凡二見。

219 胤＞尹

(一) 字形

胤				
尹				

(二) 字音

胤：ㄧㄣ；羊晉·喻震開四去·喻真· $*_{\chi}ien$ · $*dien$ · $*dien$

尹：ㄧㄣˇ；余準·喻準合三上·喻真· $*_{\chi}iuen$ · $*giwen$ · $*iuen$

(三) 釋字

胤：說文：「子孫相承續也。从肉从八，象其長也。公，亦象重累也。學，古文胤。

尹：說文：「治也。从又丿，握事者也。笤，古文尹。」

(四) 用例

(1) EW01103：「余咸畜胤尹士，乍馮左右，保辥王國。」

(2) EW02109：「咸畜胤尹士，墊二文武。」

(3) EW02110：「咸畜百辟胤尹士。」

謹案：

　　林潔明曰：「胤士之義，孫詒讓以為當讀為『尸士』（案：說見拾遺下：p6 周啟），郭沫若則以為胤段為俊（案：說見大系 p248 秦公段），按胤字上古音在真部喻紐ɣien，尸字亦在真部喻紐ɣriwen，而俊字則在文部讀tsjiwən（上古音據周法高師擬音），則知俊胤上古音韻部既異，聲復不同，胤尸則為開合之異，胤段為尸是也。郭氏蓋未通古音之學。釋詁：『尸，官也。』尸士猶言官士，孫說是也。」（見金文詁林4.517-0646），高田忠周說亦與孫氏同（說見古籀篇41：4）。「胤士」一詞金文共三見，皆為東周晉‧晉二國所作之器，可知此詞為東周西土地區之恒語，義為「治事者」也。

220 賓 > 儐

(一) 字形

賓				
儐				

(二) 字音

賓：ㄅㄧㄣ；必鄰‧幫真開三平；幫真‧ $*pien$ ‧ $*pien$ ‧ —

儐：ㄅㄧㄣˋ；必刃‧幫震開三去；幫真‧ $*pien$ ‧ $*pien$ ‧ $*pǐen$

(三) 解字

賓：說文：「所敬也。从貝，宀聲。賓，古文。」

儐：說文：「導也。从人，賓聲。擯，儐或从手。」

(四) 用例

(1) WE2010：「尸白（伯）賓儐眔貝布。」

(2) WE2015：「賓儐囚貝。」

(3) WM2126：「訊賓儐章璋·馬三匹·吉金。」

(4) WM3161：「嬰賓儐豕章璋·帛束。……大賓儐豕𢦏章璋馬兩，賓儐嬰𢦏章璋帛束。」

謹案：

　　「賓」，用作動詞，高田忠周謂假借為儐（見古籀篇99:27），是也。義為賞賜頒贈。西周賞賜銘文用以表達賞賜頒贈意義之字，「易」、「賞」二字最多見，次則為「賓」·「令」二字，此外更有「舍」·「儐」等（本黃然偉說，見殷周青銅器賞賜銘文研究，p14）。賓·儐二字，古音相同（幫母·真部），故得通假。詩·小雅·常棣三章：「儐爾籩豆，飲酒之飫。」毛傳：「儐，陳。」文選·魏都賦·張載注引韓詩作「賓」（見向熹·詩經詞典p24），可證。金文未見「儐」字，均假賓為之，是例凡四見，皆為西周初期及中期銘文。東周金文則「賓」字均讀如字，而「賓客」、「嘉賓」二詞屢見。

16 元部〔ʼan〕

221 㠱＞郾

(一) 字形

匽						
郾						

(二) 字音

匽：ㄧㄢˇ；於憓·影阮開三上；影元·$*ian$·$*i̯an$·$*i̯ăn$

郾：ㄧㄢˇ；於憓·影阮開四上；影元·$*ian$·$*i̯ăn$·$*i̯ăn$

(三) 解字

匽：說文：「匿也。从匸，晏聲。」

郾：說文：「潁川縣。从邑，匽聲。」

(四) 用例

(1) EN0/171：「匽郾庆旨祅見事形宗周

(2) EN0/172：「匽郾公乍作為姜庚般盤盉匜。」

謹案：

　　「匽」，當讀為郾，EN0/173：「郾庆庫……」，可證。「郾庆」一名早見於西周初期成王時器，匽侯盂：「匽庆乍饙盂。」（文物參考資料 1965:8.p21），陳夢家以為成王時器（參見斷代(三)：99-104）·陳氏又云：「春秋金文燕作匽，戰國金文增邑作郾。凡此匽字，潘祖蔭說『當為燕之假借字』（攀古 1.5），是正確的。秦·漢之際，不知何故凡匽國一律改為燕。朱駿聲說文通訓定聲嬴下云：『郾語嬴·伯翳之後也。伯翳子皋陶偃姓，蓋以偃為之，偃嬴一聲之轉

　　「且如其說可立，則匽之改燕當在秦滅燕以後，以匽為秦姓，所以改去之。」(同上文 p104)。匽‧郾二字，古音全同(影母‧元部)，故得通假。金文假匽為郾者金文屢見，典籍則假燕為之。

222 匽 ＞ 宴

(一) 字形

金文				

(二) 字音

匽：ㄧㄢˇ；於幰‧影阮開三上；影元‧$^*ian$　‧$^*iăn$　‧$^*iăn$

宴：ㄧㄢˋ；於甸‧影霰開四去；影元‧$^*yan$　‧$^*iăn$　‧$^*ian$

(三) 解字

匽：說文：「匿也。从匸，妟聲。」

宴：說文：「安也。从宀，妟聲。」

(四) 用例

(1) EE11060：「用匽宴用喜，用樂嘉賓。」

(2) ES03137：「廟吾台匽宴台喜，台樂嘉賓。」

(3) ES03138：「用匽宴台以喜，用樂嘉賓。」

(4) EN02174：「廟吾吕匽宴歙，盱我室家。」

(5) EC05198：「用匽宴吕喜，用樂父兄及者諸士。」

謹案:

容庚云:「(匽)通宴,詩·六月:『吉甫燕喜』漢書·陳湯傳引作『吉甫宴喜』」(見金文編p841匽字條下),是也。EE 05023:「台以樂大夫,台以宴士庶子。」,可證。匽·宴二字上古音,除聲調之別(上·去)之外,其餘均同(並在影母·元部),故得通假。是例金文凡五見,皆為東周齊銘。其中EN 02174以外,其餘皆為鐘銘,句法文例均相同。宴饗之宴字典籍則多假燕為之。

223 干ㄱ敦

(一) 字形

干	ㄚ	ㄨ 日賏 掇中三01:1	ㄨ 舀鼎 公姞鬲	ㄨ 師晨鼎 此尊 此鼎		ㄓ
			ㄨ 師酉簋 袁盤	ㄨ 克鼎 克鐘		
敦			ㄓ 大敦午 敦父辛鼎	ㄔ 敦父 敦簋	敦簋 師酉簋中	ㄓㄧ

(二) 字音

干:《ㄢ;古寒·見寒開一平;見元·*kan·*kân·*kân

敦:ㄒㄢ;侯旰·匣翰開一去;匣元·*ɣan·*ɣân·——

(三) 解字

干:說文:「犯也。从一从反入。」

敦:說文:「止也。从攴,旱聲。」

(四) 用例

(1) WL 2237:「呂乃族干敦吾敦王身。」

(2) WL 2238:「呂乃友干敦吾敦王身。」

謹案：

「干」，當讀為戰。高鴻縉曰：「干吾，吳清卿讀為戰敔，以其族入衛王身也。」（見毛公鼎集釋，p94），是也。金文或作「𢦏」，如 WM3163：「召大匠牟友入𢦏。」郭沫若謂：「戰衛于宮門之內也。」（見大系 p88），「𢦏」，從攴干，干亦聲，容庚以為戰之重文（見金文編 p214），甚是。「干吾」與籍常通作「扞禦」。「扞禦」，如左傳‧僖公廿四年：「扞禦侮者，莫如親親。」後漢書‧南匈奴傳：「扞禦北虜。」，列子‧楊朱：「肌膚不足以自扞禦。」皆其例。說文戰字下段注：「戰扞古今字，扞行而戰廢矣。毛詩傳曰：『干，扞也。』謂干為扞之假借，實則干為戰之假借也。手部曰：『扞，伎也。』」是也。考干、戰二字上古音，聲近（同為舌根音）而韻同（並在元部），故得通假。是例金文凡二見，均為西周晚期宣王時器，且其文例、文義極類似，故郭沫若云：「本銘（案：WL2238）與毛公鼎銘（WL2237）如出一人手筆，又中時代背景亦大率相同，故以次于此。」（見大系 p139），可從。

224 遣〞譴

(一) 字形

譴：金文未見

(二) 字音

遣: ㄑㄧㄢˇ; 去演. 溪獮開三上; 溪元. $*k'ian$. $*k'iän$. $*k'ian$

譴: ㄑㄧㄢˋ; 去戰. 溪線開三去; 溪元. $*k'ian$. $*k'iän$. $*k'ian$

(三) 解字

遣: 說文: 「縱也。从辵,𠳮聲。」

譴: 說文: 「謫問也。从言,遣聲。」

(四) 用例

(1) WE2023: 「大保克芍敬亡遣譴。」

(2) WM1098: 「王鄉饗醴酒,逐御,亡遣譴。」

謹案:
　　WL1233: 「韓武公廼遣遹率公戎車百乘。」句中之「遣」,當讀
如字,上舉二例則當讀為謫問.責備之譴,郭沫若言:「『亡遣』
乃金文恆語.遣讀為譴,猶言亡憂.亡咎。」(見大系p27),是也
。遣.譴二字古音並同(溪母.元部),故得通假.金文未見譴字
,均假遣為之.是例僅二見於西周初期.中期銘文。

225 [鑒]鑒

(一) 字形

鑒			
鑒偏旁			

(二) 字 音

　　戀： ㄌㄨㄢˊ；呂員．來仙合三平；來元．*liuan．*lįwǎn．*blwân

　　鑾： ㄌㄨㄢˊ；落官．來桓合一平；來元．*luan．*lwân．*blwân

(三) 解 字

　　戀：說文：「亂也。一曰治也。一曰不絕也。从言絲。樂，古文戀。」

　　鑾：說文：「人君乘車四馬鑣八鑾，鈴象鸞鳥之聲，聲龢則敬也。从金鸞省。」

(四) 用 例

　(1) WM1102：「易賜女汝赤市幽亢．戀鑾旂，用事。」

　(2) WM1119：「易賜衛……朱黄．戀鑾。」

　（「戀旂」連言者亦見於 WM1119．2123．2127．2134．2136．2137．2150．2152．3165．3175．4486．5196（共13）；WL1205．1209．1216．1217．1230．2239．2248．2249．2250．2253．2255．2268．3260．3263（共14）。單言「戀」者亦見於 WM2123．2152．3165；WL3263。）

　謹案：

　　　「戀」，諸家均以為鑾之假，典籍則从金作鑾；鑾即鈴。是二字古音同為來母元部，故得通假。是例金文習見，皆為兩周冊賜銘文。「鑾」字金文僅見於尹小弔鼎：「尹小弔乍鑾鼎」（考古1964:11），而與此不類。

226 戀 > 鑾

(一) 字 形

　　戀：參見 225 戀 > 鑾條

　　鑾：金文未見

(二) 字 音

　　絲：ㄌㄨㄢˊ；呂員．來仙合三平；來元．*liuan．*l̦iwăn．*blwân

　　蠻：ㄇㄢˊ；莫還．明刪合二平；明元．*moan．*mwan．*mlwan

(三) 解 字

　　絲：說文：「亂也。一曰治也。一曰不絕也。从言絲。𤔔：古文緣。」

　　蠻：說文：「南蠻，它種。从虫，絲聲。」

(四) 用 例

　　(1) WM2142：「方絲蠻亡無不扟見。」

　　(2) WL2235：「用政征絲蠻方。」

　　(3) WL2243：「母毋敢或入絲蠻宥完賓。」

　　(4) EW01103：「左右武王，口口百絲蠻，廣嗣三方。」

　　(5) EW 02109 02110：「𩁹事使絲蠻憂夏。」

謹案：

　　「絲」，諸家讀為南蠻之蠻。考二字之上古音，聲則難珠（高本漢擬蠻為*ml-之複聲母），而韻則同在元部，故得通假。是例金文凡六見。

227 延 > 誕

(一) 字 形

川𢆷 𐀬 川𢆷中 誕𤔌𢆷	𢆷中川	⺘ 𢆷中川 𤔌涎	延𢆷 延仙涎涎	
延	𢆷中川 𢆷中川	⺘⻌ 涎涎涎	之 涎涎涎	延

誕：金文未見

(二) 字 音

延：ㄧㄢˊ；以然．喻仙開三平；喻元．$^*\text{ʎian}$ $^*\text{ḍiän}$ ·$^*\text{ḍian}$

誕：ㄉㄢˋ；徒旱．定旱開一上；定元．$^*\text{dan}$ $^*\text{d'än}$ ·$^*\text{d'ân}$

(三) 解 字

延：說文：「長行也。从延，丿聲。」

誕：說文：「詞誕也。从言，延聲。」

(四) 用 例

(1) WE 2049：「延誕令命圧諫呂囗囗。」

(2) WM 3156：「王延誕正師氏。」

(3) ES 03138：「延誕永余德，辥淯民人。」

(4) EC 04193：「延誕申告殷譴德，均于大夫，建我邦國。」

謹案：

「延」，容庚言與延一字（見金文編，p119．延字下），今從
之。郭沫若（大系 p84）、于省吾（雙古齋所見吉金圖序）、容庚（
同上書）、周法高（金文零釋 p30）皆ㄣ為「誕」之借，用為發語詞
，是也。毛詩．尚書等先秦典籍習以「誕」作語首．語中助詞（參
見楊樹達．詞詮 p49 誕字下），金文則假延為之。延．誕二字上古
音，同為元部，其聲則有喻．定之分，然「古喻讀定」，故得通假。
是例金文凡四見。

228 善 > 膳

(一) 字 音

善：ㄕㄢˋ；常演．禪獮開三上；禪元．$^*\text{ʑian}$ · $^*\text{ź'iän}$ · $^*\text{ḍian}$

膳：ㄕㄢˋ；時戰．禪線開三去；禪元．$^*\text{ʑian}$ · $^*\text{ź'iän}$ · $^*\text{ḍian}$

（二） 字 形

甲骨			甲骨
金文			金文

（三） 解 字

善：說文：「吉也。从誩羊。此與美同意。𧪠，篆文从言。」

膳：說文：「具食也。从肉，善聲。」

（四） 用 例

(1) WM3161 ：「王令命𦥑膳夫豕曰：」

(2) WM3163 ：「王乎呼𦥑膳夫騩……」

(3) WL1201 ：「小臣・𦥑膳夫・守口・官犬。」

(4) WL1211 ：「王乎呼尹氏冊令命𦥑膳夫克。」

(5) WL1212 ：「王令命尹氏友右史趞典𦥑膳夫克田人。」

(6) WL1213 ：「王命𦥑膳夫克舍令……」

(7) WL2213 ：「入納右𦥑膳夫山，入門，……毋敢不𦥑。」

(8) WL2215 ：「王……命此曰：『旅邑人𦥑膳夫，易賜女汝……」

(9) EE06034 ：「郑白伯肇乍作並姃𦥑膳鼎。」

(10) EE06035 ：「郑白伯祀乍作𦥑膳鼎。」

謹案：

「善夫」，郭沫若云：「官名，典籍作膳夫。」（見大系 P177）

，是也。周禮・天官・序官膳夫注曰：「膳夫，食官之長也。」詩

·〈小雅·十月之交〉四章：「仲允膳夫。」鄭箋：「膳夫，上士也。掌王之飲食膳羞。」EE0634.0635「善鼎」之「善」亦當讀為膳，金文或作「膳」，如EE1062：「齊侯作作般膳寶𣪘孟姜膳韲敦。」，可證。考善、膳二字之古音，聲韻並同（禪母、元部），故可通作。是例兩周金文習見。

229 淺＞踐

(一) 字 形

淺		義雲章 魯州司寇鉨	國㒸盧 魏三體石經 豆𣪘 哀成叔鼎	古鉨

踐：金文未見

(二) 字 音

淺：ㄑㄧㄢ；七演·清獮開三上；清元·$*ts'ian$·$*ts'jän$·$*ts'jan$

踐：ㄐㄧㄢˋ；慈演·從獮開三上；從元·$*dzian$· ── ·$*dzjan$

(三) 解 字

淺：說文：「不深也。从水，戔聲。」

踐：說文：「履也。从足，戔聲。」

(四) 用 例

ES02434：「戉越王鳩淺句踐自作作用鐱劍。」

謹案：

「鳩淺」，典籍作句踐（說詳083鳩＞句條）。周祖謨謂：「〈戰國策·楚策〉：『踐亂燕以定其封』，『踐亂』常畫作『淺亂』（Z102），踐作淺，這跟越王句踐劍的銘文作『鳩淺』例同，踐、淺

同為元部字，踐為從母字，淺為清母字。」（見漢代竹書和帛書的通假字與古音的考訂，音韻學研究，1：p90），遇謂淺踐之轉為戰國時南土與中土之間方言所致。

230 反 > 返

(一) 字 形

反				
返				

(二) 字 音

反：ㄈㄢˇ；府遠・非阮合三上；幫元・ *p̯iuan・ *p̯iwǎn・ *p̯iwǎn

返：ㄈㄢˇ；府遠・非阮合三上；幫元・ *p̯iuan・ *p̯iwǎn・ *p̯iwǎn

(三) 解 字

反：說文：「覆也。从又厂。反，古文。」

返：說文：「還也。从辵反，反亦聲。商書曰：祖伊返。很，春秋傳返从彳。」

(四) 用 例

(1) WM2127：「頌拜頭首，受令令冊佩・呂反返入納菫璋璋。」

(2) WL2263：「山拜頭首，受冊佩呂出，反返入納菫璋璋。」

謹案：

　　郭沫若云：「『反入菫章』當讀為『返納菫璋』蓋周世王臣受王冊命之後，于天子之有司有納理報璧之禮。」（見大系 p93），是

也。禮記·祭統篇，左傳·僖公二十八年傳皆記賜命禮三事，而未見言「返納瑾璋」者，此可補其缺（參見黃然偉·殷周青銅器賞賜銘文研究 pp83-95）。反·返二字，古音並在幫母、元部，故得通假。金文未見从辵作返者，而僅一見其重文「返」，此字用借為反（參見232返＞反條）。

231 反＞鈑

(一) 字形

反：參見 230 反＞返條

鈑：金文未見

(二) 字音

反：ㄈㄢˇ；府遠：非阮合三上；幫元·$^*piuan$·$^*piwăn$·$^*piwăn$

鈑：ㄅㄢˇ；布綰：幫潸合二上；幫元·$^*poan$ ── ·$^*pwan$

(三) 解字

反：說文：「覆也。从又丁。反，古文。」

鈑：說文未收

(四) 用例

WM2140：「帛白金一反鈑。」

謹案：唐蘭云：「白金是銀，反通鈑，一鈑是一塊銀餅。」（說見文物 1976:5），陝西省岐山縣董家村西周銅器窖穴發掘簡報亦云：「帛讀為白，反假為鈑，金屬用鈑計，故稱白金一鈑。」（見文物1976:5），是也。爾雅·釋器云：「餅金謂之鈑。」廣韻亦訓為餅金

。反、飯二字，同讀幫母・元部，故得通假。金文未見飯，而假反為飯之例僅見於西周中期恭王時器。

232 返 > 反

(一) 字 形
(二) 字 音 ⎫ 參見230 反>返條
(三) 解 字 ⎭

(四) 用 例

(1) EN02175：「員曰：『為人臣而返臣其宗，不兼祥莫大誣焉。』」

(2) EN02176：「人臂辥不宜誼，返臣其宗。」

謹案：

「返」，為返之重文（見說文是部），張政烺讀為反（見古文字研究1：p217・239），是也。反、返二字，古音全同（並在幫母・元部），故得通假。金文作反字者多見，如 WE2018：「虩東尸夷大反。」是其例，而假返（返）為之例僅二見於中山國銅器，其餘銘文未見。

233 般 > 盤

(一) 字 形

(二) 字 音

　　般：ㄅㄢ ；薄官・並桓合一平；並元・*buan ・*b'wân ・*b'wân

　　盤：ㄆㄢˊ；薄官・並桓合一平；並元・*buan ・*b'wân ・*b'wân

(三) 解 字

　　般：<u>說文</u>：「辟也。象舟之旋。从舟从殳，殳令舟旋者也。𣃤、古
　　　　　文般从攴。」

　　盤：<u>說文</u>：「槃、承槃也。從木，般聲。鎜、古文從金。盤、籀文
　　　　　從皿。」

(四) 用 例

　　(1) WM2141 ： 「衛用乍作般文考惠孟嬰般盤。」

　　(2) WM3167 ： 「用乍作般盤盉。」

　　(3) WM3178 ： 「用乍作寶般盤盉。」

　　(4) WL1221 ： 「𣂪皇父乍作琱媿般盤盉。」

　　(5) WL2243 ： 「兮甲吉父乍作般盤。」

　　(6) EE04020 ： 「乍作子妊毀𣪘賸般盤。」

　　(7) EE07046 ： 「乍作中姬𤛭賸般盤。」

　　(8) EE11062 ： 「乍作賸媵寧𨴽孟姜盥般盤。」

　　(9) EE11076 ： 「齊侯乍作皇妣虢孟姬寶般盤。」

　　(10) EE11077 ： 「齊叔姬乍作孟庚寶般盤。」

　　(11) EE11080 ： 「羕叔乍作季妃盥般盤。」

　　(12) EE11078 ： 「齊縈姬之媵姬乍作寶般盤。」

　　(13) EN0112 ： 「𨒀公乍作為姜秉般盤匜。」

謹案：

　　「般」，諸家皆讀為盤。WL2235：「虢季子白伯乍作寶盤。

」、EE0704b：「乍作其子孟姬賸賸盤也匜。」皆其證。般、盤二字，古音全同(並母元部)，故可通作。是例全文凡十三見。

17. 侵部 [*əm]

234　朕 > 媵

(一) 字形

朕				媵

(二) 字音

朕：ㄓㄣ；直稔·澄寢開三上；定侵· $*diəm$ · $*d'iəm$ · $*diəm$

媵：ㄕㄥ；以證·喻證開四去；喻蒸· $*jiəŋ$ · — · $*diəŋ$

(三) 解字

朕：說文：「我也。闕。」段注：「从舟，灷聲。」

媵：說文未收

(四) 用例

(1) EE0402b：「青匜乍作井妊毀朕媵般盤。」

(2) EE0502b：「鼄叠父朕媵其子勽嬭寶鬲。」

(3) EE07043：「魯白愈父乍作龜姬羋媵（媵）羞甬。」

(4) EE07045：「魯矦乍作姬翏媵（媵）鼎。」

(5) EE09054：「慶弔飤作媵（媵）子孟姜盥盤也。」

(6) EE11082：「齊侯乍作媵（媵）子中仲姜寶孟。」

(7) EC03189：「始奴氏乍作鬻嫚臭媵（媵）貞鼎。」

(8) EC05199：「魯生乍作鬻母媵（媵）貞鼎。」

(9) EC06207：「弔上乍作弔媚媵（媵）盥也。」

(10) EC07213：「陳厌乍作孟姜㩜媵（媵）匜。」

謹案：

　　上所舉各例均所謂媵器，諸家皆謂「朕」乃為媵之假，金文或作本字（媵），如于氏弔子盤：「于氏叔子乍作中姬客母媵䙫盤。」（三代17.11），是其例。媵字說文未收，爾雅·釋言：「媵，送也。」孫注：「送女曰媵。」儀禮·士昏禮：「媵御餕。」注：「古者嫁女，必姪娣從之，謂之媵。」說文：「佚，送也。呂不韋曰：有侁氏以伊尹佚女。」今呂氏春秋本味作：「有侁氏喜，以伊尹媵女」，佚字未見於甲金文，疑為媵之誤。考朕·媵二字，古音有定母·喻母之別，但曾運乾有喻四古歸定之說，後人多從之，其韻則有侵·蒸之分，但詩經屢見侵蒸合韻者，如大雅·大明：興 xiang// 林 liam// 心 siam（詳見王力·詩經韻讀·p32），故可通作。金文假朕為媵之例凡十見，皆為東周銘文，其中六為東土系器；四為中土系器，其餘地區未見此例。

235 賡＞任

(一) 字形

賃			
任			

(二) 字音

賃：ㄋㄧㄣˋ；乃禁・泥沁開三去；泥侵・*niem、*mẹiŋ、*mẹiʒ、*mẹiʒ

任：ㄖㄣˊ；如林・日侵開三平；日侵・*mẹiʒ、*mẹiŋ、*mẹiʒ

(三) 解字

賃：說文：「庸也。从貝，任聲。」

任：說文：「保也。从人，壬聲。」

(四) 用例

(1) EN0217S：「余智知其忠詖信施也。而溥尃賃任之邦。」

又：「受賃任猪佐邦，夙夜篚匪解懈。」

(2) EN0276：「启猪在右頴寡人，遠使智知社稷稷之賃任。」

又：「氏是以頴寡人迖尚賃任之邦而去之遊。」

(3) EN0276-1：「或又旻得賃賢狌佐司馬圓，而家重賃任之邦。」

謹案：

張政烺云：「賃，譬壺（案：EN0217S）兩見，譬鼎（案：EN0276）兩見，用法與此同，皆讀為任。」（見中山國胤嗣銈蚉壺釋文，古文字研究1: p237），是也。考賃・任二字上古音，聲則稍異（任為舌面音日母；賃為舌頭音泥母・章大炎有日母古歸泥說，可證。），韻則同在侵部，故得通假。是例共五見，皆為中山國彝銘。

236 參 > 三

(一) 字形

參 鬓				
三				

(二) 字音

參：ㄕㄣ，所今・山侵開一平；山侵・ *ʃəm ・ *sâm ・ *sâm

三：ㄙㄢ；蘇甘・心談開一平；心侵・ *səm ・ *səm ・ *siəm

(三) 解字

參：說文：「商星也。从晶，今聲。參，或省。」

三：說文：「數名。天地人之道也。於文一耦二為三，成數也。」

(四) 用例

(1) WM2139：「迺令命參三有嗣……。」

(2) WM2141：「迺令命參三有嗣……。」

(3) WM3172：「參三有嗣：嗣土・嗣馬・嗣工。」

(4) WM3173：「參三有嗣：嗣土・嗣馬・嗣工。」

(5) WL2237：「命女汝𤔲嗣公族雩與參三有嗣。」

(6) WL2241：「公庶启其參三，女汝剔則庶启其貳二。」

(7) EN02176：「達率參三軍之眾，以征不宜義之邦。」

謹案：　參為星名，上舉諸「參」字均為數名三之借。「參有嗣」，唐蘭釋為「三個職官」（見文物 1976:5），是也，金文指「嗣土（司徒）」、「嗣馬（司馬）」、「嗣工（司空）」而言。考參三二字之上古音，聲則按王力說有山·心二母之別，而按董同龢並擬為*s-；韻則同在侵部，故得通假。是例金文凡七見。典籍亦習見是例，如易·說卦：「參天兩地而倚數。」虞注：「參，三也。」是也。

18. 談部〔*am〕

237 敢 > 嚴

(一) 字形

敢				
嚴				

(二) 字音

敢：《ɡˇ；古覽·見敢開一上；見談·*kam·*kâm·*kǎm

嚴：1ɡˇ；語𩏩·疑嚴開三平；疑談·*ŋiam·*ngiǎm·*ngiǎm

(三) 解字

敢：說文：「進取也。从爻，古聲。𢿵，籀文敢，𣉟、古文敢。」

嚴：說文：「教命急也。从吅，厰聲。嚴，古文嚴。」

(四) 用例

EE11058：「庚=戌唐又有敢嚴才在帝所。」

謹案：

　　「敢」，郭沫若讀為嚴（見大系 p203），WM3155：「先王，其嚴才帝左右。」，與此文例相同，可證，義猶詩·小雅·六月三章：「有嚴有翼，共武之服。」之「嚴」，「嚴，威嚴也。」考敢、嚴二字之古音，聲近（同為舌根音）而韻同（並在談部），故得通假。是例金文僅一見於東周東土系齊國銅器。

238 厰＞嚴

(一) 字形

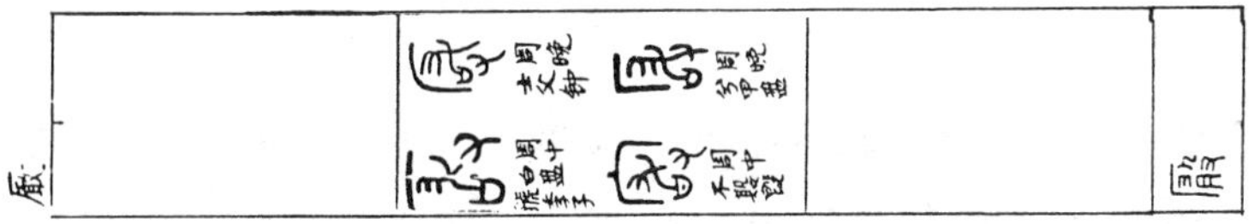

厰			

嚴：參見237敢＞嚴條

(二) 字音

厰：ㄏㄢˊ；魚金·疑侵開三平；疑談· $*ŋiam$ · $*ŋwiəm$ · $*ŋiəm$

嚴：ㄧㄢˊ；語�嶮·疑嚴開三平；疑談· $*ŋiam$ · $*ŋwiəm$ · $*ŋiəm$

(三) 偁字

厰：說文：「崟也。一曰地名。从厂，敢聲。」

嚴：說文：「教命急也。从吅，厰聲。嚴，古文嚴。」

(四) 用例

WL1219：「其厰嚴才在上，數二弖二降余魯多福亡彊。」

謹案：

　　「厰」，郭沫若讀為嚴（見大系 p128），是也。金文多作「嚴

」，如 WL1228：「皇考嚴才上，……」是其例。義猶詩·小雅·六
月三章：「有嚴有翼，共武之服。」之嚴，毛傳：「嚴，威嚴也。
」。嚴·嚴二字，古音相同（疑母·談部），故得通假。是例僅一
見於西周晚期厲王時器。

239 嚴 > 玁

(一) 字 形

嚴：參見237 敢 > 嚴 條

玁：金文未見

(二) 字 音

嚴：l弓ˊ；語瓓·疑嚴開三平；疑談· *ŋiam · *ngǐăm · *ngǐăm

玁：T1ㄢˇ；虛撿·曉球開三上；曉談· *xiam · —— · *xiam

(三) 解 字

嚴：說文：「敎命急也。从吅，厰聲。嚴，古文嚴。」

玁：說文未收

(四) 用 例

WL1210 ：「用嚴俊玁狁 放方興與。」

謹案：「嚴」，李學勤讀為玁狁之玁（見論多友鼎的時代及意義，人
文雜志 1981：6），是也。金文或作「敢允」（詳見厰 > 玁條），此詞
指北狄而言，漢人稱匈奴。嚴·玁二字，古音聲近（同為舌根音）
而韻同（並在談部），故可通作。是例金文僅見於西周晚期厲王時
器，其餘未見。

240 厰 > 玁

(一) 字形

厰：參見 238 厰 > 嚴條

玁：金文未見

(二) 字音

厰：ㄧㄢˊ；魚金·疑侵開三平；疑談·＊ŋiam·＊ŋeiəm·＊ŋeiəm

玁：ㄒㄧㄢˇ；虛檢·曉琰開三上；曉談·＊xiam· — ·＊xiam

(三) 解字

厰：說文：「崟也。一曰地名。从厂，敢聲。」

玁：說文未收

(四) 用例

(1) WM6491：「不娶駿方，厰允玁狁廣伐西俞。」

(2) WL2235：「搏博伐厰狁玁狁于洛之易陽。」

(3) WL2243：「王初各略伐厰狁玁狁于畧盧。」

謹案：

「厰允」，毛詩作「玁狁」，即小雅·采薇一章：「靡室靡家，玁狁之故。」傳：「玁狁，北狄也。」鄭箋：「北狄，今匈奴也。」釋文：「玁本作獫。」漢書·匈奴傳作獫允。說文未收玁字，而見獫字，云：「長喙犬也。」，廣韻則以玁與獫同，金文或作「厰偮」（參見239厰 > 玁條），足見獫字後於玁，雖然二字音同，然而讀厰為玁，較為允當。考厰·玁二字之上古音，聲則相近（同為舌根音）而韻則同在談部，故得通作。是例金文凡三見。

第三節　入聲韻部

19. 職部〔*ək〕

241 　意 > 悥（億）

(一)　字形

惪		意 西周中 〔亞〕 意 西周晚 〔士父鐘〕			悥

悥：金文未見

(二)　字音

意：ㄧˋ；於力．影職開三入；影職．*iək　．*iək　．—

悥：ㄧˋ；於力．影職開三入；影職．*iək　．*iək　．—

(三)　解字

意：說文：「快也。从言从中。」

悥：說文：「滿也。从心，意聲。一曰十萬曰悥。」

(四)　用例

EW01106：「祈無彊至于萬悥（意）年，子之子，孫之孫，其永用之。」

謹案：「意」，郭沫若讀為億（見大系 p.239），近是。萬億之億，說文作悥，段玉裁悥字下注云：「經傳皆作億，無作悥者，段借字也。」是也。金文則假意為悥，是二字同為於力切，上古音全同（影母職部），故得通假。是例金文僅見於此器（東周西土系秦國所作嗣子壺）。

242 　弋 > 翼

(一)　字形

弋：參見 243 弋＞式條

翼：參見 247 異＞翼條

(二) 字音

弋：ㄧˋ；與職．以職開三入；喻職． $*\lambda i\partial k$ ・ $*di\partial k$ ・ $*di\partial k$

翼：ㄧˋ；與職．以職開三入；喻職． $*\lambda i\partial y$ ・ $*di\partial k$ ・ $*di\partial k$

(三) 解字

弋：說文：「㞢也．象折木衺銳者形．厂象物挂之也．」

翼：說文：「䎽也。从飛，異聲。䎏文翼。翼、篆文䮴从羽．」

(四) 用例

WM1114 ：「烏嗚虖呼！朕文考甲公・文母日庚弋翼休。」

謹案：

「弋」，唐蘭讀為翼（見文物 1976：6），段玉裁說文䮴字下注
：「翼必兩相輔，故引申為輔翼。」唐氏譯是句謂：「嗚呼！父親
甲公・母親日庚的美好的餘廕。」考弋・翼二字，古音相同（喻母
・職部），故可通假．金文叚弋為翼之例僅此一見耳。「翼」字亦
見於金文，EN2175：「祇＝翼＝，邵告後嗣。」是其例。

243 弋＞式

(一) 字形

弋			
	十	十	弌	ㄣ

弌：金文未見

(二) 字音

弋：ㄧ˙；與職．以職開三入；俞職．*ʎiək ．*dʲək ．*dʲək

式：ㄕˋ；賞職．審職開三入；審職．*ɕuəŋ ．*ɕʲək ．*ɕʲək

(三) 解 字

弋：說文：「㞢也。象折木衺銳者形。厂象物挂之也。」

式：說文：「法也。从工，弋聲。」

(四) 用 例

WL1198：「弋ㄕ̂式可苛，我義宣俊鞭女汝千。」

謹案：

「弋」，龐懷清等讀為式（見文物1976:5），是也。考是二字之
古音，其聲雖遠而韻部同在職部，故可通假。「可」假借為苛，義
為譴責。周禮·春官·世婦：「不敬者苛而罰之。」注：「苛，譴
也。」，「式苛」者，依當初所定之譴責。假弋為式之例，金文謹
見於此器。

244 貳 > 忒

(一) 字 形

惩					
特					

(二) 字 音

貳：ㄊㄜˋ；他德．透德開一入；透職．*t'ək ．*t'ək ．*t'ək

忒：ㄊㄜˋ；他德．透德開一入；透職．*t'ək ．*t'ək ．*t'ək

(三) 解 字

貳：說文：「從人求物也。从貝，弋聲。」

忒：說文：「更也。从心，弋聲。」

(四) 用例

(1) ES02131：「夙莫善不貳忒。」

(2) EC04193：「不愬德不貳忒。」

謹案：「貳」，當讀為忒。「不忒」一詞習見於典籍，如詩·大雅·抑：「昊天不忒」，箋：「不差忒也。」，與段玉裁說文貳字下注云：「按古多假借為差忒字。」，是也。尚書·洪範「衍忒」，史記·宋微子世家引作「衍貳」，可證。貳·忒二字古音相同，故得通假。是例金文凡二見，皆為東周時器。

245 戠 > 織

(一) 字形

甲骨	金文	戰國	篆書

(二) 字音

戠：ㄓ；之翼·照職開三入；照職 $*t_ɕiək$·$*ɕiək$·$*ɕiək$

織：ㄓ；之翼·照職開三入；照職 $*t_ɕiək$·$*ɕiək$·$*ɕiək$

(三) 解字

戠：說文：「闕。从戈从音。」

織：說文：「作布帛之總名也。从糸，戠聲。」

(四) 用例

(1) WE4094：「易賜戠織衣，赤⊙市。」

(2) WM2131：「易賜女汝戠織衣，〇市，緣鑾旂。」

(3) WM3165：「易賜女汝戠織衣，緣鑾。」

(4) WM4158：「易賜趞戠織衣，戴市，……」

(5) WL2248：「易賜戠織玄衣，朱〇市。」

謹案：

「戠」，强運開·高田忠周等以為織之假（强說見古籀三補12:11；高田說見古籀篇12:17），是也。郭沫若：「戠非色也，乃當釋為織，曲禮云：『士不衣織』，足証織衣乃貴者之服，故天子以為賜，而後賜者以為榮譽。」（見大系p.99），其說可信。戠·織二字古音並同（照母·職部），故得通假。是例金文凡五見，古為西周時器。

246 戠 > 識

(一) 字形

戠：參見246戠﹥織條

識：金文未見

(二) 字音

戠：ㄓ；之翼·照職開三入；照職·*tɕiɐk·*t̂jɐk·*t̂jɐk

識：ㄕˋ；賞職·審職開三入；審職·*ɕiɐk·*śiɐk·*śjɐk

(三) 俑字

戠：說文：「闕。从戈从音。」

識：說文：「常也。一曰知也。从言，戠聲。」

(四) 用例

WE 2033：「烏虖嘑（嗚呼）！爾有唯小子亡 無 戠（識），覝（視）于公氏，有
箬（功）勞于天，取徹令命。」

謹案：
「戠」，<u>唐蘭</u>讀為識（見柯尊銘文解釋，文物 1976:1），<u>唐</u>氏
又譯云：「嗚呼！你們或著還是小子，沒有知識，要看公氏的樣子
，有功勞于天，完成使命，敬受享祀啊！」，今從之。戠、識二字
之古音，<u>聲近</u>（同為舌面音）而韻同（並在職部），故得通假。是
例金文僅見於此器。

247 異＞翼

(一) 字形

(二) 字音

異：ㄧˋ；羊吏，喻志開三去；喻職．＊ʎiəɣ．＊ɓeiɓ．＊ɡeiɓ

翼：ㄧˋ；與職，喻止開三入；喻職．＊ʎiəɣ．＊diək．＊ɡiək

(三) 解字

異：說文：「分也。从廾畀。畀，予也。」

翼：說文：「翄也。从飛，異聲。翼，篆文翼从羽。」<u>段</u>注：「翼
　　　　必兩相輔，故引申為輔翼。」

(四) 用例

(1) WE3062：「古故天異翼臨子，霺保先王。」

(2) WL1228：「皇考嚴才在上，異翼才在下，𢼸=𣄰= ，降旅多福。」

(3) WL2245：「乃且祖克褶襍先王，異翼自𠨧他邦。」

謹案：

「異」，郭沫若（大系 p147）・于省吾（文選上3:7）並讀為翼，楊樹達說亦同（見積微 p208），今從之。異・翼二字古音相同（喻母・職部），故得通假。是例金文凡三見，皆為西周銘文。作本字者見於東周銘文，即 EN02175：「祗=翼= ，邵告邁帝鬴。」是其例。（容庚・金文編：「霺、奏公鎛：霺炃明德」（p260），是字與說文字形正合，然奏公鎛（EW02110）箸錄於薛氏7.2・大系 p250 等書，均未見此句，容氏誤注其器名，此句之來源為何，待考。）

248 異〉禩

(一) 字形

異：參見 247 異禩保

禩：金文未見

(二) 字音

異：ㄧˋ ；羊吏・喻志開三去；喻職・ $*\hbar iak$ ・ $*dieg$ ・ $*gieg$

禩：ㄙˋ ；詳里・邪止開三上；邪之・ $*zia$ ・ $*ziag$ ・ —

(三) 解字

異：說文：「分也。从廾畀。畀，予也。」

禩：說文：「祭無已也。从示，巳聲。禩，祀或从異。」

(四) 用例

WE3051：「公束盨鑄武王成王異禩鼎。」

謹案：

　　「異」，郭沫若（大系 p33）、容庚（善圖 p13）並讀為禩，義為祭也。張日昇從之（見金文詁林3.312-0330），而陳夢家則釋異鼎為大鼎（見斷代（三）84），今從郭、容、張之說。考異、禩二字上古音，聲則雖遠（異為舌面音喻母，禩為齒頭音邪母），韻則相近（同在後王裁、董同龢二氏之之部，又按王力說則之職通韻），故得通假。是例僅一見於西周初期康王時器。

249　則＞載

(一) 字形

則				
載				

(二) 字音

則：ㄗㄜˊ；子德·精德開一入；精職 $*ts\partial k$ ·$*ts\hat{e}k$ ·$*ts\partial k$

載：ㄗㄞˋ；作代·精代開一去；精之 $*tz\partial$ ·$*ts\hat{e}g$ ·$*ts\partial g$

(三) 解字

則：說文：「等畫物也。从刀貝，貝、古之物貨也。剆，古文則。
　　鼎刂，籀文則从鼎。」

戴：說文：「棄也。从車，戈聲。」

(四) 用 例

EW01105：「令命于晉公，邵于天子，用明則戴之于銘。」

謹案：「則」，郭沫若讀為戴，戴者，記也，識也（說詳初版大系 p
361～362）。「用明則之于銘」，猶言「因此，（我）明白地記載
在一篇銘文上。」高本漢（B、Karlgren）云：「這一說是可信的。『
戴』字也被用來假借為一個音 tsəg（今音 防）而當『於是』、『
因而』講的詞，這個詞與『則』（tsək）語源上相同，而且同義（見
於詩經中的例子很多）。」（見先秦假借下·p281·1382號），是也。
詩·小雅·小宛四章：「題彼脊令，載飛載鳴。」鄭箋：「載之言
，則也。則飛則鳴，翼也口也，不有止息。」又大雅·江漢二章：
「時靡有爭，王心載寧。」鄭箋：「載之言，則也。」皆可證。則
·戴二字古音同為段玉裁第一部·董同龢之部，又按王力說則之職
通韻，詩經習見之（參見王氏詩經韻讀 p29）；聲則同為精母，故
可通假。是例全文僅見於東周西土系晉國韓銘。

260 備 > 璊

(一) 字 形

備：參見 261 備 > 服條

璊：金文未見

(二) 字 音

備：ㄅㄟˋ；平祕·並至開三去；並職· *biək· *bíwəg· *bíəg·

韗：ㄈㄨˊ；房六·奉屋合三入；並職· *biuək· *bíwək· —

(三) 解字

備：說文：「慎也。从人，茍聲。俻、古文備。」

韗：說文：「車笭閒皮匧也。古者使奉玉所以盛之。从車葡。讀與
服同。」

(四) 用例

EE11074：「于上天子用璧玉備韗一觸。」

又：「于南宮子用璧二備韗、玉二觸。」

謹案：

楊樹達云：「愚謂此備字乃韗之假字。說文韗部云：韗……讀
同服，而服備古音同，字多通用（案：參見251 備＞服條），故銘
文假備為韗也。」（見積微 p53-54. 洹子孟姜壺跋），其說甚是。
備·韗二字古音同為並母·職部，故可通作。是例金文僅見於東周
東土系齊國銅器。

251 備＞服

(一) 字形

備				
服				

(二) 字 音

備：ㄅㄟˋ；平祕．並至開三去；並職．*biək．*bʲwəg．*bʲəg

服：ㄈㄨˊ；房六．奉屋合三入；並職．*biuək．*bʲwăk．*bʲəg

(三) 解 字

備：說文：「慎也。从人，葡聲。俻、古文備。」

服：說文：「用也。一曰車右騑，所吕舟旋。从舟，𠬝聲。舨，古
　　　　文服从人。」

(四) 用 例

WL1225：「王……冊命師旋曰：備服于大左，官嗣邑豐還左右
　　　師氏。」

謹案：
　　「備」，當讀為服。WE2042：「隹公大史見服于宗周年，……
公大史咸見服于辟王、辨于多正。」，與此相類，可謹。義為從事
。詩·周頌·噫嘻：「亦服爾耕，十千維耦。」鄭箋：「服，事也
。民大事耕其私田。」備·服二字古音同為並母·職部，故可通
作。是例金文僅見於西周晚期厲王時器。

252 備＞箙

(一) 字 形

備：參見251備＞箙條。

箙：參見253葡＞箙條。

(二) 字 音

315

備：ㄅㄟˋ；平祕．並至開三去；並職．＊biək．＊biwəg．＊b'iəg

箙：ㄈㄨˊ；房六．奉屋合三入；並職．＊biuək．＊biwək．＊b'iəg

（三）解字

備：說文：「慎也。从人，葡聲。俗，古文備。」

箙：說文：「弩矢箙也。从竹，服聲。」

（四）用例

WM1115：「矛俻戎兵：盾．矛．戈．弓．備箙．矢。」

謹案：「備」，唐蘭讀為箙，譯此句謂：「俻護兵器：盾．矛．戈．箙袋．箭。」（見文物1976:6），是也。此與WL1223．2237之「魚葡」以及毛詩．小雅．采薇五章之「魚服」均為一物。即盛箭之器具也（詳見253葡＞箙條）。備．箙二字古音同為並母．職部，故得通假。是例金文僅見於西周中期穆王時器。

253 葡＞箙

（一）字形

（二）字音

葡：ㄅㄟˋ；平祕．並至開三去；並職．＊biək．＊biwəg．＊biəg

箙：ㄈㄨˊ；房六．奉屋合三入；並職．＊biək．＊biwək．＊biŭk

(三) 解字

葡：說文：「具也。从用，苟省。」

箙：說文：「弩矢箙也。从竹，服聲。」

(四) 用例

(1) WL1223：「易賜……金䇨䩅·魚葡箙·朱旂薳旃。」

(2) WL2237：「易賜女汝……魚葡箙·馬三匹。」

謹案：

魚葡，即魚箙，盛箭之器具也。飾以魚文，故稱為魚箙（本高鴻縉說，見毛公鼎集釋 p107）。典籍或作魚服，詩·小雅·采薇五章：「四牡翼翼，象弭魚服」，鄭箋：「服，矢服也。」是也。愚謂葡、服皆為箙之假，金文又見假備為箙，假備為服之例（參見251·252條）。葡·箙二字古音同為並母·職部，故得通假。是例金文凡二見，皆為西周晚期銘文。

20 錫部〔*ek〕

254 益＞鎰

(一) 字形

類							

鎰：金文未見

(二) 字音

益：ㄧˋ；伊昔·影昔開三入：影錫·*iek·*ịek·*i̯ek

鎰：ㄧˋ；夷質·匣質開三入：匣錫·*ɣiek·—·—

(三) 解字

益：說文：「饒也。从水皿，水皿，益之意也。」

鎰：說文未收

(四) 用例

EW02114：「一益 ᐱ鎰十釿半釿四分釿之冢重。」

又：「六益鎰半釿之冢重。」

謹案：「益」，李學勤讀為鎰（見秦國文物的新認識，文物1980：9.p28），是也。鎰字說文未收，而典籍多見，如孟子·梁惠王下：「今有璞玉於此，雖萬鎰，必使玉人彫琢之。」注：「二十兩為鎰」，又孟子·公孫丑下：「於宋，餽七十鎰而受。」注：「古者以一鎰為一金，一鎰是為二十四兩也。」羅昊謂：「益即鎰。鎰、釿均為重量單位，銘文記載器重九益，實測器重二八四二·五克，一鎰合三一五·八五克強。……由此可知，十釿等于一鎰，一鎰約合三〇三克。」（見武功縣出土平安君鼎，載考古與文物1981：2.p20）。考益字古聲屬影母，為喉音；鎰字古聲在匣母，為舌根音，其發音部位相去不遠。韻則並在錫部，即二字古音聲近韻同，故可通假。是例又見於以下二器：夏成侯鐘：「重十匀釿十八益鎰。」（三代18：19）·少府小器：「少府口二益鎰。」（三代18：39），而是二器·未能確知何時何國所作。

255 惕＞易

(一) 字形

惕				

易：參見 264 易＞賜條

(二) 字 音

惕：ㄊㄧ；他歷・透錫開四入；透錫・*tˇyek・*tˇiek・*tiek

易：ㄧ；羊益・喻昔開三入；喻錫・*ʎiek・*diek・*dǐěk

(三) 解 字

惕：說文：「敬也。从心，易聲。」

易：說文：「蜥易蝘蜓守宮也。象形。祕書說曰：日月為易，象會易也。一曰从勿。」

(四) 用 例

EC04194：「蔡侯⋯⋯，上下陟否，敬敬不惕易，肇佐天子。」

謹案：
「惕」，郭沫若・陳夢家（二氏說並見考古學報 1956：1）、于省吾皆以為此字假為易，于氏剴言「敬敬不惕」應讀作「勵敬不易」，應解作嚴正敬慎而不變易（見壽縣蔡侯墓銅器銘考釋，古文字研究 1：p43），是也。EC04193：「余非敢盈忘，有虔不易，輟佐右楚王。」EE11058：「虔卹不易」，均作「易」，可證。考惕・易二字之上古音，聲母雖遠（但，按喻母古讀定之說則同為舌頭音），而韻部並在錫部，故可通假。是例金文僅見於東周中土系蔡國銅器。

256 禹＞歷

(一) 字 形

歷				鬲

歷：金文未見

(二) 字音

鬲：ㄌㄧˋ；郭聲：來錫開四入；來錫 *lyek *liek *gliek

歷：ㄌㄧˋ；郭聲：來錫開四入；來錫 *lyek *liek *liek

(三) 解字

鬲：說文：「鼎屬也。實五觳，斗二升曰觳。象腹，交文三足。⋯⋯⋯䰜，鬲或从瓦。歷，漢令鬲。从瓦厤聲。」

歷：說文：「過也。傳也。从止，厤聲。」

(四) 用例

EE11058：「公曰：『尸夷，⋯⋯女汝雁應鬲歷公家，⋯⋯』」

謹案：

「鬲」，孫詒讓（拾遺上：10）、楊樹達（積微 p199）、郭沫若（大系 p204）均謂當讀為歷，今從之。爾雅‧釋詁下云：「艾、歷、覛、胥，相也。」可知歷有「輔相」之意。江淑惠云：「『汝應歷公家』，此公勉夷膺受輔相公家之責。」（見齊彙考 p38）。尚有可商者，如：

(1) WE2005：「王姜商賞令貝十朋、臣十家、鬲百人。」

(2) WE3052：「易賜女汝⋯⋯人鬲自馭至于庶人六百又五十又九夫。⋯⋯人鬲千又五十夫。」

「鬲」‧「人鬲」有二說，一謂即尚書‧大誥「民獻有十夫」之「

民獻」，郭沫若‧容庚等言其說（郭說見大系 p4；容說見金文編 p
170 啻字條下）；其二謂即尚書‧梓材之「歷人」，楊寬‧于省吾
主其說（楊說見釋臣和禹，考古 1963：12‧p669-670）；于說見關於釋臣
和禹一文的幾點意見，考古 1965：6：p309-310），二說均可通，而從其
聲韻關係觀之，釋禹為歷說較長。考禹‧歷二字古音，並為來母‧
錫部，故得通假。

257 啻 > 適

(一) 字形

(二) 字音

啻：ㄔˋ；施智‧審寘開三去；審錫‧*ȡiek‧*śieg‧*śĭĕg

適：ㄕˋ；施隻‧審昔開三入；審錫‧*ȡiek‧*śiek‧*śĭĕk

(三) 解字

啻：說文：「語時不啻也。从口，帝聲。一曰啻‧諟也。讀若鞮。」

適：說文：「適，之也。从辵，啻聲。」

(四) 用例

(1) WE2128：「啻適官嗣[可]十左右戲緐荊。」

(2) WL2234：「嗣[可]乃且祖啻適官邑人虎臣西門尸夷。」

(3) WL2239：「今余令命女汝啻適官嗣[可]邑人。」

謹案：「啻」，郭沫若讀為嫡（見大系 p74）；容庚讀為適（見金文編

p67），周名煇言啻啇為通（見古籀考下p4），其意均可通，「啇」猶言承繼管理。段玉裁云：「凡今經傳作嫡者，蓋啻非古。」（見說文嫡字下所注），是此。今從容·周二氏之說。啻·啇二字，古音聲近（同為舌音）而韻同（並在錫部），故可通假。是例金文凡三見·皆為西周銘文.

258 啻 > 帝

(一) 字形

(二) 字音

啻：ㄔˋ；施智·審眞開三去；審錫 *ɕiek *sieg *sieg

帝：ㄉㄧˋ；都計·端霽開四去；端錫 *tyek *tieg *tieg

(三) 解字

啻：說文：「語時不啻也。從口·帝聲。一曰啻，諟此。讀若鞮。」

帝：說文：「諦也。王天下之號。從二·朿聲。帝、古文帝。」

(四) 用例

(1) EE11092：「高且祖萱啻帝。」

(2) 貫段：「其用追孝于朕皇且祖啻帝考。」（三代8.39.1、文選下2.25）

322

謹案：

「啻」，徐中舒謂「借啻為帝」（見陳侯四器考釋，集刊3:4 p483），是也。例二亦為東周時器，而未能確知何國所作。考啻・帝二字之古音，聲去不遠（同為舌音，僅有舌上・舌頭之分）而韻則相同（並在錫部），故可通假。金文已見帝字，而假啻為之者共二見於東周金文。

259 啻＞禘

(一) 字形

啻		開口 問義父子	開口 問義父子	開伯	開二 父丁		開口

禘：金文未見

(二) 字音

啻：彳ㄚ；施智・審真開三去；審錫．*ɕiek．*śieg．*śĭeg

禘：ㄉㄧˋ；特計・定霽開四去；定錫．*dyek．*d'ieg．*d'ieg

(三) 解字

啻：說文：「語時不啻也。从口，帝聲。一曰啻，諟也。讀若鞮。」

禘：說文：「諦祭也。从示，帝聲。」

(四) 用例

(1) WE 3063：「用牲啻禘周王・□王・成王。」

(2) WM 1105：「辰才在丁卯，王啻禘，用牡于大室，啻禘邵王。」

(3) WM 3162：「用啻禘于乃考。」

謹案：

「啻」，郭沫若言叚為禘（見大系 p59），是也。當動詞用，祭

也。考啻、禘二字上古音，聲母相去不遠（同為舌音）而韻部相同（並在錫部），故可通假。金文未見禘字，均假啻為之。是例凡三見，皆為西周銘文。

260 啻＞敵

(一) 字 形

帝				啻

敵：金文未見

(二) 字 音

啻：彳；施智。審真開三去；審錫 $^*ɕiek$、$^*ɕieg$、$^*ɕĭeg$

敵：ㄉㄧˊ；徒歷。定錫開三入；定錫 $^*dyek$、$^*dʼiek$、$^*dʼiek$

(三) 解 字

啻：說文：「語時不啻也。从口，帝聲。一曰啻、諟也。讀若鞮。」

敵：說文：「仇也。从攴，啻聲。」

(四) 用 例

(1) WE 2016：「虔夙夜卹厥死事，攻開躍無啻敵。」

(2) WM 1115：「卑偁克氒啻敵。」

謹案：「啻」，阮元曰：「敵作啻，古敵字從啻而即通於啻也。」（見積古 4:23），是也。郭沫若、唐蘭等皆從之，讀為敵人之敵（郭說見大系 p29；唐說見文物 1976:6）。啻、敵二字古音聲近（同為舌音）而韻同（並在錫部），故得通假。是例金文凡二見。

261 賜＞易

(一) 字形

賜：參見 262 賜＞賜條

易：參見 264 易＞賜條

(二) 字音

賜：ㄙ；施隻·審昔開三入；審錫·$^*ɕiek$·$^*sǐek$·$^*sǐek$

易：一；羊益·喻昔開三入；喻錫·$^*ʎiek$·$^*diek$·$^*diěk$

(三) 解字

賜：說文：「目疾視也。从目，易聲。」

易：說文：「蜥易蝘蜓守宮也。象形。秘書說曰：日月為易，象金易也。一曰从勿。」

(四) 用例

(1) WL 1233：「辥曼亦弗敢忝壴賜易，共賸候辟之命。」

(2) WL 2237：「夙夕敬念王畏不易。……易賜女汝……」

謹案：

例(1)之「賜」，王國維讀為賜，訓為盡（見觀堂 p2012. 毛公鼎銘考釋）；吳大澂·劉心源讀為易（見愙齋 4:7·奇觚 5:2下），後說為長，與此句文例相類而作「易」者見於東周中土系銘文，如 E C0493：「余非敢盜忘，有虔不易，輯佐右佑楚王。」是其證。「不易」一詞亦習見於史籍，如詩·大雅·韓奕一章：「虔共爾位，朕命不易。」又尚書·盤庚中篇：「今余告汝不易」，皆義為變易·改變。例(2)之「忝賜」，陳世輝謂當讀為「忝易」，乃侮慢之

意（見禹鼎釋文斠，載人文雜誌 1959:2、p71）；沈寶春則言「态賜上者，愚蠢更易也（見商周金文錄遺考釋 p261）。二氏之說均可通，此賜則易之假無疑。考賜、易二字上古音，聲近（依王力說同為舌面音）而韻同（並在錫部），故得通假。是例金文凡二見，皆為西周晚期銘文。

262 睗＞賜

（一）字 形

睗				
賜				

（二）字 音

睗：ㄕˋ；施隻；審昔開三入；審錫．$^*\mathrm{\hat{G}iek}$ ．$^*\mathrm{\hat{s}iek}$ ．$^*\mathrm{\hat{s}j\check{e}k}$

賜：ㄙˋ；斯義．心寘開三去；心錫．$^*\mathrm{siek}$ ．$^*\mathrm{\hat{s}ieg}$ ．$^*\mathrm{\hat{s}ieg}$

（三）解 字

睗：說文：「目疾視也。从目，易聲。」

賜：說文：「予也。从貝，易聲。」

（四）用 例

(1) WL 2235：「王睗賜蔡馬，是用左王。睗賜用弓形矢，其央。睗賜用戈，用政征繇蠻方。」

(2) WL 2238：「睗賜女玄衮豢邑一卣。」

(3) EE 02009：「金衡道錫錫行。……天睗賜之福。」

(4) EE 02010：「用睗賜蠶眉壽，子＝孫＝用受大福無彊。」

(5) ES0t166:「用賜賜賡眉壽,萬秊無疆。」

(6) ES0t168:「用賜賜賡眉壽,萬秊無疆。」

(7) ES0t170:「用賜賜賡眉壽萬秊。」

謹案:

楊樹達曰:「金文以賜為賜者,以聲類同通假耳。又經傳多以錫為賜者,亦通假也。云賜通賜可也。云通錫則非也。」(見積微小學 p273),是也。而此說清‧段玉裁已言之(詳見263 錫>賜條)。考賜‧賜二字之古音,楊氏所云「以聲類同通假」者,未允。賜字為舌面音審母字,而賜字則齒頭音心母字,可知二字聲類(聲母)相去較遠,而其發音方法同為全清擦音,且韻部並在錫部,故得通假。是例金文凡七見,皆為西周晚期及東周時器者也。換言之,西周初期及中期銘文未見此例。

263 錫>賜

(一) 字 形

錫				
賜				

(二) 字 音

錫:ㄒㄧˊ;先擊‧心錫開三入:心錫. *siek . *siek . *siĕk

賜:ㄙˋ;斯義‧心寘開三去:心錫. *siek . *sieg . *siĕg

(三) 解 字

錫:說文:「銀鉛之間也。从金,易聲。」

賜：說文：「予也。从貝，易聲。」

(四) 用 例

WM 1121：「**㐅白**伯令命**生史**事于楚，白伯錫**賜**賞，用作寶設。」

謹案：

錫字原作「鈠」，僅見於生史簋（WM 1121），是器 1981 年 3 月 26 日出土於陝西省扶風縣黃堆村，始箸錄於文物 1986 年第 8 期（扶風黃堆西周墓地鑽探清理簡報），金文編·金文詁林補·古文字類編皆未收此字。錫當讀為賜，典籍習見作錫者：詩·小雅·菁菁者莪三章：「既見君子，錫我百朋。」鄭箋：「賜我百朋。」又大雅·韓奕一章：「王錫韓侯，淑旂綏章。」周禮·廛人鄭注引詩：「王賜韓侯」集疏：「魯·齊，錫作賜。」皆其例。段玉裁說文錫字下注云：「經典多段錫為賜字。凡言錫字者即賜之段借也。」其說甚是。考錫·賜二字之古音，同從易得聲，且聲韻相同（心母·錫部），故得通假。是例金文僅一見耳，而典籍則習見。金文或作「金易」，如 EE02009：「金衛道**錫****賜**行，具俱既卑傳方。」，「錫」字（參見本條字形欄），阮元以為賜與金二字合文（見積古 7：9），未允；高田忠周曰：「此銘義明為金名，形即以金目易三文結構，此亦錫字。」（見古籀篇 11：5），其說可從，義即說文所謂「銀鉛之閒**之錫**」；詩·衛風·淇奧三章：「有匪君子，如金如錫」。

264 易＞賜

(一) 字 形

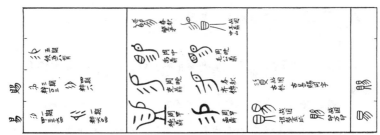

（二）　字　音

　　易：ㄧ；羊益‧喻昔開三入；喻錫‧ *ʎiek‧ *dịek‧ *dịĕk

　　賜：ㄙ；斯義‧心寘開三去；心錫‧ *siek‧ *sịeg‧ *sịĕg

（三）　解　字

　　易：說文：「蜥易蝘蜓守宮也。象形。祕書說曰：日月為易，象侌
　　　　易也。一曰从勿。」

　　賜：說文：「予也。从貝，易聲。」

（四）　用　例

　　　　兩周金文用以表達賞賜意義之字，作「易」者最常見，其例不
　　煩盡舉；此字用作祈求之義（見陳夢家‧斷代（六）：94）者亦不少，茲
　　分別舉例於後：

　　　　１．用作賞賜之義之例：

　　（1）WE2007：「公易賜作冊魶貓貝。」

　　（2）WM1102：「易賜女汝赤市‧幽亢‧鑾鞶旂，用事。」

　　（3）WL1216：「易賜赤市‧朱黃‧旂。餘拜頴首。」

　　（4）EE1058：「余易賜女汝車馬。」

(5) EW01101：「易賜卣貝千兩，勿憂文庆觀令命。」

　二．用作祈求之義之例：

(1) WM2131：「用易賜眉壽，萬年永寶用于宗室。」

(2) WL2131：「用易賜康勵魯休．右．釁畫．永令．霝冬。」

(3) EE06032：「郜歔乍作龘設，用追孝于其父母，用易賜永畫。」

(4) EC02181：「用易賜溫眉畫黄芳。」

謹案：

　　「易」，當動詞用，假借為賜；作本字之例見於東周銘文，如
EE11073：「□□余台以賜女汝。□□」、EN02176：「氏是吕賜
之岺命。」是其例。典籍則多作「錫」，金文之「易」式讀為錫，
未允（參見262賜>賜、263錫>賜二條）。考是二字之古音，聲
遠而韻同（並屬錫部），故得通假。是例金文常見，不勝枚舉。

265 璧>辟

(一) 字形

璧					
辟					

(二) 字音

璧：ㄅㄧˋ；必益．幫昔開三入；幫錫．*piek．*pǐek．*pǐěk

辟：ㄅㄧˋ；必益．幫昔開三入；幫錫．*piek．*pǐek．*pǐěk

(三) 解字

璧：說文：「瑞玉圜也。从王，辟聲。」

辟：說文：「法也。从卩辛，節制其辠也。从口，用法者也。」

(四) 用例

WE3055：「王客彶葬京甸祀。雩若翊日，才在璧盬辟雝，王乘彳

舟為大豐。」

謹案：

「璧盬」一詞金文僅見於此器，典籍則作「辟雝」、「辟雝」。

詩·大雅·靈臺四章：「於論鼓鐘，於樂辟雝。」毛傳：「水

旋丘如璧，曰辟雝。」是其例。金文作璧，毛說可信。向熹曰：

「按址圖形，四面環水如璧，前門外有通行的橋。」（見詩經詞

典p21），郭沫若·客庚皆以為此器（麥尊）為康王時器，足見

璧雝之制度行於西周初期。璧·辟二字，古音並同（幫母錫部）

，故得通作。是例金文僅見耳。

266 闢＞辟

(一) 字形

(二) 字音

闢：ㄆㄧ；房益·奉昔開三入；並錫·*biek·*b'iek·*b'iĕk

辟：ㄆㄧ；必益·幫昔開三入；幫錫·*piek·*piek·*piĕk

(三) 解字

關：說文：「開也。从門，辡聲。開，虞書曰：開四門，从門从廾。」

辟：說文：「法也。从卩辛，節制其辠也。从口，用法者也。」

(四) 用例

EN02175：「以從左右卒厥關辟，……以明關辟光。……政關載封疆。」

謹案：「關」，原作「朤」，與說文關之古文「𨵵」相類，張政烺謂讀為辟（見古文字研究1：p214），是也。爾雅·釋詁：「辟，君也。」是字該器凡三見，二為辟之假，其餘「政關」之關當讀如字，是例又見於 EN02176：「關啟載封疆」，皆為東周北土系 中山國器也。若關·辟二字古音，聲則相近（同為唇音），韻則同在錫部，故得通假。

21 鐸部 [*ak]
267 各 > 𨝋

(一) 字形

各					
𨝋					

(二) 字音

各：《ㄍㄜ》；古落·見鐸開一入：見鐸·*kak·*kâk·*klâk

𨝋：《ㄍㄜ》；古伯·見陌開二入：見鐸·*keak·*kâk·*klâk

(三) 解字

各：說文：「異詞也。从口久，久者，有行而止之，不相聽也。」

佫：說文未收

(四) 用例

(1) WE2027：「佳唯王來各佫于成周。」(2048·3053·3065·4094亦有此例。)

(2) WM1102：「王各佫于大朝廟。」(1116·1119·2122·2123·2127·2129·
2130·2131·2132·2133·2137·2140·2141·2146·2152·2153·3159·3164·
3168·3172·3173·3175·3178·4186·4188·5190·5193亦見此例)

(3) WL1201：「旦，王各佫大室，即立位。」(3230·4204·4205·4211·4216·
4217·4225·4230·4234·4235·4236·4238·4239·4246·4248·4249·4250·
4253·4255·4258·5259·5260·5261亦見此例)

(4) EE09050：「王各佫于呂。」

謹案：

「各」，高田忠周云：「銘義段借為佫，佫亦作迯同，……經
傳此義皆以格為之。」(見古籀篇49：18)，其說甚是，今從之。
金文或作佫或作迯：如WE3018：「王迯于庚嬴宮。」·WM2128：「
王才在杜空，佫于大室。」皆為其證。佫字早見於甲骨文，而說文
未收，方言：「佫，至也。」各·佫二字，古音相同 (見母·鐸部
)，故得通作。是例金文凡五十八見，其中東周者僅有一例耳。

268 各> 憩 (恪)

(一) 字形

各：參見267各>佫條

憩：金文未見

㈡ 字 音

各：《ㄍㄜˋ；古落．見鐸開一入；見鐸．*kak．*kâk．*klâk

愙：ㄎㄜˋ；苦各．溪鐸開一入；溪鐸．*k'ak．*k'âk．*k'lâk

㈢ 解 字

各：說文：「異辭也。从口夂，夂者有行而止之，不相聽意。」

愙：說文：「敬也。从心，客聲。春秋傳曰：昬陳備三愙。」段注
：「釋詁，商頌．毛傳皆曰：恪，敬也。」

㈣ 用 例

⑴ WE4072：「用卲昭各愙不丕顯且祖考先王。」

⑵ WM1116：「王各愙大師宫。……今其用各愙我宗子寍與百生姓。」

⑶ WM2147：「用追孝，盅祀召昭各愙樂大神。」

⑷ WM2149：「用卲各愙喜侃樂前文人。」

　謹案：
　　　　WM1116（善鼎）各字二見，而其義不一，「各我宗子」之各，
楊樹達云：「各字，吳鐸為至，余謂非是，此當讀為愙。」（見積
微 p165），其說甚允，亦可讀為恪，詩．商頌．那：「温恭朝夕，
執事有恪」，集傳：「恪，敬也」。（愙、恪二字廣韵同讀苦各切
）。考各、愙二字，古音聲近（同為舌根音，僅有送氣、不送氣之
別）而韵同（並在鐸部），故得通假。是例金文凡四見，皆為西周
彝銘。

<h2>269 佫 > 愙(恪)</h2>

㈠ 字 形

格：參見267各>佫條

憼：金文未見

(二) 字音

格：《ㄜˊ；古伯·見陌開二入；見鐸·＊keak·＊kâk·＊klâk

憼：ㄎㄜˋ；苦各·溪鐸開一入；溪鐸·＊kʻak·＊kʻâk·＊kʻlâk

(三) 解字

格：說文未收

憼：說文：「敬也。从心，苟聲。春秋傳曰：呂陳備三憼。」

(四) 用例

WE4075：「用飤卿饗己公，用佫憼多公。」

謹案：「佫」，郭沫若釋為格，郭氏云：「彝銘通例，凡生人言饗，死人言匄言格。」（見大系 p49），其說難免牽強。愚謂此字當假為憼（佫），與此文例相類之例，全文習見（參見268各>憼條），可證。考佫·憼二字，古音聲近（同為舌根音，僅有送氣·不送氣之別）韻同（並在鐸部），故可通假。是例全文僅一見於西周初期昭王時器。

270 各>略

(一) 字形

甲				
金				

(二) 字 音

各:《t̆ ；古落，見鐸開一入；見鐸．$*$kak．$*$kâk．$*$klak

略：ㄌㄩㄝˋ；離灼，來藥開三入；來鐸．$*$liak．$*$liak．$*$gliak

(三) 解 字

各：說文：「異詞也。从口夂，夂者、有行而止之，不相聽音。」

略：說文：「經略土地也。从田，各聲。」

(四) 用 例

WL 2243 ：「王初各略伐厰猃猃狁于置盧。」

謹案：

「各伐」，義謂征伐而奪取也。各假為略，略者奪取之謂，左傳宣公十五年：「以略狄土」，注：「略，取也」，又襄公四年：「季孫曰：略」注：「不以道取為略」。方言二：「略，求也。秦晉之間曰搜，就室曰搜，於道曰略。略，強取也。」皆其例。考各、略二字古音，其聲雖異，而韻則相同（並在鐸部），故得通假。是例金文僅見於西周晚期宣王時器

271 客＞格

(一) 字 形

客：參見 275 各＞客條

格：參見 267 各＞格條

(二) 字 音

客：ㄎㄜˋ；苦格．溪陌開二入；溪鐸．$*$k'eak．$*$k'âk．$*$k'lak

格：《t̆ ；古伯．見陌開二入；見鐸．keak．$*$k'âk．$*$klak

（三） 解 字

客：說文：「寄也。从宀，各聲。」

佫：說文未收

（四） 用 例

(1) WE3055：「王客_佫蒡京彫祀。」

(2) WE3059：「王客_佫囗宮，衣殷事。」

(3) WM1101：「王客_佫蒡京。」

(4) WM2134：「王客_佫于殷宮」

(5) WM3156：「王才_在周，客_佫新宮。」

謹案：

「客」，當訓為至，乃佫之借。佫字早見於甲骨文，而說文未
收，方言：「佫，至也。」金文亦見作佫者：WM2128：「王才_在杜
宔，佫于大室。」是其例，可證。考客、佫二字，古音聲近（同為
舌根音，僅有送氣、不送氣之別）而韻同（並在鐸部），故得通假
。是例金文凡五見，皆為西周初期及中期銘文，其餘諸銘未見。

272 逆＞朔

（一） 字 形

逆								朔

朔：金文未見

（二） 字 音

(二) 字 音

逆：引ˋ；宜戟·疑陌開三入；疑鐸·*ŋiăk·*ngiǎk·*ngiǎk

朔：ㄕㄨㄛˋ；所角·山覺開二入；山鐸·*ʃeak·*sak·*sâk

(三) 解 字

逆：說文：「迎也。从辵，屰聲。關東曰逆，關西曰迎。」

朔：說文：「月一日始蘇也。从月，屰聲。」

(四) 用 例

(1) WM2139：「于邵昭大室東逆△朔。……𠂤逆△朔彊眔厲田。」

(2) WM3160：「自�東至于瀭，𠂤逆△朔至于玄水。」

謹案：「逆」，楊樹達以為溯之借（見積微p233同段跋），未允。郭
沫若·唐蘭均讀為朔（見大系p87、文物1976:5），今從二氏之說。
爾雅·釋訓：「朔，北方也。」，「東逆」即「東朔」，義謂東北
。「逆彊」即「朔彊」，義謂北彊也。考逆·朔二字，同從屰得聲
，上古聲母雖相去甚遠，而韻部並在鐸部，故得通假。是例金文凡
二見，皆為西周中期銘文。

273 零＞𢞷(愍)

(一) 字 形

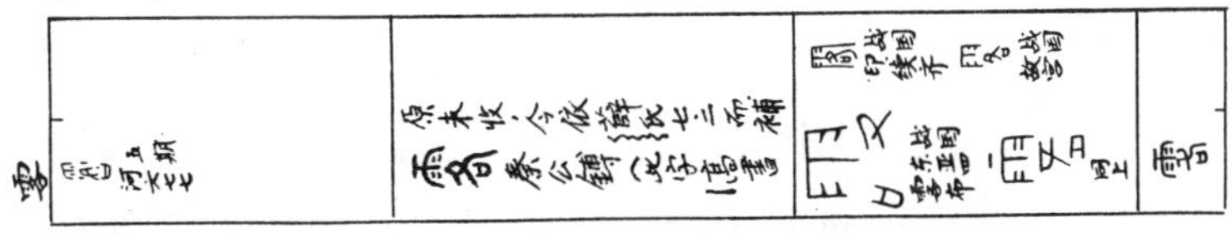

𢞷：金文未見

(二) 字音

　　𩇕：为ㄛˋ；盧各・來鐸開一入；來鐸・ *lak ・ *lâk ・ *glâk

　　愙：ㄎㄜˋ；苦各・溪鐸開一入；溪鐸・ *k'ak ・ *k'âk ・ *k'lâk

(三) 解字

　　𩇕：說文：「雨𩇕也。从雨，各聲。」

　　愙：說文：「敬也。从心，客聲。春秋傳曰：昌陳備三愙。」

(四) 用例

　　EN02110：「昌邵昭𩇕愙考商，昌夋屯純魯多釐。」

　謹案：

　　　　「𩇕」，薛尚功（薛氏 1:2）・于省吾（文選上1:13）皆釋為格，未允。愚謂當假為愙（格），訓為敬，全文假各・格・洛為愙之例（參見268・269・274條）皆與此文義文例相類，可證。考𩇕・愙二字之古音，其聲雖遠，而韵則同在鐸部，故得通假。是例金文僅見於東周西土系秦國銅器。

274　洛＞愙

(一) 字形

洛：<small>其二 州西 昌川昌ㄨ</small>	<small>盟至 昌門 斧朴朴朴</small>	<small>牋苷 坻燃炖棚</small>		坙坙

　　愙：金文未見

(二) 字音

　　洛：为ㄛˋ；盧各・來鐸開一入；來鐸・ *lak ・ *lâk ・ *glâk

　　愙：ㄎㄜˋ；苦各・溪鐸開一入；溪鐸・ *k'ak ・ *k'âk ・ *k'lâk

(三) 解字

洛：說文：「洛水出左馮翊，歸德北夷畍中，東南入渭。从水，各聲。」

憼：說文：「敬也。从心，客聲。春秋傳曰：呂陳備三憼。」

(四) 用例

WM 3181：「用卲皕洛憼殷文且祖考，用旂祈多福。」

謹案：

　　「用卲各某」，金文習見，或作洛．或作畧，皆憼（恪）之借（參見 268．269．273 條），此「洛」亦然，訓為敬。考洛．憼二字之古音，其聲雖殊，而韻則同在鐸部，故得通假。是例金文僅一見於西周中期懿王時器。

275　各＞客

(一) 字形

(二) 字音

各：《ㄜˋ；古落．見鐸開一入；見鐸．＊kak．＊kâk．＊klăk

客：ㄎㄜˋ；苦格．溪陌開二入；溪鐸．＊k'eak．＊k'âk．＊k'lăk

(三) 解字

各：說文：「異辭也。从口夂，夂者，有行而止⌐，不相聽音。」

客：說文：「寄也。从宀，各聲。」段注：「寄於之曰賓客。」

(四) 用例

ES02131：「台以樂虞吾家，款喜而爾賓咨客。」

謹案：

「賓客」一詞，東周金文屢見，如 ES02129：「呂樂賓客及我
父兄兄。」，又 ES03135、EE01002、EE02010、EE11060 諸器皆有其例，
足見，ES02131之「咨」，當假為客。考咨、客二字，古音聲近（同
為舌根音）而韻同（並在鐸部），故得通假。是例金文僅見於東周
南土系越國銅器。

276 射 > 謝

(一) 字形

射				謝
謝				謝

(二) 字音

射：ㄕˋ；神夜、神禡開三去；神鐸、$^*dz\check{i}ak$ ・ $^*d'\check{i}\check{a}g$ ・ $^*d'\check{i}\check{a}g$

謝：ㄒㄧㄝˋ；辝夜、邪禡開三去；邪鐸、$^*zi\check{a}k$ ・ $^*z\check{i}\check{a}g$ ・ $dz\check{i}\check{a}g$

(三) 解字

射：說文：「弓弩發於身而中於遠也。从矢从身。射，篆文躲，从
寸，寸法度也。亦手也。」

謝：說文：「辭去也。从言，躲聲。」

(四) 用例

WL1218 :「我弗具付朱从其且祖,射謝分田邑,剛放。」

謹案:

「射」,郭沫若(大系 p127)、楊樹達(積微 p28)、白川靜

(金文通釋 29:627),均讀為謝。楊氏云:「射當讀為謝,謂錢

財也。蓋謝本酬謝之義。……蓋稱財為謝,猶今人言報酬,徵之銘

文,知此語其來久矣。」今從之。考射‧謝二字之古音,聲則雖違

,而韻則同在鐸部(董同龢則魚部),故可通作。是例金文僅見於

西周晚期厲王時器。

277 射 > 榭

(一) 字形

射:參見 276 射 > 謝條

榭				

(二) 解字

射:說文:「弓弩發於身而中於遠也。从矢从身。躲,篆文躲,从

寸,寸法度也。亦手也。」

榭:說文新附:「臺有屋也。从木,謝聲。」

(三) 字音

射:ㄕ;神夜‧神禡開三去;神鐸‧*dziak ‧ *d̂ǐăg ‧ *d̂ǐăg

榭:ㄒㄧㄝˋ;辭夜‧邪禡開三去;邪鐸‧*ziak — ‧ *dzǐăg

(四) 用例

WL3260:「丁亥,王各彶于宣射榭‧尨白伯內入門立中廷。」

謹案：

「射」，郭沫若讀為廟（見大系 p104），是也。WL2235：「王各佫于周廟宣廟㲼鄉。」，是其證。但「廟」字，字書未收，未能確知其音，故今讀為榭。吳大澂曰：「宣廟即宣榭，爾雅・釋宮：『有木者謂之榭』李注：『上有屋謂之榭』左氏宣十六年傳：『成周宣謝火』釋文謝本作榭，此从广，正象有屋之形，下从射，知廟為習射之地。左氏成十七年傳：『三郤將謀于榭』注：『榭講武堂』故字从射也。」（見愙齋 16：11）。考射・榭二字之古音，其聲雖遠（有舌面音與正齒音之別）而韵則同在鐸部，故可通作。是例金文僅一見於西周晚期幽王時器。

278 乍＞作

(一) 字形

(二) 字音

乍：ㄓㄚˋ；鉬駕・林禡開二去；林鐸　*dzeak・*dzãg・*dzǎg

作：ㄗㄨㄛˋ；則落・精鐸開一入；精鐸　*tsak・*tsâk・*tsâk

(三) 解字

乍：說文：「止亡詞也。从亡一。一，有所礙也。」

作：說文：「起也。从人，乍聲。」

（四） 用 例

　　金文中「用乍某器」、「乍冊」、「乍某職」之例甚多，乍皆
當讀為作，不煩舉例。

謹案：

　　高鴻縉曰：「乍本為作見孺子之作。从卜，乇聲。副詞。商周
以來，借用為制作之意。動詞。周末或加又為意符作乍。制作之意
較顯。秦漢以後皆段作起之作以代制叚之叚。久而成習。而叚字廢
。而作起之作之本意亦晦。」（見頌器考釋 p57），其說甚是，然
而叚字字書未見，故未能確知其音，金文編收於作字條下重文（見
該書 p564），本文亦不另立乍叚為叚條。考乍・作二字，古音聲近
（同為齒音）而韻同（並在鐸部），故可通假。此例金文多見。

279 詐 > 作

（一） 字 形

作		形		形

作：金文未見

（二） 字 音

詐： ㄓㄚˋ ；側駕・莊禡開二去；莊鐸・ *tʃeak ・ *tsăg ・ *dẑăg

作： ㄗㄨㄛˋ ；則落・精鐸開一入；精鐸・ *tsak ・ *tsâk ・ *tsâk

（三） 解 字

詐：說文：「欺也。从言，乍聲。」

作：說文：「起也。从人，乍聲。」

(四) 用 例

(1) EN 02176：「隹唯十三年，中山王譻乍(作)鼎，于銘曰：……」

(2) EC 04494：「用乍(作)大孟姬嬻彝盥盤。」

謹案：

「乍」，容庚謂假借為作（見金文編 p146），是也，今從之。

乍·作二字，古音聲近（同為齒音）而韵同（並在鐸部），故得通假。是例金文凡二見，皆為東周彝銘。

280 乍 > 迮

(一) 字 形

乍						
迮						

(二) 字 音

乍：ㄓㄚ；鋤駕·林禡開二去；林鐸：$^{*}dz'eak$·$^{*}dz'\hat{a}g$·$^{*}dz'\ddot{a}g$

迮：ㄗㄜˊ；則落·精鐸開一入；精鐸：$^{*}tsak$·$^{*}ts\hat{a}k$·$^{*}ts\hat{a}k$

(三) 解 字

乍：說文：「止亡詞也。从亡一。一，有所礙也。」

迮：說文：「迮迮，起也。从辵，乍聲。」

(四) 用 例

ES 04149：「弔姬霝乍(迮)黃邦，曾医乍作弔姬卬媵櫑媵器。」

謹案：

郭沫若云：「上乍字乃迮省，嫁也，適也。」（見大系 p165）

，近是，愚謂乍乃迮之假，金文或作遊，如 EW0110.5：「丕顯辥宗…
…遊齊，入頰盛，先會于平陸。」，遊字字書未見，乃迮之繁文。
考乍、迮二字，古音聲近（同為齒音）而韻同（並在鐸部），故得
通假。是例金文僅一見於東周南土系楚國銅器。

281 乍＞祚

(一) 字形

乍：參見278乍＞作條

祚：金文未見

(二) 字音

乍：ㄓㄚˋ；鉏駕·牀禡開二去；林鐸·$*dzeak$·$*dz'ăg$·$*dzǎg$

祚：ㄗㄨㄛˋ；昨誤·從暮合一去；從鐸·$*dzuak$·—·$*dzǎg$

(三) 解字

乍：說文：「止亡詞也。从亡一。一，有所礙也。」

祚：說文新附：「福也。从示，乍聲。」

(四) 用例

EE11058：「丕顯皇異祖，其乍祚福元孫。其萬福屯純盟魯。」

謹案：

「乍」，郭沫若讀為祚（見大系 p203），是也。考乍·祚二字
，古音聲近（同為齒音）而韻同（並在鐸部），故得通假。祚字金
文未見，假乍為之，其例僅見於東周東土系齊國彝銘。

282 乍＞胙

（一）字形

乍：參見 278 乍＞作 條

胙：金文未見

（二）字音

乍：卩丫：鉏駕・牀禡開二去；牀鐸・＊dzeak・＊dzǎg・＊dzâg

胙：ㄗㄨㄛˋ：昨誤・從暮合一去；從鐸・＊dzuak・＊dzǎg・＊dzâg

（三）解字

乍：說文：「止亡詞也。从亡一。一，有所礙也。」

胙：說文：「祭福肉也。从肉，乍聲。」

（四）用例

EE05023：「用盠鑄尹緐鐘，台以乍胙其皇且祖皇考。」

謹案：「乍」，郭沫若釋為祚（見大系 p191），陳仁濤謂：「亾胙古通，胙者，報也。」（見金匱論古初集，p66，又見金文詁林 12.617－1620），陳說較優。左傳隱公八年：「胙之土而命之氏。」疏：胙，報也。」又襄公十四年：「王使劉定公賜齊侯命曰：世胙大師，以表東海。」疏：「胙，報也。」皆其明證。「台乍其皇且皇考」者，謂以報答其皇祖皇考也。考乍・胙二字，古音聲近（同為齒音）而韻同（並在鐸部），故可通假。是例金文僅見於東周東土系邦國銅器。

283 酢＞作

（一）字形

酢			

作：金文未見

(二) 字 音

酢：ㄗㄨㄛˋ；在各．從鐸開一入；從鐸．*dzak ── ．*dzˆak

作：ㄗㄨㄛˋ；則落．精鐸開一入；精鐸．*tsak ．*tsˆak ．*tsˆak

(三) 解 字

酢：說文：「醶也。从酉，乍聲。」

作：說文：「起也。从人，乍聲。」

(四) 用 例

(1) E503139：「郘王義楚罸擇余吉金，自酢作祭鐈。」

(2) 王子姪鼎：「自酢作飲鼎。」

謹案：「酢」，容庚謂假借為作（見金文編 p1002 酢字條下），是也

。考酢．作二字．古音聲近（同為齒頭音）而韻同（並為鐸部），

故得通假。是例金文凡二見，皆為東周時器，一為南土系徐國所作

，而其餘一器未能確知何國之器。

284 博 > 搏

(一) 字 形

博			
搏			

(二) 字音

博：ㄅㄜˊ；補各·鄦鐸開一入；鄦鐸·＊pak·＊pwâk·＊pâk

搏：ㄅㄜˊ；補各·鄦鐸開一入；鄦鐸·＊pak·＊pwâk·＊pâk

(三) 辨字

博：說文：「大通也。从十専，専、布也，亦聲。」

搏：說文：「索持也。从手，専聲。一曰至也。」

(四) 用例

(1) WM1115：「威逆卒有嗣·師氏……博搏戎狄。」

又：「衣卒博搏，無冒軗于威身，乃子威拜頭首。」

(2) WL2244：「……淮尸夷……，今敢博搏乎眾段晹，反卒工吏，弗速我東國。」

謹案：

例(1)之二「博」，唐蘭讀為博，釋為博戰·博鬥（見用青銅器銘文來研究西周史，文物1976：6，p31），是也。例(2)之「博」，郭沫若讀為逼迫之迫（見大系，p146），高本漢（B. Karlgren）謂：「此說是可能的。」（見先秦假借 p691），愚謂非是。金文从手作「搏」字未見，而或从戈作戰，或从干作搏，是例見於以下諸器：

(1) WM5191：「女彶戎大章戰。」

(2) WL1210：「戎又搏于𡄹，折首卅又六人。」

(3) WL2235：「搏伐噩𤲬撲伐于洛之易陽。」

「搏」、「戰」二字，說文以及其餘字書均未收，郭沫若以為WM5191之「戰」及WL2235之「搏」，皆與 WE4072（宗周鐘）所謂「戰伐

邛都。」之「戡」同（見大系 p107），近是。李學勤則謂 WL1210 之「搏」讀為搏（見論多友鼎的時代及意義，人文雜誌 1981:6），容庚主編之金文編（1985 年 7 月第 1 版）將是二字收於搏字條下，以為搏之重文。古文字从手與从戈通作之例罕見，然而 WE4022（宗周鐘，一曰𣢼鐘）之「戡」，古文字學家皆以為說文撲之古文；从戈與从干同，故可以是二字為搏之古文或異體。又案本文所舉之 WM 1115‧5191；WL1210‧2235‧2244 之銘，均記與戎夷作戰之事，且其文例相類。由此足見，作博者皆為搏之假借無疑。考博‧搏二字，古音全同（幫母‧鐸部），故可通假。是例金文凡三見，皆為西周銘文。

考 WL2235:「搏伐厥軀玁狁于洛之易陽。」，與詩‧小雅‧六月:「薄伐玁狁，以奏膚功。」文例相似。詩之「薄」，歷來注釋家尚未得正解，清王引之經傳釋詞卷十:「薄，發聲也。」；清王夫之詩經稗疏:「方言:『薄，勉也。』……凡語助詞皆必有意，非漫然加之。」近人向熹詩經詞典云:「助詞，用于動詞前，無實義。」（p27），未允。今就金文中之文例相通者觀之，此字當為搏之借，「搏伐」乃同意複詞。。詩‧小雅‧車攻三章:「搏獸于敖」，文選‧東京賦以及水經‧濟水注引詩均作「薄狩于敖」，可證。搏‧薄二字，古韻同在鐸部，其聲母亦並為唇音（搏為幫母字，薄為並母字），故可通作。

285 帛 > 白

（一）字形

帛						

白						

（二）字音

帛：ㄅㄛˊ；傍陌．並陌開二入；並鐸．＊beak・＊bʼwăk・＊bʼăk

白：ㄅㄛˊ；傍陌．並陌開二入；並鐸．＊beak・＊bʼwăk・＊bʼăk

（三）解字

帛：說文：「繒也。从巾，白聲。」

白：說文：「西方色。侌用事物色白。从入合二，二侌數。」

（四）用例

WM240：「帛白蠻棗。……帛白金一反鋝。」

謹案：
「帛」，龐懷清謂假借為白色之白，唐蘭說並同（二氏之說並見文物1976：5），是也。WE2043：「賓賓敕鬱圈・白金」，WE3051：「公賓賞作冊大白馬」，皆其明證。帛・白二字古音並同（傍陌切・並母鐸部），故得通假。是例金文僅見於此器（九祀衛鼎・西周中期恭王時器）。

286 莫＞墓

（一）字形

莫						

墓：金文未見

(二) 字 音

　莫：ㄇㄛˋ；莫故・明暮合一去；明鐸：＊muak・＊mwâg・＊mâg

　墓：ㄇㄛˋ；莫故・明暮合一去；明鐸：＊muak・＊mwâg・＊mâg

(三) 解 字

　莫：說文：「日且冥也。从日在茻中，茻亦聲。」

　墓：說文：「丘墓也。从土，莫聲。」

(四) 用 例

　WL1220：「吕西至于堆鴻莫墓。」

謹案：「莫」，郭沫若讀為墓（見大系 p.129），高鴻縉云：「堆莫，
指堆邑之墓地，猶今言張家墳李家墳也。」，其說皆是。考莫・墓
二字，古音聲韻並同，故可通假。全文未見墓字，假莫為之，是例
僅一見。「莫」字全文多見：ES02131：「氒夙莫不貳成。」・EN02
175：「不羌祥莫大齻焉！」，皆莫字之引伸義也。

287 慕＞謨

(一) 字 形

慕		𦱖 罗中·栗明	＋口亠 罗中·師嫠		說文

　謨：金文未見

(二) 字 音

　慕：ㄇㄨˋ；莫故・明暮合一去；明鐸・＊muak・＊mwâg・＊mâg

　謨：ㄇㄛˊ；莫胡・明模合一平；明魚・＊mua・＊mwâg・＊mâg

(三) 解字

　慕：說文：「習也。从心，莫聲。」

　謨：說文：「議謀也。从言，莫聲。虞書曰：咎繇謨。暮古文謨，

　　　从口。」

(四) 用例

　(1) WM2142：「亘極獄斁逗桓慕謨。」

　(2) WL1229：「害宣聾導宇訏慕謨遠猷。」

　(3) WL1233：「于逗媵朕肅慕謨。」

　(4) EE1102：「龏恭威戎！大慕謨克成。」

謹案：

　　「慕」，當讀為謨。「逗慕」、「宇慕」、「肅慕」、「大慕
　」，義為大謨，乃周人常用詞彙（參見張政烺‧周厲王胡簋釋文，
　p113）。詩‧大雅‧抑二章：「訏謨定命，遠猶辰告。」毛傳：「
　訏，大也。謨，謀也。」與金文同義。考慕‧謨二字上古音，聲則
　同為明母，韻則鐸魚通韵（王力說，如依董同龢說則同在魚部），
　故得通作。金文未見謨字，而假慕為之之例，凡四見。

22 屋部〔*ok〕

288 谷〉裕

(一) 字形

谷				
裕				

(二) 字 音

谷：《Х ；古祿．見屋合一入；見屋．＊kok．＊kuk．＊kuk

裕：ㄩ ；羊戌．喻遇合三去；喻屋．＊ʎiok．＊ǵiug．＊ǵiug

(三) 解 字

谷：說文：「泉出通川為谷，从水半見出於口。」

裕：說文：「衣物饒也。从衣，谷聲。易曰：有孚裕無咎。」

(四) 用 例

(1) WE 2033：「𠦪唯王龏恭德谷裕天，順訓我不每敏。」

(2) WL 2238：「谷裕女汝母毌弗乃辟圉陷于囏艱。」

謹案：　　例(1)之「谷」，唐蘭讀為裕（見利尊銘文解釋，文物 1976:1）
，是也。唐氏譯云：「王是有恭德，能夠順天的，教訓我們這些不
聰敏的人。」；例(2)之文，與毛公鼎（WL 2237）全同，而毛公鼎谷
作俗，楊樹達讀為裕，其說甚詳而可從（詳見291 俗＞裕條），然
則，此「谷」亦當讀為裕，義謂導也。考谷、裕二字之古音，其
聲難遠（有舌面、舌根之別，但依高本漢、董同龢二氏說則相類：
＊k－與＊g－）而韻則同在屋部，故得通假。是例金文凡二見，皆為
西周彝銘。

289 彔＞祿

(一) 字 形

彔 祿				

(二) 字音

彔：ㄌㄨˋ；盧谷·來屋合一入；來屋·*lok ·*lûk ·*luk

祿：ㄌㄨˋ；盧谷·來屋合一入；來屋·*lok ·*lûk ·*luk

(三) 解字

彔：說文：「刻木，彔彔也。象形。」

祿：說文：「福也。从示，彔聲。」

(四) 用例

(1) WM2127：「通彔祿永令命。」

(2) WM2142：「福褱截被彔祿。」

(3) WM2147：「受椄余屯純魯，通彔祿永令命。」

(4) WM2149：「用禩匄永令命，綽綰發彔祿屯純魯。」

(5) WL2245：「用齌屯純彔祿，永命魯壽。」

謹案：
　　「彔」，徐同柏始謂此當讀為祿（見從古11:24），後人均從之，一無異辭。徐中舒曰：「彔經典通作祿，詩以福祿並稱，而金文則否，說文以福釋祿，福為一切幸福之總稱，故祿得釋福，此通義也。析言之，祿之本義當為俸祿。」（見金文嘏辭釋例 p.22），其說甚是。金文未見祿字，均假彔為之（二字古音全同：來母屋部），是例金文凡五見，皆為西周中期及晚期銘文。「祿」字始見於戰國印文（參見本條字形欄），所從示旁，戰國時所加。

290 祝＞鑄

（一）字 形

祝			
鑄			

（二）字 音

祝：业丶；之六．照屋合三入；照屋．＊tɕiok．＊ȶiok．＊ȶi̯ôk

鑄：业丶；之戌．照遇合三去；照侯．＊tɕio．＊ȶi̯og．＊ȶi̯ug

（三）解 字

祝：說文：「祭主贊䛐者。从示，从儿口。一曰从兌省。 曰：兌
為口，為巫。」

鑄：說文：「銷金也。从金，壽聲。」

（四）用 例

ES02131：「霝擇乓吉金，自祝鑄禾龢鼎囟鐘。」

謹案：「祝」，郭沫若讀為鑄作之鑄（見大系補2），是也。金文亦
多作本字，如 EC0197：「霝擇其吉金，用盨鑄其匜簠。」「盨」
乃鑄之異構（參見金文編 p908）。又「祝國」之祝，金文均作鑄（
參見 EE10055．10056．10057 器銘），皆其明證。考祝．鑄二字之上古
音，聲則同為照母，韻則屋侯二部之通韻（詩經韻腳亦屢見此例，

如：秦風·小戎：「騳khio // 鼻tjiok 續ziok·轂kok·王ngiok·屋ok·曲khiok，又大雅·桑柔：垢ko // 谷kok·穀kok 一參見王力·詩經韻讀p29 ），故得通假。是例金文僅一見於東周南土糸越國銅器。

291 俗 > 裕

(一) 字 形

俗				裕

裕：參見288谷 > 裕條

(二) 字 音

俗：ㄙㄨˊ；似足·邪燭合三入；邪屋·*ziok·*zįuk·*dzįuk

裕：ㄩˋ；羊戌·喻遇合三去；喻屋·*ʎiok·*gįug·*gįug

(三) 解 字

俗：說文：「習也。从人，谷聲。」

裕：說文：「衣物饒也。从衣，谷聲。易曰：有孚裕無咎。」

(四) 用 例

WL2237：「俗裕我弗乍作先王亮憂。」

又：「俗裕女汝弗目乃辟圅昏于戜龏。」

謹案：

「俗」，孫詒讓讀為欲，郭沫若（大系p137）、高鴻縉（毛公鼎集釋p85）、白川靜（說文新義卷8上p1639）皆從之，近是；楊樹達則讀為裕，楊氏云：「按孫讀非也。愚謂俗當讀為裕。方言卷三云：『裕、猷，道也。東齊曰裕，或曰猷。』按道與導同，謂誘

尊我此。書·康誥云：『乃由裕民（由裕與猷裕同），惟文王之敬

忌。』乃裕民，銘文言裕我，猶書云由裕民與裕民矣。」（見積微

p31 毛公鼎再跋），其說較長，今從之。「俗女」之俗，WL2238（

師訇殷）作「谷」，此亦當讀為裕（參見288谷＞裕條）。考俗·

裕二字之上古音，其聲雖遠，而韵部則同在屋部，故可通假。是例

金文僅見於此器（毛公鼎）。

292 僕＞附

(一) 字　形

僕			

附：金文未見

(二) 字　音

僕：ㄆㄨˊ；蒲木·並屋開一入；並屋·*bok ·*bûk ·*b'uk

附：ㄈㄨˋ；符遇·並遇合三去；並侯·*bio ·*bjug ·*b'iu

(三) 解　字

僕：說文：「給事者。从人菐，菐亦聲。𦨵，古文从臣。」

附：說文：「附婁，小土山也。从自，付聲。春秋傳曰：附婁無松

　　　柏。」

(四) 用　例

WL2241：「今余考止公僕附章廥土田。」

謹案：「僕章」，孫詒讓云：「僕古與附通，章古文墉，『僕墉土田

』猶詩・魯頌・閟宮云：『（錫之山川），上田附庸。』……與此段借僕為附，例同。」（見古籀餘論3：22），王國維・郭沫若皆從之（見大系 p.143），集傳：「附庸，猶屬城也。小國不能自達於天子，而附於大國也。」郭氏又云：「附庸之義……余最讀為『僕庸』，謂指臣僕。今由羅馬制度以推之，則『僕墉土田』當是附墉垣于土田，或周圍附有墉垣之土田，故能成為熟語。」（見中國古代社會研究附錄）。考僕・附二字古音，聲則同為並母，韻則屋侯通韻（王力說，詩經亦習見此例，參見王氏詩經韻讀 p.29），故得通假。是例金文僅見於西周晚期宣王時器。

23. 沃部〔*ôk〕
293 龠＞籥

(一) 字形

龠	〈母〉黹	〈師〉	龥	〈籒〉

籥：金文未見

(二) 字音

龠：ㄩㄝ；以灼、喻藥開三入；喻沃・$*\hat{r}i\hat{o}k$・$*di\hat{o}k$・$*di\hat{o}k$

籥：ㄩㄝ；以灼、喻藥開三入；喻沃・$*\hat{r}i\hat{o}k$・$*di\hat{o}k$・$*di\hat{o}k$

(三) 解字

龠：說文：「樂之竹管，三孔，吕和眾聲也。从品侖。侖，理也。」

籥：說文未收

㈣ 用 例

WE 2031：「隹 唯 王大龠禴于宗周。」

謹案：

「龠」，陳夢家以為龢（即和）之初文（見斷代㈡：22），未允。龢字，从龠，禾聲，為歌部字，與沃部之龠相去懸遠。郭沫若謂假為禴，指夏祭而言（見大系 p20‧32），是也。禴字，說文未收，段玉裁云：「礿或作禴。勺龠同部（案：第二部）。」（見說文礿字下所注），說文‧爾雅‧釋天並訓礿為夏祭，周禮作禴，大宗伯：「以禴夏享先王」。古本竹書紀年輯校訂補云：「帝辛六年，周文王初禴于畢。」卜辭亦有龠祭之名：如，「乙酉卜，邞貞：王賓龠亡囚？」（人文 1657），是其例。銘文言「王大龠于宗周」者，猶言「周王以禴之祭典於宗周隆重舉行」也（參見黄然偉‧殷周青銅器賞賜銘文研究 p228）。龠‧禴二字古音全同（並為以灼切，喻母沃部），故得通假。金文未見禴字，而假龠為之，是例僅一見於西周初期戊王時器。

294 龠＞趜

㈠ 字 形

| 龠 | 〈册、图、册、图 编册州川、东。 福册州州川 | 〈册 编图、册 必州册 | 出 凿图 摇册 | | 〈出 |

趜：金文未見

㈡ 字 音

龠： ㄩㄝˋ；以灼‧喻藥開三入；喻沃‧ *ɦiôk *djᶜk *djôk

趜： ㄩㄝˋ；以灼‧喻藥開三入；喻沃‧ *ɦiôk *djᶜk *djôk

(三) 解字

龠：說文：「樂之竹管，三孔，昌和眾聲也。从品侖。侖，理也。」

趨龠：說文：「趨趨也。从走，龠聲。」

(四) 用例

WE 2016：「王令命趨戡東反尸夷，虘肇從趨征，攻龠趨無遌敵，省弜人身，孚休戈。」

謹案：

龠字原作「𠁣」，字書未見，諸家隸定為龠（參見金文編 p124 龠字條），郭沫若謂假為躍（見大系 p20 虘鼎）；陳夢家以為「方言一『趨，登也』，攻𠁣即攻登。」（見斷代 (一)：173 虘鼎），從字義·聲韻觀之，二說均可從（趨·躍二字並為以灼切·沃部字），又從文字孳乳·諸聲系統觀之，讀龠為趨之說較長。說文趨字下段注云：「廣韻：『趨·趨，行皃』，方言：『躕，行也。』躕即趨字。」足見銘文言「攻趨無敵」者，猶言勇戰無雙也。龠·趨二字古音全同（並為喻母·沃部），故得通假。金文未見趨字，而假龠為之之例僅一見於西周初期成王時器。

295 汐 > 溺

(一) 字形

汐	等圖 与子州嘩		𡿨

溺：金文未見

(二) 字音

(二) 字音

汋：蚟；市若．禪藥開三入；禪沃．*ziŏk．*źiək．*djok

溺：引；而杓．日藥開三入；禪沃．*ŋiŏk．*źiək．——

(三) 解字

汋：說文：「激水聲也。从水，勺聲。井一有水一無水，謂之濁汋。」

溺：說文：「溺水，自張掖刪丹，西至酒泉，合黎餘波，入于流沙。从水，弱聲。」

(四) 用例

EN02176：「藿與其汋溺身於人〔者〕也，寧汋溺身於開淵。」

謹案：「汋」，朱德熙、裘錫圭云：「汋當讀為溺，勺與弱古音相近可通。」（見平山中山王墓銅器銘文的初步研究，載文物1979：1．p43）；張政烺曰：「汋字見于說文，與溺字音近通假。禮記・緇衣：「小人溺於水，君子溺於口，大人溺於民。」鄭玄注：『溺，謂覆沒不能自理出也。』」（見中山王嚳壺及鼎銘考釋，載古文字研究第一輯，p222），其說甚允。汋、溺二字古音，聲則同為舌面音（禪母・日母），韻則並在沃部，故得通假。金文假汋為溺之例，僅一見於東周北土系中山國舞銘。

24. 覺部〔*uk〕

296 學 > 教

(一) 字形

學				𢽾
教				𢼒

（二）字　音

學：ㄒㄩㄝˊ；胡覺·匣覺開二入；匣覺·＊ɣeuk·＊ɣok·＊g'ôk

斆：ㄒㄧㄠˋ；胡教·匣效開二去；匣宵·＊ɣeô·＊ɣɔg·＊g'ôg

教：ㄐㄧㄠˋ；古孝·見效開二去；見宵·＊keô·＊kɔg·＊kôg

（三）解　字

學：說文：「斆，覺悟也。从教冂，冂、尚矇也。臼聲。學，篆文斆省。」

教：說文：「上所施，下所效也。从攴孝。」

（四）用　例

(1) WM1099：「王令命靜嗣（司）射學宮，小子眾服眾小臣眾尸僕學射。……靜學（教）無咎斆。」

(2) WL2246：「王若曰：師𡉚！才（在）昔先王小學教，女（汝）敏可𠂤（使）。」

謹案：

郭沫若云：「『靜學無咎』：學當讀為教，以上文言『嗣（司）射學宮』，乃教射于學宮也。」（見大系 p56，又見考古學報1958：2）

，其說可從。說文以學·斆為一字，而近人多分為二，如高鴻縉謂當分斆·學為二，斆為晚出教字，而學从臼从字，模仿而孳生也，

爻聲（參見字例5：177），又張政烺云：「按从甲骨文·金文看，教與斅是一字，斅與學當分為二字。學是自學，斅是教人。」（見古文字研究1：p230），二氏之說甚允。金文中作「斅」者凡二見：

(1) WE407作：「我多弟子，我孫克又井型斅数。」

(2) EN0217作：「昔者，吳人并雩越，雩越人飽俢斅数備悠信。」

皆用為教訓之義。高本漢（B. Karlgren）云：「比較更為正確的講法是，『學』（ĝŏk）假借為『斅』（ĝŏg），兩字屬同一個諧聲系列。」（見先秦假借上p308），是也。尚書·盤庚上：「盤庚斅于民。」傳：「斅，教也。」又說命下：「惟斅學半」傳：「斅，教也。」皆為其證。考學·斅（教）二字之古音，韻則雖遠（學為覺部，教·斅為宵部），而聲則相近（學教同為舌根音，學·斅二字則同為匣母），故得通假。是例全文凡二見，皆為西周器。

25. 物部〔*ət〕

297 胃 > 謂

(一) 字形

金文	魚作 甲骨文·余	古文 段玉裁	說文
小篆	魚作 小篆·余	古籀 段玉裁說	說文

(二) 字音

胃：ㄨㄟ ；于貴·于未合三去；匣物·*ʁiuət·*ĝiwəg·*ĝiwəd

謂：ㄨㄟ ；于貴·于未合三去；匣物·*ʁiuət·*ĝiwəg·*ĝiwəd

(三) 解字

　　胃：說文：「穀府也。从肉⊗。象形。」

　　謂：說文：「報也。从言，胃聲。」

(四) 用例

　　EW01107：「脉余名之，胃謂之小虔。」

謹案：

　　「胃」，郭沫若讀之為謂（見大系 p240），是也。胃·謂二字古音全同（並為于貴切，匣母物部），故得通假。是例僅一見於東周西土系晉國銅器。謂字則始見於石鼓文。

298 述 > 遂

(一) 字形

述				述
遂				遂

(二) 字音

　　述：ㄕㄨˋ；食聿·神術合三入；神物。*dẓiuet .*d̯iwat .*d̯iwət .*d̯iwət

　　遂：ㄙㄨㄟˋ；徐醉·邪至合三去；邪物。*ziuet .*ziwəd .*dziwəd

(三) 解字

　　述：說文：「循也。从辵，术聲。」

　　遂：說文：「亡也。从辵，家聲。」

(四) 用 例

(1) WE2018：「唯十又一月，遘自虒台述遂東。」

(2) WL2149：「王各洛于甹周廟，述于圖室。」

謹案：「述」，郭沫若以為遂之者（見大系 p23.24），其說甚是。容庚·金文編誤合遂·述二字為一（見該書 p122），「㣊」、「朮」二字，金文迥然有別（參見本條，又299 㣊＞隊之字形欄）。盧韻：「遂，達也。進也。成也。安也。止也。往也。」按皆引伸義也。此云「述」·「述于」，即當假為遂，釋為達也，進也，往也。考是二字之古音，其聲雖殊，而韻則並在物部，故得通假。是例金文凡二見，皆為西周彝銘。

299 㣊＞隊

(一) 字 形

隊			
㣊			

(二) 字 音

㣊：ㄙㄨㄟ˙；徐醉·邪至合三去；邪物·*ziuət ·*ziuɛt ·*dziuəd

隊：ㄉㄨㄟˋ；徒對·定隊合一去；定物·*duət ·*duəd ·*diuəd

(三) 解 字

㣊：說文：「從意也。从八，㣊聲。」

隊：說文：「從高隊也。从自，㣊聲。」

(四) 用 例

(1) WM1111：「女汝肇不家隊。」

(2) WM4188：「難世孫子母母敢家隊，永寶。」

(3) WM5795：「克不敢家隊，專奭鄭王令命。」

(4) WL2237：「女汝母母敢家隊，才在乃服。」

(5) WL2244：「師害虔不家隊。」

(6) EE05023：「忌淑穆不家隊于氒身。」

(7) EE11058：「女汝不家隊，夐夙夜宦鞞執而𤔥政事。」

(8) EE01101：「每敏飄揚氒光剌烈，虔不家隊。」

(9) EW02110：「十又二公，不家隊才在下，嚴𤔥恭魚天命。」

謹案：

「豕」，吳大澂云：「隕也。小篆作豕，亦作隊，許氏說從高隊也。今俗作墜。」（見古籀補 p4），其說是也。段玉裁云：「隊、墜正俗字，古書多作隊今則墜行而隊廢矣。大徐以墜附土部，非許意。釋詁：『隊，落也。』」（見說文隊字下所注），今從二氏之說。金文「豕」當讀為隊。金文或作隊，WM3159：「易賜于𡫏一田，易于隊一田，易于戒一田。」周名煇則謂當是古地字（見古籀考中:20），恐非，銘意則當地名用。考豕、隊二字之古音，其聲雖遠，而韻則同在物部，故可通假。是例金文凡九見。

300 述>隊

(一) 字 形

述：參見 298 述>遂條

隊：參見 299 豕>隊條

（二） 字 音

述：ㄕㄨˋ；食聿·神術合三入；神物·＊dʑiuət·＊dʑiuət·＊dʑiuat

隊：ㄉㄨㄟˋ；徒對·定隊合一去；定物·＊duət·＊dʱiwəd·＊diwəd

（三） 解 字

述：說文：「循也。从辵，术聲。」

隊：說文：「從高隊也。从阜，㒸聲。」

（四） 用 例

WE3052：「我聞殷述隊令命。」

選案：
「述」，原作「㣎」，徐中舒·容庚等隸定為遂；而吳大澂·郭沫若·朱芳圃等隸定為述（諸家說並見金文詁林2514-0197）。按後說為長。高本漢（B. Karlgren）云：「有好幾位學者（郭沫若·于省吾·楊樹達·聞一多）注釋『孟鼎』（按WE3052）銘文：『我聞殷述命。』都用了這一說（按述假借為墜）。所以，這句話就是說：『我聽說殷（拋下，棄置＝）毀壞了它的承命。』與這句話相當的例子是尚書·酒誥：『今惟殷墜厥命。』與君奭：『乃其墜命。』（魏石經『墜』作『述』）」（見先秦假借1550號），近是。墜乃隊之俗字（詳見299家〉隊條），「述」當為隊之借，爾雅·釋詁：「隊，落也。」考述·隊二字之古音，其聲雖遠，而韻則同在物部，故可通假。金文已見隊字，而假述為之者亦一見於西周初期銘文。

301 弗〉拂

(一) 字　形

弗				

拂:金文未見

(二) 字　音

弗:ㄈㄨˊ ; 分物:非物合三入 ; 幫物 . $*piuət$. $*pi̯wət$. $*pʰi̯wət$

拂:ㄈㄨˋ ; 敷物 . 數物合三入 ; 滂物 . $*pʰiuət$. $*pʰi̯wət$. $*pʰi̯wət$

(三) 解　字

弗:說文:「矯也。从ㄥ八从韋省。」

拂:說文:「過擊也。从手,弗聲。」

(四) 用　例

WL2244 : 「弗速讀我東國。……今余弗拂叚退組。」

謹案:

　　郭沫若云:「『弗叚組』當讀為拂退組,猶言解征轡。」(見大系 p147),是也。考弗、拂二字,古音聲近(同為唇音)而韻同(並在物部),故得通假。是例金文僅一見於西周晚期宣王時期。

302 弗 > 粥

(一) 字　形

弗:參見301弗>拂條

粥				

(二) 字音

弗：ㄈㄨˊ；分勿．非物合三入；幫物．*piuət．*pjwǎt．*pjwət

弼：ㄅㄧˋ；房密．奉術合三入；並物．*bjuət．*b'jwət．*b'jět

(三) 解字

弗：說文：「撟也。从丿乀，从韋省。」

弼：說文：「輔也。从弜，西聲。」

(四) 用例

WE4085：「□戜駿朩叔史事遣趣馬，弗弼ナ佐，用作父戊寶障彝。」

謹案：

「弗」，周文讀為輔，而譯此文謂：「□戜駿叔擔任趣馬之職，輔佐昭王南征，用作父戊寶障彝。」（見新出土的幾件西周銅器，文物1972：7．p19），其意可通，但讀為輔之說似有可商，愚謂弗當讀為弼。輔字讀扶雨切，並母魚部字，弗為並母物部字，二字雖為雙聲，然入聲物部與上聲魚部通假之例甚少。輔．弼二字，其義相近（說文訓弼為輔），而弼字與弗字，其上古音極近（同為脣音．物部），故可通假也。是例金文僅一見於西周初期昭王時器。

303 弗＞不

(一) 字形

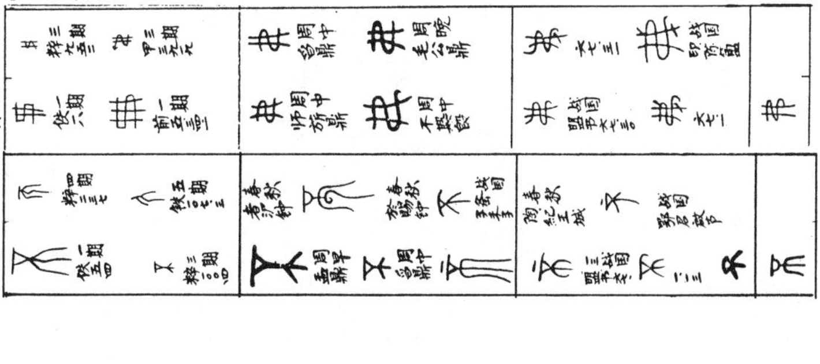

(二) 字 音

弗：ㄈㄨˊ；分勿．非物合三入；幫物．*piuət．*piwət．*pi̯wət

不：ㄅㄨˋ；分勿．非物合三入；幫物．*piuət ．—— ——

(三) 解 字

弗：說文：「矯也。从ノ、乀，从韋省。」

不：說文：「鳥飛上翔，不下來也。从一，一猶天也。象形。」

(四) 用 例

(1) WM2136：「天子亦弗諲忘公上父趩德。」

(2) WM2151：「王用弗戁忘聖人之後。」

(3) WM4182：「盠弗敢戁忘王休異翼。」

謹案：

　　「弗」，用作否定副詞，與本義相去懸殊，乃不之借。「弗戁」或作「不戁」，如 WE3061：「十枻世不戁忘獻身才在畢公家，受天子休。」考不、弗二字，古音並同（幫母物部），故得通作。王力云：「按，在上古，弗字一般只用于不帶賓語的及物動詞的前面，與不字在語法上有所區別。」（見同源字典，p102）；向熹云：「按詩經中否定詞弗二十八見，二十七處不帶賓語。」（見詩經詞典，p144），然而金文並不如此，帶賓語之例常見。

304 昧＞昧

(一) 字形

昧				昧

昧：金文未見

（二）字音

妹：ㄇㄟˋ；莫佩・明隊合一去；明物・*muət・*mwâd・*mwəd

昧：ㄇㄟˋ；莫佩・明隊合一去；明物・*muət・*mwâd・*mwəd

（三）解字

妹：說文：「女弟也。从女，未聲。」

昧：說文：「昧爽，且明也。从日，未聲。一曰闇也。。」

（四）用例

WE3052：「女（汝）妹（昧）辰（晨）又大服，余隹卽朕小學，女（汝）勿勉余乃辟一人。。」

謹案：「妹」，原作秣，當讀為昧爽之昧・吳大澂云：「秣，妹古文以為昧字。釋名：「妹，昧也。」猶曰始出厭時少尚昧也。盂鼎（案：WE3052）：『妹辰』即昧晨叚借字。」（見古籀補 p70），其說甚是・郭沫若・陳夢家・張運開示如此解，陳氏釋此句謂：「似說盂早年（昧晨）有服位，就事于王之小學，勿勉于王。故有下今余隹女盂云。」（見斷代（三）：93）。妹・昧二字，古音相同（明母物部），故得通假。是例金文僅一見於西周初期康王時器（大盂鼎）。

305 内＞納

（一）字形

納：金文未見

(二) 字 音

內：ㄋㄚˋ；奴對：泥合合一去；泥物．$^*nuət$．$^*nwât$．$^*nwad$

納：ㄋㄚˋ；奴荅．泥合開一入；泥緝．$^*nəp$．$^*nəp$．$^*nəp$

(三) 解 字

內：說文：「入也。从冂入，自外而入也。」

納：說文：「絲溼納納也。从糸，內聲。」

(四) 用 例

(1) WM2151：「夙夜出內王命。」

(2) WM4489：「公東宮內鄉于王。」

(3) WM6192：「靈夾駿方內豊醴于王。」

(4) WL1211：「出內王令命……令旣令命女汝出內朕令命。」

謹案：　「內」，郭沫若讀為納（見大系 p80.101.107.121 ），是也。今從之。「出內」之內，典籍作納，如尚書·舜典：「夙夜出納朕命」，詩·大雅·烝民三章：「王躬是保，出納王命」，是其例。內納二字古音，聲則並同（泥母），韻則有物部與緝部之別（依王力說，如依段王裁說則同在第十五部），故得通作。是例金文凡四見，均為西周時器。

26 質部〔$^*et$〕

306 卯＞恤

(一) 字 形

卯	恤	卯	恤

恤：金文未見

(二) 字音

卹：ㄒㄩˋ；辛聿‧心術合三入；心質 $^*siuet$ ‧ $^*siwet$ ‧ $^*sįwĕt$

恤：ㄒㄩˋ；辛聿‧心術合三入；心質 $^*siuet$ ‧ $^*siwet$ ‧ $^*sįwĕt$

(三) 解字

卹：說文：「憂也。从血，卩聲。一曰鮮少也。」

恤：說文：「憂也。收也。从心，血聲。」

(四) 用例

(1) WM2139：「余執聾恭王卹〔恤〕工〔功〕。」

(2) WL2244：「師寰虔不家隊，夙夜卹〔恤〕氒牆將事。」

(3) WL3264：「追虔夙夕卹〔恤〕氒死尸事。」

(4) EE05223：「台以卹〔恤〕其祭祀盟祀。」

(5) EE05024：「用敬卹〔恤〕盟祀。」

謹案：「卹」，與恤通，謂敬慎也。孫詒讓曰：「恤卹古通用（詳王引之經義述聞），金文凡言卹者亦多訓慎。」（見拾遺中‧21），是也。金文並作卹，而未見作恤之例。WM2139之「卹工」，即尚書之「恤功」，呂刑云：「乃命三后，恤功于民。」蔡傳：「恤功，致憂民之功也。」，足見恤為後起字，从心其義更明顯。卹、恤二字，古音相同（並讀辛聿切，心母質部），故得通用。說文卹字下段注云：「釋詁曰：『恤，憂也。』卹與心部恤音義皆同，古書多用卹字，後人多改為恤。」，是也。

307 匹 > 弼

(一) 字形

匹		𦥑甶十 覺辟	𦥑甶卣 沈子簋		匹
弼			頌鼎 毛公鼎	𢏱甶卣 毛公鼎	弼

(二) 字音

匹：夊ˋ；譬吉・滂質開三入；滂質・*pʰiet・*pʰiet・*pʰi̯ĕt

弼：ㄅㄧˋ；房密・奉質合三入；並質・*biuet・*bʰiwət・*bʰi̯ĕt

(三) 解字

匹：說文：「四丈也。从匚八，八揲一匹，八亦聲。」

弼：說文：「輔也。从弜，丙聲。」

(四) 用例

(1) WM2142：「隹乙且祖來匹弼夆辟。」

(2) WL1206：「不不顯皇且祖剌烈考，迷匹弼先王。」

(3) EW0101：「用噩召匹弼辟予辟。」

謹案：

EW0101之「匹」，郭沫若謂：「當讀弼，輔也。」（見大系.p229），是也，高本漢（B. Karlgren）從之（見先秦假借上p164）。WL1206之「匹」，吳大澂訓為配偶（見愙齋2：14），楊樹達則謂：「余疑匹當讀為辟，古人稱君曰辟，引申之，事君亦曰辟。」（見積微p98），二氏之說均非是。考WM2142．與WL1206二例句法文義

相同，二四字均當讀為輔弼之弼。又考匹、弼二字古音，聲近（同為唇音）而韻同（並在質部），故可通假。金文亦或作弼字，ES02 130:「懋學趄趄，或戴弼王宅。」，是其明證。假匹為弼之例，金文凡三見。

308 麖 > 矢

(一) 字形

袤		
矢		

(二) 字音

麖：ㄓˋ；直例，澄祭開三去；定質．$^*diet$ ．$^*d'ied$ ．$^*d'iad$

矢：ㄕˇ；式視，審旨開三上；審脂．$^*\varsigma iei$ ．$^*\varsigma ied$ ．$^*\varsigma iər$

(三) 解字

麖：說文：「豕也。後蹏廢謂之麖，从屮从二匕，矢聲。麖足與鹿足同。」

矢：說文：「弓弩矢也。从入象鏑栝羽之形。」

(四) 用例

WM2141:「裘衛迺麖矢告于白邑父。」

謹案：

「麖」，龐懷清讀為矢（見陝西省岐山縣董家村西周銅器窖穴

發掘簡報，文物 1976:5，p26-44)，其說甚是。爾雅．釋詁：「矢，陳也。」廣韻：「矢，陳也。誓也。正也。直也。」詩．大雅．卷阿十章：「矢詩不多，維以遂歌。」鄭箋：「矢，陳也。我陳作此詩，不復多也。」可證。考彝．矢二字之古音，聲近（同為舌音）而韵同（同在段氏第十五部．董氏脂部，然而依王力說，「屠是舌紐，脂質對轉」──見同源字典 p423)，故得通假。是劀金文僅一見於西周中期袤王時器。

27 月部〔*at〕

309 劀 > 勾

（一）字形

劀				劀
勾				勾

（二）字音

劀：《t；古達．見曷開一入；見月．*kat ．*kât ．*kāt

勾：《匃；古達．見曷開一入；見月．*kat ． ── ．*kāt

（三）解字

劀：說文：「剌也。从刀，禼聲。」

勾：說文：「气也。亡人為勾，逯安說。

(四) 用 例

(1) WL 2249 ：「用劀匄塱眉壽萬秊。」

(2) 吳白子容父盨：「邕迋邕行，劀匄鬙眉壽無疆。」（錄遺 176）

謹案：

　　　徐同柏云：「劀當讀為匄，曷匄古通，故劀亦通匄。」（見從
古 2:5），後人皆從之，義為祈求也。金文多見作本字者，如 WM
5191：「用匄多福鬙壽無疆。」匄與祈同意，故金文「祈匄」多連
用（詳見徐中舒·金文嘏辭釋例. p5）。劀·匄二字之古音，聲韻
均同（見母月部），故得通假。是例金文凡二見。

310　曷＞曷

(一) 字 形

　　曷：參見 312 曷＞匄條

　　曷：金文未見

(二) 字 音

　　曷：ㄏㄞˋ；胡蓋·匣泰開一去；匣月·*ɣat·*ɣâd·*gʻâd

　　曷：ㄏㄜˊ；胡葛·匣曷開一入；匣月·*ɣat·*ɣât·*gʻâd

(三) 解 字

　　曷：說文：「傷也。从宀口言，从家起也。丰聲。」

　　曷：說文：「何也。从曰，匄聲。」

(四) 用 例

　　WL2237：「嗣嗣余小子弗彶，邦茲將曷曷吉？」

謹案：「害」，容庚云：「又通曷。書‧泰誓：『予曷敢有越厥志。』敦煌本曷作害。」（見金文編 p531 害字條下），是也。詩經害曷每相通假，如周南‧葛覃三章：「害澣害否，歸寧父母。」毛傳：「害，何也。」，又商頌‧長發六章：「如火烈烈，則莫我敢曷。」毛傳：「曷，害也。」，皆其例。害、曷二字古音同為匣母‧月部，故得通作。金文未見曷字，假害為之，是例僅一見於西周晚期宣王時器。

311 戉＞越

(一) 字形

戉				戊

(二) 字音

戉：ㄩㄝ˙；王伐‧于月合三入；匣月‧ $*\gamma iuat$ ‧ $*\gamma i\check{w}at$ ‧ $*gi\check{w}\check{a}t$

越：ㄩㄝ˙；王伐‧于月合三入；匣月‧ $*\gamma iuat$ ‧ $*\gamma i\check{w}at$ ‧ $*gi\check{w}\check{a}t$

(三) 解字

戉：說文：「大斧也。从戈，乚聲。」

越：說文：「度也。从走，戉聲。」

(四) 用例

(1) ES02130：「隹（唯）戉（越）十有九年。」

(2) ES02131：「戉（越）王者旨於賜。」

(3) ES02132：「戉（越）王者旨於賜。」

(4) ES02133：「戉（越）王丌北古。」

謹案：

　　「戉王」，即越王。金文未見「越」，而作「郎」，如 ES02134：「郎王鳩淺自乍用鐱（劍）。」此字乃越國之越字之本字，然而說文等字書未收，不得其音，是以諸字皆以此為越字之重文（參見字形欄以及金文編 p80 越字條）。戉・越二字，古音全同（匣母・月部），故得通作。越國之越字，金文又假「雩」為之，是例見於中山國彝銘（參見 070 雩＞越條）。

312 害＞匃

(一) 字形

(二) 字音

　　害：「ㄏㄞˋ」；胡蓋・匣泰開一去；匣月．＊ɣat ・＊ɣâd ・＊g'âd

　　匃：「ㄍㄞˋ」；古達・見曷開一入；見月．＊kât ・—　・＊kât

(三) 解字

喪：說文：「傷也。从哭，从亡。亡亦聲。」

匄：說文：「气也。亡人為匄，逯安說。」

(四) 用 例

(1) 白家父簋：「用易賜喪匄釁壽黃者。」（三代 8.43.2；文選下又26）

(2) 曩白子宿父盨：「喪匄多福釁壽無彊。」　（錄遺 178）

謹案：

徐中舒云：「錫喪即錫匄。錫為錫予，匄為气求，正一事之兩面，故匄亦有錫予之意。」（見金文䐊辭釋例 p8），是也。例(2)之「喪」，該器同范異器作「㔽」（參見309㔽＞匄條），喪、㔽二字皆為匄之假，其義為祈求也。考喪、匄二字之古音，聲近（同為舌根音）而韻同（並在月部），故得通假。是例金文凡二見。

313 寽＞鋝

(一) 字 形

鋝：金文未見

(二) 字 音

寽：ฝนฮ；呂卹·來術合三入；來月·$*liuat$·　—　　—

鋝：ฝนฮ；力輟·來薛合三入；來月·$*liuat$·$*li̯wät$·$*li̯wat$

(三) 解 字

寽：說文：「五指寽也。从爪，一聲。」

鋝：說文：「十一銖二十五分，銖之十三也。从金，守聲。周禮
　　曰：重三鋝。」

(四) 用 例

(1) WE2009 ：「王易賜金百守鋝。」

(2) WE3050 ：「白懋父迺罰得闕古三百守鋝，今弗克卒罰。」

(3) WM1102 ：「取遣微五守鋝。」

(4) WM1107 ：「易賜貝世守鋝。」

(5) WM4185 ：「用百守鋝。」

(6) WL1198 ：「罰女汝三百守鋝。」

(7) WL1205 ：「既𠭢訟取遣微五守鋝。」

(8) WL1207 ：「既訊訟罰，取遣微五守鋝。」

(9) WL1223 ：「取遣微世守鋝。」

(10) WL2237 ：「取□卅守鋝。」

謹案：「守」，諸家皆讀為稱量金屬單位之鋝，是也。考守、鋝二字
之古音，聲韻相同（來母月部），故可通作。金文未見鋝字，均
假守為之。是例凡十見，皆為兩周時器，東周金文未見。

314 剌 > 烈

(一) 字 形

烈：金文未見

㈡ 字音

剌：ㄌㄚˋ；盧達・來曷開一入；來月・*lat ・*lât ・*lât

烈：ㄌㄧㄝˋ；良薛・來薛開三入；來月・*liat ・ ─ ・*li̯at

㈢ 解字

剌：說文：「戾也。从束从刀，刀束者，剌之也。」

烈：說文：「火猛也。从火，列聲。」

㈣ 用例

1. 言「剌考」者：

⑴ WE3048：「用乍作殷剌烈考障鼎。」（WM1114・2128・3163；WL1205・1206・2249・EE0103 亦見此例）

2. 言「剌且」者：

⑴ WM2148：「豙微史剌烈且祖來見武王。」（WM2136・3174；WL1229・2238・2242 亦見此例）

3. 其他

⑴ WE2017：「文王孫亡弗褱懷井型，亡克竟乎剌烈。」

⑵ WM1114：「其子二孫二永寶茲茲剌烈。」

⑶ WM1115：「對揚文母福剌烈。」

⑷ WM2142：「文武長剌烈，天子釁無匄。」

⑸ WM3172：「盠敢辥頭首曰：剌二烈朕身，更虔殷先寶事。」

⑹ EW0101：「每敏飄揚乎光剌烈，虔不豢隊。」

⑺ EW0105：「武文咸剌烈，永葉世母丹忘。」

(8) EN02176-1:「呂迫庸誦先王之工功剌烈。」

謹案：

「剌」，諸家均讀為烈，一無異見。高本漢（B. Karlgren）謂：

「實際上，這項假借早經薛尚功指出，而學術界則一般也對此說都
沒有異義。」（見先秦假借上 p.4世）。考剌、烈二字之古音，除等
呼（介音）稍異之外，其餘均同（來母月部）。「烈」字金文未見
，而假剌為之，其例多見。

315 折＞哲

(一) 字　形

折				𣂤
哲				

(二) 字　音

折：业世；旨熱·照薛開三入；照月 $*t\phi iat$ · $*\underline{t}j\ddot{a}t$ · $*\underline{t}jat$

哲：业世′；陟列·知薛開三入；端月 $*tiat$ · $*\underline{t}j\ddot{a}t$ · $*tjat$

(三) 解　字

折：說文：「斷也。从斤斷艸。譚長說。𣂤，籀文折。从艸在仌中
，仌寒故折。𢪏，篆文折，从手。」

哲：說文：「知也。从口斤聲。悊，哲或从心。嚞，古文哲，从三
吉。」

㈣ 用 例

EN2176:「嗚嗚虖呼，折△哲(折)哉！社稷(稷)其庶虖乎！。」

謹案： 折字原作「紒」，張政烺隸定作折而讀為哲(說見古文字研究
，第1輯，p226)；趙誠隸定為柴而讀為質(說見同上書 p256)；朱
德熙·裘錫圭隸定為「嗚嗚虖呼！折哲哉！。」(見平山中山王
墓銅器銘文的初步研究，文物 1979:1，p49)，周法高從朱·裘·
張之說(見金文詁林補 1-0073)，今從三氏之說。此銘折字，與
說文籀文形近，字中从艸變从木耳。考折·哲二字之古音，聲則相
去不遠(同為舌音)，韵則同在月部，故得通假。是例金文僅一見
於東周北土系中山國銅器。典籍則亦見假哲為折之例，如尚書·呂
刑：「哲人惟刑，無疆之辭。」王引之謂哲當讀為折，折之言制也
(參見周富美·尚書假借字集證，p73)，是也。

316 誓 > 哲

㈠ 字 形

誓			哲

哲：參見 315 折 > 哲條

㈡ 字 音

誓：ㄕˋ；時制·禪祭開三去；禪月，$^*zjat$ ·$^*\varepsilon jäd$ ·$^*\hat{\partial}jad$

哲：ㄓㄜˊ；陟列·知薛開三入；端月，$^*tjat$ ·$^*tjät$ ·$^*tjad$

㈢ 解字：

誓：說文：「約束也。从言，折聲。」

哲：說文：「知也。从口，折聲。悊，哲或从心。喆、古文哲，从三吉。」

㈣ 用例

WL 1223：「不㬎皇且祖考，穆=克誓哲氒德。」

謹案：

「誓」，郭沫若讀為哲（見大系 p133），是也。WL 1211（大克鼎）：「盂淑悊哲氒德。」可證，說文以悊為哲之重文。「克哲氒德」一詞亦見於 WL 2247（井人妄鐘），此銘哲作悊，容庚·金文編收於哲字下（參見該書 p50），析从之員旁乃口或心之訛無疑。此三器均為西周晚期時器，足見「克哲氒德」一辭乃西周晚期之恒語。考誓·哲二字之上古音，聲則相去不遠（同為舌音），韵則同在月部，又同從折得聲，故得通假。是例金文僅見於此器（番生段）。

317 邁＞萬

㈠ 字形

(二) 字音

邁：ㄇㄞˋ；英話：明夬開二去；明月‧$^*meat$‧$^*mwad$‧$^*mwad$

萬：ㄨㄢˋ；無販：微願合三去；明元‧$^*mean$‧$^*mĭwan$‧$^*mĭwăn$

(三) 解字

邁：說文：「遠行也。从辵，萬聲。」

萬：說文：「蟲也。从厹，象形。」

(四) 用例

(1) WL2240：「子姑邁萬季子=孫=永寶用。」

(2) WL3260：「鄦其霝冬邁萬季無彊。」

(3) EC01177：「用靳霝冬邁萬季無彊。」

(4) EC01178：「其霝眉壽邁萬季無彊。」

謹案：

　　兩周金文萬年之萬字多作本字，而假邁為之者，除上舉各例以外，尚習見，不煩盡舉。考邁‧萬二字之古音，聲則同為明母，韻則月元通韻（詩經韻脚亦有此例：周頌‧泂酌 渙 xuan ‧難 nan ∥ 艾 ngat — 參見王力‧詩經韻讀 p31），故得通假。是例兩周金文習見。

28. 緝部〔$^*əp$〕

318 合〉荅

(一) 字形

(1) ⟨D⟩ 粹1 新1	⟨D⟩ 陶文 X十五	⟨D⟩ 盟書 巴金文	⟨D⟩ 說文 篆文⟨D⟩古文		⟨D⟩

荅：金文未見

(二) 字音

合：ㄏㄜˊ；侯閤·匣合開一入；匣緝·$*\gamma əp$ ·$*\acute{\gamma}əp$ ·$*g'əp$

荅：ㄉㄚˊ；都合·端合開一入；端緝·$*təp$ ·— ·$*təp$

(三) 解字

合：說文：「亼口也。从亼口。」

荅：說文：「小尗也。从艸，合聲。」

(四) 用例

EE11092：「淖朝嘼問者諸侯侯，合荅嶷揚氒恵德。」

謹案：

「合」，劉心源讀為荅（見奇觚4:14），是也。典籍均作答，答說文所無，「答」乃說文「荅」之形近譌作，蓤莚·莒莒·筲詐皆其例（參見魯實先·中國文字義符通用釋例，p180）。「荅揚」一詞見於尚書·顧命：「用荅揚文武之光訓。」其意與吳尊：「對揚文武之光命。」無別。考合·荅二字之古音，其聲雖遠，而韻則同在緝部，故可通假。然報荅之義非荅字之本義。說文荅字下段注云：「禮注有麻荅，廣雅云：『小豆荅也』，段借為酬荅。」是也。金文合假作報荅字之例，僅一見於東周東土系齊國韓銘。

319 入 > 納

(一) 字形

入		入	入	入	入

納：金文未見

(二) 字 音

入：ㄖㄨˋ；入執‧日緝開三入；日緝‧ $^*\!\acute{n}i\partial p$ ‧ $^*\!\acute{d}ei\eta$ ‧ $^*\!\acute{n}ei\eta$

納：ㄋㄚˋ；奴荅‧泥合開一入；泥緝‧ $^*\!n\partial p$ ‧ $^*\!n\partial p$ ‧ $^*\!n\partial p$

(三) 解 字

入：<u>說文</u>：「內也。象從上俱下也。」

納：<u>說文</u>：「絲溼納納也。从系，內聲。」

(四) 用 例

(1) WM2127：「頌拜頓首，受令命冊佩，以出，反返入納堇瑾章璋。」

(2) WL2253：「山拜頓首，受冊佩以出，反返入納堇瑾章璋。」

(3) WM5790：「嗣虎入納姜氏令命。」

謹案：

　　「入」，<u>郭沫若</u>讀為納，郭氏云：「『反入堇章』當讀為『返納瑾璋』，蓋周世王臣受王冊命之後，于天子之有司有納瑾報璧之禮。」（見<u>大系</u> p73）。例(3)之「入」亦同（見<u>大系</u>.p102），<u>尚書</u>‧<u>舜典</u>：「夙夜出納朕命」，<u>詩</u>‧<u>大雅</u>‧<u>烝民</u>三章：「王躬是保，出納王命。」亦其例。出納之納，金文又多假內為之，是例凡二見（參見305〈內〉納條）。入、納二字古音，聲則有日‧泥之別，而<u>章太炎</u>有「娘日二母古歸泥」之說，可證 韻則同在緝部，故得通假。是例金文凡三見，皆為西周銘文。

320 立＞位

(一) 字 形

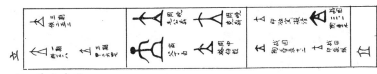

位：金文未見

（二）　字　音

立：ㄌㄧˋ；力入・來緝開三入・來緝・*ljǝp・*djǝt・*gljǝp

位：ㄨㄟˋ；于媿・于至合三去・匣物・*ɣjuǝd・*tjuǝg・*gjwǝd

（三）　解　字

立：說文：「侸也。从大在一之上。」

位：說文：「列中庭之左右，謂之位。从人立。」

（三）　用　例

(1) WM2127：「旦，王各格大室，即立位。」（「即立」一詞西周金
　　　　　　文常見，不煩盡舉。」

(2) WL1203：「晚駿才在立位。」

(3) WL1223：「粵屛王立位。」

(4) WL1229：「用榖保我家朕立位，……晚才在立位。」

(5) ES0230：「台以甫祗光朕立位。」

(6) EN0275：「而臣宗易立位。」

謹案：
　　　「立」，劉心源謂讀為位（見奇觚2：20頌鼎），後人皆從之。

　　考立・位二字上古音，聲則雖殊（立為古頭音來母，位為古根音匣

母，高本漢擬立為複聲母*gl-），韻則物緝合韻（詩經韻腳亦有此

例：小雅·雨無正　退 tuət·遂 ziuət·瘁 dziuət·訊 siuət·退 tuət //答 təp
一 參見王力·詩經韻讀·p33），故得通假。後王裁以為古者立·
位同字（見說文位字下所注），侍考。

321　立 > 涖

(一)　字　形

　　立：參見 320 立 > 位條

　　涖：金文未見

(二)　字　音

　　立：ㄌㄧˋ；力入·來緝開三入；來緝·*liəp·*liəp·*gliəp

　　涖：ㄌㄧˋ；力至·來至開三去；來質·*liet·—·*liəd

(三)　解　字

　　立：說文：「住也。从大在一之上。」

　　涖：說文所無

(四)　用　例

　　(1) EE11075：「公孫竃立 $\overset{\triangle}{}$ 涖事歲。」

　　(2) EE11083：「國差立 $\overset{\triangle}{}$ 涖事歲。」

　　(3) EE11075：「墮喜冐 再立 $\overset{\triangle}{}$ 涖事歲。」

　　(4) EE11076：「墮夏冐 再立 $\overset{\triangle}{}$ 涖事歲。」

　　(5) EE11077：「□□立 $\overset{\triangle}{}$ 涖事歲。」

　　(6) EE11078：「墮循立 $\overset{\triangle}{}$ 涖事歲。」

謹案：

上舉諸器皆為東周東土系齊國所作，足見「立事歲」乃齊國特有記年用語。楊樹達云：「立當讀為涖，涖事猶言涖政也。」（見積微．p4），李學勤說並同（見戰國題銘概述(上)，文物1959：7），今從之。爾雅．釋詁：「涖，視也。」周禮．大宗伯職鄭注：「故書涖作立，鄭司農讀為涖，涖，視也。」左傳襄公二十年：「齊慶封好田而耆酒，與慶舍政，……慶舍涖事，……」，可知「立事」，即指主持國家大事而言。立．涖二字古音，韻則有緝部與質部之別，聲則同為來母，故得通假。是例金文凡六見，皆為齊國彝銘。

第四章　兩周金文通假字譜

附錄　兩周金文通假字譜檢字表

【凡　例】

1. 編號、中古音、上古音，皆與第三章同，但上古擬音僅移錄王力所擬的。

2. 「字義、結構」，是按說文移錄通假字、被借字之釋義、釋形，其餘省略。

3. 「最早出現時期」，大體根據高明所編（1980）古文字類編一書，先分爲四類：「甲（甲骨文）」、「W（西周金文）」、「E（東周金文）」、「典（未見於以上各類資料的）」；再將兩周金文，細分爲五類：「WE（西周初期）」、「WM（西周中期）」、「WL（西周晚期）」、「E1（東周金文）」、「E2（東周簡帛等）」。

4. 「出現次數」，是指在第三章所舉條數，但對於其例甚多不勝枚舉者，加△以標識。見於西周銘文者，按時代先後分爲三期；見於東周銘文者，按地區不同分爲五類，均與第三章相同。

5. 對器名編號、異部通假等等，分別注明於「備註」一欄。

區分編號	通假字 被借字	字義·結構 (按說文)	中古音			上古音			最早出現時期
			反切	聲類	聲調	聲紐	韻部	擬音	
001	其	……從竹其。象形。……籀文箕。	居之	見	平	見	之	*kiə	甲
	期	會也。從月其聲。	渠之	群	平	群	之	*giə	E1
002	基	牆始也。從土其聲。	居之	見	平	見	之	*kiə	E1
	期	會也。從月其聲。	渠之	群	平	群	之	*giə	E1
003	諆	欺也。從言其聲。	居之	見	平	見	之	*kiə	WE
	期	會也。從月其聲。	渠之	群	平	群	之	*giə	E1
004	萁	長跽也。從己其聲。	暨己	群	上	群	之	*giə	WE
	期	會也。從月其聲。	渠之	群	平	群	之	*giə	E1
005	誨	曉教也。從言每聲。	荒內	曉	去	曉	之	*xuə	WM
	謀	慮難曰謀。從言某聲。	莫浮	明	平	明	之	*miuə	E1
006	誨	曉教也。從言每聲。	荒內	曉	去	曉	之	*xuə	WM
	敏	疾也。從攴每聲。	眉殞	明	上	明	之	*miə	甲
007	又	手也。象形。	于救	于	去	匣	之	*ɣiuə	甲
	右	助也。從口又。	于救	于	去	匣	之	*ɣiuə	甲
008	又	手也。象形。	于救	于	去	匣	之	*ɣiuə	甲
	有	不宜有也。……從月又聲。	云久	于	上	匣	之	*ɣiuə	WE
009	有	不宜有也。從月又聲。	云久	于	上	匣	之	*ɣiuə	WE
	右	助也。從口又。	于救	于	去	匣	之	*ɣiuə	WE
010	宥	寬也。從宀有聲。	于救	于	去	匣	之	*ɣiuə	WM
	囿	苑有垣也。從口有聲。	于救	于	去	匣	之	*ɣiuə	甲

出現次數									備　註
W E	W M	W L	計	E E	E W	E S	E N	E C	計	總和	

W E	W M	W L	計	E E	E W	E S	E N	E C	計	總和	備註
		2	2						·	2	WM 3171·3172
			·					1	1	1	EC05798
		1	·			2	2	5	5	5	EE01003 ES03138·0463 EC05796·0821
		1	·						1	1	EE05027
		1	1			1			1	2	WM 2142 ES03138
		1	1						·	1	WM 5191
1	2		3	1	1				2	5	WE1003 WM 3122·3173 EW 02110 EE 11090
3	2		△ 5						△	△ 5	
2	3		5	2					2	7	WE 3052·7068 WM 2142·2148
		1	1						·	1	WL 1204

011	友	同志為友。从二又相交。	云久	于	上	匣	之	*ɣiuə	甲
	有	不宜有也。……从月又聲。	云久	于	上	匣	之	*ɣiuə	NE
012	友	同志為友。从二又相交。	云久	于	上	匣	之	*ɣiuə	甲
	宥	寬也。从宀有聲。	于救	于	去	匣	之	*ɣiuə	WM
013	囿	苑有垣也从口有聲。	于救	于	去	匣	之	*ɣiuə	甲
	右	助也。从口又。	于救	于	去	匣	之	*ɣiuə	WE
014	事	職也。从史生省。	鉏吏	牀	去	牀	之	*dziə	甲
	士	事也。……从一十。	鉏里	牀	上	牀	之	*dziə	WE
015	史	記事者也。从又持中，中正也。	踈士	山	上	山	之	*ʃiə	甲
	使	令也。从人吏聲。	踈士	山	上	山	之	*ʃiə	E1
016	史	記事者也。从又持中，中正也。	踈士	山	上	山	之	*ʃiə	甲
	事	職也。从史生省聲。	鉏吏	牀	去	牀	之	*dziə	甲
017	戈	傷也。从戈才聲。	祖才	精	平	精	之	*tsə	甲
	哉	言之間也。从口戈聲。	祖才	精	平	精	之	*tsə	E1
018	子	……象形。	即里	精	上	精	之	*tsiə	甲
	巳	巳也。……象形。	詳里	邪	上	邪	之	*ziə	甲
019	才	艸木之初也。从一上貫一。	昨哉	從	平	從	之	*dzə	甲
	在	存也。从土才聲。	昨代	從	去	從	之	*dzə	WE
020	在	存也。从土才聲。	昨代	從	去	從	之	*dzə	WE
	材	木梃也。从木才聲。	昨哉	從	平	從	之	*dzə	典
021	才	艸木之初也。从一上貫一。	昨哉	從	平	從	之	*dzə	甲
	哉	言之間也。从口戈聲。	祖才	精	平	精	之	*tsə	E1

	1		·	1	WL 1208
1					
1	1		·	1	WM 3157
	·	1	1	1	EW 02109
	3		·	3	WL 1223 · 2237 · 3265
3					
3	·		·	3	WE 2012 · 3050 · 3064
	3				
1					WE 4085
	1	2	·	2	WL 1198
3					WE 2033 · 2040 · 3067
	3		·	3	
3					
	4	5	·	1	9
	1			1	
32		3			
39		5	13	115	
31	102	2			
		3			
	·		1	1	EN 02175
		1			
1					WE 2019 ·
·	2		·	2	WL 2238
1					

022	絲	蠶所吐也。从二糸	息茲	心	平	心	之	*siə	甲
	茲	艸木多益。从艸絲省聲。	子之	精	平	精	之	*tsiə	甲
023	司	臣司事於外者。从反后	息茲	心	平	心	之	*siə	甲
	事	職也。从史坐省聲。	鉏吏	牀	平	牀	之	*dʒiə	甲
024	司	臣司事於外者。从反后	息茲	心	平	心	之	*siə	甲
	嗣	諸侯嗣國也。从冊口，司聲。	祥吏	邪	去	邪	之	*ziə	wE
025	飼	說也。从…詞或解从司。	似茲	邪	平	邪	之	*ziə	wE
	嗣	諸侯嗣國也。从冊口，司聲。	祥吏	邪	去	邪	之	*ziə	wE
026	似	像也。从人目聲。	詳里	邪	上	邪	之	*ziə	wE
	嗣	諸侯嗣國也。从冊口，司聲。	祥吏	邪	去	邪	之	*ziə	wE
027	寺	廷也。…从寸坐聲。	祥吏	邪	去	邪	之	*ziə	E1
	持	握也。从手寺聲。	直之	澄	平	定	之	diuə	興
028	寺	廷也。…从寸坐聲。	祥吏	邪	去	邪	之	*ziə	E1
	邦	附庸國，…从邑寺聲。	書之	審	平	審	之	*ɕiə	E1
029	不	鳥飛上翔不下來也。从一，一猶天也。	甫鳩	非	平	幫	之	*piə	甲
	丕	大也。从一不聲。	敷悲	敷	平	滂	之	*p'iə	E2
030	每	艸盛上出也。从屮母聲。	武罪	微	上	明	之	*muə	甲
	謀	慮難曰謀。从言某聲。	莫浮	明	平	明	之	*miuə	E1
031	每	艸盛上出也。从屮母聲。	武罪	微	上	明	之	*muə	甲
	敏	疾也。从攴每聲。	眉殞	明	上	明	之	*miə	甲
032	母	牧也。从女象裹子形。	莫侯	明	上	明	之	*mə	甲
	毋	止之詞也。从女一。	武夫	微	平	明	之	*miuə	E2

2	2			·	2	WM4485 (=兔)
1	1			·	1	WL1205
1 2	3	1		1	4	WE4072 WL1222·2237 EW01101
2	2			·	2	WL2234·2246
1 1	2			·	2	WE4094 WL1202
		1		· 1	1	EE05022
		1		· 1	1	EE06031
4 20 26	50	2 2		4	54	
				1	1	EN02196-1
2 2	4	1		1	5	WE1003·2033 WM1104·1117 EW01101
2 7 7	16	5 2 · 3	2	12	28	

號	字	說解	反切	聲	調	紐	韻	擬音	類
033	每	艸盛上出也。从屮母聲。	武罪	微	上	明	之	*muə	甲
	誨	曉教也。从言每聲。	荒內	曉	去	曉	之	*xuə	WM
之部總和 33		W:15 WE:10 E:8							
034	解	判也。从刀判牛角。	佳買	見	上	見	支	*ke	甲
	懈	怠也。从心解聲。	古隘	見	去	見	支	*ke	典
035	智	識詞也。从白亏知。	知義	知	去	端	支	*tie	WE
	知	詞也。从口矢。	陟離	知	平	端	支	*tie	典
036	氏	……象形。乀聲。	承紙	禪	上	禪	支	*ʑie	甲
	是	直也。从日正。	承紙	禪	上	禪	支	*ʑie	WM
支部總和 3		W:· W-E:· E:3							
037	古	故也。从十口。	公戶	見	上	見	魚	*kua	WE
	故	使為之也。从攴古聲。	古暮	見	去	見	魚	*kua	WL
038	故	使為之也。从攴古聲。	古暮	見	去	見	魚	*kua	WL
	辜	辠也。从辛古聲。	古胡	見	平	見	魚	*kua	典
039	古	故也。从十口。	公戶	見	上	見	魚	*kua	WE
	姑	夫母也。从女古聲。	古暮	見	平	見	魚	*kua	典
040	叚	借也。闕。	古疋	見	上	見	魚	*kea	WM
	騢	大遽也。从古叚聲。	古疋	見	上	見	魚	*kea	典
041	叚	借也。闕。	古疋	見	上	見	魚	*kea	WM
	瑕	玉小赤也。从王叚聲。	胡加	匣	平	匣	魚	*ɣea	典

/	/		·	/	WM4185
59 85 80	224	17 13 5 8	6 2	49	273
				2	2	EN02175 · 02176
			4	4	4	EN02175 · EN02176 (三見)
			4	4	4	EN02175 (二見) 02176 (二見)
			10	10	10	
2 /	3		·	3	WE3052 (二見) WL2238
/	/		·	/	WL2240
/ /	/	/	/	2	WE2040 ES02133
2 /	3		·	3	WM3172 · 5185 WL1217
·	/	/	/		EE02010

042	叚	借也。闕。	古疋	見	上	見	魚	*Kea	WM
	遐	〈未收〉	胡加	匣	平	匣	魚	*ɣea	典
043	叚	借也。闕。	古疋	見	上	見	魚	*Kea	WM
	暇	閒也。从日叚聲。	胡加	匣	平	匣	魚	*ɣea	典
044	吳	大言也。从矢口。	五乎	疑	平	疑	魚	*ŋua	甲
	虞	騶虞也。……从虍吳聲。	遇俱	疑	平	疑	魚	*ŋiua	WL
045	敔	禁也。……从攴吾聲。	魚巨	疑	上	疑	魚	*ŋia	WM
	吳	大言也。从矢口。	五乎	疑	平	疑	魚	*ŋua	甲
046	吾	我自偁也。从口五聲。	五乎	疑	平	疑	魚	*ŋua	WE
	敔	禁也。……从攴吾聲。	魚巨	疑	上	疑	魚	*ŋia	WM
047	虞	騶虞也。……从虍吳聲。	遇俱	疑	平	疑	魚	*ŋiua	WL
	吾	我自偁也。从口五聲。	五乎	疑	平	疑	魚	*ŋua	WE
048	虎	山獸之君。从虍从儿。	呼古	曉	上	曉	魚	*xua	甲
	琥	發兵瑞玉。从王虎聲。	呼古	曉	上	曉	魚	*xua	典
049	唬	虎聲也。从口虎。	呼訝	曉	去	曉	魚	*xea	甲
	于	於也。象气之舒亏从丂从一。	羽俱	于	平	匣	魚	*ɣiua	甲
050	土	地之吐生萬物者也。(象形)	他魯	透	上	透	魚	*t'ua	甲
	徒	步行也。从辵土聲。	同都	定	平	定	魚	*dua	WE
051	女	婦人也。象形。	尼呂	娘	上	泥	魚	*niua	甲
	汝	汝水……从水女聲。	人諸	日	平	日	魚	*ȵua	甲
052	女	婦人也。象形。	尼呂	娘	上	泥	魚	*niua	甲
	如	從隨也。从女从口。	人諸	日	平	日	魚	*ȵua	甲

		1			EE 02009
			1	1	
1	1	1	1	2	WL 2244 EW 0101
2 1	3	1	1	4	WM 3160 . 3165 WL 2234 EW 04120
	.	3	3	3	ES 01123 . 01126 . 01127
2	2		.	2	WL 2237 . 2238
		1	1	1	ES 0231
1	1		.	1	WM 2141
2	2		.	2	WM 1112 . 1116
8 3	12		.	12	
7 21 28	56	1 2	3	59	
			2	2	EN 02176 . 02176-1
		2			

053	盧	盧飯器也。从皿虍聲。	落胡	來	平	來	魚	*lua	甲
	廬	寄也。……从广盧聲。	力居	來	平	來	魚	*lia	WM
054	盧	盧飯器也。从皿虍聲。	落胡	來	平	來	魚	*lua	典
	櫨	大盾也。從木魯聲。	郎古	來	上	來	魚	*lua	典
055	者	別事詞也。从白米聲。	章也	照	上	照	魚	*tɕia	WE
	赭	赤土也。从赤者聲。	章也	照	上	照	魚	*tɕia	典
056	者	別事詞也。从白米聲。	章也	照	上	照	魚	*tɕia	WE
	諸	辯也。从言者聲。	章魚	照	平	照	魚	*tɕia	典
057	抯	挹也。从手且聲。	側加	莊	平	莊	魚	*tʃea	WM
	祖	始廟也。从示且聲。	則古	精	平	精	魚	*tsua	E1
058	叡	叉取也。从又虘聲。	側加	莊	平	莊	魚	*tʃea	WM
	祖	始廟也。从示且聲。	則古	精	平	精	魚	*tsua	E1
059	抯	挹也。从手且聲。	側加	莊	平	莊	魚	*tʃea	WM
	沮	沮水。……从水且聲。	慈呂	從	上	從	魚	*dzia	典
060	楚	叢木。……從林疋聲。	創舉	初	上	初	魚	*tʃea	甲
	胥	蟹醢也。从肉疋聲。	相居	心	平	心	魚	*sia	E2
061	且	所己薦也。从几足有二橫。	子魚	精	平	精	魚	*tsia	甲
	祖	始廟也。从示且聲。	則古	精	上	精	魚	*tsua	E1
062	且	所己薦也。从几足有二橫。	子魚	精	平	精	魚	*tsia	甲
	租	田賦也。从禾且聲。	則吾	精	平	精	魚	*tsua	典
063	且	所己薦也。从几足有二橫。	子魚	精	平	精	魚	*tsua	甲
	沮	沮水。……从水且聲。	慈呂	從	上	從	魚	*dzia	典

2	2		·	2	WM 2124·3154
1	1		·	1	WM 2124
1	1		·	1	WE 3055
2 4	5 6		1 1	7	13	
2	2	1	1	3	WM 2128 (=見) ES 05170
1	1		·	1	WM 1121
1	1		·	1	WM 2142
	2	2	·	3	WL 2236·2237 才盨 (三代14.10)
6 24 28	58	5 4 8	17	75	
1	1		·	1	WL 1218
				1	匹自 (文選下3:9)

編號	字	說文	反切		調		韻	擬音	來源
064	甫	男子之美偁也。从用父，父亦聲。	方矩	非	上	幫	魚	*piua	甲
	撫	安也。从手無聲。	芳武	敷	上	滂	魚	*p'iua	興
065	尃	布也。从寸甫聲。	芳無	敷	上	滂	魚	*p'iua	甲
	溥	大也。从水専聲。	滂古	滂	上	滂	魚	*p'iua	興
066	専	布也。从寸甫聲。	芳無	敷	上	滂	魚	*p'iua	甲
	俌	輔也。从人甫聲。	芳武	敷	上	滂	魚	*p'iua	E₁
067	匍	手行也。从勹甫聲。	薄胡	並	平	並	魚	*bua	WE
	敷	數也。从攴専聲。	芳無	敷	平	滂	魚	*p'iua	興
068	無	亡也。从亡無聲。	武夫	微	平	明	魚	*miua	甲
	鄦	(地名)…从邑無聲。	虛呂	曉	上	曉	魚	*xiua	WE
069	専	布也。从寸甫聲。	芳無	敷	平	滂	魚	*p'iua	甲
	孚	卵即孚也。从爪子。	芳無	敷	平	滂	幽	*p'iu	甲
070	雩	……从雨亏聲。	羽俱	于	平	匣	魚	*ɣiua	甲
	越	度也。从走戉聲。	王伐	于	入	匣	月	*ɣiuat	E₁
魚部總和 34)	W：16 W-E：8 E：9 不明：1								
071	冓	交積材也。象對交之形。	古候	見	去	見	侯	*ko	甲
	媾	重婚也。从女冓聲。	古候	見	去	見	侯	*ko	興
072	遘	遇也。从辵冓聲。	古候	見	去	見	侯	*ko	甲
	姤	重婚也。从女冓聲。	古候	見	去	見	侯	*ko	興
073	覯	(未收)	古項	見	上	見	侯	*ko	E₁
	媾	重婚也。从女冓聲。	古候	見	去	見	侯	*ko	興

1	1			·	1	WM 3154
1	2			·	2	WM 5495 WL 1223
		2		2	2	EE 11054 (一見)
1	2	3	1	1	4	WE 3052 WM 2442·2448 EW 02110
		·	2	2	2	EC 05199·05200
		1		1	1	EE 11058 異部通假(魚·幽)
			1	1	1	EN 02176 異部通假(魚·月)
21 71 74	166	16 7 16 4	3	46	214	不明:2
					1	廣韵多父聲(囿金4.5;文選上3.25)
2	2			·	2	WL 1212·2245
					1	父李良父壺(三代12.24.2;綴遺13.14)

074	朱	赤心木。……從木，一在其中。	章俱	照	平	照	侯	*tɕio	WE
	銖	權十絫黍之重也。從金朱聲。	市朱	禪	平	禪	侯	*ʑio	典
075	趣	疾也。從走取聲。	七句	清	去	清	侯	*tsʻio	E₁
	取	捕取也。從又耳。	七庾	清	上	清	侯	*tsʻio	甲
076	敄	彊也。從攴予聲。	亡遇	微	去	明	侯	*mio	WE
	務	趣也。從力敄聲。	亡遇	微	去	明	侯	*mio	典
侯部總和 6	w：1 w-E：0 E：3 不明2								
077	喬	高而曲也。從夭從高省。	巨嬌	群	平	群	宵	*gio	E₁
	蹻	舉足小高也。從足喬聲。	去遙	溪	平	溪	宵	*kʻio	典
078	喬	高而曲也。從夭從高省。	巨嬌	群	平	群	宵	*gio	E₁
	驕	馬高六尺為驕。從馬喬聲。	舉喬	見	平	見	宵	*kio	典
079	朝	旦也。從倝舟聲。	陟遙	知	平	端	宵	*tio	WE
	廟	尊先祖皃也。從广朝聲。	眉召	微	去	明	宵	*mio	WE
080	召	評也。從口刀聲。	直照	澄	去	定	宵	*dio	甲
	詔	告也。從言從召，召亦聲。	之少	照	去	照	宵	*tɕio	典
081	少	不多也。從小丿聲。	書沼	審	上	審	宵	*ɕio	甲
	小	物之微也。從八丨見而八分之。	私兆	心	上	心	宵	*sio	甲
082	邵	高也。從邑召聲。	寔照	禪	去	禪	宵	*ʑio	WE
	昭	日明也。從日召聲。	止遙	照	平	照	宵	*tɕio	典
宵部總和 6	w：2 WE：1 E：3								

		/	/	/	ES0461
	/		/	/	EE0100l
		/	/	/	EN02175
2	2	0 / 0 /	3	7	不明 2
		/	/	/	EW01104
	/		2	2	EW01104 · EN02176
1 /	2		·	2	WM1102 · WL2245
3 3	6	/	/	Δ7	WE3052 (三見) WL1233 · 2238 · 3265 · EW01101
	2 /		3	3	EE11058 · 11087 · ECU493
1 2	3		·	3	WE4072 · WM1105 · 2142
4 3 4	11	2 3 0 1	7	18	

083	鳩	鶻鶵也。从鳥九聲。	居求	見	平	見	幽	*kiu	E1
	句	曲也。从口丩聲。	古候	見	去	見	侯	*kio	甲
084	丂	气欲舒出勺上礙於一也。	苦浩	溪	上	溪	幽	*kʻu	WM
	考	老也。从老省，丂聲。	苦浩	溪	上	溪	幽	*kʻu	甲
085	考	老也。从老省，丂聲。	苦浩	溪	上	溪	幽	*kʻu	甲
	孝	善事父母者。从老省从子。	呼教	溪	上	溪	幽	*xeu	WM
086	孝	善事父母者。从老省从子。	呼教	曉	去	曉	幽	*xeu	WM
	考	老也。从老省，丂聲。	苦浩	溪	上	溪	幽	*kʻu	甲
087	酋	獸牲也。象耳頭足厹地之形。	許救	曉	去	曉	幽	*xiu	WE
	首	古文百也。…（象形）	書久	審	上	審	幽	*çiu	甲
088	匋	作瓦器也。从缶包省聲。	徒刀	定	平	定	幽	*du	WM
	寶	珍也。从宀玉貝，缶聲。	博抱	幫	上	幫	幽	*pu	甲
089	夒	貪獸也。…从夂，巳止夂其手足。	奴刀	泥	平	泥	幽	*nu	甲
	擾	煩也。从手夒聲。	而沼	日	上	日	幽	*ȵiu	典
090	夒	貪獸也。…从頁巳止夂其手足。	奴刀	泥	平	泥	幽	*nu	甲
	柔	木曲直也。從木矛聲。	耳由	日	平	日	幽	*ȵiu	典
091	老	考也。…从人毛匕。	盧皓	來	上	來	幽	*lu	甲
	考	老也。从老省丂聲。	苦皓	溪	上	溪	幽	*kʻu	甲
092	周	密也。从用口。	職流	照	平	照	幽	*tçiu	甲
	琱	治玉也。…从玉周聲。	都聊	端	平	端	幽	*tyu	WM
093	攸	行水也。从攴从人水省。	以周	喻	平	喻	幽	*ʎiu	WE
	修	飾也。从彡攸聲。	息流	心	平	心	幽	*siu	典

			1	1	1	ESO2134 異部通假(幽侯)
1	1	2 1	1	4	5	WM3160・EE11059・11087・EW02113・ESO5166
1	2	3 2		5	7	WE3054・WM2132・EE 02016・07039・10057・ES 0228 ESO5166
1	1				1	WM4185
1 1	2				2	WE3053・WL2244
	?		1	1	6	EC0179・柴建鼎・筍伯盨・番父盤・番父盉・鵬鈎劍
1	1				1	WL1199
1	1				1	WM2142
1	1				1	WL2241
1	1				1	WM1117
		1	1	1		ESO4160

094	攸	行水也。从攴从人水省。	以周	喻	平	喻	幽	*ʎiu	WE
	鋚	鐵也。……从金攸聲。	徒聊	定	平	定	幽	*diu	WM
095	手	拳也。象形。	書九	審	上	審	幽	*ɕiu	WM
	首	古文百也。(象形)	書久	審	上	審	幽	*ɕiu	甲
096	首	古文百也。(象形)	書久	審	上	審	幽	*ɕiu	甲
	手	拳也。象形。	書九	審	上	審	幽	*ɕiu	WM
097	受	相付也。从爱舟省聲。	殖酉	禪	上	禪	幽	*ʑiu	甲
	授	予也。从手受，受亦聲。	承呪	禪	去	禪	幽	*ʑiu	典
098	竈	炊竈也。……从穴鼀省聲。	則到	精	去	精	幽	*tsu	E_1
	造	就也。从辵告聲。	七到	清	去	清	幽	*tsʼu	WM
099	竈	炊竈也。……从穴	則到	精	去	精	幽	*tsu	E_1
	蓬	(未收)	初救	初	去	初	幽	*tʃʼiu	典
100	造	就也。从辵告聲。	七到	清	去	清	幽	*tsʼu	WM
	祰	告祭也。从示告聲。	苦浩	溪	上	溪	幽	*kʼu	典
101	曹	獄之兩曹也。(从棘从曰)	昨勞	從	平	從	幽	*dzu	甲
	遭	遇也。从辵曹聲。	作曹	精	平	精	幽	*tsu	典
102	保	養也。从人采省聲。	博抱	幫	上	幫	幽	*pu	甲
	寶	珍也。从宀玉貝，缶聲。	博抱	幫	上	幫	幽	*pu	甲
103	缶	瓦器……象形。	方久	非	上	幫	幽	*piu	甲
	寶	珍也。从宀玉貝，缶聲。	博抱	幫	上	幫	幽	*pu	甲
104	孚	卵即孚也。从爪子。	芳無	敷	平	滂	幽	*pʼiu	甲
	尃	布也。从寸甫聲。	芳無	敷	平	滂	魚	*pʼiua	甲

1 6 10	17		·	17	WE3068. WM2172 等
2	2		·	2	WM 3159. 5191
1	1		·	1	WM 1098
5 1	6		·	6	WM2127. 2142. 2147. 2148. 3164. WL1217.
·	2	2	2		EW02109. 02110
·	1	1	1		EW01104
·	1	1	1		EE01002
·		1	1		EN02175
1	1	23 1 9 6 1	40	41	WM 2135. EE11089 等
				1	閩叔寧 (商周上,395 ; 文選下3.9)
1	1		·	1	WL2238 異部通假 (幽、魚)

聲部總和 22 w:11 we:3 E:7 不明:1									
105	畏	惡也。从由虎省。	於胃	影	去	影	微	*iuəi	甲
	威	姑也。从女戍聲。	於非	影	平	影	微	*iuəi	WL
106	威	姑也。从女戍聲。	於非	影	平	影	微	*iuəi	WL
	畏	惡也。从由虎省。	於胃	影	去	影	微	*iuəi	甲
107	愧	慙也。(从心省。鬼聲。)	俱位	見	去	見	微	*kuəi	E₁
	畏	惡也。从由虎省。	於胃	影	去	影	微	*iuəi	甲
108	歸	女嫁也。从止婦省，𠂤聲。	舉韋	見	平	見	微	*kiuəi	甲
	饋	餉也。从食貴聲。	求位	群	去	群	微	*giuəi	WM
109	裹	俠也。从衣果聲。	户乖	匣	平	匣	微	*ɣoəi	WE
	懷	念思也。从心裹聲。	户乖	匣	平	匣	微	*ɣoəi	典
110	隹	鳥之短尾總名也。象形。	職追	照	平	照	微	*tɕiuəi	甲
	唯	諾也。从口隹聲。	以水	喻	上	喻	微	*ʎiuəi	甲
111	隹	鳥之短尾總名也。象形。	職追	照	平	照	微	*tɕiuəi	甲
	誰	誰何也。从言隹聲。	視隹	禪	平	禪	微	*ʑiuəi	E₁
112	隹	鳥之短尾總名也。象形。	職追	照	平	照	微	*tɕiuəi	甲
	雖	似蜥易而大。从虫唯聲。	息遺	心	平	心	微	*siuəi	E₁
113	唯	諾也。从口隹聲。	以水	喻	上	喻	微	*ʎiuəi	甲
	雖	似蜥易而大。从虫唯聲。	息遺	心	平	心	微	*siuəi	E₁
114	篚	車笭也。从竹匪聲。	府尾	非	上	幫	微	*piuəi	E₁
	非	違也。从飛下翅。	甫微	非	平	幫	微	*piuəi	WM

3 20 15	38	29 7 12 2 7		2	57	101	不明: 6
2 2	4				·	4	WE 2017・3052 WL 2237・2238
·		2 ·			2	2	EE 05022・05023
		1 ·			1	1	EE 11089
1		1 1			1	2	WE 2013・EE 09050
2 1 1	4	1 1			1	5	WE 2017・4025・WM 2142・WL 2237 EW 01101
5 2 1	△ 8				△	△ 8	同器互見之例有三 ·· WE 4025・WM 4185・WL 2240・
		· 2			2	2	EN 02176 (二見)
		· 1			1	1.	EN 02176
		· 1			1	1	EC 0493
		·· 1			1	1	EN 02175

號	字	說解	反切	聲	調	聲類	韻部	擬音	出處
115	衣	依也。……象二人之形。	於希	影	平	影	微	*iəi	甲
	殷	作樂之盛偁殷。从身殳。	於斤	影	平	影	文	*iən	WE
微部總和 11		W：2 / W-E：3 / E：6 / 不明：0							
116	豐	行禮之器也。从豆象形。	盧啟	來	上	來	脂	*lyei	甲
	禮	所以事神致福也。从示从豐豐亦聲。	盧啟	來	上	來	脂	*lyei	典
117	豐	行禮之器也。从豆象形。	盧啟	來	上	來	脂	*lyei	甲
	醴	酒一宿孰也。从酉豐聲。	盧啟	來	上	來	脂	*lyei	WM
118	貳	副益也。从貝弍聲。	而至	日	去	日	脂	*ȵiei	WL
	二	地之數也。从耦一。	而至	日	去	日	脂	*ȵiei	甲
119	尸	陳也。象臥之形。	式脂	審	平	審	脂	*ɕiei	甲
	夷	東方之人也。从大从弓。	以脂	喻	平	喻	脂	*ʎiei	WL
120	死	澌也。……从歺人。	息姊	心	上	心	脂	*siei	甲
	屍	終主也。从尸死。	式之	審	平	審	脂	*ɕiei	典
121	儕	等輩也。从人齊聲。	士皆	牀	平	牀	脂	*dzei	WM
	齎	持遺也。从貝齊聲。	即夷	精	平	精	脂	*tsyei	典
122	比	相與比敘也。从反人。……	早履	幫	上	幫	脂	*piei	甲
	妣	殁母也。从女比聲。	早履	幫	上	幫	脂	*piei	WE
123	祕	以豚祠司命也。从示比聲。	早履	幫	上	幫	脂	*piei	E₁
	妣	殁母也。从女比聲。	早履	幫	上	幫	脂	*piei	wE
脂部總和		W：3 / W-E：3 / E：2 / 不明：0							

3	3			·	3	WE1003·3059·4075 / 異部通假（微文）
13 3 4	20	4 1 0 4	1	10	30	
3	3			·	3	WE1003·2033·3055
2	2			·	2	WM2145·5492
1	1	1		1	2	WL2241·EN0215
9 2 10	21	1		1	22	
1 4 2	7	1		1 2	9	WE3052·WM2152等
1	1			·	1	WL1226
·	1			1	1	EE11076
·	2			2	2	EE11059·11087

124	加	語相增加也。从力口。	古牙	見	平	見	歌	*keai	WE
	嘉	美也。从壹加聲。	古牙	見	平	見	歌	*keai	甲
125	宜	所安也。从宀之下，一之上，多省聲。	魚羈	疑	平	疑	歌	*ŋiai	甲
	誼	人所宜也。从言宜，宜亦聲。	宜寄	疑	去	疑	歌	*ŋiai	典
126	義	己之威義也。从我从羊。	宜寄	疑	去	疑	歌	*ŋiai	甲
	宜	所安也。从宀之下，一之上，多省聲。	魚羈	疑	平	疑	歌	*ŋiai	甲
127	訶	大言而怒也。从言可聲。	虎何	曉	平	曉	歌	*xɑi	E₁
	歌	詠也。从欠哥聲。	古俄	見	平	見	歌	*kɑi	典
128	禾	嘉穀也。……从木象其穗。	戶戈	匣	平	匣	歌	*ɣuai	甲
	龢	調也。从龠禾聲。	戶戈	匣	平	匣	歌	*ɣuai	甲
129	也	女陰也。从乁，象形，乁亦聲。	羊者	喻	上	喻	歌	*ʎiai	甲
	匜	似羹魁，柄中有道，可以注水酒。以也聲。	弋支	喻	平	喻	歌	*ʎiai	WM
130	皮	剝取獸革者；从又爲省聲。	符羈	奉	平	並	歌	*biai	WE
	彼	往有所加也。从彳皮聲。	甫委	非	上	幫	歌	*piai	典
131	過	度也。从辵咼聲。	古臥	見	去	見	歌	*kuɑi	WM
	旡	气也。	古達	見	入	見	月	*kat	甲
歌部總和 8 { W:2 WE:6 E:0									
132	登	上車也。从癶豆。象登車形。	都滕	端	平	端	蒸	*təng	甲
	鄧	曼姓之國。……从邑登聲。	徒亘	定	上	端	蒸	*dəng	E₁
133	登	上車也。从癶豆。象登車形。	都滕	端	平	端	蒸	*təng	甲
	烝	大气上行也。从火丞聲。	煮仍	照	平	照	蒸	*tɕiəng	甲

1	1			·	1	WL2225
	·		4	4	4	EN02125.02126.04761
1 1	3			·	3	WE3050.WM2142.WL1188
	·		1 2	3	3	ES03140.EC04190.WE219
	·	1	1	2	2	EE05024.ES02131
		4	1	5	5	EE07037.07046.11064.11081 EC06202
	·	1	1	2	2	ES03141.EN02196-1
	·	1		1	1	EE05026 異部通假(歌月)
1 1 2	4	6 0 3 5	3	17	21	
1	1		3	3	4	WE2044. EC03188.03189.03190
	·	3 1		4	4	EE11091.11092.11090 ES01121

番号	字	説解	反切		調		韻	擬音	来源
134	升	十合也。从斗象形。	識蒸	審	平	審	蒸	*ɕiəng	甲
	烝	火气上行也。从火丞聲。	煮仍	照	平	照	蒸	*tɕiəng	甲
135	曾	薵之舒也。从八从曰,四聲。	昨棱	從	平	從	蒸	*dzəng	WE
	贈	玩好相送也。从貝曾聲。	昨互	從	去	從	蒸	*dzəng	典
136	曾	薵之舒也。从八从曰,四聲。	昨棱	從	平	從	蒸	*dzəng	WE
	增	益也。从土曾聲。	作滕	精	平	精	蒸	*tsəng	典
137	塍	〈未收〉	以證	喻	去	喻	蒸	*ɕiəng	WM
	塍	物相增加也,从貝朕聲。	以證	喻	去	喻	蒸	*ɕiəng	E₁

蒸部規和 6 : W:3　W-E:1　E:2

番号	字	説解	反切		調		韻	擬音	来源
138	巠	水細也。从川在一下,一地也,壬省聲。	古靈	見	平	見	耕	*kyeng	WE
	經	織從絲,从系巠聲。	古靈	見	平	見	耕	*kyeng	WM
139	憼	敬也。从心从敬,敬亦聲。	居影	見	上	見	耕	*kieng	E₁
	警	戒也。从言从敬,敬亦聲。	居影	見	上	見	耕	*kieng	典
140	冋	…林外謂之冋…古文冋从口。象國邑。	古螢	見	平	見	耕	*kyueng	WM
	絅	急引也。从冋聲。	古螢	見	平	見	耕	*kyueng	WL
141	型	鑄器之瀘也。从土荆聲。	戶經	匣	平	匣	耕	*ɣyeng	E₁
	荆	罰辠也。从刀井。	戶經	匣	平	匣	耕	*ɣyeng	WL
142	廷	朝中也。从廴壬聲。	特丁	定	平	定	耕	*dyeng	WE
	筳	繀絲筦也。从竹廷聲。	特丁	定	平	定	耕	*dyeng	典
143	霝	雨零也。从雨,⚬⚬⚬象霝形。	郎丁	來	平	來	耕	*lyeng	甲
	靈	巫也。…从王霝聲。	郎丁	來	平	來	耕	*lyeng	典

1	1		·	1	WE4078
1	1		·	1	WE4071
1	1		·	1	WL1230
	·	5 2 3 5	15	15	
3 0 1	4	8 2 4 8 0	22	26	
3	3	1	1	4	WL1211·1229·2237 EW01101
		1	1	1	EN02175.
3 4	7		·	7	
	·	1	1	1	EN02176-1
1	1		·	1	WE2033
5 3	8	2 2	4	12	

144	霝	雨零也。从雨 𠕄象零形。	郎丁	來	平	來	耕	*lyeng	甲
	䁊	瓦器也。从缶 霝聲。	郎丁	來	平	來	耕	*lyeng	E1
145	正	是也。从一， 一已止。	之盛	照	去	照	耕	*tɕieng	甲
	征	正行也。从辵 正聲。	諸盈	照	平	照	耕	*tɕieng	甲
146	征	正行也。从辵 正聲。	諸盈	照	平	照	耕	*tɕieng	甲
	正	是也。从一， 一已止。	之盛	照	去	照	耕	*tɕieng	甲
147	政	正也。从辵正 聲。	之盛	照	去	照	耕	*tɕieng	甲
	征	正行也。从辵 正聲。	諸盈	照	平	照	耕	*tɕieng	甲
148	成	就也。从戊丁 聲。	是征	禪	平	禪	耕	*ʑieng	甲
	盛	黍稷在器中。祀 者也。从皿成聲。	是征	禪	平	禪	耕	*ʑieng	甲
149	眚	目病生翳也。 从目生聲。	所景	山	上	山	耕	*ʃeng	甲
	生	進也。象艸木生 出土上。	所庚	山	平	山	耕	*ʃeng	甲
150	生	進也。象艸木生 出土上。	所庚	山	平	山	耕	*ʃeng	甲
	姓	人所生也。从 女生，生亦聲。	息正	心	去	心	耕	*sieng	甲
151	井	八家一井，· 𨫡象也。	子郢	精	上	精	耕	*tsieng	甲
	阱	(地名)从邑井 聲。	子郢	精	上	精	耕	*tsieng	E2
152	井	八家一井，· 𨫡象也。	子郢	精	上	精	耕	*tsieng	甲
	邢	用公之所封。 从邑幵聲。	戶經	匣	平	匣	耕	*ɣyeng	E2
153	井	八家一井，· 𨫡象也。	子郢	精	上	精	耕	*tsieng	甲
	荆	楚木也。从刀 井。	戶經	匣	平	匣	耕	*ɣyeng	E2
154	井	八家一井，· 𨫡象也。	子郢	精	上	精	耕	*tsieng	甲
	型	鑄器之灋也。 从土荆聲。	戶經	匣	平	匣	耕	ɣyeng	E1

				1	伯嬰父鬲 (三代 8.16.3)
1	1	1	1	2	WL2244・ES04153
1	1		・	1	WE2026
・ 3	3	1	1	4	WL 2235・2237・2243 EC 0218f
1	1		・	1	WL3265
2 1	3		・	3	WM2131・418f WL 120f・
2 2 1	5	1 1	2	7	
2 3	5		・ 0	5	WM 418f・486 WL 1220・1233・2246
5	5		・	5	WE2049・3054・3055・3056・3057
1	1	1	1	2	WL2243・EW02110
3 6 4	13	1	1	14	

155	請	謁也。从言青聲。	七靜	清	上	清	耕	*tsʰieng	E₁
	靜	案也。从青爭聲。	疾郢	從	上	從	耕	*dzieng	WM
156	青	東方色也。木生火。从生丹。	倉經	清	平	清	耕	*tsʰieng	WM
	靜	案也。从青爭聲。	疾郢	從	上	從	耕	*dzieng	WM
157	甹	亟詞也。从丂从由。	普丁	滂	平	滂	耕	*pʰeng	WE
	屏	蔽也。从尸并聲。	薄經	並	平	並	耕	*byeng	典

耕部總和 20　w:9　w-z:7　E:3　不明:1

158	更	改也。从攴丙聲。	古行	見	平	見	陽	*keang	甲
	賡	連也。从庚貝。	古行	見	平	見	陽	*keang	E₂
159	兄	長也。从儿从口。	許榮	曉	平	曉	陽	*xiuang	甲
	貺	賜也。从貝兄聲。	許訪	曉	去	曉	陽	*xiuang	典
160	皇	大也。从自王。	胡光	匣	平	匣	陽	*ɣuang	WE
	況	寒水也。从水兄聲。	許訪	曉	去	曉	陽	*xiuang	甲
161	黃	地之色也。从田芡聲。	胡光	匣	平	匣	陽	*ɣuang	甲
	珩	佩上玉也。从王行。	戶庚	匣	平	匣	陽	*ɣuang	典
162	黃	地之色也。从田芡聲。	胡光	匣	平	匣	陽	*ɣuang	甲
	璜	半璧也。	胡光	匣	平	匣	陽	*ɣuang	WL
163	湯	熱水也。从水昜聲。	吐郎	透	平	透	陽	*tʰang	WM
	璗	金之美者…从王湯聲。	徒朗	定	上	定	陽	*dang	典
164	章	樂竟。从音十。	諸良	照	平	照	陽	*tɕiang	WE
	璋	剡上為圭,半圭為璋。从王章聲。	諸良	照	平	照	陽	*tɕiang	E₁

	・		/	/	ENO2175
		/			
/	/		・	/	WM2142
1					WE2017
1	4		・	4	WM2142
2					WL1223・2237
13	2				
22	62	4	3	14 77	不明:1
27		2 3			
4	6		・	6	WM3178・4185・4186・4188
2					WL1230・2246
3					WE2005・2034・4084
	3		・	3	
	・		/	/	ENO2176
		/			
1					
12	29		・	29	
16					
/	/		・	/	WM1117
	/		・	/	WL1210
/					
1					
6	9		・	9	
2					

165	喪	亡也。从哭亡，亡亦聲。	息郎	心	平	心	陽	*sang	甲
	爽	明也。从㸚大。	疎兩	山	上	山	陽	*siang	典
166	昜	開也。从日一勿。	與章	喻	平	喻	陽	*hiang	甲
	揚	飛舉也。从手昜聲。	與章	喻	平	喻	陽	*hiang	WE
167	昜	開也。从日一勿。	與章	喻	平	喻	陽	*hiang	甲
	陽	高明也。从昌昜聲。	與章	喻	平	喻	陽	*hiang	WE
168	陽	高明也。从昌昜聲。	與章	喻	平	喻	陽	*hiang	WE
	揚	飛舉也。从手昜聲。	與章	喻	平	喻	陽	*hiang	WE
169	昜	開也。从日一勿。	與章	喻	平	喻	陽	*hiang	甲
	場	祭神道也……从土昜聲。	直良	澄	平	定	陽	*diang	E2
170	昜	開也。从日一勿。	與章	喻	平	喻	陽	*hiang	甲
	瑒	圭之美者。从王昜聲。	徒朗	定	上	定	陽	*hiang	典
171	羕	水長也。从永羊聲。	餘亮	喻	去	喻	陽	*hiang	E1
	祥	福也。从示羊聲。	似羊	邪	平	邪	陽	*ziang	典
172	羕	水長也。从永羊聲。	餘亮	喻	去	喻	陽	*hiang	E1
	永	水長也。象水巠理之長水也。	于憬	于	上	匣	陽	*giang	甲
173	商	從外知内也。从冏章省聲。	式羊	審	平	審	陽	*Giang	甲
	賞	賜有功也。从貝尚聲。	書兩	審	上	審	陽	*Giang	WM
174	賈	行賈也。从貝商省聲。	式羊	審	平	審	陽	*Giang	甲
	賞	賜有功也。从貝尚聲。	書兩	審	上	審	陽	*Giang	WM
175	賞	賜有功也。从貝尚聲。	書兩	審	上	審	陽	*Giang	WM
	償	還也。从人賞聲。	市羊	禪	平	禪	陽	*ziang	典

1 2	4		·	4	WE3053 WM 3164·2142 WL 2247
2	2	1	1	3	WL 1216·1226 EE 09050
1	1		1	2	WM2138 EN02176-1
		1		1	晨旬(三代13.42.3)
1	1		·	1	WM 3160
1	2		·	2	WE 2021 WL 1226
	·		1	1	EN02175
	3 ·	1	4	4	EE 09054·11086·11087· EC 05197
2	2	1 ·	1	3	WE 2005·2030 EE 11084
14	14	1	1	15	
4	4		·	4	WM4185(四見)

176	尚	曾高也。……从八	市羊	禪	平	禪	陽	*zjang	甲
	常	下裙也。从巾尚聲	市羊	禪	平	禪	陽	*zjang	E1
177	明	照也。从月囧。	武兵	明	平	明	陽	*miang	甲
	盟	……从囧皿聲	武兵	明	平	明	陽	*miang	甲
178	亡	逃也。从入从乚。	武方	微	平	明	陽	*miuang	甲
	氓	民也。从民亡聲	莫耕	明	平	明	陽	*meang	典
179	望	月滿也。……从月从臣从壬	巫放	微	去	明	陽	*miuang	甲
	忘	不識也。从心亡聲	巫放	微	去	明	陽	*miuang	E1
180	諲	責望也。从言望聲	巫放	微	去	明	陽	*miuang	WE
	忘	不識也。从心亡聲	巫放	微	去	明	陽	*miuang	E1
陽部總和 23	W：13 W-E：5 E：4 不明：1								
181	雝	雝渠也。从隹邕聲。	於容	影	平	影	東	*iong	甲
	饔	孰食也。从食雝聲	於容	影	平	影	東	*iong	WL
182	雝	雝渠也。从隹邕聲。	於容	影	平	影	東	*iong	甲
	擁	袌也。从手雝聲	於隴	影	上	影	東	*iong	典
183	工	巧飾也。象人有規矩。……	古紅	見	平	見	東	*kong	甲
	功	以勞定國也。从力工聲。	古紅	見	平	見	東	*kong	典
184	共	同也。从廿廾。	九容	見	平	見	東	*kiong	甲
	供	設也。从人共聲。	九容	見	平	見	東	*kiong	典
185	共	同也。从廿廾。	九容	見	平	見	東	*kiong	甲
	恭	肅也。从心共聲。	九容	見	平	見	東	*kiong	E2

1	1	1	1	3	4	WM 1114 EE 11092 EN 02175 EC 07212	
		1		1	1	ES 03/44	
1	1			·	1	WE 2017	
1	2	4		·	4	WE 4079 WM 1117·3171 WL 1233	
1	3	4		·	4	WE 3061 WM 2136·2151·44&c	
26	37	89	6	14	104	不明：1	
	26		0	1 5 2			
	·	1	1	2	2	EE 02014 ES 03/35	
	2	2	1	1	3	EW 01101 WL 1229·2237	
4	1 2	7	3	3	10		
	1	1	2	3	4	WL 1233 EE 11058 ES 04/55·04/57	
2	2	1	1	2	4	WE 1112·1116 EE 11058 EC 04194	

186	巩	袌也。从凡工聲。	居悚	見	上	見	東	*kiong	WM
	鞏	吕韋束也。…从革巩聲。	居悚	見	上	見	東	*kiong	典
187	龔	慤也。从廾龍聲。	九容	見	平	見	東	*kiong	甲
	恭	肅也。从心共聲。	九容	見	平	見	東	*kiong	E2
188	工	巧飾也。象人有規榘。…	古紅	見	平	見	東	*kong	甲
	空	竅也。从穴工聲。	苦紅	溪	平	溪	東	*k'ong	E2
189	童	奴曰童…从辛重省聲。	徒紅	定	平	定	東	*dong	WM
	動	作也。从力重聲。	徒摁	定	上	定	東	*dong	典
190	童	…奴曰童…从辛重省聲。	徒紅	定	平	定	東	*dong	WM
	踵	追也。从足童聲。	之隴	照	上	照	東	*tɕiong	WL
191	童	…奴曰童…从辛重省聲。	徒紅	定	平	定	東	*dong	WM
	東	動也。從木…從日在木中。	德紅	端	平	端	東	*tong	甲
192	甬	艸木華甬甬然也。从㔾用聲。	余隴	喻	上	喻	東	*λiong	WM
	通	達也。从辵甬聲。	他紅	透	平	透	東	*t'ong	甲
193	甬	艸木華甬甬然也。从㔾用聲。	余隴	喻	上	喻	東	*λiong	WM
	用	可施行也。从卜中。	余頌	喻	去	喻	東	*λiong	甲
194	甬	艸木華甬甬然也。从㔾用聲。	余隴	喻	上	喻	東	*λiong	WM
	釭	車轂中鐵也。从金工聲。	古紅	見	平	見	東	*kong	典
195	庸	用也。从用庚。	餘封	喻	平	喻	東	*λiong	WL
	傭	均也。直也。从人庸聲。	餘封	喻	平	喻	東	*λiong	典
196	庸	用也。从用庚。	餘封	喻	平	喻	東	*λiong	WL
	誦	諷也。从言甬聲。	似用	邪	去	邪	東	*ziong	典

1	1	2		·	2	WM 2142 WL 2237
2 2	1	5	6 1	1	8	13	
5	2	7		1	1	8	
	1	1		·	1	WL 2237
	1	1		·	1	WL 1223
1		1		·	1	WM 2142
		·		1	1	EN 02176
			1				
			2	2	2	E 04151 · 04162
1	3	4		·	4	WM 2129 WL 2237 · 2240 · 3261
1		1		·	1	WL 2239
				2	2	EN 02176 · 02176-1
			2				

197	從	隨行也。从辵从，从亦聲。	疾容	從	平	從	東	*dziong	甲
	縱	緩也。……从糸從聲。	子用	精	去	精	東	*tsiong	典
198	奉	承也。从手从廾，手聲。	扶隴	奉	上	並	東	*biong	甲
	封	爵諸侯之土也。从之土从寸。	府容	非	平	幫	東	*piong	甲
東部總和 18 { W：7 W-Z：1 E：4 }									
199	堇	黏土也。从黃省，从土。	居隱	見	上	見	文	*kiən	甲
	謹	慎也。从言堇聲。	居隱	見	上	見	文	*kiən	典
200	堇	黏土也。从黃省，从土。	居隱	見	上	見	文	*kiən	甲
	勤	勞也。从力堇聲。	巨斤	群	平	群	文	*giən	E1
201	堇	黏土也。从黃省，从土。	居隱	見	上	見	文	*kiən	甲
	瑾	瑾瑜，美玉也。从王堇聲。	渠遴	群	去	群	文	*giən	典
202	勤	勞也。从力堇聲。	巨斤	群	平	群	文	*giən	E1
	覲	諸侯秋朝曰覲……从見堇聲。	渠遴	群	去	群	文	*giən	典
203	訓	說教也。从言川聲。	許運	曉	去	曉	文	*χiuən	WL
	順	理也。从頁川。	食閏	神	去	神	文	*dʑiuən	WE
204	豚	小豕也。从古文豕从又持肉。	徒渾	定	平	定	文	*duən	甲
	盾	瞂也。……从目，象形。	食尹	神	上	神	文	*dziuən	甲
205	屯	難也。象艸木之初生。	陟綸	知	平	端	文	*tiuən	甲
	純	絲也。从糸屯聲。	常倫	禪	平	禪	文	*ziuən	E1
206	順	理也。从頁川。	食閏	神	去	神	文	*dziuən	WE
	訓	說教也。从言川聲。	許運	曉	去	曉	文	*χiuən	WL

1	1	1	1	2	WL 2237 EE 11074
1	1		.	1	WL 1220
8 11 17	36	10 2 6 6 2	26	62	
	.	1	1	1	EE 11074
2	2	2	2	4	WL 1206.2237 EE 11058.11088
2 1	3		.	3	WM 2127.2144 WL 2253
	.	1	1	1	EN 02175
		6	6	5	EN 02175.02176
1	1		.	1	WM 1115
11 7	18	2 2	4	22	
1	1		.	1	WE 2033

207	允	信也。从目儿。	余準	喻	上	喻	文	*ʑiuən	甲
	犹	〈未收〉	余準	喻	上	喻	文	*ʑiuən	典
208	申	神也。……从臼目持也。	失人	審	平	審	真	*ɕien	甲
	神	天神也。……从示申聲。	食隣	神	平	神	真	*dʑien	WM
209	畯	農夫也。从田夋聲。	子峻	精	去	精	文	*tsiuən	甲
	駿	馬之良。从馬夋聲。	子峻	精	去	精	文	*tsiuən	典
210	敃	彊也。从攴民聲。	眉殞	微	上	明	文	*miən	WM
	愍	痛也。从心敃聲。	眉殞	微	上	明	文	*miən	典
211	聞	知聲也。从耳門聲。	無分	微	平	明	文	*miuən	甲
	輗	車伏兔下革也。从車爾聲。	眉殞	明	上	明	文	*miuən	WL
212	聞	知聲也。从耳門聲。	無分	微	平	明	文	*miuən	甲
	昏	日冥也。从日氐省。	呼昆	曉	平	曉	文	*xuən	典
213	聞	知聲也。从耳門聲。	無分	微	平	明	文	*miuən	甲
	婚	婦家也。……从女昏，昏亦聲。	呼昆	曉	平	曉	文	*xuən	E₁
文部總和 15 { w:9 w-E:3 E:3									
214	田	陳也。……象形。	徒年	定	平	定	真	*dyen	甲
	甸	天子五百里內田，从勹田。	堂練	定	去	定	真	*dyen	WM
215	奠	置祭也。从酋……丌其下也。	堂練	定	去	定	真	*dyen	甲
	鄭	京兆縣，……从邑奠聲。	直正	澄	去	定	耕	*dieng	興
216	燐	……鬼火也。从炎舛。	良刃	來	去	來	真	*lien	WM
	瞵	目精也。从目粦聲。	力珍	來	平	來	真	*lien	典

1 / 3	4			·	4	WM5791 WL1210·2235·2243
3	3			·	3	WL1211·2252·2254
2 / ·	6 / 8	3	3	11		WM2151 WL1211·1228·2237·2243
2 / 4	6			·	6	WM1111
1	1			·	1	WL2237
2	2				2	WL1212·2245 厝旁多父盤（周金4.5） 叟季良父壺（三代12.28.2）
2	2			·	4	
3 / 18 / 30	51	5 / 5 / 0 / 6	0	16	69	不明2
2	2			·	2	WE2006·3062
			8	8	8	異部通假（真耕）
1	1			·	1	WE4079

號	字	說解	反切	聲	調	紐	韻	擬音	區
217	令	發號也。从A卩。	力政	來	去	來	真	*liĕn	甲
	命	使也。从口令。	眉病	微	去	明	真	*miĕn	WE
218	勻	少也。从勹二。	羊倫	喻	平	喻	真	*ɦiuĕn	WE
	鈞	三十斤也。从金勻聲。	居勻	見	平	見	真	*kiuĕn	WM
219	胤	子孫相承續也。从肉从八,象其長也。	羊晉	喻	去	喻	真	*ɦiĕn	WM
	尹	治也。从又丿,握事者也。	余準	喻	上	喻	真	*ɦiĕn	甲
220	賓	所敬也。从貝宀聲。	必鄰	幫	平	幫	真	*pien	甲
	儐	導也。从人賓聲。	必刃	幫	去	幫	真	*pien	典

真部總和 { W:4　W-E:1　E:2 }

號	字	說解	反切	聲	調	紐	韻	擬音	區
221	匽	匿也。从匸晏聲。	於憶	影	上	影	元	*ian	WE
	郾	潁川縣。从邑匽聲。	於憶	影	上	影	元	*ian	E₁
222	偃	僵也。从人匽聲。	於憶	影	上	影	元	*ian	WE
	宴	安也。从宀晏聲。	於甸	影	去	影	元	*ian	WL
223	干	犯也。从一从反入。	古寒	見	平	見	元	*kan	甲
	敦	止也。从攴旱聲。	侯旰	匣	去	匣	元	*ɣan	WM
224	遣	縱也。从辵𤰔聲。	去演	溪	上	溪	元	*kian	甲
	譴	謫問也。从言遣聲。	去戰	溪	去	溪	元	*kian	典
225	䜌	亂也。…从言絲。	呂員	來	平	來	元	*liuan	WM
	鑾	…从金鸞省。	落官	來	平	來	元	*luan	WL
226	戀	亂也。…从言絲。	呂員	來	平	來	元	*liuan	WM
	蠻	南蠻,…从虫。	莫還	明	平	明	元	*moan	典

2 2	△ 4		△	4	WM2/53 ·519/ WL/2/3 ·2234
1	1			2	WL210· 費鼎(三代4.7)
		3	3	3	EW0//03·02/09·02//0
2 2	4		·	4	WE 20/0·20/5 WM 2/26·3/6/
6 4 3	12	0 3 0 0	8 11	24	不明/
·		2	2	2	EN0//7/·0//72
·	1 2 1		5	5	EE //060 ES 03/37·03/38 EN 02/74 EC 05/98
2	2		·	2	WL 2239·2228
1 1	· 2		·	2	WE 2023· WM/098
17 16	33		·	33	
1 2	3	3	3	6	WM 2/42 WL 2235·2243 EW 0//03·02/09·02//0

227	延	長行也。从延厂聲。	以然	喻	平	喻	元	*ɤian	甲
	誕	詞誕也。从言延聲。	徒旱	定	上	定	元	*dan	典
228	善	吉也。从誩羊。	常演	禪	上	禪	元	*ʑian	WM
	膳	具食也。从肉善聲。	時戰	禪	去	禪	元	*ʑian	E₁
229	淺	不深也。从水戔聲。	七演	清	上	清	元	*tsʰian	E₁
	踐	履也。从足戔聲。	慈演	從	上	從	元	*dzian	典
210	反	覆也。从又厂。	府遠	非	上	幫	元	*piuan	甲
	返	還也。从辵反，反亦聲。	府遠	非	上	幫	元	*piuan	E₁
231	反	覆也。从又厂。	府遠	非	上	幫	元	*piuan	甲
	鈑	(未收)	布綰	幫	上	幫	元	*poan	典
232	返	還也。从辵反，反亦聲。	府遠	幫	上	幫	元	*piuan	E₁
	反	覆也。从又厂。	府遠	幫	上	幫	元	*piuan	甲
233	般	辟也。……从舟从殳。……	薄官	並	平	並	元	*buan	甲
	盤	承盤也。从皿般聲。	薄官	並	平	並	元	*buan	甲
元部總和 13	W：5 W-E：4 E：4								
234	朕	我也。闕。(段注：从舟弅聲)	直稔	澄	上	定	侵	*diəm	甲
	媵	(未收)	以證	喻	去	喻	蒸	*ʎiəng	E₁
236	賃	庸也。从貝任聲。	乃禁	泥	去	泥	侵	*niəm	E₁
	任	保也。从人壬聲。	如林	日	平	日	侵	*ȵiəm	甲
236	參	商星也。从晶㐱聲。	所今	山	平	山	侵	*ʂam	WE
	三	數名。……	蘇甘	心	平	心	侵	*sam	甲

1	2		1	1	2	4	WE 2049 WM 3158 ES 03138 EC 04193
1							
2	8	2			2	10	
6							
	.		1	1	1		ES 02134
1	2			.	2		WM 2127 WL 2253
1							
1	1			.	1		WM 2140
	.		2	2	2		EN 02175 . 02176
			2				
3	5	7		8	13		
2			1				
2	58	10		25	83		
27		3	4	2			
29				6			
		6		10	10		異部通假(侵蒸)
			4				
				5	5		EN 02175 . 02176 . 02176-1
			5				
4	6			1	7		WM 2139 · 2141 · 3172 · 3173 WL 2237 · 2241 · EN 02176
2			1				

侵部總和 3 { w:0 w·E:1 E:2								
237	敢	進取也。从受古聲。	古覽	見	上	見	談	*kam / WE
	嚴	教令急也。从吅㕜聲。	語轍	疑	平	疑	談	*ŋiam / wL
238	厰	崟也。……从厂敢聲。	魚金	疑	平	疑	談	*ŋiam / wM
	嚴	教令急也。从吅㕜聲。	語轍	疑	平	疑	談	*ŋiam / wL
239	嚴	教令急也。从吅㕜聲。	語轍	疑	平	疑	談	*ŋiam / wL
	玁	〈未收〉	虛檢	曉	上	曉	談	*xiam / 典
240	厰	崟聲。……从厂敢聲。	魚金	疑	平	疑	談	*ŋiam / wM
	玁	〈未收〉	虛檢	曉	上	曉	談	*xiam / 典
談部總和 4 { w:3 w·E:0 E:1								
241	音	快也。从言从中。	於力	影	入	影	職	*iək / wM
	意	滿也。从心音聲。	於力	影	入	影	職	*iək / 典
242	弋	厥也。象折木衺銳者形。	與職	喻	入	喻	職	*ʎiək / WE
	翼	翄也。从飛異聲。	與職	喻	入	喻	職	*ʎiək / E₁
243	弋	厥也。象折木衺銳者形。	與職	喻	入	喻	職	*ʎiək / WE
	式	法也。从工弋聲。	賞職	審	入	審	職	*ɕiuək / 典
244	貣	从人求物也。从貝弋聲。	他德	透	入	透	職	*tʰək / E₁
	忒	更也。从心弋聲。	他德	透	入	透	職	*tʰək / E₂
245	戠	闕。从戈从音。	之翼	照	入	照	職	*tɕiək / 甲
	織	作布帛之總名也。从糸戠聲。	之翼	照	入	照	職	*tɕiək / E₂

0 4 2	6	6 0 0 4 6 0 6		16	22	
		1		1	1	EE/1058
1	1			.	1	WL1219
1	1			.	1	WL1210
1 2	3			.	3	WM5491 WL2225:2243
0 1 4	5	1 0 0 0 0 0		1	6	
		1		1	1	EW0106
1	1			.	1	WM1114
1	1			.	1	WL1198
	.	1 1		2	2	ES0231. Ec0493
1 3 1	4			.	4	WE4094 WM2131·365·4488 WL2248.

246	戠	闕。从戈从音。	之翼	照	入	照	職	*tɕiək	甲
	識	常也。……从言戠聲。	賞職	審	入	審	職	*ɕiək	典
247	異	分也。从廾畀。	羊吏	喻	去	喻	職	*ʎiəɣ	甲
	翼	翄也。从羽異聲。	與職	喻	入	喻	職	*ʎiək	E₁
248	異	分也。从廾畀。	羊吏	喻	去	喻	職	*ʎiəɣ	甲
	禩	祭無已也。从示異(聲)	詳里	邪	上	邪	之	*ziə	典
249	則	等畫物也。从刀貝。	子德	精	入	精	職	*tsək	WM
	載	乘也。从車戈聲。	作代	精	去	精	之	*tsə	E₁
250	備	慎也。从人葡聲。	平祕	並	去	並	職	*biək	WM
	鞴	車笭閒皮篋也。……从車菐。	房六	奉	入	並	職	*biuək	典
251	備	慎也。从人葡聲。	平祕	並	去	並	職	*biək	WM
	服	用也。……从舟𠬝聲。	房六	奉	入	並	職	*biuək	甲
252	備	慎也。从人葡聲。	平祕	並	去	並	職	*biək	WM
	箙	弩矢箙也。从竹服聲。	房六	奉	入	並	職	*biuək	甲
253	葡	具也。从用苟省。	平祕	並	去	並	職	*biək	NL
	箙	弩矢箙也。从竹服聲。	房六	奉	入	並	職	*biuək	甲
職部總和 13 { w:9 NL:0 E:4 }									
254	益	饒也。从水皿。	伊昔	影	入	影	錫	*iek	甲
	鎰	(未收)	夷質	匣	入	匣	錫	*ɣiek	典
255	惕	敬也。从心易聲。	他歷	透	入	透	錫	*tʰyek	E₁
	易	蜥易蝘蜓守宮也。象形。	羊益	喻	入	喻	錫	*ʎiek	甲

1				·	1	WE 2033
1	2	3		·	3	WE 3052 WL 1228·2245
1		1		·	1	WE 3051 異部通假(職·之)
	·	1	1	1		EW 01105 異部通假(職之)
	·	1		1	1	EE 11074
1	1			·	1	WL 1225
1	1			·	1	WM 1115
2	2			·	2	WL 1223·2237
4 4 7	15	1 2 1 0	1	5	20	
	2		4	4		EW 02114(二見) 吳成侯鐘(三代18·9) 少府小器(三代18·39)
	1	1	1			EC 04194

256	扁	軶也。……象服 安文三足	郎擊	來	入	來	錫	*lyek	甲
	歷	過也。傳也。 从止厤聲	郎擊	來	入	來	錫	*lyek	典
257	啻	語時不啻也。 从口帝聲	施智	審	去	審	錫	*ɕiek	WE
	適	之也。从辵啻聲	施隻	審	入	審	錫	*ɕiek	甲
258	啻	語時不啻也。 从口帝聲	施智	審	去	審	錫	*ɕiek	WE
	帝	諦也。……从二 朿聲	都計	端	去	端	錫	*tyek	甲
259	啻	語時不啻也。 从口帝聲	施智	審	去	審	錫	*ɕiek	WE
	禘	諦祭也。从示 帝聲	特計	定	去	定	錫	*dyek	典
260	啻	語時不啻也。 从口帝聲	施智	審	去	審	錫	*ɕiek	WE
	敵	仇也。从攴啻 聲	徒歷	定	入	定	錫	*dyek	典
261	睗	目疾視也。从 目易聲	施隻	審	入	審	錫	*ɕiek	WM
	易	蜥易蜒蜓守宮 也。象形。	羊益	喻	入	喻	錫	*ʎiek	甲
262	睗	目疾視也。从 目易聲	施隻	審	入	審	錫	*ɕiek	WM
	賜	予也。从貝易 聲。	斯義	心	去	心	錫	*siek	E1
263	錫	銀鉛之間也。 从金易聲。	先擊	心	入	心	錫	*siek	WM
	賜	予也。从貝易 聲。	斯義	心	去	心	錫	*siek	E1
264	易	蜥易蜒蜓守宮也 象形。	羊益	喻	入	喻	錫	*ʎiek	甲
	賜	予也。从貝易 聲。	斯義	心	去	心	錫	*siek	E1
265	璧	瑞玉圜也。从 王辟聲。	必益	幫	入	幫	錫	*piek	WE
	辟	法也。从卪辛 ……从口，……	必益	幫	入	幫	錫	*piek	甲
266	闢	開也。从門辟 聲。	房益	奉	入	並	錫	*biek	WE
	辟	法也。从卪辛 ……从口，……	必益	幫	入	幫	錫	*piek	甲

		1		1	1	EE11058
	.					
1	2	3		.	3	WE2128 WL2234·2239
		1		1	2	EE11092 買戲(三代8·39.1)
1	3	4		.	4	WE3053 WM1105·3162
1	1	2		.	2	WE2016 WM1115
	2	2		.	2	WL1233 WL2237
	2	2	2	5	7	WL2235·2238 EE02009·02010 ES05166·05168·05170
1	1	1		.	1	WM1121
1	2	△5	2 1	1	△4	△9	
1	1			.	1	WE3055
				1	1	EN02174
			1			

錫部總和 13 {w:6 w-E:2 E:5}									
267	各	異詞也。从口夂。	古落	見	入	見	鐸	*kak	甲
	咯	〈未收〉	古陌	見	入	見	鐸	*keak	甲
268	各	異詞也。从口夂。	古落	見	入	見	鐸	*kak	甲
	愘	敬也。从心客聲。	苦各	溪	入	溪	鐸	*k'ak	典
269	咯	〈未收〉	古陌	見	入	見	鐸	*keak	WE
	愘	敬也。从心客聲。	苦各	溪	入	溪	鐸	*k'ak	典
270	各	異詞也。从口夂。	古落	見	入	見	鐸	*kak	甲
	略	經略土地也。从田各聲。	離灼	來	入	來	鐸	*liak	E2
271	客	寄也。从宀各聲。	苦格	溪	入	溪	鐸	*k'eak	WE
	咯	〈未收〉	古陌	見	入	見	鐸	*keak	WE
272	逆	迎也。从辵屰聲。	宜戟	疑	入	疑	鐸	*ŋiak	甲
	朔	月一日始蘇也。从月屰聲。	所角	山	入	山	鐸	*seak	典
273	霳	雨霳也。从雨各聲。	盧各	來	入	來	鐸	*lak	甲
	愘	敬也。从心客聲。	苦各	溪	入	溪	鐸	*k'ak	典
274	洛	洛水……从水各聲。	盧各	來	入	來	鐸	*lak	WM
	愘	敬也。从心客聲。	苦各	溪	入	溪	鐸	*k'ak	典
275	各	異詞也。从口夂。	古落	見	入	見	鐸	*kak	甲
	客	寄也。从宀各聲。	苦格	溪	入	溪	鐸	*k'eak	WE
276	射	弓弩……从寸。	神夜	神	去	神	鐸	*dziak	甲
	謝	辭去也。从言射聲。	辭夜	邪	去	邪	鐸	*ziak	E2

5 7 8	20	6 3 3 1	2	15	38	不明：3
5 28 24	57	1		1	58	
1 3	4			·	4	WE4072 WM 1116·2149·2149
·1	1			·	1	WE 4075
1	1			·	1	WL2243
2 3	5			·	5	WE 3055·3059 WM 1101·2174·3156
2	2			·	2	WM 2139·3160
·	1		1	1		EW02110
1	1			·	1	WM3181
·	1		1	1		ES02131
1	1			·	1	WL1210

		說文	反切	聲	調	聲	韻	擬音	
277	射	弓弩…，从寸从身。	神夜	神	去	神	鐸	*dʑiak	甲
	榭	臺有屋也。从木謝聲。	辝夜	邪	去	邪	鐸	*ziak	WE
278	乍	止亡詞也。从亡一。	鉏駕	牀	去	牀	鐸	*dzeak	甲
	作	起也。从人乍聲。	則落	精	入	精	鐸	*tsak	典
279	詐	欺也。从言乍聲。	側駕	莊	去	莊	鐸	*tʃeak	E1
	作	起也。从人乍。	則落	精	入	精	鐸	*tsak	典
280	乍	止亡詞也。从亡一。	鉏駕	牀	去	牀	鐸	*dzeak	甲
	迮	起也。从辵乍聲。	則落	精	入	精	鐸	*tsak	E1
281	乍	止亡詞也。从亡一。	鉏駕	牀	去	牀	鐸	*dzeak	甲
	祚	福也。从示乍聲。	昨誤	從	去	從	鐸	*dzuak	典
282	乍	止亡詞也。从亡一。	鉏駕	牀	去	牀	鐸	*dzeak	甲
	胙	祭福肉也。从肉乍聲。	昨誤	從	去	從	鐸	*dzuak	典
283	酢	醶也。从酉乍聲。	在各	從	入	從	鐸	*dzak	E1
	作	起也。从人乍。	則落	精	入	精	鐸	*tsak	典
284	博	大通也。从十、尃示聲。	補各	幫	入	幫	鐸	*pak	WM
	搏	索持也。从手尃聲。	補各	幫	入	幫	鐸	*pak	WM
285	帛	繒也。从巾白聲。	傍陌	並	入	並	鐸	*beak	甲
	白	西方色也。…从入合二。	傍陌	並	入	並	鐸	*beak	甲
286	莫	日且冥也。从日在茻中，茻亦聲。	莫故	明	去	明	鐸	*muak	甲
	墓	丘墓也。从土莫聲。	莫故	明	去	明	鐸	*muak	典
287	慕	習也。从心莫聲。	莫故	明	去	明	鐸	*muak	WM
	謨	議謀也。从言莫聲。	莫胡	明	平	明	魚	*mua	典

1	1		·	1	WL3260
	△		△	△	
	·	1	2	2	ENO2176 EC04194
	·	1	1	1	ES04449
	·	1	1	1	EE11058
	·	1	1	1	EE05023
	·	1	1	2	ES03139 王子娃鼎
1	2		·	2	WM1115 WL2244
1	1		·	1	WM2140
1	1		·	1	WL1220
2	3	1	1	4	WM2142 WL1229·1233 EE11092 曼郡通假（鐸·魚）

鐸部總和 21 { W:11 W-E:3 E:7									
288	谷	泉出通川為谷。从水半見於口。	古祿	見	入	見	屋	*kok	甲
	裕	衣物饒也。从衣谷聲。	羊戍	喻	去	喻	屋	*ʎiôk	WE
289	彔	刻木，彔彔也象形。	盧谷	來	入	來	屋	*luok	甲
	祿	福也。从示彔聲。	盧谷	來	入	來	屋	*luok	E₂
290	祝	祭主贊詞者。从示从儿口。	之六	照	入	照	屋	*tɕiok	甲
	鑄	銷金也。从金壽聲。	之戍	照	去	照	侯	*tɕio	甲
291	俗	習也。从人谷聲。	似足	邪	入	邪	屋	*ziok	WM
	裕	衣物饒也。从衣谷聲。	羊戍	喻	去	喻	屋	*ʎiôk	WE
292	僕	給事者。从人業業亦聲。	蒲木	並	入	並	屋	*bok	甲
	附	附婁，小土山也。从𨸏付聲。	符遇	並	去	並	侯	*bio	興
屋部總和 5 { W:4 W-E:0 E:1									
293	龠	樂之竹管，…从品侖。	以灼	喻	入	喻	沃	*ʎiôk	甲
	繪	〈未收〉	以灼	喻	入	喻	沃	*ʎiôk	興
294	龠	樂之竹管，…从品侖。	以灼	喻	入	喻	沃	*ʎiôk	甲
	趰	趠龠也。从走龠聲。	以灼	喻	入	喻	沃	*ʎiôk	興
295	汋	激水聲也。从水勺聲。	市若	禪	入	禪	沃	*ʑiôk	E₁
	溺	溺水…从水弱聲。	而灼	日	入	日	沃	*ȵiôk	興
沃部總和 3 { W:2 W-E:0 E:1									

9 40 31	80	4 2 2 1	10	91	不明：1
1	1 2			2	WE2033 WL2238
4 1	5			5	WM 2127・2142・2147・2149 WL 2245
		1	1	1	ES02131 異部通假（屋侯）
	2 2			2	WL2237（二見）
1	1			1	WL2241 異部通假（屋・侯）
1 4 5	10	0 0 1 0	1	11	
1	1			1	WE2031
1	1			1	WE2016
		1	1	1	EN02176

296	學	覺悟也。从教冂。	胡覺	匣	入	匣	覺	*ɣeuk	甲
	教	上所施下所效也。从攴孝。	古孝	見	去	見	宵	*keô	甲
覺部總和 W:1 WE:0 E:0									
297	胃	穀府也。从肉⊗，象形。	于貴	于	去	匣	物	*ɣiuət	E₁
	謂	報也。从言胃聲。	于貴	于	去	匣	物	*ɣiuət	E₂
298	述	循也。从辵术聲。	食聿	神	入	神	物	*dʑiuət	wE
	遂	亡也。从辵㒸聲。	徐醉	邪	去	邪	物	*ziuət	E₂
299	㒸	从意也。从八豕。	徐醉	邪	去	邪	物	*ziuət	甲
	隊	從高隊也。从自㒸聲。	徒對	定	去	定	物	*duət	WM
300	述	循也。从辵术聲。	食聿	神	入	神	物	*dʑiuət	wE
	隊	從高隊也。从自㒸聲。	徒對	定	去	定	物	*duət	WM
301	弗	矯也。从丿从乀从韋省。	分物	非	入	幫	物	*Piuət	甲
	拂	過擊也。从手弗聲。	敷勿	敷	入	滂	物	*pʰiuət	典
302	弗	矯也。从丿乀从韋省。	分勿	非	入	幫	物	*piuət	甲
	弼	輔也。从弜西。	房密	奉	入	並	物	*biuət	WL
303	弗	矯也。从丿乀从韋省。	分勿	非	入	幫	物	*piuət	甲
	不	鳥飛上翔，不下來也。……象形。	分勿	非	入	幫	物	*piuət	甲
304	妹	女弟也。从女未聲。	莫佩	明	去	明	物	*muət	甲
	昧	昧爽，且明也。从日未聲。	莫佩	明	去	明	物	*muət	典
305	內	入也。从冂入。	奴對	泥	去	泥	物	*nuət	甲
	納	絲溼納納也。从糸內聲。	奴荅	泥	入	泥	緝	*nəp	典

1/1	2		·	2	WM1099 WL2246 異部通假(覺·宵)
0 1/1	2		·	2	
·	1	1	1		EW01107
1/1	2		·	2	WE2048 WL2249
3/2	5	3/1	4	9	
1	1		·	1	WE3052
1/1	1		·	1	WL2244
1	1		·	1	WE4085
3	3		·	3	WM2836·2151·482
1	1		··	1	WE3052
3/1	4		·	4	WM2151 #89·5192· WL1211· 異部通假(物諄)

物部總和 9 { w:7 / w-ε:1 / ε:1									
306	卹	憂也。从血卩聲。	辛聿	心	入	心	質	*siuet	甲
	恤	惠也。收也。从心血聲。	辛聿	心	入	心	質	*siuet	典
307	匹	四丈也。从八从匸八亦聲。	譬吉	滂	入	滂	質	*p'iet	WM
	弼	輔也。从弜西聲。	房密	奉	入	並	質	*biuet	WL
308	跌	家也……从止从二匕矢聲。	直例	澄	去	定	質	*diet	甲
	矢	弓弩矢也。从入象鏑栝羽之形。	式視	審	上	審	脂	*ɕiei	甲
質部總和 3 { w:1 / w-ε:2 / ε:0									
309	割	剝也。从刀害聲。	古達	見	入	見	月	*kat	WM
	匃	气也。亡人為匄。	古達	見	入	見	月	*kat	甲
310	害	傷也。从宀口言,从宀起也,丰聲。	胡蓋	匣	去	匣	月	*ɣat	WL
	曷	何也。从曰匃聲。	胡葛	匣	入	匣	月	*ɣat	典
311	戉	大斧也。从戈丨聲。	王伐	于	入	匣	月	*ɣiuat	甲
	越	度也。从走戉聲。	王伐	于	入	匣	月	*ɣiuat	E₁
312	害	傷也。从宀口言,从宀起也,丰聲。	胡蓋	匣	去	匣	月	*ɣat	WL
	匃	气也。亡人為匄。	古達	見	入	見	月	*kat	甲
313	寽	五指持也。从受一聲。	呂卹	來	入	來	月	*liuat	甲
	鋝	……錙之十三也。从金寽聲。	力輟	來	入	來	月	*liuat	典
314	剌	戾也。从束从刀。	盧達	來	入	來	月	*lat	甲
	烈	火猛也。从火列聲。	良薛	來	入	來	月	*liat	典

4 9 5	18	3 2 0 0 0	5	23		
1 2	3	2		2	5	WM2139 WL2244·3264 EE05023·05024
1 1	2	1		1	3	WM2142 WL1206 EW01101
1	1			·	1	WM2141 裏部通假(算脂)

0
 3
  3
	6	2
		1
		 0 0
		  0
			3	9		

1	1			·	1	WL2249
1	1			·	1	WL2237
	·	4	4	4		ES02130·02131·02132·02133
	?		?	2		白家父簋(三代8.43.2.文選F2.26) 眞白子庭父匜(錄遺178)
1 1· 8	10			·	10	
2 10 6	18	1 2 1	4	22		

315	折	斷也。从斤在艸中，从手。	旨熱	照	入	照	月	*tɕiat	甲
	哲	知也。从口斬聲。	陟列	知	入	端	月	*tiat	WE
316	誓	約束也。从言折聲。	時制	禪	去	禪	月	*ʑiat	WL
	哲	知也。从口斬聲。	陟列	知	入	端	月	*tiat	WE
317	邁	遠行也。从辵萬聲。	莫話	明	去	明	月	*meat	WE
	萬	蟲也。从厹象形。	無販	微	去	明	元	*muan	甲
月部總和 9 {W:4 WE:2 E:2 禪明:1									
318	合	合口也。从亼口。	侯閤	匣	入	匣	緝	*ɣəp	甲
	荅	小尗也。从艸合聲。	都合	端	入	端	緝	*təp	典
319	入	内也。象從上俱下也。	入執	日	入	日	緝	*nʑiəp	甲
	納	絲溼納納也。从糸内聲。	奴荅	泥	入	泥	緝	*nəp	典
320	立	佇也。从大立一之上。	力入	來	入	來	緝	*liəp	甲
	位	列中庭之左右謂之位。从人立。	于愧	于	去	匣	物	*ɣiuət	典
321	立	佇也。从大立一之上。	力入	來	入	來	緝	*liəp	甲
	涖	〈未收〉	力至	來	去	來	質	*liet	典
緝部總和 4 {W:1 W-E:1 E:2									

	·			1	1	EN02176
		1				
1	1			·	1	WL1223
2	2		2	2	4	WL2240·3260 EC01177·01178 異部通假（月·元）
3 11 19	33	1 2 4 2	2	11	46	不明：2
	·	1		1	1	EE11092
2 1	3			·	3	WM2127·5790 WL2253
1 4	△ 5	1 1	2	△ 7	異部通假（絹物）
		6		6	6	EE11075·11083·11095·11096·11097·11098 異部通假（絹貫）
0 3 5	8	7 0 1 1	0	9	17	

兩周金文通假字譜檢字表

② 劃

字	出處
又	007T·008T
丂	084T
二	118B
匕	122T
入	319T

③ 劃

字	出處
士	014B
子	018T
巳	018B
才	019T·021T
于	049B
土	050T
女	051T·052T
小	081B
尸	119T
也	129T
亡	178T
工	183T·188T
千	223B
三	236B

④ 劃

字	出處
弋	242T·243T
友	011T·012T
不	029T 303B
毋	032B
氏	036T
少	081T
手	095B·096T
升	134T
屯	205T
允	207T
勻	218T
尹	219B
反	230T·231T·232B
内	305T
匹	307T
右	007B·009B 013B
史	015T·016T
司	023T·024T
丕	029B

⑤ 劃

字	出處
母	032T
古	037T·039T
且	061T·062T 063T
召	080T
句	083B
加	124T
禾	128T
匜	129B
皮	130T
匋	131B·309B 312B
同	140T
正	145T·146B
生	149B·150T
井	151T·152T 153T·154T
兄	159T
永	172B
功	183B
用	193B
申	208T
田	214T
令	217T
乍	278T·280T 281T·282T
白	285B
弗	301T·302T 303T

⑥ 劃

字	出處
有	008B·009T 011B
戈	017T
在	019B·020T
似	026T
寺	027T·028T
吳	044T·045B
汝	051B
如	052T
朱	074T
考	084B·085T 086B·091B
老	091T
𠂤	103T

者	055T·056T	啟	210T	租	062B	納	305B·319B
胥	060B	俞	219T	專	065T·066T 069T·104B	害	310T·312T
備	066B	匭	221T·222T	華	071T	烈	314B
詒	067B	則	249T	修	093B	荅	318B
敘	076T	帝	268B	殷	115B	浯	321B
昭	082B	洛	267B·269T 271B	烝	133B·134B	基	062T
首	087B	客	271T·275B	眚	149T	真	004T
柔	090B	洛	274T	珩	161B	敏	006B·031B
保	102T	迮	280B	恭	185B·187B	敬	045T·046B
畏	105T·106B 107B	胙	282B	訓	203T·206B	唬	049T
威	105B·106T	俗	291T	純	206B	務	076B
屍	120B	胃	297T	宴	222B	捘	097B
祉	123T	迷	298T·300T	朕	233T	造	098B·100T
型	141T·154T	家	299T	朕	234T	曹	101T
政	147T	昧	304B	貢	244T	唯	110B·113T
刑	152B	恤	306B	益	254T	絅	140B
屏	157B	昌	310B	鬲	256T	章	164T
覰	159B	剌	314T	逆	272T	爽	165B
易	166T·167T 169T·170T	哲	315B·316B	朔	272B	袭	171T·122T
封	198B	兹	022B	射	276T·277T	祥	171B
眉	204B	徒	050B	祚	281B	商	173T
		祖	057B·058B·061B	祝	290T	常	176B

⑨ 九劃　　　⑩ 十劃

勤	189B	虞	044B·047T	順	203B·206T	萬	317B
通	192B	琥	048B	神	208B	解	034T
釭	194B	戲	058T	睃	209T	瑕	041B
庸	195T·196T	無	068T	奠	215T	遐	042B
從	197T	越	070B	鈞	218B	暇	043B
⑪ 董	199T·200T 201T·	⑫ 喬	077T·078T	鄲	221B	⑬ 楚	060T
豚	204T	朝	079T	善	228T	溥	065B
劃 敦	213B	詔	080B	鈑	231B	嬀	071B·072B 073B
敦	223B	珊	092B	敢	237T	劃 鳲	083T
淺	229T	劃 祐	100B	葢	241T	愧	107T
參	236T	貳	118T	截	245T·246T	義	126T
異	247T·248T	訶	127T	備	250T·251T 252T·	過	131T
葡	253T	登	132T·133T	喬	257T·258T 259T·260T	滕	137B·234B
惕	254T	曾	135T·136T	詐	279T	經	138B
略	270B	盛	148B	酢	283T	莛	142B
莫	286T	覘	159B	博	284T	喪	165T
敨	296B	黃	161T·162T	隊	299B·300B	盟	177B
期	001B·002B 003B·004B	湯	163T	彌	302B·307B	備	195B
絲	022T	揚	166B·168B	毳	308T	勤	200B·202T
智	035T	場	169B	劊	309T	愍	210B
辜	028B	陽	167B·168T	越	311B	舞	216T
		童	189T·190T 191T			貨	235T

劃數	字	出處
	縱	197B
	駿	209B
	翼	242B·247B
	謝	276B
	黼	293T·294T
⑱劃	歸	108T
	雖	181T·182T
	謹	199B
	覬	202B
	曈	216B
	織	245B
	鎰	254B
	璧	265T
	誤	287B
	盧	053B
	橎	054B
⑲劃	顢	073T
	驕	077B
	憂	089T·090T
	懷	109B
	贈	135B
	薛	187T
	戀	225T·226T
	識	246B
⑳劃	實	088B·102B 103B
	鎖	108B
	警	139B
	蠮	144B
	嚴	237B·238B 239T
	齎	121B
㉑劃	靈	143T
	攤	182B
	轅	211B
	譴	224B
	關	266T
	驕	028B
	擾	089B
㉒劃	禮	116B
	穌	128B
	譚	180T
	鑄	290B
	襦	293B
	獵	240B
㉓劃以上	醴	117B
	擒	294B
	蠻	226B
	饔	181B
	鑾	225B

註：1. T：用作通假字
B：用作本字（被借字）。

第五章 歸類與統計

(一)、字數與出現頻

表1：兩周金文通假字字數及出現頻率統計表 (一)

表2：兩周金文通假字字數及出現頻率統計表 (二)

(二)、出現時期

表3：兩周金文通假字出現時期歸類編號一覽表

表4：西周金文通假字出現時期別統計表

表5：西周金文通假字出現時期別編號一覽表

(三)、出現地區

表6：東周金文通假字出現地區別編號一覽表 (一)

表7：東周金文通假字出現地區別編號一覽表 (二)

表8：中山國三器所見通假字編號一覽表

(四)、字形結構

表9：兩周金文通假字與被借字之最早出現時期分類統計表

表10：兩周金文通假字與被借字之最早出現時期編號一覽表

表11：兩周金文通假字與被借字之字形結構結合方式統計表

表12：兩周金文通假字與被借字之字形結構結合方式編號一覽表

表13：兩周金文通假字與被借字字形結構結合方式歷時演變表

表14：兩周之間通假字與被借字字形結構對照表

表15：兩周金文通假字與被借字之諧聲系統編號一覽表

〈表1〉　　兩周金文通假字字數及出現頻率統計表(一)

		西	西-東	東	未知	總和	備註
總字數	陰	52 (40%)	28 (21%)	47 (36%)	4 (3%)	131 (100%/41%)	
	陽	53 (49%)	29 (27%)	25 (23%)	2 (1%)	109 (100%/34%)	
	入	46 (57%)	11 (14%)	23 (28%)	1 (1%)	81 (100%/25%)	
總和		151 (47%)	68 (21%)	95 (30%)	7 (2%)	321	

		西　周				東　周						未知	總和
		WE	WM	WL	計	EE	EW	ES	EN	EC	計		
總出現頻率	陰	114	191	195	500 (49%)	80	31	37	41	17	206 (50%)	10	716 (49%)
	陽	60	124	139	323 (32%)	48	19	17	32	29	145 (35%)	5	473 (33%)
	入	28	82	84	194 (19%)	24	12	12	6	6	60 (15%)	6	260 (18%)
總和		202 (20%)	397 (39%)	418 (41%)	1.017 (100%/70%)	152 (37%)	62 (15%)	66 (16%)	79 (19%)	52 (13%)	411 (100%/28%)	21 (2%)	1.449

〈表2〉 兩周金文通假字字數及出現頻率統計表(二)

	總字數					總出現頻率											備註
						西周				東周						總和	
	西	西東	東	柳	計	WE	WM	WL	計	EE	EW	ES	EN	EC	計		
1. 之	15	10	8	·	33	59	85	80	224	17	13	5	8	6	49	273	
2. 支	·	·	3	·	3	·	·	·	·	·	·	·	10	·	10	10	
3. 魚	16	8	9	1	34	21	71	74	166	16	7	16	4	3	46	214	2
4. 侯	1	·	3	2	6	·	·	2	2	1	·	1	·	1	3	7	2
5. 宵	2	1	3	·	6	4	3	4	11	2	3	·	1	1	7	18	
6. 幽	11	3	7	1	22	3	20	15	38	29	7	12	7	2	57	101	6
7. 微	2	3	6	0	11	13	3	4	20	4	1	·	5	·	10	30	
8. 脂	3	3	2	·	8	13	8	14	35	5	·	1	1	·	7	42	
9. 歌	2	·	6	·	8	·	·	4	4	6	·	2	5	4	17	21	
計	52	28	47	4	131	114	191	195	500	80	31	37	41	17	206	716	10
10. 蒸	3	1	2	·	6	3	·	1	4	8	2	4	·	8	22	26	
11. 耕	9	7	3	1	20	13	22	27	62	2	4	2	3	3	14	77	1
12. 陽	13	5	4	1	23	26	37	26	89	6	·	1	5	2	14	104	1
13. 東	7	7	4	·	18	8	11	17	36	10	2	6	6	2	26	62	
14. 文	9	3	3	·	15	3	18	30	51	·	5	·	6	5	16	69	2
15. 真	4	1	2	·	7	5	4	3	12	·	3	·	8	·	11	24	1
16. 元	5	4	4	·	13	2	27	29	58	10	3	4	6	2	25	83	
17. 侵	·	1	2	·	3	4	·	2	6	6	·	·	6	4	16	22	
18. 談	3	·	1	·	4	·	4	1	5	·	·	·	·	1	1	6	
計	53	29	25	2	109	60	124	139	323	48	19	17	32	29	145	473	5
19. 職	9	·	4	·	13	4	4	7	15	1	2	1	·	1	5	20	
20. 錫	6	1	5	·	13	4	5	7	20	6	3	3	·	2	15	38	3
21. 鐸	11	·	10	·	21	9	40	31	80	6	4	·	·	·	10	91	1
22. 屋	4	·	1	·	5	9	1	·	10	·	·	·	·	1	1	11	
23. 沃	4	·	1	·	5	·	·	2	2	·	·	·	·	·	·	3	
24. 汏	2	1	·	·	1	·	1	1	2	·	·	·	·	·	·	2	
25. 覽	1	1	·	·	9	4	9	5	18	3	2	·	·	·	5	23	
26. 物	7	1	2	·	3	·	3	3	6	3	2	1	·	·	9	9	
27. 實	1	2	2	·	9	3	11	19	33	2	2	4	2	2	11	46	2
28. 月	·	2	2	·	4	·	3	5	8	2	1	·	1	·	7	17	
29. 緝盍	1	·	·	·	·	·	·	·	·	·	·	·	·	·	·	·	
計	46	11	23	1	81	28	82	84	194	24	12	12	6	6	60	260	6
總和	151	68	95	7	321	202	397	418	1,017	152	62	66	79	52	411	1,449	21

＊備註之數目是於不得時地銘文上所出現之頻率。

〈表3〉　兩周金文通假字出現時期歸類編號一覽表

韻部	時期 編號	西	西－東	東	未知	計
陰聲韻部	1. 之	001·006·010·011 012·014·015·016 017·021·023·025 026·033·022 (15)	005·007·008 009·018·019 024·029·031 032 (10)	002·003·004 013·020·027 028·030· (8)	(0)	33
	2. 支	(0)	(0)	034·035·036 (3)	(0)	3
	3. 魚	037·038·040·046 048·049·050·053 054·055·058·059 060·062·064·065 (16)	039·043·044 051·056·057 061·067 (8)	041·042·045 047·052·066 068·069·070 (9)	063 (1)	34
	4. 侯	072 (1)	(0)	074·075·076 (3)	072·073 (2)	6
	5. 宵	079·082· (2)	080 (1)	077·078·081 (3)	(0)	6
	6. 幽	086·087·089·090 091·092·094·095 096·097·104 (11)	084·085·102 (3)	083·088·093 098·099·100 101 (7)	103 (1)	22
	7. 微	105·115 (2)	108·109·110 (3)	106·107·111 112·113·114 (6)	(0)	11
	8. 脂	116·117·121· (3)	118·119·120 (3)	122·123 (2)	(0)	8
	9. 歌	124·126 (2)	(0)	125·127·128 129·130·131 (6)	(0)	8
		52	28	47	4	131
	10. 蒸	134·135·136 (3)	132 (1)	133·137 (2)	(0)	6
	11. 耕	140·142·146·148 149·151·152·156 157· (9)	138·143·145 147·150·153 154 (7)	139·141·155 (3)	144 (1)	20

陽聲韻部	12. 陽	158・159・161・162 163・164・165・169 170・175・178・179 180 (13)	166・167・173 174・176 (5)	160・171・172 177 (4)	168 (1)	23
	13. 東	186・189・190・191 194・195・198 (7)	182・183・184 185・187・188 197 (7)	181・192・193 196 (4)	(0)	18
	14. 文	201・204・206・207 208・210・211・212 213 (9)	200・205・209 (3)	199・202・203 (3)	(0)	15
	15. 真	214・216・218・220 (4)	217 (1)	215・219 (2)	(0)	7
	16. 元	223・224・225・230 231 (5)	226・227・228 233 (4)	221・222・229 232 (4)	(0)	13
	17. 侵	(0)	236 (1)	234・235 (2)	(0)	3
	18. 談	238・239・240 (3)	(0)	237 (1)	(0)	4
	計	53	29	25	2	109
入聲韻部	19. 職	242・243・245・246 247・248・251・252 253 (9)	(0)	241・244・249 250 (4)	(0)	13
	20. 錫	257・259・260・261 263・265 (6)	262・264 (2)	254・255・256 258・266 (5)	(0)	13
	21. 鐸	268・269・270・271 272・274・276・277 284・285・286 (11)	267・278・287 (3)	273・275・279 280・281・282 283 (7)	(0)	21
	22. 屋	288・289・291・292 (4)	(0)	290 (1)	(0)	5
	23. 沃	293・294・ (2)	(0)	295 (1)	(0)	3
	24. 覺	296 (1)	(0)	(0)	(0)	1
	25. 物	298・300・301・302 303・304・305 (7)	299 (1)	297 (1)	(0)	9
	26. 質	308・ (1)	306・307 (2)	(0)	(0)	3
	27. 月	309・310・313・316 (4)	314・317 (2)	311・315 (2)	312 (1)	9
	28. 緝	319 (1)	320 (1)	318・321 (2)	(0)	4
	29. 盍	(0)	(0)	(0)	(0)	0
	計	46	11	23	1	81
總和		151	68	95	7	321

〈表4〉　　西周金文通假字出現時期別統計表

		西	西一東	總和	備　註
一期	E	24	6	30	一期僅見(西周時)
	M	33	7	40	
	L	43	13	56	
	計	100	26	126	
兩期	E·M	8	6	14	兩期並見(西周時)
	E·L	11	5	16	
	M·L	22	13	35	
	計	41	24	65	
三期	E·M·L	10	18	28	初·中·晚三期均見
總和		151	68	219	

〈表5〉 西周金文通假字出現時期別編號一覽表

【E】	〈+E'〉		
015・017・055・115 116・134・135・142 146・152・159・178 206・214・216・246 248・265・269・293 294・300・302・304 (24)	039・108 132・173 174・185 (6)		
〈30〉			

【E・M】	〈+E'〉	【M】	〈+E'〉
082・180・212 224・259・260 268・271 (8)	007・009 031・061 085・227 (6)	001・012・022・033 048・049・053・054 058・059・064・086 090・092・095・096 117・156・162・169 175・191・204・211 231・242・252・263 272・274・295・303 308 (33)	005・006 057・084 102・167 176 (7)
〈14〉		〈40〉	

【E・L】	〈+E'〉	【M・L】	〈+E'〉	【L】	〈+E'〉
016・021・026 037・087・105 170・247・257 288・298 (11)	008・024 056・080 209 (5)	040・065・079・097 140・149・151・158 186・194・201・207 210・225・230・236 240・284・289・296 305・319 (22)	044・143・188 205・217・226 228・233・287 299・306・307 320・ (13)	010・011・014・023・025 035・038・046・060・062 072・089・091・106・121 124・136・148・163・189 190・195・198・208・212 213・218・223・234・239 243・251・253・261・270 276・277・286・291・292 301・309・310・316 (43)	049・118 138・145 147・153 166・182 184・197 200・262 317・ (13)
〈16〉		〈35〉		〈56〉	

【E・M・L】		〈+E'〉	
050・094・126・157・161・164・165・179 245・313 (10)		018・019・029・032・051・061・109・110・119・120 150・154・183・187・264・267・278・314 (18)	
		〈28〉	

〈說明〉 「〈+E'〉」：是指東周銘文亦見者而言。

〈表6〉　東周金文通假字出現地區別編號一覽表(一)

東土系	西土系	南土系	北土系	中土系
004	013	005 (M)	020	002
009 (E.M) *	024 (E.L)	039 (E)	030	018 (E.M.L)
027	031 (E.M)	045	034	068
028	043 (L)	047	035	088
041	044 (M.L)	057 (M)	036	113
042	067 (E.M)	074	052	132 (E)
066	077	083	070	147 (L)
069	080 (E.L)	093	076	188 (M.L)
075	098	145 (L)	101	215
100	099	177	111	317 (L)
106	109 (E.M.L)	193	112	
107	138 (L)	229	114	
108 (E)	153 (L)	275	118 (L)	
119 (E.M.L)	154 (EM.L)	280	125	
121	182 (L)	283	139	
122	209 (E.L)	290	141	
131	219	311	155	
166 (L)	226 (M.L)		160	
173 (E)	241		167 (M)	
197 (E)	249		171	
199	264		174 (E)	
200 (L)	273		183 (E.M.C)	
228 (M.L)	293		192	
237	307 (M.L)		196	
250			202	
256			203	
258			221	
267 (E.ML)			232	
281			235	
287 (M.L)			226 (M.L)	
306 (M.L)			266	
318			295	
321			315	
11 *	14	4	5	5	39
22 *	10	13	28	5	78
33	24	17	33	10	117

〈說明〉：1.西周銘文已見者注明其時期於( )內，如 "009 (E.M)" 是指009號之通假字組東周時僅見於東土系銘文，而此已見過於西周初期與中期銘文。

2.第一總和是指於西周銘文已見指數；第二總和是指僅見於東周銘文者數。

〈表7〉 東周金文通假字出現地區別編號一覽表(二)

出現地點 (東西南北中)	編　　　　號	總和
E W S N C	102	1
E W S N ·	019	1
E W · N C	032	1
E · S N C	222	1
E W S · ·	061·187·084	3
E W · N ·	078·314·	2
E W · · C	264	1
E · · N C	056·176	2
E · S · C	003	1
E W · · ·	007·029·205·299	4
E · S · ·	051·085·128·133·181·184·262	7
E · · N ·	233	1
E · · · C	081·120·126·143·172·185·234	7
· W S · ·	150	1
· · S N ·	130·320	2
· · S · C	127·227·244	3
· · · N C	279	1
· W · N ·	078	1

※本表以在兩個以上地區同時出現者為準。

〈表8〉　中山國三器所見通假字編號一覽表

	EN02175 （中山王響方壺）	EN02176 （中山王響鼎）	EN02176-1 （中山胤嗣䤾坐壺）
編 號	020・034・035 036・070・076 101・114・125 139・155・171 202・203・232 235・266	034・035・036 052・111・112 125・160・192 196・203・232 235・295・315	030・052・125 144・196・235
計	17	15	6

※ 本表不將在西周以及東周其餘地區亦見者包括在內。

〈表9〉 兩周金文通假字與被借字之最早出現時期分類統計表

	被借字					總和
	甲	W	E₁	E₂	典	
通假字 甲	(20%) 36 〈52%〉	(22%) 40 〈56%〉	(15%) 26 〈62%〉	(9%) 16 〈80%〉	(34%) 61 〈51%〉	(100%) 179 〈56%〉
假 W	(23%) 26 〈38%〉	(23%) 26 〈37%〉	(12%) 14 〈33%〉	(2%) 2 〈10%〉	(40%) 45 〈38%〉	(100%) 113 〈35%〉
字 E₁	(24%) 7 〈10%〉	(17%) 5 〈7%〉	(7%) 2 〈5%〉	(7%) 2 〈10%〉	(45%) 13 〈11%〉	(100%) 29 〈9%〉
總和	(22%) 69 〈100%〉	(22%) 71 〈100%〉	(13%) 42 〈100%〉	(6%) 20 〈100%〉	(37%) 119 〈100%〉	(100%) 321 〈100%〉

〈表10〉兩周金文通假字與被借字之最早出現時期　編號一覽表

		被	借	字		
		甲	W	E₁	E₂	典	
通 假 字	通 甲	007.016.018.022.023 031.049.051.062.069 084.091.102.103.104 110.126.128.133.134 145.146.147.148.149 150.177.198.204.273 267.	008.011.012.013.014 019.024.033.036.044 050.053.068.085.092 096.105.108.117.119 122.124.129.162.166 167.173.174.181.208 211.214.217.223.288 275.297.299.302.315	001.015.017.021.030 061.066.070.111.112 133.132.144.176.179 200.205.213.230.234 249.264.265.266.280 311.	029.032.060 151.152.153 154.157.169 185.187.188 245.276.270 289	034.048.054.062.063.064 065.071.072.080.089.090 097.101.116 . 120.125.143 159.161.165 . 170.178.182 183.184.197.189.201.207 209.212.215.220.224.227 231.246.248.254.256.268 — . 272.273.278.281.282 286 . — . — . 292.293.294 301.304.305 . 306.313.314 318.319.320.321	
		36	**40**	**26**	**16**	**61**	179
	假 W	006.010.045.084.086 087.088.095.106.118 131.160.191.192.193 219.236.251.252.253 257.258.261.309.312 317.	009.025.026.037.046 047.079.094.115.128 140.156.168.190.203 206.218.222.225.237 238.271.284.300.307 316.	003.004.005.057.058 171.164.180.221.228 242.249.262.263	298.291	020.025.038.039.040.041 042.043.055.056.059.067 074.076.082.093.100.109 121.130.135.136.142.157 163.175.186.189.194.195 196.210.216.226.239.240 241.243.250.259.260.269 204.287. — .310	
		26	**26**	**14**	**2**	**45**	113
	字 E₁	025.083.107.112.232 235.255.	098.114.123.141.155	002.028	244.297	027.073.075.028.088.127 139.171.202.229.279.283 295.	
		7	**5**	**2**	**2**	**13**	29
		68	71	42	17	123	321

〈表11〉

兩周金文通假字與被借字之字形結構結合方式統計表

	非〉非	非〉諧	諧〉非	諧〉諧	總　和
陰聲韻	13	50	13	51	127
陽聲韻	6	44	14	43	107
入聲韻	3	36	10	31	80
總和	22 (7%)	130 (41%)	37 (12%)	125 (40%)	314 (100%)

〈說明〉 1. 凡通假字為非諧聲字者： 152 (=22+130)，佔48%
2. 凡通假字為諧聲字者： 162 (=37+125)，佔52%
3. 凡被借字為非諧聲字者： 59 (=22+37)，佔19%
4. 凡被借字為諧聲字者： 255 (=130+125)，佔81%

〈表12〉
兩周金文通假字與被借字之字形結構結合方式編號一覽表

	西				西一東				東				
	非〉非	非〉諧	諧〉非	諧〉諧	非〉非	非〉諧	諧〉非	諧〉諧	非〉非	非〉諧	諧〉非	諧〉諧	
陰聲韻	014·049 087·095 096·115	001·011·012 015·016·021 022·023·025 037·040·048 050·062·076 089·090·091 072·094·104 105·116·117 124·126		006·010·017 026·033·038 046·053·054 055·088·059 060·064·065 072·079·082 097·121	007 018 032 119 120	008·019·024 029·039·042 044·057·061 084·110·	009 085 118	005·031 056·057 067·090 102·108 109	035 052	034·041 042·074 077·078 093·101 111·112 114·122 128·	013·036 045·069 075·081 106·107 113·138	002·003·004 020·027·028 030·047·048 068·070·076 083·088·098 099·100·123 125·127·129 170	
	6	26	0	20	5	11	3	9	2	13	10	22	127
陽聲韻	204 214 225	134·140·151 152·156·157 159·164·169 170·178·179 195·201·206 209·208·216 218·223·230 231	146 149 158 161 165 191 198 212	135·196·142 148·162·163 175·180·186 189·190·194 210·211·213 220·224·228 239·240	153 217	132·143·145 150·184·166 167·183·184 185·188·200 205·226·228 233	236	138·149 173·174 176·182 187·197 209·227	219	133·160 177·196 199·215	141 122 193 203 232	137·139 155·171 181·192 202·221 222·229 234·235 237	
	3	22	8	20	2	16	1	10	1	6	5	13	107
入聲韻	293 303	242·243·245 246·247·248 253·268·269 270·276·288 289·296·301 302·305·319 277·	261 265 285 296 308 309	251·252·257 259·262·263 271·272·274 284·286·291 282·288·300 304·310·313 316	320	264·267 278·314	317	262·287 299·306 307·		244·249·254 256·275·280 282·281·290 297·315·318 321	250 255 266	244·258 273·279 283·295 311	
	2	19	6	19	1	4	1	5	0	13	3	7	80
計	11	67	14	59	8	31	5	24	3	32	18	42	314

〈說明〉
1. 「非」為非諧聲字之簡稱，即指「依類象形」之象形·指事·會意而言；「諧」為「形聲相益」之諧聲字之簡稱。
2. 「非〉非」：是指通假字與被借字皆為非諧聲字者而言；「諧〉諧」則與此相反。

〈表13〉

兩周金文通假字與被借字字形結構結合方式歷時演變表

	非〉非	非〉諧	諧〉非	諧〉諧	總　和
西周	11 (7%)	67 (45%)	14 (9%)	59 (39%)	151 (100%)
西↓東	8 (12%)	31 (46%)	5 (7%)	24 (35%)	68 (100%)
東周	3 (3%)	32 (34%)	18 (19%)	42 (44%)	95 (100%)
總和	22 (7%)	130 (41%)	37 (12%)	125 (40%)	314 (100%)

〈表14〉

兩周之間 通假字與被借字 字形結構 對照表

		西（W）周	東（E）周	差距 (E－W)
通假字	非諧聲字	11＋67＝78/151 52%	3＋32＝35/95 37%	△ 15%
	諧聲字	14＋59＝73/151 48%	18＋42＝60/95 63%	15%
被借字（本字）	非諧聲字	11＋14＝25/151 17%	3＋18＝21/95 22%	5%
	諧聲字	67＋59＝126/151 83%	32＋42＝74/95 78%	△ 5%

〈推論〉

1. 西周時以非諧聲字作為通假字者較多，佔52%；反面東周時以諧聲字用為通假字者較多，佔52%。

2. 以非諧聲字作為通假字者東周比西周少（差15%）；反面諧聲字被用為通假字者東周比西周多（差15%）。

3. 產生此現象之原因，依我看來，有二：

(1) 東周時諧聲字大量產生。

(2) 東周時諧聲字不完全用作本義或引伸義，而多被用為表音功能的通假字。

〈表15〉 兩周金文通假字與被借字之諧聲系統 編號一覽表

	西				西－東				東			
	A	B	C	D	A	B	C	D	A	B	C	D
陰聲韻	001·017·021 022·033·037 040·048·050 053·055·062 065·079·089 092·094·097 116·117·124	006·010 038·046 059·060 072·082 121		026 054	008·019·024 029·039·043 044·051·056 061·080·084 109·110·	057 067		005 102 108	027·028·034 041·042·066 074·076·077 078·073·101 111·112·113 125·128·129	002·003 064·020 068·100 123	075 114	070·047 070·083 088·098 089·127 130
	21	9	0	2	14	2	0	3	18	7	2	9
陽聲韻	135·136·140 142·148·151 156·159·162 163·164·169 170·175·178 186·188·195 201·207·208 220·216·218 220·223·224 230·231·238 239·240	189·190	146 149	174 180 194 211 213	132·134·143 145·150·166 167·176·182 183·184·185 197·200·205 226·227·228 233	147 209		173 187	191·192·199 215·220·237	137·139 171·202 222·229	141 193 232 235	155
	32	2	2	5	19	2	0	2	6	6	4	1
入聲韻	243·245·246 247·248·257 259·260·268 269·297·286 288·289·293 294·301·305 313	271·272·273 274·284·291 304·316	261 265 285 308	251 252 292 298 300 310	264·267·288 299·	262 263 287	317	306 307	244·254·275 276·280·281 282·297·311 315·318	244·209 283	255 258 266	295
	19	8	4	6	4	3	1	2	11	3	3	1
計	72	19	6	13	37	7	1	7	35	16	9	11

〈說明〉

1.
   A：是指通假字為被借字之聲符者，如其＞期(001)
   B：是指通假字與被借字之聲符相同者，如詩＞敏(006)
   C：是指被借字為通假字之聲符者，如賜＞易(261)
   D：是指通假字與被借字之聲符相異者，如詩＞謀(005)

2. 標△者，為次諧聲系統，如才＞哉(021)，哉為從戈得聲，戈為從才得聲。是例凡八見(021·170·223·240·237·268·273·274)。

〈表16〉

兩周之間通假字與被借字諧聲系統分類對照表

		西周 (W)		東周 (E)		差距 (E−W)
諧聲系統	A類	72	66%	35	49%	△17%
	B類	19	17%	16	23%	6%
	C類	6	5%	9	13%	8%
	D類	13	12%	11	15%	3%
總和		110	100%	71	100%	.

〈表17〉

兩周金文通假字與被借字之字音關係統計表

	字 數 （A）	總字數 （B）	百分比 （A/B×100）	備 註
1. 聲韻並同	155		48.3%	參見表18
2. 韻部相同	302		94.1%	參見表24
3. 聲紐相同	169	321	52.7%	「聲韻並同」者(155)＋異部通假者(表24)中聲紐相同者(14)＝169
4. 聲紐相近(七音)	233		72.6%	參見表19
5. 聲紐相近(五音)	277		86.3%	參見表19
6. 聲調相同(四聲)	179		55.8%	參見表27

〈表18〉
兩周金文聲母·韻部相同之通假字組編號一覽表

	西	西-東	東	未知	計
陰聲韻部	001·010·011·012 014·015·017·025 026·037·038·040 046·048·053·054 055·062·065·072 095·096·097·105 115·116·117·124 126·	007·008·009·019 031·032·039·044 056·061·084·085 102·109·118·	013·020·030·034 035·036·045·047 066·075·076·106 114·122·123·125 128·129·	071 073 103	
	29	15	18	3	65
陽聲韻部	135·140·142·146 148·149·151·158 159·161·162·164 178·179·180·186 189·195·207·210 211·214·216·220 224·225·230·231 238·	132·138·143·145 147·166·167·173 174·176·182·183 184·185·187·209 228·233	137·139·141·177 181·193·198·202 219·221·222·232	144 168	
	29	18	12	2	61
入聲韻部	242·245·247·251 252·253·257·263 265·284·285·286 289·293·294·303 304·309·310·313	267·306·314	241·244·250·256 297·311		
	20	3	6	0	29
計	78	36	36	5	155

〈表19〉

兩周金文通假現象所反映之上古聲母通用情形速見表

	喉	牙	舌頭	舌面	正齒	齒頭	唇
喉							
牙	107.254 (2)						
舌頭	·	091.243.270 273.274.318 320 (7)		~227.234 235.255.258 259.260.300 308.315.316 319　(26)			
舌面	·	087.172.194 203.206.248 288 (7)	051.062.080 089.090.092 094.133.169 170.190.182 204.205↑(7)				
正齒	·	272 (1)					
齒頭	·	100.152.153 154 (4)	027.248.262 299 (4)	028.081.093 112.113.120 171.196.264 276.277.291 298　(13)	057.058.059 060.099.121 150.165.236 278.279.280 281.282(14)		
唇	·	065.006.033 068.212.213 (6)	079.088 217.226 (4)				

〈說明〉 1.凡屬七音以內聲近與聲同者，共有233組(321-88=233)，其編號一律省略而不錄。

2.凡屬五音以內聲近與聲同者，共有277組(321-48=273)。

3.七音歸類是根據王力之上古聲母系統（見同源字典，P91~92)。

〈表20〉

兩周金文通假現象所反映之輕‧重唇音通用情形

	西　周	西—東	東　周	計
非—幫	231：戾△>飯(1)	‧	‧	1
敷—滂	‧	‧	‧	0
奉—並	251：備>服△(1) 252：備>箙△(1) 253：葡>箙△(2)	‧	250：備>璉△(1)	5
微—明	032：母>毋△(28) 178：亡△>㞘(1) 211：聞△>輨(1)	031：每△>敏(5) 317：邁>萬(4)	030：每△>謀(1)	40
計	35	9	2	46

註：1.標△者是中古輕唇反切字.
　　2.（　）內之數是總出現回數.

〈表21〉

兩周金文通假現象所反映之中古泥·娘·日三母通用情形

		被借字				計
		泥	娘	日	其餘	
通假字	泥	305:內〉納(W.3)	——	089:憂〉擾(W,1) 090:憂〉柔(W,1) 234:貸〉日(E,5)	——	4 (10)
	娘	——	——	051:女〉汝(W·E,59) 052:女〉如(E,2)		2 (61)
	日	319:入〉納(W.3)	——	118:貳〉二(W·E2)	——	2 (5)
	其餘	——	——	295:沟〉淯(E,1) (禪〉日)		1 (1)
計		2 (6)	——	7 (71)	——	9 (77)

註: 1.(　)內是指出現時期以及出現回數

〈表22〉

兩周金文通假現象所反映之中古喻四聲母通用情形一覽表

七音／聲母	時期	西周	西一東	東周	未知	總和
牙（舌根）	見	194·218·288				3
	匣			172		1
舌頭	透			192·255		2
	定	094·169·170	227	234		5
舌面	照		110			1
	喻	195·207·247 293·294·242	166·167	126·137·193 219	168	13
	審	261·243	114			3
齒頭	心		264	093·113		3
	邪	248·291		171·196		4
總和		16	6	12	1	35

〈表23〉

兩周金文通假現象中唇音與牙音·舌頭音通用情形

唇　音　──　牙　音						唇　音　──　舌　頭　音					
編號	通假字／被假字	聲紐	韻部	擬音	出現時期	現火數	編號	通假字／被假字	聲紐	韻部	擬音	出現時期	現火數
005	誨／謀	曉／明	之／之	*xuə / *miuə	W-E	2	079	朝／廟	端／明	宵／宵	*tiô / *miô	W	2
006	誨／敏	曉／明	之／之	*xuə / *miə	W	1	088	匋／寶	定／幫	幽／幽	*du / *pu	E	6
033	每／誨	明／曉	之／之	*muə / *xuə	W	1	217	令／命	來／明	真／真	*lien / *mien	W-E	?
068	無／鄰	明／曉	魚／魚	*miuə / *xiuə	E	2	226	戀／蠻	來／明	元／元	*liuan / *muan	W-E	6
212	聞／昏	明／曉	文／文	*miuən / *xuən	W	2							
213	聞／婚	明／曉	文／文	*miuən / *xuən	W	4							

註：1. 兩周金文通假字中唇音字，除與唇音字相通者之外，僅與牙音·舌頭音通用，其餘全無一例（參見表18）。

2. 凡唇音與牙音通用者，共有六例，都是有 *x-*m 之關係。高本漢（B. Karlgren）以為上古漢語有 *xm- 複聲母，李方桂·董同龢則謂古有清唇鼻音 *m̥。

3. 217 令﹥命之出現次數甚多，不勝枚數。傅斯年·姚榮松等以為令命二字上古時帶有 *ml 複聲母，高本漢則不以為然。說文以命為从口令之會意字，金文則常通用無別。

〈表24〉 兩周金文中古韻異部通假字滙集表

	編號	通假字／被借字	調聲韻	出現時期		編號	通假字／被借字	調聲韻	出現時期
1	069	尃／多	平滂魚／平滂幽	E	11	287	慕／謨	去明鐸／平明魚	W-E
2	070	雩／越	平匣魚／入匣月	E	12	290	祝／鑄	入照屋／去照侯	E
3	083	鳩／句	平見幽／去見侯	E	13	292	僕／附	入並屋／去並侯	W
4	104	孚／尃	平滂幽／平滂魚	W	14	296	學／教	入匣覺／去見宵	W
5	115	衣／殷	平影微／平影文	W	15	305	内／納	去泥物／入泥緝	W
6	131	過／句	去見歌／入見月	E	16	308	遰／矢	去定質／上審脂	W
7	215	奠／鄭	去定真／去定耕	E	17	317	邁／萬	去明月／去明元	W-E
8	234	朕／勝	上定侵／去喻蒸	E	18	320	立／位	入來緝／去匣物	W-E
9	248	異／禩	去喻職／上邪之	W	19	321	立／泣	入來緝／去來質	E
10	249	則／載	入精職／去精之	E	備註		W： 104·115·248·292·296·305·308 （7） W-E： 287·317·320 （3） E： 069·070·083·131·215·234·249·290·321 （9）		

註：總321字組中，凡異部通假者，僅19見，其餘皆韻部相同者也。（302字組，佔94.1%）

〈表25〉

兩周金文通假現象中中古四聲通用情形統計表

		被 借 字				總和
		平	上	去	入	
通假字	平	72 (24%)	24	19	1	116
	上	27	37 (12%)	15	0	79
	去	16	12	30 (9%)	15	73
	入	0	0	13	40 (13%)	53
總和		115	73	77	56	321 (100%)

〈表26〉
兩周金文通假現象中異調合用情形時期別編號一覽表

		西周	西一東	東周	未知	計
平 上	平>上	046·054·059·156 163·165·170·189 190·204·211·239 240　　13	061·110·132·173 174·182·227 　　7	068·088·130 　　3	063 1	24
上 上	上>平	050·060·149·152 194·198· 　　6	032·039·043·051 056·120·153·154 175·200 　　10	004·030·041·042 045·052·113·114 129·192·237 　　11	0	27
平 去	平>去	025·079·135·146 159·214·216·220 223　　9	019·024·108·150 197　　5	083·106·125·160 196·　　5	0	19
	去>平	038·049·082·105 126·147· 　　6	005·145·287 　　3	020·027·028·035 171·202·235 　　7	0	16
平 入	平>入	0	0	070 1	0	1
	入>平	0	0	0	0	0
上 去	上>去	012·016·026·033 037·097·201·224 　　8	009·228 2	034·193·222·234 　　4	073 1	15
	去>上	006·014·086·087 089·248·308 7	008 1	075·100·172·219 　　4	0	12
上 入	上>入	0	0	0	0	0
	入>上	0	0	0	0	0
去 入	去>入	247·251·252·253 257·260·305·310 316　　9	278 1	131·250·279·280 　　4	312 -1	15
	入>去	263·288·291·292 296·298·300 7	262·264·320 3	249·290·321 3	0	13
		65	32	42	3	142

〈表27〉
兩周金文通假現象中同調獨用情形時期別編號一覽表

	西　周	西一東	東　周	未知	計
平一平	001·017·021·022 023·053·058·062 090·092·094·104 115·121·124·134 136·140·142·148 157·158·161·162 164·166·167·169 178·191·195·208 212·213·218·225 238· **37**	029·044·057·067 109·119·138·143 176·183·184·185 205·226·233·236 **16**	002·033·047·069 074·077·078·093 101·111·112·127 128·133·141·177 181 **17**	144 168 **2**	72
上一上	011·015·040·048 055·064·065·091 096·098·116·117 186·207·210·230 231· **17**	018·031·084·085 102·151·187·188 **8**	036·066·081·122 123·139·155·199 221·229·232 **11**	103 **1**	37
去一去	010·072·179·180 206·259·276·277 286·304 **10**	007·080·118·209 217·299·317 **7**	013·076·098·099 107·137·203·215 258·281·282·297 **12**	071 **1**	30
入一入	242·243·245·246 261·265·268·269 270·271·272·274 284·285·289·293 294·301·302·303 309·313·319 **23**	267·306·307·314 **4**	241·244·254·255 256·266·273·275 283·295·311·315 318 **13**	**0**	40
計	87	35	53	4	179

〈表28〉

兩周金文通假現象中同調獨用情形之歷時變動表

	西周 (W)	東周 (E)	增減 (E-W)	備註
平—平	37 43%	17 32%	Δ 11%	
上—上	17 20%	11 21%	1%	
去—去	10 11%	12 23%	12%	
入—入	23 26%	13 24%	Δ 2%	
總和	87 100%	53 100%	—	

〈表29〉

兩周金文通假現象中去聲與其餘聲調之關係歷時演變表

		去　　　聲				總　和	
		西　周	西－東	東　周	未　知	(1)	(2)
陰聲·陽聲	平	15	8	12	·	35	62
	上	15	3	8	1	27	
	去	5	5	8	1	19	30
入聲	去	5	2	4	·	11	
	入	16	4	7	1	28	28
		56	22	39	2	120	

〈表30〉

兩周金文通假現象中一字假作數字之例匯集表

通假字	被假字	編號	備註	通假字	被假字	編號	備註	通假字	被假字	編號	備註
又	右	007		古	故	037		害	曷	310	
	有	008			姑	039			訇	312	
才	在	019		寺	持	027		羕	永	172	
	材	021			邦	028			祥	171	
女	汝	061		共	供	184		庸	傭	195	
	如	062			恭	185			誦	196	
工	功	183		攸	修	093		異	翼	247	
	空	188			鑒	094			禩	248	
弋	翼	242		且	祖	057		喬	蹻	077	
	式	243			沮	059			驕	078	
友	有	011		者	楮	055		登	鄧	132	
	宥	012			諸	056			烝	133	
反	返	230	返>反:232	匽	郾	221		曾	贈	135	
	鈑	231			宴	222			增	136	
史	使	015		述	遂	298		黃	珩	161	
	事	016			隊	300			璜	162	
司	事	023		射	謝	276		戠	織	245	
	嗣	024			榭	277			識	246	

〔續表〕

賜	易	261		戀	鑾	225		尃	傅	066	寺>尃 :104

字	通假字	號	備註
賜	易	261	
	賜	262	
誨	謀	005	每>誨 :033
	敏	006	
露	靈	143	
	蠕	144	
厭	嚴	238	
	獵	240	
盧	盧	053	
	櫨	054	
竈	造	098	
	簉	099	
豐	禮	116	
	醴	117	
侖	襧	293	
	趛	294	
雛	饗	181	
	攤	182	
憂	擾	089	
	柔	090	

字	通假字	號
戀	鑾	225
	蠻	226

以上一字假作二字者，凡38例。

字	通假字	號
且	祖	061
	租	062
	沮	063
弗	拂	301
	彌	302
	不	303
每	謀	030
	敏	031
	誨	033
甬	通	192
	用	193
	釭	194
佳	唯	110
	誰	111
	雖	112
	薄	065

字	通假字	號	備註
尃	傅	066	寺>尃 :104
	尃	069	
堇	謹	199	
	勤	200	
	瑾	201	
童	動	189	
	踵	190	
	東	191	
備	瑾	250	
	服	251	
	箙	252	
聞	韅	211	
	昏	212	
	婚	213	

以上一字假作三字者，凡10例

字	通假字	號
乍	作	278
	迮	280
	祚	281
	胙	282

〔續表〕

各	洛	267		段	蝦	040		井	邗	151	
	窩	268			瑕	041			邢	152	
	略	270			遐	042			荆	153	
	客	275			暇	043			型	154	
易	揚	166		啻	適	257		以上一字假作四字者,凡6見。			
	陽	167			帝	258					
	場	169			褅	259					
	盪	170			敵	260					

〈表31〉

兩周金文通假現象中數字假作一字之例匯集表

被借字	通假字	編號	備註	被借字	通假字	編號	備註	被借字	通假字	編號	備註
有	又	008	有>右 009	佫	各	267	佫>憲 269	媵	賸	137	
有	友	011		佫	客	271		媵	朕	234	
妣	匕	122		揢	折	315		辟	璧	265	
妣	祀	123		揢	誓	316		辟	闢	266	
荆	型	141		烝	登	133		裕	谷	288	
荆	井	153		烝	升	134		裕	俗	291	
忘	朢	179		恭	共	185		箙	備	262	
忘	謹	180		恭	龏	187		箙	葡	253	
事	史	016	事>士 014	納	内	305		賞	商	173	賞>償
事	司	023		納	入	319		賞	賣	174	
沮	狙	059		敏	誨	006		謀	誨	005	
沮	且	063		敏	每	031		謀	每	030	
征	正	145	征>正 146	揚	易	166		靜	靖	155	
征	政	149		揚	陽	168		靜	青	156	
易	愓	255	易>賜 264	隊	家	299		雖	隹	112	
易	賜	261		隊	述	300		雖	唯	113	
畏	威	106	畏>威 105	弼	弗	302		盪	湯	163	
畏	愧	107		弼	匹	307		盪	易	170	

〔續表〕

翼	弋	242	
	異	247	
嚴	敢	237	嚴〉獵 239
	厰	238	

以上一字被借作二字者，凡29見。

右	又	007	
	有	009	
	頁	013	
勾	過	131	
	割	309	
	害	312	
考	丂	084	考〉孝 085
	孝	086	
	老	091	
作	乍	278	
	詐	279	
	酢	283	
祖	俎	057	
	廠	058	

	且	061
媾	耩	071
	遘	072
	顜	073
嗣	司	024
	嗣	025
	似	026
賜	賜	262
	錫	263
	易	264
寶	匐	088
	保	102
	缶	103

以上一字被借作三字者，凡9見

期	其	001
	基	002
	淇	003
	真	004
	各	268

窻	佫	269
	零	273
	洛	274

以上一字被借作四字者，凡2見。

第六章　結　　論

　　在第五章，爲了將金文通假現象提供深入研究周代(BC
11 C～BC 3 C)語言文字參考起見，對於本文所採爲例證
的兩周金文通假字（總 321 字組），進行細密的歸類、分析、
統計，製成 31 種表格；同時在這些表上列舉通假字組編號，
以求便於讀者檢查之用。所以，此 31 種表格乃本文研究成
果之總輯，亦可視爲本論文的結論。再者，可由此表歸納、
分析而得的事實甚多，於此則不一一列舉，只就以上所舉31
種表中之一般情形略加條陳說明於後：

1. 兩周金文通假字之時代別出現情況（參見表 1、2、3 ）：

　(1)僅見於西周銘文者：151 組（佔 41％ ）

　(2)兩周銘文並見者　：　68 組（佔 21％ ）

　(3)僅見於東周銘文者：　95 組（佔 30％ ）

2. 西周各期別通假現象出現情況：

　(1)出現字數（參見表 1、4、5 ）

　　①一期僅見者：100 組

　　　㈠初期（ WE ）：24

　　　㈡中期（ WM ）：33

　　　㈢晚期（ WL ）：43

②兩期並見者：41 組

③每期均見者：10 組

(2)出現頻率（參見表 1、2 ）

①初期（ WE ）：202 次（佔 20% ）

②中期（ WM ）：397 次（佔 39% ）

③晚期（ WL ）：418 次（佔 41% ）

3.東周各區別通假現象出現情況（參見表 1、2、6 ）：

(1)各區別出現字數及頻率：

①東土系（EE）：33 字　·　152 次（佔 37% ）

②西土系（EW）：24 字*·　 62 次（佔 15% ）

③南土系（ES）：17 字　·　 66 次（佔 16% ）

④北土系（EN）：33 字*·　 79 次（佔 19% ）

⑤中土系（EC）：10 字　·　 52 次（佔 13% ）

　* 各區別出現字數中，最多西周銘文已見者，乃西土系
　　通假現象，即西土系 24 字中 14 字已見於西周銘文，
　　反之，此類最少者，乃北土系通假現象，即北土系33
　　字中已見於西周銘文者僅有 5 例（參見表 6 ）。由此
　　可知，東周西土系文字文化與西周較接近，北土系則
　　與此不類。

(2)東周 33 國銘文中，通假現象最多者，乃中山國彝銘
　　（參見表 8 ），中山國三器銘文總字數達到 1,123 字。

(3)東周五個地區均見之通假字例，只有一例，即 012 保＞

寶（參見表 7 ），此例亦見於西周中期銘文即WM 2135
（格伯毁）。

4. 通假字與被借字（本字）之最早出現（字形）時期別情況
（參見表 9 、 10 ）。

(1)金文通假現象中通假字已見於甲骨文者：179 字（佔56
％）

(2)金文通假現象中被借字已見於甲骨文者： 69 字（佔 22
％）

(3)金文通假現象中被借字未見於戰國以前地下文物資料者：
119 字（佔 37％）

＊由此可知，被借字（本字）出現時期多（最少 37％ 以
上）比通假字晚出，即後起。還有值得一提的是：由此
現象觀之，不可以「既有其字」作爲區別「假借」與「通
假」的標準。

5. 通假字與被借字之字形結構關係（參見表 11 、 12 、 13 、
14 ）：

(1)六書歸類（依說文）（參見表 11 ）

①凡通假字爲非諧聲字者：152 字（佔 48％）

②凡通假字爲諧聲字者 ：162 字（佔 42％）

③凡被借字爲非諧聲字者： 59 字（佔 19％）

④凡被借字爲諧聲字者 ：255 字（佔 81％）

＊足見，金文通假現象中被借字（本字）幾乎都（ 81

％）是諧聲字，然而諧聲字被用爲通假字者亦不少，佔42％，此即指諧聲字之聲化現象（ phonetic substitution 或 phonetic transfer ）。

(2)六書歸類之時代情況（參見表 14 ）：

①以非諧聲字作爲通假字者，西周時佔52％；東周時佔37％（減少 15％：以佔有率爲準對比）。

②以諧聲字作爲通假字者，西周時佔 48％；東周時佔63％（增加：15％）。

＊可見，諧聲字之聲化現象東周時相當廣泛普遍，比西周增加15％（以佔有率爲準對比）。

6. 通假字與被借字之諧聲系統（參見表 15 、 16 ）：

(1)一般情形

①凡屬同一諧聲系統者：202 組＊（佔64％）

②凡屬不同諧聲系統者：112 組＊（佔36％）

＊ $\begin{cases} 202 = 表 15 之 A 類（ 144 ）＋ B 類（ 42 ）＋ C 類 \\ \qquad（ 16 ） \\ 112 = 314 － 202 \end{cases}$

(2)諧聲系統之類型（參見表 15 、 16 ）

①A 類（ 如 001 其＞期 ）：144 組＊，佔71％

②B 類（ 如 006 誨＞敏 ）： 42 組 ，佔21％

③C 類（ 如 261 賜＞易 ）： 16 組 ，佔 8％

＊ A 類之歷時差別（參見表 16 ）

$\left\{\begin{array}{l}\text{西周：72 組，佔 66\%}\\\text{東周：35 組，佔 49\%}\end{array}\right.$

可見，東周比西周減少 17％（以佔有率爲準對比），

乃東周時諧聲字大量增加所反映之現象。

7. 通假字與被借字之字音關係（參見表 17 ～ 29 ）

(1)一般情形（參見表 17 ）

①聲韻並同者　　　：155 組，佔 48.3％

②韻部相同者　　　：302 組，佔 94.1％

③聲母相同者　　　：169 組，佔 52.7％

④聲相近（七音）者：233 組，佔 72.6％

⑤聲相近（五音）者：277 組，佔 86.3％

⑥聲調相同（四聲）者：179 組，佔 55.8％

＊其中值得一提的就是聲調相同者，佔 55.8％，比聲母相同者多一點。前人辨別通假字時只照顧音同、雙聲、疊韻三條件，而多忽略聲調相同與否，由此可知應該考慮此問題，而且可以此現象作爲考訂上古聲調情形的材料。

(2)聲母方面（參見表 19 ～ 23 ）：

①中古輕唇音重唇音通用例：11 組、46 次出現，其中微↔明通用者最多：6 組、40 次出現。再由歷時差別情形來看，多爲只見於西周銘文，其例共有 7 組，35 次出現（參見表 20 ）。

②中古泥、娘、日三母通用例：9組，77 次出現（參
見表 21 ）

㈠泥↔日： 4 組 * 、 10 次

㈡泥↔娘： 一 、 一

㈢日↔娘： 2 組、 61 次（ 051 女＞汝： 59 次）

* 章太炎有「娘日二母古歸泥」說，古音學家多承認一
半可信，即就「日母古歸泥」說不以爲然，由金文通
假現象觀之，此亦可以取信。

③中古喻母四等與其餘聲母通用之例： 35 組（ 參見表
22 ）

㈠喻↔喻： 13 組

㈡喻↔定： 5 組

㈢喻↔透： 2 組

㈣喻↔邪： 4 組

④唇音與牙音、舌頭音互通之例：10組（參見表 18 、
23 ）

㈠兩周金文通假字中唇音字，除與唇音字相通之外，
僅與牙音、舌頭音通用，其餘全無一例。

㈡互通內容

㈲曉（ *x- ）↔明（ *m- ）： 6 組

㈡來（ *l- ）↔明（ *m- ）： 2 組

㈢端（ *t- ）↔明（ *m- ）： 1 組

㈠其餘：1 組

* 其中，*x- 與 *m- 互通之例最多，<u>高本漢</u>（B. Karlgren ）擬為 *xm- 複聲母；<u>董同龢</u>則主張上古時存在唇鼻音 *m̥- ，待考。

(3)韻部方面（參見表 24 ）

①兩周金文通假字總 321 組中，凡異部通假之例，僅19見，其餘皆為同部通假（ 302 組，佔 94.1％ ）

②此統計則依<u>王力</u> 29 部說以分別歸類而得的，如依<u>段玉裁</u>17 部說或<u>董同龢</u>22 部說則韻部相同之例，可達到 95％ 以上。由此觀之，<u>段玉裁</u>「古假借必同部說」（<u>六書音均表</u>、<u>今音古分十七部表一</u>），可以取信。

③不同韻部之間的關係

㈠通韻

㈡陰入對轉

之職通韻（ə∥ək）：248 異（*ʎiək）＞禩（*ziə）

249 則（*tsək）＞載（*tsə）

侯屋通韻（o∥ok）：290 祝（*tɕiok）＞鑄（*tɕio）

292 僕（*bok）＞附（*bio）

魚鐸通韻（a∥ak）：287 慕（*muak）＞謨（*mua）

㈢陰陽對轉

微文通韻（ai∥ən）：115 衣（*iəi）＞殷（*iən）

㈣陽入對轉

元月通韻（an∥at）：317 邁（*meat）＞萬（*muan）

(二)合韻

　　幽侯合韻（ u∥o ）　：083 鳩（*kiu）＞句（*kio）

　　蒸侵合韻（əng∥əm）：234 朕（*diəm）＞滕（*ʎiəng）

　　眞耕合韻（eng∥en）：215 奠（*dyen）＞鄭（*dieng）

　　物緝合韻（ət∥əp）　：305 內（*nuət）＞納（*nəp）

　　　　　　　　　　　　320 立（*liəp）＞位（*liət）

(三)其他

　　魚幽（a‖u）：069 尃（*piua）＞孚（*piu）

　　　　　　　　104 孚（*piu）＞尃（*piua）

　　魚月（a‖at）：070 雩（*ɣiua）＞越（*ɣiuat）

　　歌月（ai‖at）：131 過（*kuai）＞句（*kat）

　　覺宵（uk‖o）：296 學（*ɣeuk）＞敎（*keô）

　　緝質（əp‖et）：321 立（*liəp）＞泣（*liet）

　* 於此值得一提的情形有三：

　(a) ｜ 通假字（入聲）＞被借字（陰聲）之例：凡 7 見
　　　｜ 通假字（陰聲）＞被借字（入聲）之例：凡 2 見

　(b) ｛ 陰入互通之例：凡 9 見
　　　｛ 陰陽互通之例：僅 1 見
　　　｛ 陽入互通之例：僅 1 見

　(c)　收 -p 與收 -t 互通之例：凡 3 見

(3)聲調方面（參見表 25～29 ）

①一般情形

  ㈠同調獨用之例：179 組，佔 55.8％

  ㈡異調互通之例：142 組，佔 44.2％

②同調獨用情形（參見表 25、27、28 ）

  ㈠平—平：72 組，佔 24％（ 72/321 × 100 ）

  ㈡上—上：37 組，佔 12％（ 37/321 × 100 ）

  ㈢去—去：30 組，佔 9％（ 30/321 × 100 ）

  ㈣入—入：40 組，佔 13％（ 40/321 × 100 ）

③同調獨用之歷時變動情形（參見表 28 ）

  ㈠上聲獨用及入聲獨用，兩周之間佔有率大致相同，即未有顯然的變動。

  ㈡平聲獨用及去聲獨用之佔有率，兩周間之變動較大：

    ㈑東周時平聲獨用之佔有率，比西周減少 11％

    ㈒東周時去聲獨用之佔有率，比西周增加 12％

  ＊可見去聲字東周時大量產生。

④去聲與其餘三聲之關係（參見表 29 ）

$$\begin{bmatrix} 平—去 \\ 上—去 \end{bmatrix} \text{對} [\,去—入\,] : \begin{cases} 西周時：5 對 5 \\ 東周時：8 對 4 \end{cases}$$

 ＊其原因何在？這是很有意思的問題，而不容易說，待考。

8.其他

(1)一字假作數字之例，凡 54 見（ 參見表 30 ）

①一字假作二字之例，凡 38 見

②一字假作三字之例，凡 10 見

③一字假作四字之例，凡 6 見

＊如此現象更爲廣泛應用的話，漢字可會變成表音文字。

(2)數字假作一字之例，凡 40 見（參見表 31 ）

①二字假作一字之例，凡 29 見

②三字假作一字之例，凡 9 見

③四字假作一字之例，凡 2 見

＊由此可知，在兩周時代文字之約定俗成程度太不嚴格。

(3)在第三章兩周金文通假字例證，將詩、書等先秦典籍中與金文文例相通者，盡量尋找而互相核對，以此作爲辨別金文通假字的佐證。在此一過程中，筆者發現了詩經、大雅、皇矣三章中有一字乃傳抄時因形近而訛誤者。先秦典籍，「本經失傳，口以傳說」（隋書・經籍志），「傳寫既久，肴雜難辨」（說文義字下段注），其中訛誤實難估計。前人曾與金文文例核對而發現了此類訛誤，將本文所舉者包括在內，製表提要如下：

典籍編名 ＼ 區分	典 籍 之 文 例	金 文 之 文 例	訛 誤 內 容	發　現　者
尚書・大誥	「寍考」、「寍王」、「前寍人」、「寍武」	「文考」、「文王」、「前文人」、「文武」	「寍」當作文	吳大澂、「字說」、孫詒讓「名原序」

論語·公冶長	子貢曰：「何器也？」子曰：「璉瑚也。」		「璉」當作簋（甌、軌）	高明·「中國古文字學通論」序言 p2
墨子·節葬篇	「鼎、鼓、壺、濫」		「鼓」當作敦	同上
詩、大雅、皇矣三章	「奄有四方」	「竈囿三方」（EW 02109：秦公毁）「竈又下國」（EW 02110：秦公鎛）	「奄」當作竈	詳見第三章 098竈＞造條

　　金文通假現象，與兩周之間有關語言文字問題都息息相關。所以，由本文第三、四、五章可以得知的事實，除了以上所舉者之外，尚有甚多。然而，於此則不再贅述，因為研究金文通假現象的價值雖然相當大，但由此歸納而得的結果終究不是解決任何問題的唯一憑據，而是一個佐證材料而已。為了對某一問題下了一個定論，必須照顧其它因素，不容一概而論。因此，除了以上所提到的問題以外，其餘問題，只好留待以後再努力。

〔附錄 I〕

本論文所採取銘文資料篇目(西周篇)

編號	區分	器名	字數	斷代根據	大系	斷代	通釋	其他
WE1 001	(一)(武王) 西初之	利段	32	從文物1977:8	·	·	·	文物1977:8
002		保卣	46	從陳說	·	(二)157	4:173	學報1958:1
003		天亡段	78	郭·容·陳皆同	1	(二)150	1:1	·
004	之(成王) 周期	小臣單觶	22	從陳說	2	(二)160	3:89	
005		令段	110	郭·容·陳皆同	4	(二)76	6:245	金文集145
006		令彝	187	同上	6	(二)276	同上 147	
007		䚅段	26	同上	10	(二)91		
008		明公段	22	郭·容·陳皆同	11	(二)69	3:132	
2009		禽段	23	郭·陳皆同	12	(二)73	3:103	
2010		宜侯白段	34	郭·容·白皆同	14	(二)116	5:236	
2011		耳尊	27	郭·陳皆同	16	·	5:204	
2012		中方鼎一	57	郭·陳皆同	16	·	·	積微128·223
2013		中方鼎二	39	同上	17	·	·	積微129
2014		中觶	36	同上	19	·	·	嘯堂上35
2015		中𣪕鼎	100	同上	19	·	·	餘貤162六
2016		臺鼎	33	郭·陳皆同	20	(二)173	5:205	
2017		班段	198	郭·容·陳皆同	20	(二)70	·	文物1972:9
2018		小臣謎段	64	同上	23	(二)170	13:719	金文集204
2019		御正衛段	23	郭·陳皆同	25	(二)84	13:746	同上 208
2020		呂行壺	21	郭·陳皆同	25	·	·	積微203
2021		小臣宅段	52	郭·容·陳皆同	26	(二)83	13:737	金文集206
2022		旅鼎	33	同上	27	(二)170	2:72	
2023		大室段	34	郭·容·陳皆同	27	(二)95	2:58	
2024		保卣	35	郭·容·陳皆同	28	(二)174	5:217	
2025		霝鼎	18	郭·容·陳皆同	29	(二)174	5:223	
2026		霝鼎	26	同上	29	·	5:229	
2027		臺鼎	33	郭·容·官皆同	30	·	7:317	金文集173
2028		趞鼎	69	從郭說	31	·	14:811	同上 194
2029		御士尊	23	從陳說	·	(二)120	7:317	同上 148
2030		獻矦鼎	21	郭·容·白皆同	31	(二)118	7:333	同上 154
2031		臣辰盉	50	郭·容·官皆同	32	(二)92	7:349	
2032		盂爵	42	從學報1962:1	·	·	·	學報1962:1
2033		趙尊	122	從文物1976:1	·	·	·	文物1976:1
2034		縣改尊	27	從文物1972:7	·	·	·	文物1972:7
2035		大鼎	32	從陳說	·	(二)109	·	錄遺考82
2036		矢方段	118	從郭說	·	(二)165	·	學報1956:1 錄遺考117
2037		鼎	25	同上	·	·	·	文物1959:7
2038		鼎鼎	11	同上	·	·	·	同上
2039		德方鼎	18	同上	·	·	·	同上
2040		叔德方彝	35	從陳說	·	(二)168	3:115	
2041		舀	46	同上	·	(二)79	·	錄遺考205

					器名		從...說					
	2	0	4	3	作冊翻卣	63	從陳說	·	(三)111	2:77	錄遺考161
	2	0	4	4	叔卣	32	同上	·	(三)65	2:345	
	2	0	4	5	孟辟設	21	從陳說	49	(三)119	17:345	
	2	0	4	6	裘盉	40	同上	·	(三)68	·	裘置考163
	2	0	4	7	小子歔鼎	43	同上	·	(三)77	·	文選下2.4
	2	0	4	8	史耳鼎	50	同上	·	(三)82	7:346	金文集160
	2	0	4	9	諫設	52	從李學勤·唐雲明說	·	(三)81	·	考古1979:1
WE 3	3	0	5	0	師旅鼎	79	從陳說	26	(四)105	13:762	金文集180
(康王)	3	0	5	1	作冊大鼎	41	同上·容白亦同	33	(三)84	4:440	同上 186
	3	0	5	2	大盂鼎	291	郭·容·陳·白官同	33	(三)93	12:649	同上 184
	3	0	5	3	小盂鼎	390		35	(四)85	12:682	
	3	0	5	4	周公設	69	從郭·容說	39	(三)73	2:444	金文集166
	3	0	5	5	耒鼎彝	165	同上	40		·	續徵132
	3	0	5	6	盂盉	37	同上	42		·	西清13.10
	3	0	5	7	庚贏鼎	30	同上	42		11:648	
	3	0	5	8	庚贏卣彝	53	從郭·陳說	43	(三)91	16:49	金文集215
	3	0	5	9	史臨鼎	37	從郭說	43		·	西清3:39
	3	0	6	0	臣設	23	從郭·容說	45		·	
	3	0	6	1	富鼎彝	82	從郭·容·白說	45	(三)106	9:508	金文集163
	3	0	6	2	高卣尊	39	從陳·白說	·	(三)90	·	錄遺考94
	3	0	6	3	過卣	30	從古文字:5	·		·	文物1978:3
	3	0	6	4	趙卣	38	從陳說	60	(四)107	17:183	金文集225
	3	0	6	5	趙設	51	同上	66	(四)111	17:153	
	3	0	6	6	說設	33	同上	66	(四)111	17:162	金文集248
	3	0	6	7	南宮柳鼎	62	從考古1979:1	·		·	考古1979:1
	3	0	6	8	一	79	從錄遺考:98	·		·	錄遺考:98
	3	0	6	9	栟鼎	24	從白說	·		13:764	金文集167
	3	0	7	0	二	16	同上	·		13:766	
WE 4	4	0	7	1	段設	57	從郭·白說	50	14:804	金文集213
(昭王)	4	0	7	2	宗周鐘	122	同上	51	18:60	金文集272
	4	0	7	3	獻設	19	從郭·容·白說·官同	53	通論88
	4	0	7	4	遹伯設	16	同上	54	14:795	金文集202
	4	0	7	5	沈子設	152	從郭·白說	46	(四)108	15:7	同上 217
	4	0	7	6	鮭設	44	從陳說	·	(四)117	11:645	
	4	0	7	7	無其設	58	從陳說	120	(四)117	22:62	金文集330
	4	0	7	8	友設	46	同上	·	(四)118	18:222	
	4	0	7	9	尸姞齊鼎	65	同上	·	(四)119	·	
	4	0	8	0	舍姞鼎	38	同上	·	(四)120	·	
	4	0	8	1	井鼎	30	同上	·	(四)120	16:714	金文集259
	4	0	8	2	次卣尊	30	同上	·	(四)121	14:281	
	4	0	8	3	豐尊	31	從古文字:5	·		·	文物1978:3
	4	0	8	4	折觥	40	從文物1978:3	·		·	文物1978:3
	4	0	8	5	默設蓋	16	從文物1972:7	·		·	文物1972:7
	4	0	8	6	曾侯尊盉	22	從文物1981:9	·		·	文物1981:9
	4	0	8	7	馮叔盉	19	從文物1986:1	·		·	文物1986:1
	4	0	8	8	麟紀進方鼎	30	同上	·		·	同上
	4	0	8	9	麟紀進圓方壺	8	同上	·		·	同上

4 0 9 0	觀圓壺	9	從文物 1986:1	·	·	·	文物 1986:1
4 0 9 1	觀爵	6	同上	·	·	·	同上
4 0 9 2	宵鼎	14	同上	·	·	·	同上
4 0 9 3	大小智鼎殷	9	同上	·	·	·	同上
4 0 9 4	卻美公盨	50	從陳白說	·	·	·	2:24 錄遺考:165
4 0 9 5	能匋簋与	5	從文物 1986:8	·	·	·	文物 1986:8
4 0 9 6	同上	8	同上	·	·	·	同上
4 0 9 7	小夫	8	同上	·	·	·	同上
WM1 0 9 8	遹殷	55	從郭·唐·陳·白說，皆同	55	□85	16:159	金文集 257
0 9 9	静殷	90	從郭·唐·陳說，皆同	55	·	16:123	同上 243
西中 1 0 0	靜匜簋	36	從郭說	56	·	16:132	同上 255
1 0 1	小趞	30	同上	56	·	16:114	金文集 251
1 0 2	趞曶方夫	83	同上	56	·	18:263	同上 241
周期王 1 0 3	召夫殷	43	同上	58	·	18:259	同上 262
1 0 4	剌鼎	44	同上	58	·	18:256	同上 264
1 0 5	寰盤	51	從郭·唐·陳說，皆同	59	□87	17:177	同上 226
1 0 6	橋卣	31	從郭說	59	□108	·	禰壺上38
1 0 7	敔殷	41	同上	60	·	17:202	金文集 220
1 0 8	彔殷	53	同上	61	·	·	同上 219
1 0 9	彔殷	49	同上	61	·	19:198	同上 222
1 1 0	彔伯戒殷	32	同上	62	·	17:207	
1 1 1	伯戒殷	112	同上	62	·	17:207	
1 1 2	戒方鼎一二	31	從唐蘭說	64	·	·	文物 1976:6
1 1 3	戒殷	65	同上	·	·	·	同上
1 1 4	戒殷	116	同上	·	·	·	同上
1 1 5	善鼎	134	從郭說	66	·	23:95	金文集 230
1 1 6	縣妃殷	112	同上	67	·	17:167	學報 1957:1 鐵遺213
1 1 7	田盉	89	從郭·陳·白說，皆同	·	5:121	·	文物 1976:5
1 1 8	長衛殷	57	從唐蘭說	·	·	·	文物 1972:7
1 1 9	不史方鼎	73	從文物 1986:8	·	·	·	文物 1986:8
1 2 0	不生	34	從阿漢面說	·	·	21:120	文物 1964:4
1 2 1		27	從郭·唐·陳·白說，皆同	68	□88	20:377	金文集 281
WM2 1 2 3	師殷	102	同上	69	□97	20:384	
恭 1 2 4	趞殷	56	從郭說	70	□106	24:174	金文集 360
1 2 5	曹曹湯殷	57	同上	71	·	24:165	同上 361
1 2 6	史頌鼎	63	從郭·唐·陳·白·周說，皆同	73	□91	19:363	同上 294
王 1 2 7	師虎殷	151	從郭·陳·白·周說，皆同	74	□99	19:370	同上 275
1 2 8	師奐殷	124	從郭說				
2 1 2 9	父殷	102	從郭·陳·白說，皆同	77	□93	20:440	金文集 286
2 1 3 0	師豆閒殷	47	從郭·唐·陳說，皆同	78	□95	21:515	同上 288
2 1 3 1	師奉父鼎	92	同上	79	□96	·	
2 1 3 2	師走殷	93	從郭·唐·陳·白說，皆同	79	□91	20:449	
2 1 3 3	剌楷鼎	75	從郭說	81	·	20:442	
2 1 3 4	伯殷	70					文物 1975:8
2 1 3 5	師執殷	79	從文物 1975:8				同上
2 1 3 6	即殷	197	同上				
2 1 3 7		72					

	器名		頁	說	郭	(大)		著錄
2138	永盂		123	從唐蘭說	·	·	·	文物1972:1
2139	五祀衛鼎		207	從唐蘭說	·	·	·	文物1976:5
2140	九祀衛鼎		195	同上	·	·	·	同上
2141	衛盉		132	同上	·	·	·	同上
2142	牆盤		284	同上	·	·	·	文物1978:3
2143	癲𧃒		60	從文物1978:3	·	·	·	同上
2144	癲𣪘		44	同上	·	·	·	同上
2145	三年癲壺		60	同上	·	·	·	同上
2146	十三年癲壺	甲組	56	同上	·	·	·	同上
2147	癲鐘甲丙丁組	乙組	104	同上	·	·	·	同上
2148	癲鐘丙組		109	同上	·	·	·	同上
2149	癲鐘戊組		103	同上	·	·	·	同上
2150	恒𣪘蓋		51	從文物1975:8	·	·	·	文物1975:8
2151	師望鼎		94	從郭說	80	·	·	
2152	望𣪘		89	同上	80	(大)99	·	
2153	牧𣪘		221	同上	75	·	·	
3154	匡卣		50	從郭·容說	82	·	·	
3155	㽙鐘		33	從郭說	83	(大)103	19:344	金文集239
3156	師遽𣪘奔		57	同上	84	(大)101	19:493	238
3157	師遽方彝		66	同上	84	·	21:505	237
3158	師𩛥鼎		62	從郭·容說	85	·	·	
3159	同𣪘		152	同上	86	·	·	
3160	大𣪘蓋		91	同上	87	·	29:571	金文集328
3161	大𣪘		107	從郭說	·	(大)112	21:491	
3162	大鼎		40	同上	88	·	29:491	金文集342
3163	免𣪘		81	從郭·容說	89	(大)106	21:44	
3164	免簠		64	同上	90	·	·	
3165	史免盤		44	同上	90	·	·	
3166	免卣		22	同上	90	(大)113	21:469	
3167	史懋壺		33	從郭說	91	·	21:468	金文集289
3168	守宮卣		49	從郭說	91	(大)112	21:494	金文集276
3169	馬盉		41	從郭說	93	(大)114	·	錄遺考498A
3170	盠方尊		66	同上	92	·	·	學報1957:2
3171	盠方彝		94	同上	·	·	·	同上
3172	史喪鐘		107	同上	·	·	19:101	同上
3173	師𦱤𣪘		48	從吳鎮烽·雒忠如說	·	·	·	文物1975:8
3174	史王臣簠		85	從吳鎮烽·王東海說	·	·	·	文物1980:5
3175	伯尚盉		17	從文物1979:11	·	·	·	文物1979:11
3176	呂服余鼎		66	從王慎行說	·	·	·	文物1986:4
3177	伯姜鼎		64	從文物1986:1	·	·	·	文物1986:1
3178	大𣪘蓋		70	從陳說	·	(大)118	22:126	
3179	大𣪘		28	同上	·	(大)117	22:43	
3180	師虎𣪘		44	從郭·容說	93	(大)104	9:449	金文集190
3181	召父辛鼎		12	從郭說	95	·	9:446	同上 193
4182	郭父𣪘		14	從郭說	95	·	9:490	同上 192
4183	改盨		403	從郭·白說	96	(大)115	23:113	同上 303
4184	改盨蓋		102	從郭說	99	·	23:149	同上 309

註：闕3177號.

期	編號	器名	字數	說		(六)	卷:頁	出處
	4 1 8 7	陝盱毀	23	從郭說	100			
	4 1 8 8	趞曹	68	同上	101	(六)113	24:449	金文集277
	4 1 8 9	效卣	68	同上	101		16:100	
#M	5 1 9 0	紫毀	159	同上	102	(六)444		
(恭	1 9 1	不嬰毀	152	同上	106		32:444	金文集379
王	1 9 2	無曇侯鼎	79	同上	107		30:266	文物1981:9
)	1 9 3	敔毀	139	同上	109			積微:75
	1 9 4	伯克壺	58	同上	110			
5	1 9 5	克鐘	81	同上	112			
5	1 9 6	南季鼎	55	同上	113	(六)117	22:22	
WL/	1 9 7	兌毀	43	從自說			31:715	
(厲	1 9 8	䞣匜	157	從文物1976:5				文物1976:5
西	1 9 9	大師虘簋蓋	17	從文物1982:2				文物1982:2
晚	2 0 0	師奎父鼎	111	從郭說	114			積微138,255
周	2 0 1	師晨鼎	103	從郭容說	115	(六)117		
期	2 0 2	師伯晨鼎	100	同上	115		22:28	金文集343
)	2 0 3	師餘毀	99	從郭說	117	(六)117	22:9	同上 290
	2 0 4	諫毀	100	從郭容吳閩說,皆同	117		22:25	同上 292
	2 0 5	揚毀	107	從郭容說	118	(六)121	23:81	
	2 0 6	單伯鐘	34	同上	118			
	2 0 7	㝬毀	58	從郭說	119		25:278	金文集340
	2 0 8	師艅仲匜	22	從郭容說	120		25:475	
	2 0 9	何毀	53	從郭說	120			嘯堂下97
	2 1 0	多友鼎	275	從李學勤說				人文雜志1981:6
	2 1 1	大克鼎	290	同上	121		28:493	金文集322
	2 1 2	小克鼎	107	同上	123		28:498	
	2 1 3	克盨	72	同上	123		28:552	金文集317
	2 1 4	微變鼎	64	同上	123			薛氏10-8
	2 1 5	鬲从盨	138	同上	124		29:614	
	2 1 6	伊毀	103	同上	125		28:620	金文集327
	2 1 7	寰盤	103	同上	126		29:590	
	2 1 8	攸从鼎	102	同上	127		29:607	金文集344
	2 1 9	土父鐘	19	從郭容說	128			
	2 2 0	大人盤	357	從郭容說	129		24:191	金文集345
	2 2 1	寰皇父毀	36	從郭說	131		27:469	
	2 2 2	叔向父毀	67	同上	132	(六)106	27:433	金文集348
	2 2 3	番生毀	139	同上	133		27:44	
	2 2 4	南宮壺一二	32	同上	134		27:447	金文集325
	2 2 5	師旋簋	99	同上			28:140	學報1962:1
	2 2 6	師旋臣簋	59	同上				同上
	2 2 7	師公毀	43	從文物1976:5				文物1976:5
	2 2 8	虢旅鐘	91	從郭容說	127		26:36b	金文集331
	2 2 9	歝毀	124	從羅西章說				文物1979:4
	2 3 0	朝師㝨毀	103	從郭說			26:157	學報1958:2
	2 3 1	㝨旅鼎	50	從馬承源說				考古1979:1
	2 3 2	師酉毀	28	從自說			16:150	
	2 3 3	禹鼎	206	從泥寧春說				錄遺考:99
WL2	2 3 4	師兌毀	106	從郭說	88		29:553	文史論叢348頁

517

	編號	器名	字數	說				出處
	2235	虢季子白盤	111	從容·白說	103	·	22:800	金文集 377
	2236	弭叔簋	72	從郭說	·	·	21:116	文史論集 347頁
宣	2237	毛公鼎	497	從郭容說	135	·	30:637	
	2238	師訇簋	213	同上	139	·	·	積微 77
王	2239	訇簋	133	從郭說	·	·	31:182	文史論集 348頁
	2240	詢簋	156	同上	140	·	·	積微 141
	2241	召伯虎簋一	104	從郭容說	142	·	·	金文集 375
	2242	召伯虎簋二	104	同上	144	·	33:860	金文集 374
	2243	今甲盤	133	同上	143	·	32:705	同上 366
	2244	師寰簋	117	同上	146	·	29:600	同上 337
	2245	所伯簋	150	從郭說	147	·	·	積微 93,206
	2246	師髮簋	142	從郭容說	149	·	31:767	金文集 380
	2247	井人安鐘	91	從郭說	149	·	·	
	2248	戴叔鐘	72	同上	150	·	·	
	2249	無叀鼎	94	從郭說	151	·	26:344	
	2250	休盤	90	從郭說	152	·	25:396	金文集 294
	2251	杜伯盨	17	從郭容說	153	·	30:706	
	2252	杜伯盨	30	同上	153	·	33:894	
	2253	善夫山鼎	121	從白說	·	·	26:154	
	2254	師同鼎	54	從文物 1982:12	·	·		文物 1982:12
	2255	此鼎	112	從文物 1976:5	·	·		文物 1983:6
	2256	駒父盨蓋	82	同上	·	·		文物 1976:5
	2257	伯寬父盨	27	從劉啟益說	·	·		文物 1979:11
	2258	甜伯簋	71	從文物 1966:1	·	·		文物 1966:1
WL	2259	師兌簋一	90	從郭·容·周說,皆同	154	·		
幽	2260	鄭簋	106	從郭·吳·童說,皆同	154	·		
	2261	師兌簋二	128	從郭說	155			
王	2262	宗婦鼎	25	同上	156			
	2263	柞鐘	48	從白說	·	·		文物 1961:7 金文集 382
	2264	追簋	60		·	·	20:442	叢考 263
	2265	伯公父簠	61	從文物 1982:6	·	·		文物 1982:6

[附錄Ⅱ]　　　　本論文所採取銘文資料篇目（東周篇）

編號	區分	器名	字數	大系	文物	通釋	三代	其他
EE01 001	（東周系）	鄦侯殷	37	173		39:470	8:43.1	積微261
〃 002		大史申鼎	33	173				
〃 003		白高匜	17	·	1980:1			
〃 004		甫哀者君鼎	19	·	〃			
〃 005		甫哀白者君盤	20	·	〃			
〃 006		甫白者君匜	20	·	〃			
〃 007		邳太子白伯金鐘	29	·	1984:9			
〃 008		陳大喪史鉿鐘	23	·	〃			
02 009		曾伯簍簠	92	186		39:571		金文集471
〃 010		曾伯荷壺	4	186		39:516	12.26.1	
〃 011		曾子仲宸簠	11	187		39:520	10.6.3	積微149
〃 012		曾子遊簠	6	187		39:521	10.1.5	
〃 013		曾子口簠	20	187		39:520	10.16.2	
〃 014		曾子仲宣鼎	35	187		39:519	4.15.3	積微118
〃 015		曾大保盆	21	188		39:522	18.13.1	
〃 016		曾子伃鼎簠	40	·	1964:7			
〃 017		曾侯宣手簠	37	·	1972:2			
03 018		滕虎皵殷	20	188			·	
〃 019		滕侯殷	14	189		39:502	7.29.1	金文集468
04 020		辥侯盤	23	189			·	
〃 021		辥侯鼎	9	189			·	
05 022		郘公牼鐘	57	190			1.49.2	
〃 023		郘公孝鐘	93	191		39:481	1.62.2	積微30·金文集463
〃 024		郘公鈺鐘	36	191		39:444	1.19.2	金文集464
〃 025		郘君鐘	16	192		39:484	1.8.1	
〃 026		郘大宰鐘	33	192		39:446	1.15.2	
〃 027		郘大宰簠	38	193		39:488	10.24.1	積微76
〃 028		郘友父鬲	16	193		39:490	5.36.3	積微187.273
〃 029		郘討鼎	12	194			3.23.8	
〃 030		郘伯御戎鼎	16	193		39:487	3.37.1	
06 031		寺季故公殷	15	194		39:506	7.33.4	
〃 032		郘逹殷	24	194		39:507	8.20.8	
〃 033		郘逹道鼎	12	194			3.24.5	
〃 034		郘伯鼎	20	195			·	
〃 035		郘伯祀鼎	21	195		39:509	3.49.1	金文集470
07 036		曾戻鐏	10	194		3:125	16.46.5	
〃 037		鲁大嗣徒匜	31	194		39:444	17:39.2	
〃 038		魯大宰原父殷	19	196		39:436	8.3.1	金文集450
〃 039		魯原鐘	8	196			1.3.2	
〃 040		魯伯厚父盤	9	196		39:437	17.43.3	金文集449
〃 041		仲姬俞殷	19	196		39:439	8.2.1	

編號	器名						參考
EE 07 04 2	孟姞兼簋	18	196		49:438	8.1.2	金文集 447
" 04 3	魯伯愈父鬲	15	197			5.31.2	上海 64
" 04 4	魯士商戲簋	29	197		39:448	8.32.1	
" 04 5	魯少司寇封孫宅盤	15	·	1986:4			
08 04 6		25		1964:7			
08 04 7	杞伯每刃鼎	16	197		39:463	3.33.2	金文集 462
" 04 8	杞伯每刃壺	21	198		39:467	12.19.1	同上 460
09 04 9	己侯貉子簋	19	198		14:838	2.2.2	積微 214
" 05 0	洛子鼎	35	198			13.40.3	斷代 5.115
" 05 1	己侯鐘	6	199		39:460	1.2.1	金文集 456
" 05 2	己侯簋	13	199		39:462	7.27.4	金文集 457
" 05 3	異公壺	33	199				積微 186
" 05 4	魯叔壺	34	199				文選 下3.13
10 05 5	鑄子叔簠	17	200		39:495	10.13.2	
" 05 6	鑄公簠	21	200		39:493	10.17.2	金文集 465
" 05 7	鑄叔皮父簋	32	200		39:497	8.38.1	積微 241
11 05 8	叔夷鐘	510	203				嘯堂 下75, 薛彝考 1
" 05 9	叔夷鎛	174	209		38:378	1.66.2-60	金文集 476, 同上 2
" 06 0	庶壺氏鐘	52	211		38:385	1.42.2+91	薛彝考 3
" 06 1	遲父鐘	38	·				同上 4, 嘯堂 下83
" 06 2	齊侯盤	34	211		38:323	17.16.2	同上 5
" 06 3	齊侯作楙姬匜鼎	15					127, 周金 2
" 06 4	齊侯作楙姬匜匜	17					同上 129, 嘯堂 73
" 06 5	齊不史鼎甬	19			·		同上 133, 嘯堂 16
" 06 6	齊不辰女白鬲	15				5.35.2	137
" 06 7	齊縈女辰匜	18					139, 周金 2.70
" 06 8	齊巫姜簋	17			38:338	7.38.2	163, 金文集 432
" 06 9	齊壇姬簋	14					147, 錄遺 146
" 07 0	齊辰敦	11			38:333	·	149, 金文集 431
" 07 1	齊侯豆	22			·		159, 喜齋 8.48
" 07 2	齊良壺盂	15				12.14.4	161
" 07 3	庚壺	205	208				167, 錄遺 232
" 07 4	洹子孟姜壺	166	212		38:388	12.37	177
" 07 5	公孫壺	39	·	1972:5			209
" 07 6	齊侯盤	15	·				215, 積微 171
" 07 7	齊叔姬盤	22	·				217, 錄遺 472
" 07 8	齊縈姬之壚盤	23	·				221, 錄遺 221
" 07 9	歸父叔盤	24			38:348	17.14.1	225, 積微 243
" 08 0		36					231, · 160
" 08 1	齊侯匜	22		1977:3	37:58	17.37.2	233
" 08 2	齊侯寶盂	26		1960:4			237
" 08 3	國差罈	53	202		38:340	18.17.3	241, 積微 44
" 08 4	齊差距忌	8				20.58	253
" 08 5	齊庶右戈	6				20.17	255
" 08 6	陳逆簋	26	215		38:411	8.24.1	259
" 08 7	陳逆簠	97	215		38:408	10.22.2	269
" 08 8	陳喜壺	22	-216		38:412	10.20.1	285
" 08 9	陳喜鬲	43	214		38:404	8.46.2	301, 積微 1??

編號	器名							備註
EE 11090	二午敦	343	216	·	·	·	8:42:2	唐蘭考 345
〃 091	十午陳辰敦錢	34	·	·	·	·	·	同上 349　錄遺考 168
〃 092	陳辰因育錢	79	219	·	38:420	9.17.1	·	同上 335　積微 90
〃 093	陳辰因育鎛	8	·	·	·	20.13	·	同上 349
〃 094	陳辰因壺	4	·	1961:2	·	·	·	同上 351　積微 161
〃 095	陳喜壺	25	·	1962:6	·	·	·	同上 355
〃 096	陳韔盉釜	26	220	·	38:425	12.24.1	·	同上 365
〃 097	丘關鐘	25	221	·	38:427	18.23.2	·	同上 373
〃 098	陳純關鐘	34	223	·	38:431	18.23.1	·	同上 391
〃 099	左關秋敏	4	·	·	·	·	·	同上 397
〃 121	曹晉簠	20	·	1980:5	·	·	·	
EW 11101	鄧伯姜鼎父	121	229	·	·	·	·	嘯堂上8. 薛氏10.11
（西土系）〃 102	鄧公盨	18	230	·	·	·	·	
〃 103	郙壺鐘	145	230	·	35:98	13.13.3	·	積微 73
〃 104	盧羔鐘	26	232	·	35:125	1.54.2	·	同上 170
〃 105	闔于壺劍	61	234	·	36:141	1.32.1	·	同上 161
〃 106	吉日壬劍	50	239	·	36:190	12.29.1	·	
〃 107	晉姜簠	20	240	·	·	·	·	
〃 108	秦公段臣簋	38	·	1944:7	·	·	·	
〃 02 109	秦公鐘	123	247	·	34:1	9.33.2	·	積微 43
〃 110	商鞅量	143	250	·	·	·	·	薛氏 7.2
〃 111	郭虎符	35	250	1972:6	·	·	·	
〃 112	中枡鼎	40	251	·	·	·	·	秦金文錄 44
〃 113	平宗居段	39	·	1965:1.11	·	·	·	
〃 114	虢文公鼎	41	·	1980:9	·	·	·	
〃 03 115	祝段子段簋	20	244	·	34:35	3.48.1	·	金文集 391
〃 116	姜氏子段	44	245	·	·	·	·	文選 下2.29
〃 117	李氏子壺	20	246	·	34:60	8.7.2	·	
〃 118	虞司寇段	17	246	·	34:61	12.16.2	·	
〃 04 119	吳父段	24	246	·	34:69	12.21	·	金文集 393
〃 120	者減鐘一二	21	246	·	·	8.10.1	·	小校 8.12.3
ES 11121	吳王鐘	72	153	·	40:597	1.46.2	·	
（南土系）〃 122	吳王光劍	28	154	·	·	1.47.2	·	
〃 123	吳王夫差監鑑	10	154	·	40:601	20.46.1	·	
〃 124	吳王光劍一	13	155	·	40.194	18.24.5	·	金文集 484
〃 125	吳王光劍二	52	·	·	·	·	·	學報 1956:1
〃 126	其兄句鑃	12	·	1982:5	·	·	·	
〃 127	姑馮句鑃	16	·	1986:2	·	·	·	
〃 02 128	者刃鐘	30	X.156	·	40:613	18.1.2	·	金文集 489
〃 129	越王鐘	39	X.156	·	40:615	18.2.2	·	金文集 490
〃 130	越王不劍	93	·	·	40:604	1.39.2	·	學報 1954:1
〃 131	越王勾劍	51	補1	·	·	·	·	嘯堂 28
〃 132	郙王犦鼎	6	補2	·	·	·	·	
〃 133	宜桐盂	32	·	1962:12	·	·	·	
〃 134	沈兒鐘	8	·	1966:5	·	·	·	
〃 03 135	郙宣懽盂	26	159	·	40:568	4.9.1	·	積微 145
〃 136	宜桐盂	29	159	·	·	·	·	周金 4.39
〃 137	沈兒鐘	82	160	·	40:570	1.52.2	·	金文集 480

ES 03	138	王孫遺者鐘	117	160		40:578	1.63-64	金文集481
"	139	鄀王義楚耑	35	162		40:573	14.55.6	
"	140	儌兒鐘	74	163		40:582	1.50.2	
"	141	鄀諧尸鉦	44	163		40:585	18.3.2	積微232
"	142	鄀王義楚盥盤	12		1980:8			
"	143	鄀戕旨爲爐盤	18		1980:8			
"	144	鄀口尸麗鼎	47		1984:1			
"	145	鄀王之賁爐	10		1984:1			
04	146	楚公逆鎛	36	164		40:527		嘯堂下91
"	147	楚公豪鐘	14	164		40:530	1.5.2	金文集473
"	148	楚王鐘	27	165				薛氏6.5
"	149	叔姬簋	26	165				嘯堂下90
"	150	楚王酓章鐘	33	165				
"	151	曾姬無卹壺	39	166		40:552	12.25.1	金文集477
"	152	王子申盞	17	167				
"	153	中子化盤	19	167		40:549	17.13.1	
"	154	楚王領鐘	19	168		40:532		金文集475
"	155	楚子遊慕鼎	33	168		40:543	4.17	
"	156	楚子簋	19	168		40:549	10.15.2	
"	157	楚王禽肯鼎	12	170		40:539	3.25	
"	158	番仲戈	8		1980:1			
"	159	許戈	4		1980:1			
"	160	王子申盞	30		1980:8			
"	161	鄦鄦賓豆	22		1980:8			
"	162	大賀鎛	16		1980:8			
"	163	王子午鼎	84		1980:10			
"	164	鼎伯受簋	26		1982:10			
"	165	逢盂	8		1984:5			
05	166	鄦公救人殷	44	174		37:262	8.47.1	
"	167	鄦公救人鐘	20	175		37:265	1.10.2	
"	168	鄦公平侯鼎	48	175				
"	169	鄦公譲簋	41	176				嘯堂14
"	170	鄦公譲簋	27	176				
EN 01	171	屖侯旨鼎	21	226		8:413		金文集403
(北	172	屖公匜	13	226		36:211	17.31.1	
土	173	鄧侯摩殷	32	227				精微45
系)	174	秋氏壺	41	227		36:219	12.27.2	
02	175	中山王譽方壺	450		1979:1			古文字1輯
"	176	中山王譽鼎	469		1979:1			古文字1輯
"	176-1	中山胤嗣奵盗壺	204		1979:1			古文字1輯232
EC 01	177	伯菱盤	34	170				文選下37
"	178	伯菱匜	32	171				考古圖5.22
"	179	邙君婦鎃壺	14	171		40:560	12.13.1	
"	180	大子白克盤	35	171				小校9.76
"	181	黄君殷	24	172		40:563	8.21.2	
"	182	黄韋僚父盤	23	172		40:564	17.3.4	
"	183	單鼎	22	172				
"	184	子㝸舌盂	16		1980:1			
"	185	須駒子白亞臣鎛	34		1980:1			

EC 02	1 8 6	鄂區	15	·	1980:1	·	·	
"	1 8 7	鄂盤	18		1980:1			
03	1 8 8	鄂孟壺	14	176				
"	1 8 9	鄂伯氏鼎	20	177		37:256	3.47.1	金文集 415
"	1 9 0	鄂公殷	23	177		37:257	8.16.2	
04	1 9 1	蔡姞殷	50	177		37:283	6.53.1	金文集 423
"	1 9 2	蔡大師鼎	35	178			4.18.3	文選 下1.19
"	1 9 3	蔡侯鐘	82	178				學報 1956:1 古文字1
"	1 9 4	蔡侯盤	95	·				同上 ·同上
"	1 9 5	王孫電簠	8	·	1986:4			
05	1 9 6	許子鐘	66	178				
"	1 9 7	許子妝簠	34	179		37:317	10.23.1	金文集 428
"	1 9 8	子璋鐘	45	179				金文集 470
"	1 9 9	魯生鼎	18	179		37:320	3.39.4	
"	2 0 0	無者俞鉦	33	·	1964:7			
06	2 0 1	鄂義伯區	9	180			17.28.2	西清 32.4
"	2 0 2	鄂篁伯鬲	8	180		37:244	5.22.2	金文集 408
"	2 0 3	鄂篁叔匜	14	180		37:246	10.32.1	積微 219
"	2 0 4	鄂戚句父鼎	16	180				積微 149
"	2 0 5	鄂虢仲殷	23	181		34:65	8.19.2	
"	2 0 6	弓叔山父簠	28	181		37:251	10.22.1	
"	2 0 7	叔上區	33	181		37:252	10.40.1	金文集 411
"	2 0 8	鄂綝叔宵父壺	15	182		37:249	12.15.1	
"	2 0 9	樂次鎛	7	182		37:227	18.26.1	金文集 442
"	2 1 0	袁氏叔鼎	54	·	1981:7			古文字 5
"	2 1 1	伯嘉父簠	8	·	1982:4			
07	2 1 2	陳公子甗	39	183		37:277	5.12.3	積微 214
"	2 1 3	陳侯簠	27	183		37:279	10.21.3	
"	2 1 4	陳子區	30	183		37:278	17.39.1	
"	2 1 5	陳伯元區	19	184		37:280	17.35.2	金文集 421
"	2 1 6	陳公子中慶簠	23	184	1980:1	37:269	3.44.3	金文集 418
08	2 1 7	慇亥鼎	19	184		37:269	3.44.3	金文集 418
"	2 1 8	宋眉父鬲	8	185				
"	2 1 9	宋公戍鐘	6	185				
"	2 2 0	宋公欒鼎簠	6	185				嘯堂 上19
"	2 2 1	樂子敱輔簠	34	·	1964:7			
09	2 2 2	戈叔朕鼎	27	224		39:524	4.7.3	
"	2 2 3	叔朕簠	35	224			10.23.2	通考 358:5
"	2 2 4	戈叔慶父鬲	9	224		39:526	5.24.2	
10	2 2 5	賢殷	27	225		8:407	8.28.3	金文 170
"	2 2 6	孫林父殷	22	226			8.14.2	文選 下2.29

參 考 書 目

一、工具書類

(一) 經史屬

周易正義	唐·孔穎達疏	十三經注疏本	藝文	台北	1985
尚書正義	唐·孔穎達疏	〃	〃	〃	〃
毛詩正義	漢·鄭玄箋	〃	〃	〃	〃
春秋左傳正義	唐·孔穎達疏	〃	〃	〃	〃
春秋公羊傳注疏	唐·徐彥疏	〃	〃	〃	〃
春秋穀梁傳注疏	唐·楊士勛疏	〃	〃	〃	〃
周禮注疏	唐·賈公彥疏	〃	〃	〃	〃
儀禮注疏	唐·賈公彥疏	〃	〃	〃	〃
禮記注疏	唐·孔穎達疏	〃	〃	〃	〃
論語注疏	宋·邢昺疏	〃	〃	〃	〃
孟子注疏	漢·趙岐注	〃	〃	〃	〃
爾雅注疏	宋·邢昺疏	〃	〃	〃	〃
尚書釋義	屈萬里		文化大	〃	
尚書通論	陳夢家		中華	北京	1985
詩經釋義	屈萬里		聯經	台北	1983
諸子新證	于省吾		樂天	〃	
墨子閒詁	孫詒讓		藝文	〃	

莊子集解	王先謙	河洛	台北	
荀子集解	王先謙	藝文	〃	
呂氏春秋集釋	許維遹	鼎文	〃	
韓非子校釋	陳啟天	商務	〃	
國語	韋昭	藝文	〃	
戰國策	劉向集錄	九思	〃	
史記會注考證	瀧川龜太郎	藝文	〃	1983
竹書紀年八種	楊家駱編	世界	〃	
漢書（虛受堂本）	班固	藝文	〃	
商周史	尸乃鉉	民音社	漢城	1984
西周史	許倬雲	聯經	台北	1984
先秦史	呂思勉	上海古籍	上海	1982
戰國史	楊寬	上海人民	上海	1983

(二) 辭書屬 （以形‧音‧義為順）

金文編	容庚編	中華	北京	1985
校正甲骨文編	孫海波編	藝文	台北	1974
古文字類編	高明	中華	北京	1980
〃 （影印本）	〃	大通	台北	1986
朝陽字鑑精萃	高田忠周	西東書房	東京	1976
十韻彙編	劉復等	學生	台北	1984
宋本廣韻（澤存堂本）	宋‧陳彭年，林尹校訂	黎明	台北	1976

廣韵聲系（校訂本）	沈兼士主編	大化	台北	1984
互注校正宋本廣韵	余廼永校	聯貫	台北	1974
集韵（方成珪校正本）	宋·丁度	商務	上海	
唐寫全王本王仁昫刊謬 補缺切韵校箋	龍宇純	中文大	香港	1968
韵鏡校注	龍宇純	藝文	台北	1982
漢字古今音彙	周法高等	中文大	香港	1982
上古音手冊	唐作藩	江蘇人民		1980
金文詁林（全3冊）	周法高等	中文	京都	1981
金文詁林補（全8冊）	周法高	史語所	台北	1985
金文詁林讀後記	李孝定	史語所	台北	1982
金文著錄簡目	孫稚雛	中華	北京	1981
甲骨文字集釋	李孝定	史語所	台北	1982
說文解字（徐玄校定本）	許慎	中華	香港	1985
說文解字注	段玉裁	黎明	台北	1974
說文通訓定聲	朱駿聲	世界	台北	1966
說文釋例	王筠	商務	台北	1968
說文解字詁林（全12冊）	丁福保	鼎文	台北	1973
說文解字六書疏證	馬叙倫	鼎文	台北	1973
說文中之古文考	商承祚	上海古籍		1983
說文重文形體考	許師錟輝	文津	台北	1973

小爾雅義證	陸費逵	中華	台北	1979
廣雅疏證	王念孫	商務	台北	1968
釋名	劉熙	商務	台北	1967
方言疏證	戴震	中華	台北	
方言疏證補	王念孫	文海	台北	
方言音釋	丁惟汾	齊魯	齊南	1985
方言校箋	周祖謨	鼎文	台北	1972
經籍纂詁	阮元等	宏業	台北	1983
經典釋文（盧文紹校本）	陸德明	漢京	台北	1980
經典釋詞（孫經世補）	王引之	漢京	台北	1983
詞詮	楊樹達	中華	北京	1965
詩經詞典	向熹	四川人民	成都	1986
春秋左傳詞典	楊伯峻等	中華	北京	1985
同源字典	王力	商務	北京	1982
語言與語言學詞典	黃長著等譯	上海辭書	上海	1981
DICTIONARY OF LANGUAGE AND LINGUISTICS	R.RK Hartmann F.C.Stork	Applied Science Publishers LTD	London	1979

二. 古文字類

(一) 金文著錄考釋之屬

△ 三 劃

于省吾

1934：雙劍誃吉金文選（二卷）　藝文（台北）影印本〔文選〕

1957：商周金文錄遺　〔錄遺〕

1966：王若曰釋義　中國語文 1966:2，p147～137．

1977：利簋銘文考釋　文物 1978:8，p10～12

1979：壽縣蔡侯墓銅器銘文考釋　古文字研究 1，p40～54

1980：釋盾　古文字研究 3，p1～6

1981：牆盤銘文十二解　古文字研究 5，p1～16

1983：釋兩　古文字研究 10，p1～10

1986：釋从天从大从人的一些古文字　古文字研究 15，p185～188

于豪亮

1981：說俎字　中國語文研究第2期，p47～50

1982：牆盤銘文考釋　古文字研究第7輯，p87～102

1984：陝西省扶風縣強家村出土號季家族銅器銘文考釋

古文字研究第9輯，p251～274

山東博物館

1978：莒南大店春秋時期莒國殉人墓　考古學報 1978:3，p332

△ 四 劃

(清) 方濬益

　1899 : 綴遺齋彝器款識考釋 (30卷)，1935年涵芬樓影印本，〔綴遺〕

　　　 : 綴遺齋彝器款識考釋稿本 (容庚校輯)

(日) 木村秀海

　1986 : 西周後期の代訴記錄：五年瑒生殷銘・六年瑒生殷銘

　　　　　　史林 (京都大學文學部) 69卷 2號，p75～95

(宋)・王俅

　1176 : 嘯堂集古錄　　1985年 中華 (北京) 影印本　　〔嘯堂〕

王 輝

　1983 : 乎甲鼎通讀及其相關問題，考古與文物 1983：6，p64～68。

王 文耀

　1986 : 曾侯乙鐘銘文之管見，古文字研究第9輯，p391～406。

王 光永

　1982 : 介紹新出土的兩件虢器，古文字研究第7輯，p185～186。

王 國維

　1959 : 觀堂集林 (全4冊)，中華 (北京)，1984。

王 慎行

　1986 : 呂服余盤銘考釋及其相關問題，文物 1986：4，p1～7。

王 維堤

　1986 : 釋 "唯誰" 之唯，語言文字研究專輯(下) (上海古籍，1986) P287～291。

孔 德成

　1970 : 梁其鐘銘釋文，人文學報 1970年 1期。

529

王錫平‧唐祿庭

　1986：山東黃縣壯頭西周墓清理簡報，文物 1986：8，p9。、

王　讚　源

　1980：周金文釋例，文史哲（台北），1980。

△　　五　劃

(日) 白　川　靜

　1962~
　1980：金文通釋，白鶴美術館　第1~53輯。　　　　〔通釋〕

　1963：金文集（全4冊），二玄社（東京），1975。

北京圖書館金石組

　1985：北京圖書館藏青銅器銘文拓本選編，文物（北京），1985。

△　　六　劃

伍　士　謙

　1981：微氏家族銅器群年代初探，古文字研究第五輯，p97~138

　1984：王子午鼎王孫靠鐘銘文考釋，古文字研究第九輯，p275~295

　　　：白公父盨銘文考釋，古文字研究論文集（四川大）第十輯，
　　　　p176~182。

江西省歷史博物館

　1980：江西靖安出土春秋徐國銅器，文物1980：8，p13。

江　淑　惠

　1985：齊國彝銘彙考，台大中文研究所碩士論文。　　〔齊彙考〕

朱　德　熙

　　1983：古文字考釋四篇，古文字研究第八輯，p15～22。

　　1985：關于鱳羌鐘銘文的斷句問題，中國語言學報第2期，p55～58。

吳　大　焱

　　1976：陝西武功縣出土駒父盨蓋，文物1976:5，p94。

㈠(清) 吳大澂

　　1884：說文古籀補（14卷）附錄（1卷），藝文（台北）　　〔古籀補〕

　　1885：恒軒所見所藏古金錄（2卷）

　　1918：憲齋集古錄（26冊），涵分樓影印本　　　　　　　〔憲齋〕

　　　　　憲齋集古錄釋文賸稿（2冊）

　　　　　字說（1冊）　　　　　　　　　　藝文（台北）

㈠(清) 吳式芬

　　1895：攈古錄金文（3卷9冊）　　　　　　　　　　　　〔攈古〕

吳　其　昌

　　1931：矢彝考釋，燕京學報9期（1931年6月）

　　1931：鱳羌鐘補考，北平圖書館刊5卷6期（1931年12月）

　　1936：金文厤朔疏證8卷　　　　商務（上海）　　　　〔厤朔〕

　　1936：金文世族譜4卷

吳　振　武

　　1986：輔師嫠簋補釋，語言文字研究專輯(下)（上海古籍），p217～218。

吳 鎮 烽

1975：陝西省扶風縣強家村出土的西周銅器（雒忠如），文物 1975：8

1980：王臣簋的出土與相關銅器的時代（王東海），文物 1980：5，p63。

1985：金文人名滙編　　　　　　　中華（北京），1985。

△　七　劃

(清) 阮 元

1804：積古齋鐘鼎彝器款識 10卷，自刻本　　　　　　　〔積古〕

岑 仲 勉

：從漢語拼音文字聯系到周金銘的熟語，西周文史論叢，p199。

沈 寶 春

1983：商周金文錄遺考釋，台灣師大國文研究所碩士論文，〔錄遺考〕

何 琳 儀·黃 錫 全

1982：款段考釋又則　，古文字研究第七輯，p109～122。

1984：敔卣·敔簋銘文考釋，古文字研究第九輯，p373～390。

何 漢 南

1957：長安普渡村西周墓的發掘，考古學報 1957：1。

1964：武功縣出土的西周銅器，文物 1964：7，p23。

杜 迺 松

1984：中國古代青銅器簡說　，書目文獻出版社（北京），1984。

李 民

1982：何尊銘文補釋，語言文字學 1982：2，p53～58，原載中州學刊，1982：1。

李 棪

1969：金文選讀第一輯，龍門書局（香港），1969。

1970：廢銅堆中近年發見殷周彝銘集錄，聯合書院學報8期。

李零・劉雨

1980：楚都陵君三，文物 1980：8。

李 濟

1966：如何研究中國青銅器，故宮季刊1卷1期，p1~20。

李 亞 農

1955：長甶盉銘釋文注解，考古學報 1955：3，p177~181。

李 學 勤

1957：郿縣李家村銅器考，文物參考資料 1957：6。

1959：戰國題銘概述，文物 1959：7。

1928：論史牆盤及其意義，考古學報 1928：2，p149~157。

1979：岐山董家村訓匜考釋，古文字研究1輯，p149~157。

1981：論多友鼎的時代及意義，人文雜志 1981：6。

1982：論河北近年出土的戰國有銘青銅器（鄭紹宗），古文字研究
七輯，p123~138。

：中日歐美澳紐所見所拓所摹金文滙編選釋，古文字研究論之
集（四川大學報叢刊第十輯），p40~52。

：論梁十九年鼎及有關青銅器，古文字論集（一），考古與文物
叢刊第2號，p1~3。

1985：湖南戰國兵器銘文選釋，古文字研究 12輯，p29~36。

1985：晉公盞的幾個問題，出土文獻研究，p134~137。

1986：論長安花園村兩墓青銅器，文物 1986:1，p22。

李學勤‧唐雲明

1979：元氏銅器與西周的邢國，考古 1979:1，p56。

△　八　劃

河北省文物管理處

1979：河北元氏縣西張村的西周遺址和墓葬，考古 1979:1，p25。

屈　萬　里

1961：曾伯棗簠考釋　，集刊 33本

1983：先秦文史資料考辨　，聯經出版社（台北），1983。

金　祥　恒

1962：釋后　　　　　中國文字 10冊（1962.12）

1966：釋龠　　　　　中國文字 21冊（1966.9）

1966：釋妝　　　　　中國文字 21冊（1916.9）

1969：說劍　　　　　中國文字 31冊（1969.3）

1983：說匕鬯　　　　古文字學論集（香港中文大學），p391~408

林　澐

1980：琱生段新釋　　　　　古文字研究 3輯，p120~135。

1981：對早期銅器銘文的幾點看法，古文字研究 5輯，p35~48。

1985：豊豐辨　　　　　　　古文字研究 12輯，p181~186。

534

周　文

1972：新出土的幾件西周銅器 ，文物 1972：7 ，p 9 。

周　永　珍

1984：釋康侯段 ，古文字研究九輯，p295~304 。

周　世　榮

1983：湖南出土戰國以前青銅器銘文考，古文字研究 10 輯，p243~280。

周　法　高

1951：金文零釋 ，史語所集刊之 34 （台北）

1980：康侯段考釋後記 ，大陸雜誌 61 卷 3 期。

1980：三十年來的殷周金文研究，大陸雜誌 60 卷 6 期。

1983：論金文月相與西周王年，古文字學論集，p309~350。

1984：西周年代新考 ，大陸雜誌 68 卷 5 期，p194~225。

1985：殷周金文中干支紀日和十干命名的統計，大陸雜誌68卷6期，
　　　p245~251 。

△　九　劃

俞　偉　超

1985：周代用鼎制度研究，先秦兩漢考古論文集（文物 ，北京），
　　　p62~115 。

柯　昌　濟

1935：韡華閣集古錄跋尾甲篇（16卷）。

1942：敔氏盤為氏羌族考考 ，中央亞西亞 1 卷 2 期。

胡 自 逢

1974：金文釋例 ，文史哲出版社（台北，1974）

胡 悅 謙

1964：安徽省宿縣出土兩件銅樂器 ，文物,1964：7 ，p30 。

胡 順 利

1982：對宜侯夨殷考釋一文的看法 ，江漢考古,1982：2，p100~101。

荊州地區博物館

1982：江陵岳山大隊出土一批春秋銅器，文物,1982：10，p16 。

信陽地區文管會

1980：河南信陽發現兩批春秋銅器，文物,1980：1，p42 。

△ 十 劃

容 ，庚

1936：善齋彝器圖錄   〔善圖〕

1927：殷周禮樂器考略，燕京學報1期（1927年6月）。

1929：周金文中所見代名詞釋例，燕京學報6期（1929年12月）。

1932：頌壺考釋，文學年報1期（1932年7月）。

1933：曾侯鐘，河北第一博物院半月刊48期（1933·9月）。

1941：商周彝器通考，燕京學報專號之十七。   〔通考〕

容 庚．張維持

1958：殷周青銅器通論，中國社會科學院考古研究所編新一版，文
物出版社（北京，1984）

夏　淥

1981：學習古文字隨記二則，古文字研究6輯，p171~180。

1983：學習古文字瑣記二則，古文字研究10輯，p101~108。

1986："小子"釋義辨正，中國語文1986：4，p26~317。

翁世華

1970：New Criteria for the Detection of Forged inscription，南洋大學學報4期，p64~94。

馬永源

1962：越王劍·永康元年群神禽獸鏡，文物1962：12，p53。

1964：記上海博物館新收集的青銅器，文物1964：7，p10。

1979：關於黎生張墓和者減鐘的幾點意見，考古1979：1，p61。

1982：中國古代青銅器，上海人民出版社（上海，1982）。

1986：西周金文中一月四分月相再證，上海博物館集刊第三期，p10~20。

馬國權

1979：兩周銅器銘文數詞量詞初探，古文字研究1輯，p126~136。

1980：戰國楚竹簡文字略說，古文字研究3輯，p153~159。

1980：金文字典述評，語言文字學（北京）1981：2，p91~95。原載中華文史論叢1980：4，p27~46。

殷滌非

1980：壽縣楚器中的大廈鎬，文物1980：8，p26。

唐　蘭

1932：矯羌鐘考釋，北平圖書館館刊 6卷 1期（1932年 1月）。

1934A：晉公歅盨考釋，國學季刊 4卷1期（1934年 3月）。

1934B：壽縣所出銅器考略，國學季刊 4卷1期（1934年 3月）。

1936：周王戕鐘考，北平故宮博物院年刊，1936年 7月。

1934C：作冊令尊及作冊令彝銘考釋，國學季刊 4卷1期（1934月3月）。

1938：智君子鑑考，輔仁學志7卷1·2期（1938年12月）。

1946：再跋趙孟廁壺，經世日報讀書周刊 16期（1946年11月27日）。

1950：虢季子白盤的制作時代和歷史價值，光明日報 1950年6月7日。

1954：鄲縣出土的銅器群，文物參考資料 1954年2期。

1956：宜侯夨毁考釋，考古學報 1956年2期。

1958：朕毁，文物參考資料 1958年9期。

1961：韓剌新解，文滙報1961年 6月21日。

1972A：永盂銘文解釋，文物 1972年1期。

1972B：永盂銘文解釋的一些補充，文物 1972年11期。

1972C：史誒簋銘考釋，考古 1972年 5期。

1976B：陝西岐山縣董家村新出土（西周）重要銅器銘辭的譯文和注釋，文物
1976年 5期。

1976A：何尊銘文解釋，文物 1976年 1期。

1976C：用青銅器銘文研究西周歷史，文物 1976年 6期。
（附：伯威三盆銘名的譯文和考釋）

1977：西周時代最早的一件銅器利毁銘文解釋，文物1977年8期。

1978：略論西周微史家族窖藏銅器的重要意義，文物1978年3期。
　　附：陝西扶風新出牆盤銘文解釋

1981：論周昭王時代的青銅器銘刻，古文字研究2輯，p12～141。

1985：關於大克鐘，出土文獻研究（文物出版社·北京），p121～126。

唐 愛 華

1985：新鄉館藏殷周銅器銘文選，中原文物1985年1期，p26～31。

孫 詒 讓

1888：古籀拾遺三卷，崇基書店（香港）影印本　　　　　〔拾遺〕

1916：籀膏述林十卷，藝文（台北）孫籀廎集本　　　　　〔述林〕

1929：古籀餘論三卷，崇基書店（香港）影印本　　　　　〔餘論〕

1905：名源二卷，自刻本。

孫 稚 雛

1979：中山王𧊒鼎·壺的年代史實及其意義，古文字研究1輯，p
　　　273～305。

1980：天亡簋銘文滙釋，古文字研究3輯，p166～180。

1981：保卣銘文滙釋，古文字研究5輯，p191～210。

1984：金文釋讀中一些問題的探討（續），古文字研究9輯，p447～464。

徐 中 舒

1931：遠敦考釋，史語所集刊3卷2期（1931年2月）。

1932：𪉪羌鐘考釋，史語所影印本（1932年）。

1933：陳侯四器考釋，史語所集刊3卷4期（1933年）

1934：壽州出土楚銅器補述，大公報圖書副刊31期（1934年6月16日）。

1936：金文嘏辭釋例，史語所集刊 6卷 1 期（1936年3月）。

1959：禹鼎的年代及其相關問題，考古學報 1919 年 3 期。

1962：四川彭縣濛陽鎮出土殷代二觶，文物 1962年 6 期。

1978：西周牆盤銘文箋釋，考古學報 1978年 2 期，p139~148。

1986：怎樣研究中國古代文字，古文字研究 15輯，p1~8。

㈣ 徐 同 柏

1886：從古堂款識學（16卷），同文書局石印本　　　〔從古〕

徐 鴻 修

1985：商周青銅器概述，文史哲（山東大學學報）1985年 4 期，p61~67。

浙江省文管會

1984：紹興 306 號戰國墓發掘簡報，文物 1984年 1 期，p10。

陝西周原考古隊

1978：陝西扶風莊白一號西周青銅器窖藏發掘簡報，文物 1978年3期。

1979：陝西岐山鳳雛林西周青銅器窖藏簡報，文物 1979年 11 期。

1982：周原出土伯公父簠，文物 1982年 6 期。

1986：扶風黃堆西周墓地鑽探清理簡報，文物 1986年 8期。

陝西周原扶風文管所

1982：周原發現師同鼎，文物 1982年 12期。

陝西省文物管理委員會

1961：陝西興平鳳翔發現銅器，文物 1961年 7 期。

1964：陝西省永壽縣武功縣出土的西周銅器，文物 1964 年 7期。

△ 十一 劃

梓　溪

　1965：陝西永壽縣出土青銅器的離合　，文物1965年11期。

商　承　祚

　1930：宋宣和博古錄　，語歷所周刊11卷12期（1930年3月）。

　1933：古代彝器偽字研究　，金陵學報3卷2期（1933年11月）。

　1942：成都白馬寺出土銅器辨，說文月刊3卷7期（1942年8月）。

　1962A：壬子于欠戈考及其它　，學術研究1962年3期。

　1962B：新弨戈釋文　，文物1962年11期。

　1963："姑發閂反"即吳王諸樊別議，中山大學社會科學學報1963年
　　　　3期。

　1982：中山王豐鼎·壺銘文旬議，古文字研究七輯，p43～70。

連　劭　名

　1983：史墻盤銘文研究　，古文字研究八輯，p31～38。

戚　桂　宴

　1981A：釋鈴，語言文字學，1981：2，p39～40，原載山西大學學報1981
　　　　年1期，p82～83。

　1981B：永盂銘殘字考釋　，考古1981年5期。

（日）梅原末治

　1970：中國青銅器時代考，胡原宣中譯本，商務（台北，1970）。

郭 沫 若（1892～1978）

1931：殷周青銅器銘文研究，人民出版社（北京，1954年）

1932：金文叢考，北京人民出版社（1952年）　　　　〔金攷〕

1935：兩周金文辭大系圖錄考釋，科學出版社（北京）再修本，1957
　　　年龍門書店（香港）翻印本　　　　　　　〔大系〕

1956A：由壽縣蔡器論到蔡墓的年代，考古學報1956年1期。

1956B：矢毁銘考釋，考古學報1956年1期。

1957：盠器銘考釋，考古學報1957年2期。

1958A：保卣銘釋文，考古學報1958年1期。

1958B：輔師嫠簋考釋，考古學報1958年2期。

1959：由周初四德器的考釋談到殷代已在進行文字簡化，文物，1959：7。

1958C：者汈鐘銘考釋，考古學報1958年1期。

1960：弭叔簋及訇簋考釋，文史論集，p347。

1962：長安縣張家坡銅器群銘文彙釋，考古學報1962年1期。

1972A：班毁的再發現，文物1972年9期。

1972B：關于眉縣大鼎銘辭考釋，文物，1972年7期

　　　：文史論集

　　　：中國古代社會研究，郭沫若全集歷史編第一卷（1982，人民出版社。）

　　　：青銅時代，載同上書。

1982：郭沫若全集考古編第1·2·9卷，科學出版社（北京，1982）。

郭敬書・趙安杰

　1982：靈寶縣發現春秋銅簋一件，文物1982年4期，p40。

曹　錦　炎

　1985：娄君盂小考，中原文物1985年2期，p63~64。

(日) 高田忠周

　1925：古籀篇100卷・補遺10卷　　　　　　　〔古籀篇〕

(日) 高嶋謙一

　1984：問"鼎"，古文字研究9輯，p75~96。

高　鴻　縉

　1951：虢季子白盤考釋，　大陸雜誌2卷2期

　1955：散盤集釋，　師大學報 (台灣) 1期，p1~90。

　1956：毛公鼎集釋，　師大學報 (台灣) 2期，p67~109。

　1959：頌器考，　師大學報 (台灣) 4期，p37~91。

高應勤・夏淥

　1986：王孫雪簋及其銘文，文物1986年4期，p10~10。

陳　永　正

　1986：西周春秋銅器銘文中的聯結詞，古文字研究15輯，p303~329。

陳　世　輝

　1981：金文韻讀續輯(一)，古文字研究五輯，p169~190。

陳　邦　懷

　1984：兩周金文韻讀輯遺，古文字研究九輯，p445~461。

1972：永盂考略，文物1972年11期。

1980：曾伯狄簋考釋，文物1980年5期。

陳佩芬

1981：上海博物館新收集的西周青銅器，文物1981年9期，p30。

1986：青銅器辨偽，上海博物館集刊3期，p35～57。

陳連慶

1984：敔殷銘文淺釋，古文字研究9輯，p305～320。

陳夢家

1936：令彝新釋，考古社刊4期（1936年6月）。

1937：禺邘王壺考釋，燕京學報21期（1937年6月）。

1942：陳口壺考釋，責善半月2卷23期（1942年11月）。

1946：海外中國銅器圖錄第一集二冊。

1954：西周金文中的殷人身分，歷史研究1954年6期。

1954：殷代銅器，考古學報第七冊，1954年。

1955：宜侯矢殷和它的意義，文物參考資料1955年5期。

1955
～1956：西周銅器斷代（1～6），考古學報9～10冊，1955.1956年1～4期。〔斷代〕

1956：壽縣蔡侯墓銅器，考古學報1956年2期。

1962：美帝國主義劫掠的我國殷周銅器集錄。

陳漢平

1986：西周冊命制度研究，學林出版社（上海，1986）。

張守中

1981：中山王嚳器文字編，中華書局（北京，1981）。

張光直

1973：商周青銅器與銘文的綜合研究，史語所專刊之62。

1982：中國青銅時代，香港中文大學出版社。

張光裕

1968：拜頭首釋義，中國文字第28冊。

1974：偽作先秦彝器銘文疏要，台大中文研究所博士論文。

1979：金文中冊命之典，香港中文大學中國文化研究所學報7卷1期。

1985：記述幾篇偽作的邾公華鐘銘文，古文字研究12輯，p309~320。

張志新

1984：江蘇吳縣何山東周墓，文物1984年5期，p16。

張振林

1979：中山靖王鳥篆壺銘之韻讀，古文字研究1輯，p157~175。

1982：先秦古文字材料中的語氣詞，古文字研究7輯，p289~308。

1985：關於兩件吳越寶劍銘文的釋讀問題，中國語文研究7期，p31~36。

張亞初

1981A：周厲王所作祭器㝬簋考，古文字研究五輯，p151~168。

1981B：甲骨金文零釋，古文字研究六輯，p157~170。

1985：解放後出土的若干西周銅器銘文補釋，出土文獻研究，p

107～120。

1983：兩周銘文所見某生考，考古與文物 1983年 5 期，p83～89。

張 政 烺

1939：邵王之諲鼎及段銘考證，史語所集刊 8 卷 3 期（1939年10月）。

1976：何尊銘文解釋補遺，文物 1976年 1 期。

1979A：中山王𦥑壺及鼎銘考釋，古文字研究 1 輯，p208～232。

1979B：中山國胤嗣好资壺釋文，古文字研究 1 輯，p233～246。

1980B：周厲王胡簋釋文，古文字研究 3 輯，p104～119。

1981A：哀成叔鼎釋文，古文字研究 5 輯，p27～34。

1981B：釋戎 ，古文字研究 6 輯，p133～140。

1980A：試釋周初青銅器銘文中的易卦，考古學報 1980年 4 期。

1985：庚壺釋文，出土文獻研究，p126～134。

 ：王臣簋釋文，古文字研究論文集（四川大學報叢刊第10輯）

    p33～39

△ 十二 劃

勞 榦

1968：古文字試釋，史語所集刊 40 本上冊（1968年10月）。

1974：周初年代問題與月相問題的新看法，香港中文大學中國文化
    研究所學報 1974年七卷一期

斯 維 至

1946：兩周金文所見職官考，金陵齊魯華西三大學中國文化彙刊第 7

卷, p 2243～2267 。

程 繼 林

1986：泰安城前出土魯侯銘文銅器，文物 1986：4，p13。

曾 憲 通

1983：吳王鐘銘考釋，古文字學論集初編（香港中文大學），p355～390。

黃 盛 璋

1957：保卣的時代與史實，考古學報 1957年 7期。

1960：大豐殷銘制作的年代與史實，歷史研究，1960年 6期。

1982：中山國銘刻在古文字語言上若干研究，古文字研究 7輯，p 71～87。

1983A：平山戰國中山石刻初步研究，古文字研究 8輯，p43～58。

1983B：試論戰國秦漢銘刻中从「酉」諸奇字及其相關問題，古文字 研究10輯，p221～243 。

1985：新出戰國金銀器銘文研究（三題），古文字研究 12輯，p331～355。

1986：長安鎬京地區西周墓新出銅器群初探，文物 1986年 1期。

黃 然 偉

1978：殷周青銅器賞賜銘文研究，龍門書店（香港，1978）。

湖北省博物館

1972：湖北京山發現曾國銅器，文物 1972年 2期，p47 。

湖北省文化局文物工作隊

1966：湖北江陵三座楚墓出土大批重要文物，文物 1966：5，p33。

△ 十三劃

裘錫圭

　1979：談談古文字資料對古漢語研究的重要性，中國語文 1979:6.

　1980：釋祕，古文字研究3輯，p7~31。

　1986：釋求，古文字研究15輯，p 195~206。

董作賓

　1952：毛公鼎考年，大陸雜誌5卷8期。

　1952：毛公鼎釋文註釋，大陸雜誌5卷9期。

　1962：董作賓學術論著（上·下），世界書局（台北）

楊五銘

　1982：西周金文被動句式簡論，古文字研究1輯，p209~317。

　1983：西周金文聯結詞以用于釋例，古文字研究10輯，p367~379。

楊樹達（1885~1956）

　1954：積微居小學述林（7卷），中國社會科學院出版，大通書局（
　　　　台北）1971年影印本　　　　　　　　　　　　　　　【小學】

　1955：積微居小學金石論叢（5卷）補遺（1卷），科學出版社刊增訂
　　　　本，大通書局（台北）影印本（1971）　　　　　　【積微】

△ 十四劃

管燮初
　1981：商周甲骨和青銅器上的卦爻辨識，古文字研究六輯，p144~149。

　1981 ：西周金文語法研究 ，商務（北京）。

　1985：積微居金文說的識字方法，楊樹達誕辰百周年紀念集，p39~57.

趙　誠

　1979：中山壺中山鼎銘文試釋，古文字研究1輯，p247～273。

　1981：墻盤銘文補釋，古文字研究5輯，p17～26。

趙世綱・劉笑春

　1980：王子午鼎銘文試釋，文物1980年10期，p27～30。

趙呂甫

　1986：金文識小錄，語言文字研究專輯（下），p204～216。

△　十五劃

蔣逸雲

　1981：釋四方，楊州師院學報1981年4期，p78～80。

魯實先

　1974：說文正補，黎明（台北）說文解字注之附錄。

蔡運章

　1985：家成叔鼎銘考釋，中原文物1985年4期，p56～62。

　　：西周金文中周王的任姓后妃，古文字論集（一），考古與文物

　　　叢刊第2號，p40～42.123。

劉節

　1931：麗羌編鐘考，北平圖書館館刊5卷6期（1931年6月）

　1933：旬君尋子壺跋，北平圖書館館刊7卷2期（1933年4月）

　1941：說彝，圖書季刊新3卷3・4期（1941年12月）

　1947：麥氏四器考，浙江學報1卷1期（1947年9月）

(清) 劉 心 源

　1902：奇觚室吉金述 20卷 ，石印本　　　　　　　　　　〔奇觚〕

劉 平 生

　1982：安徽南陵縣發現吳王光劍 ，文物 1982年 5期 。

劉 啟 益

　1982：西周紀年銅器與武王至厲王的在位年數 ，文史 13輯，p1～24。

　1984：西周金文中的月相與共和宣幽紀年銅器，古文字研究1輯，
　　　　p207～256

　1984A：西周武成時期銅器的初步清理，古文字研究 12輯，p207～256。

　1985B：西周康王時期銅器的初步清理，出土文獻研究 p69～106。

劉 彬 徽

　1984：楚國有銘銅器編年概述，古文字研究九輯，p331～372 。

劉 楚 堂

　1985：墻盤新釋，語言文字學，1985年 6期 p56～60，原載殷都學刊（
　　　　安陽師專學報）1985年 2期 ，p20～23。

△　十六劃

龍 宇 純

　1959A：說帥 ，史語所集刊 30本下冊 。

　1959B：說婚 ，史語所集刊 30本下冊 ，p605～614 。

　1963：甲骨文金文桼字及其相關問題，史語所集刊 34本下冊 。

錢 玄

　1986：金文通借釋例，南京大學學報 1986年 2期 ，p93～112 。

盧連成・尹盛平

1982：古矢國遺址墓地調查記，文物1982年2期，p48。

盧德佩

1980：湖北省當陽縣出土春秋戰國之際的銘文銅戈，文物1980年1期，p95.

隨縣博物館

1980：湖北隨縣城郊發現春秋墓葬和銅器，文物1980年1期，p34。

隨縣擂墩一號墓考古發掘隊

1979：湖北隨縣曾侯乙墓發掘簡報，文物1979年7期，p1~25.

△ 十七劃

應新

1966：記陝西藍田縣出土的西周銅簋，文物1966年1期，p4.

(南宋) 薛尚功

1144：歷代鐘鼎彝器款識法帖，中華書局（北京）　　〔款識〕
　　　　影印本（1986），遼沈書社（遼寧）影印本（1985）

戴君仁

1940：蒙曆解，輔仁學誌9卷2期。

戴尊德

1984：芮城柴村銅器銘文考釋，古文字研究9輯，p321~324

戴璉璋

1970：兩周金文語法研究，國科會論文，1970・H054。

1977：殷周語法研究，國科會論文 1977·Hong

1979：殷周造句法初探，國文學報（台灣師大）8期，p121～179。

△ 十 八 劃 以 上

饒 宗 頤

1981：中山君儷考略，古文字研究5輯，p225～232。

羅 昊

1981：武功縣出土平安君鼎，考古與文物 1981年2期，p20。

羅 西 章

1976：陝西扶風出土西周伯威諸器，文物 1976年6期，p51～60。

1979：陝西扶風發現西周厲王獸殷，文物 1979年4期。

羅 振 玉 (1866～1940)

1937：三代吉金文存 20卷，用倫出版社（台北）影印本(1970)〔三代〕

羅 勛 章

1984：山東沂水劉家店子春秋墓發掘簡報，文物 1984年9期。

羅 福 頤

1933A：周朝金文著錄表校記 1卷。

1933B：內府藏器著錄表 2卷，附錄2卷。

1933C：三代秦漢金文著錄表 8卷附補遺。

1957A：古銅器略說，人文雜志 1957年4期。

1957B：鄆縣銅鼎銘文試釋，文物參考資料 1957年5期。

1959：克盨，文物 1959年3期。

1965：陝西永壽縣出土青銅器離合，文物1965年11期。

1985A：商代青銅器銘文確徵例證，古文字研究11輯，p55~73。

1985B：青銅器銘文中之避諱，古文字研究11輯，P156~160。

1985C：商周秦漢青銅器銘文辨偽錄，古文字研究11輯，p163~220。

龐懷清

1976：陝西省岐山縣董家村西周銅器窖穴發掘簡報，文物1976年5期.

寶雞市博物館

1980：寶雞縣西高泉村春秋秦墓發掘記，文物1980年9期。

△ 其餘

(澳) Noel Barnard (巴納)

1978：The Nieh Ling Yi（矢令彝集釋），香港中文大學中國文化研究所學報9卷下冊。

1984：研究金文族徽的一種新方法及其重要成果，古文字研究9輯，p421~439。

(美) Doty, Darrel Paul

1982：The Bronze Inscriptions of CH'I : An Interpretation , 1982 PH.D , University of Washington.

(二) 其餘有關古文字學之屬

于省吾　甲骨文字釋林，中華（北京，1979）。

孔德成　簠簋觚觶說，說文月刊第四卷。

方麗娜　西周金文虛詞研究，師大國文研究所碩士論文（1985）。

中國社會科學院考古研究所　新中國考古發現和研究，文物（北京，1984）

(日)白川靜　西周彝器斷代小記，史語所集刊 36本。

田倩君　中國文字叢釋，商務（台北，1968）。

(日)伊藤道治　有關語詞"叀"的用法問題，古文字研究：6 (1981)，p251～262。

　　　　卜辭中虛詞之性格—以叀與隹之例為中心，同上：12(1985).p153～169。

吳　璵師　甲骨學導論，文史哲（台北，1993）。

杜其容　妥字說，香港聯合書院學報 8期 (1970)，p29～36。

李孝定　漢字的起源演變論叢，聯經（台北，1986）

金祥恒　甲骨文字考釋三則，第二屆國際漢學會議(1986、中研院)發表原稿。

姚孝遂　古漢字的形體結構及其發展階段，古文字研究4(1980)，p7～40。

洪家義　今命的分化，古文字研究：10 (1983)，p122～126。

姜昆武　"無數"解，語言文字研究專輯(下)(1986)，p307～311。

翁世華　兩周金文辭之研究，南洋大學報，1962：1。

　　　　兩周金文詞類之分析，南洋大學報 1963：2。

唐　蘭　古文字學導論(增訂本)，齊魯書社（濟南，1981）。

(日)島邦男　殷虛卜辭研究，鼎文書局（台北）影印本(1974)。

陳常叙　假借形聲和先秦文字的性質，古文字研究：10(1983)，p327～349。

郭沫若　古代文字之辯證的發展，考古 1972：3。

高　明　1980：古文字的形旁及其形體演變，古文字研究：4，p41~90。

　　　　1982：古體漢字義近形旁通用例，中國語文研究：4，p19~50。

　　　　1983：中國古文字學通論．文物（北京．1983）。

　　　　1985：楚繒書研究．古文字研究：12，p363~397。

高仲華師 1971：高明小學論叢，黎明（台北）

　　　　1983：古文字與古語言，古文字學論集（香港中文），p21~39。

張日昇　The Phonetic Loans and Phonetic Compounds in Bronze Inscriptions
　　　　，第二屆國際漢學會議（1986.12.中研院）發表原稿。

張桂光　古文字中的形體訛變，古文字研究：15（1986），p153~184。

游順釗　中國古文字的結構程序，中國語文 1983：4，p274~279。

聞　宥　殷虛文字孳乳研究，東方雜誌25：3。

趙　超　"郭·封""令·今"辨，中國語文研究：6，p19~24。

趙　誠　1983：古文字發展過程中的內部調整，古文字研究：10，p350~366。

　　　　1986a：甲骨文虛詞探索，同上書：15，p277~302。

　　　　1986b：近幾年的古文字研究，語言文字學 1986：5，p117~120。

韓耀隆　1966：金文中稱代詞用法之研究，中國文字22冊。

　　　　1972：甲骨卜辭中重佳用法探究，中國文字43冊。

(日) 大川俊隆　文字發展過程における偏旁添加字の位置—中山王諸
　　　　器銘文を中心として，中國研究集刊（大阪大學文學部）1986年
　　　　6月21日，p51~69。

555

三. 文字學·訓詁學之類

王 力　1937：雙聲疊韻的應用及其流弊，龍蟲並雕齋文集（中華·北京·
　　　　　　1982）三冊，p1~5。

　　　　1942：新字義的產生，同上書三冊，p6~10。

　　　　1947：新訓詁學，同上書一冊，p315~327。

　　　　1962：訓詁學上的一些問題，同上書一冊，p328~344。

　　　　1978：同源字論，同上書三冊，p30~44。原載中國語文1978：1。

王大年　1985：帛書老子甲乙本中的通假字，古漢語論集，p279~301。

王以公　1986：詞的音義關係－從右文說到同源詞，語言文字學1986：7。

王淑玟　1974：晏子春秋假借字集證，文史哲（台北）。

史宗周　1978：中國文字論叢，國立編譯館（台北）。

石雍長　1985：字義衍慶說，語言文字學1985：10，p19~23。

朱 星　1981：談談新訓詁學，語言文字學1981：6，p44~50。

朱德熙·裘錫圭　1972：戰國文字研究六種，考古學報1972：2。

朱學瓊　1960：論語假借字考，孔孟月刊8：6，p28

吳琦幸　1986：試論文化人類學與訓詁學，語言文字學1986：6，p36~42。

呂思勉　1985：文字學四種，上海古籍。

汪耀楠　1985：王念孫王引之訓詁思想和方法的探討，語言文字學1985：7，p38~46。

余大光　1985：談判定通假的依據和方法，語言文字學1986：8，p132~136。

余心樂　1982：論通用字，語言文字學1982：4，p25~30。

李 鍌師　1964：昭明文選通假文字考，嘉新文化基金會（台北）。

李玉浩　1984：假借字與同源字，語言文字學1986:1，p144~148。

李國英師 1967：周禮異文考，師大國文研集刊11號上冊，p313~412。

李霖燦　1954：麼些族文字的發生和演變(上·下)，大陸雜誌8:6. p161~165·
　　　　　　　　　　　　　　　　　　　　　　　　　　　　8:7. p226~229·

屈萬里　1983：尚書異文彙錄，聯經（台北）

林　尹　1971：文字學概說，正中（台北）

　　　　1972：訓詁學概要，正中（台北）

林蓮仙　1971：Loan Words in the Malay Language（論馬來語的假借詞），
　　　　　　　　　Chung Chi Journal, Vol. 10, No 1. 2. Oct 1971.（Hong Kong）

周　何師 1961：說文解字讀若文字通假考，師大國研所集刊第6號。

　　　　1979：訓詁學導讀，國學導讀（東橋·台北·1984），p1183~1200。

周　藝　1980：通假字試論，語言文字學1981:1，p15~22。

周大璞　1982：假借質疑，武漢大學學報哲社版1982:2，p38~44。

　　　　1984：訓詁學要略，湖北人民出版社。

周行之　1972a：高本漢中國文字論說商榷，師大集刊17號，p127~314。

　　　　1972b：高本漢六書新義述評，女師專學報2期，p251~264。

周光慶　1986：段王裁對古漢語詞義特性的探討，華中師大學報1986:2。

周富美　1959：墨子假借字集證，臺大中研所碩士論文。

　　　　1968：尚書假借字集證，大陸雜誌36:6.7(合期)，p18~74。

姚榮松　1980：高本漢漢語同源詞說評析，國文學報9：p211~229。

　　　　1982：上古漢語同源詞研究，師大國研所博士論文。

洪成玉　1981：古今字概說，中國語文1981:2，p138~143。

胡楚生　1985：訓詁學大綱．蘭台（台北）。

胡樸安　　　：中國文字學史（上・下），商務（台北，1973）

　　　　　　：中國訓詁學史，商務（台北，1982）

梁東漢　1959：漢字的結構及其流變，新知識（北京，1981）

殷孟倫　1957：略談訓詁學這門科學的對象和任務，子雲鄉人類稿（

　　　　　　　齊魯書社・濟南，1985），p1～17。

　　　　1982：訓詁學的回顧與前瞻，同上書，p18～42。

唐　蘭　　　：中國文字學，洪氏出版社（台北・1980）影印本。

徐　侃　1982：假借與通假初探，人文雜志 1982：4，p113～120。

徐仲華　1965：誤寫別字，中國語文 1965：5，p376～377．381。

章太炎　　　：文始，中華（台北・1970）影印本。

　　　　　　：國故論衡，章氏叢書，世界（台北）影印本。

郭在貽　1985：訓詁源流述略，楊樹達誕辰百周年紀念集，p91～105。

陸宗達・王寧

　　　　1983：訓詁方法論，中國社會科學（北京，1983）

　　　　1985a：傳統字源學初探，語言論文集，p249～260。

　　　　1985b：因聲求義論，中國語文研究：7，p67～80。

　　　　1986：訓詁學的復生發展應用與訓詁方法的科學化，語言文

　　　　　　　字研究專輯（下），p17～34。

陸錫興　1981：談古今字，中國語文 1981：5，p372～376。

許威漢　1980：通假貿疑，上海師院學報 1980：4，p150～152。

　　　　　　　　　：古籍訓解和古語字義的研究，同上書，p313~322。

　　　　　　　　　：文字的演進與六書，同上書，p323~332。

楊潤陸　1981：論古今字，訓詁研究（北京師大）1輯，p290~299。

趙克勤　1979：古今字淺說，中國語文1979:3，p17~24。

劉又辛　1979：大型漢語字典中的異體字通假字問題，中國語文1979:4。

　　　　1984：論假借，羅常培紀念論文集，p83~107。

龍宇純　1968：造字時有通借說證辨惑，幼獅學報1卷1期，p1~35。

　　　　1974：正名主義之語言與訓詁，史語所集刊45:4，p585~604。

　　　　1984：中國文字學（再訂本），學生書局（台北）。

閻崇東　1986：古今字與通假字，語言文字學1986:3，p115~118。

戴君仁　　　：同形異字，文史哲學報（台大）5:1，p21~37。

　　　　　　：許氏六書，學術季刊4:1。

　　　　　　：中國文字構造論，世界（台北，1979.10再版）。

蔣耀隆　1981：中國文字義符通用釋例，文史哲（台北）。

羅福頤　1986：臨沂漢簡通假字表，古文字研究11，p65~73。

Paul L-M Serruys

　　　　1957：The study of the Chuan chu in Shuowen，史語所集刊29本。

B.K.Y.T'sou

　　　　1981：A sociolinguistic analysis of the logographic writing system
　　　　　　　of chinese，JOURNAL OF CHINESE LINGUISTICS.Vol9.No1.p1~19。

Robert G. Henricks

　　1982 : A Complete List of the Character Variants in the Mawang-
　　　　　dui Texts , JOURNAL OF CHINESE LINGUISTICS, Vol.10.No.2. p.207~215.

拙　稿　1983 : 한국본의 槐에 대한 고찰（中國文字起源考）, 中語中文
　　　　　學報（成均館大學校中語中文科, 漢城）第一輯。

四、聲韻學、語言學之類

丁邦新　1971 : 中國文字與語言的關係 , 清華學報新9：1.2 , p.148~159。

　　　　1976 : 論語孟子及詩經中並列語成分之間的聲調關係 . 史語
　　　　　　所集刊 47：1 , p.17~42。

　　　　1986 : 漢語聲調的演變 , 第二屆國際漢學會議（中研院 , 1986
　　　　　　.12）語言文字組宣讀原稿。

王　力　　? : 漢語史稿 , 波文書局（香港）

　　　　1980 : 詩經韻讀 , 上海古籍。

　　　　1985a : 漢語語音史 , 中國社會科學。

　　　　1985b : 詩經韻讀答疑 , 中國語文 1985：1 , p.29~31。

王文耀　1986 : 周秦古聲母新論 , 語言文字學 1986：1 , p.26~34。

余廼永　1980 : 兩周金文音系考 , 師大國研所博士論文。

　　　　1985 : 上古音系研究 , 香港中文大學

李方桂　1935 : Archaic Chinese *-iwang *-iwek and *-iwag , 史語所集刊 5：1. p.65~94。

　　　　1970 : 中國上古聲母問題 , 香港中文大中研所學報 3：2。

　　　　1984 : 聲韻結合的問題 , 中國語文 1984：1 , p.38~41。

李葆瑞　1984：讀王力先生的詩經韻讀，中國語文 1984：4. p313～320。

邵榮芬　1984：試論上古音中的常船兩聲母，羅常培紀念論文集，p159～177.

周法高　1969：論上古音，香港中文大中研所學報 2：1, p109～178。

　　　　1984：中國語單音節性之再檢討，中國語文研究：5. p1～12。

周祖謨　1984：漢代竹書帛書中的通假字與古音考訂，音韻學研究：1. p78～91.

　　　　1985：漢語駢列的詞語和四聲，北大學報 1985：3, p1～4。

周斌武　1985：錢大昕與清代音韻學，復旦學報 1985：4, p62～71。

梅祖麟　1980：四聲別義中的時間層次，中國語文 1980：6, p427～443。

　　　　1983：跟見系字諧聲的照三系字，中國語言學報：1, p114～127。

　　　　：中古漢語的聲調與上聲的起源，幼獅月刊 40：6. p69～76。

曹述敬　1979：錢玄同的古聲紐說及其他，訓詁研究：1, p242～246。

陳新雄師　1922：古音學發微，文史哲出版社（台北）。

　　　　1981：群母古讀考，國際漢學會議論文集，語言文字組 p223～246。

　　　　1986：論談添盍怗分四部說，第二屆國際漢學會議宣讀原稿。

董同龢　1968：漢語音韻學，文史哲（台北，1985）。

　　　　1944：上古音韻表稿，史語所集刊 8：1, p1～249。

曾運乾　1927：喻母古讀考，楊樹達編古聲韻討論集．p39～78。

趙元任　1968：Language and Symbolic Systems，Cambridge University Press, 1980.NY.

　　　　1980：Aspects of Chinese Socio-Linguistics，文鶴（台北，1980）。

趙　誠　1984：商代音系探索，音韻學研究：1, p259～265。

　　　　1986：臨沂漢簡的通假字，同上書2, p17～26。

龍宇純　1978：上古清唇鼻音聲母說檢討，屈萬里先生七秩榮慶論文集（聯經）。

謝紀鋒　1984：從說文讀若看古音四聲，羅常培紀念論文集，p316～344。

羅常培　1984：周秦古音研究述略，羅常培紀念論文集，，p1～27。

嚴學宭　1986：周秦古音研究的進路和展望，語言文字研究專輯（下），p100～116。

藤堂明保　1980：中國語音韻論，光生館（東京．1980初版）。

拙　稿　1987a：詩經韻腳古韻四聲譜，手稿待刊本

　　　　1987b：從詩經韻腳探索上古之聲調，中國學術年刊：9，p21～50。

B. Karlgren（高本漢 1889～1978）

　　　　1940：中國音韻學研究（趙元任・李方桂合譯），商務（台北．1982）

　　　　1968：先秦文獻假借字例（陳舜政譯），中華叢書（台北．1974）【先秦假借】

　　　　1940：Grammata serica, script and phonetics in Chinese and Sino-Japanese

　　　　　　　Bulletin of the Museum of Far Eastern Antiquites, 12.

E. G. Pulleyblank

　　　　1962：The Consonantal system of Old Chinese, Asia Major 9, p206～265

Pan Wuyun

　　　　1982：Several Problems in the Development of Chinese Tones, JOURNAL
　　　　　　　OF CHINESE LINGUISTICS, Vol 10. No 2. p 359～386.

W. South Coblin

　　　　1978：The initials of Xu Shen's language as reflected in the Shuowen
　　　　　　　duruo glosses, JCL. Vol.6. No.1, p27～75.

　　　　1984：The finals of Yang Xiong's Language, JCL, Vol. 12, No.1. p1～53.

中國語文叢刊

兩周金文通假字研究 / 全廣鎮著 -- 初版 -- 臺北市：臺灣學生，民 78

12,562 面；21 公分 --（中國語文叢刊；9）

參考書目：面 523-562

ISBN 957-15-0015-1（精裝）：新臺幣 400 元 -- ISBN 957-15-0016-X（平裝）：新臺幣 350 元

1.金石 - 文字　2.中國語言 - 六書　I.全廣鎮著　II.集叢名

793.2/8625

兩周金文通假字研究（全一冊）

著作者：全　　　廣　　　鎮

出版者：臺　灣　學　生　書　局

本書局登記證字號：行政院新聞局局版臺業字第一一〇〇號

發行人：丁　　　文　　　治

發行所：臺　灣　學　生　書　局

臺北市和平東路一段一九八號
郵政劃撥帳號〇〇〇二四六六〜八號
電　話：3 6 3 4 1 5 6

印刷所：淵　明　印　刷　廠

地　址：永和市成功路一段43巷五號
電　話：9 2 8 7 1 4 5

香港總經銷：藝　文　圖　書　公　司

地址：九龍又一村達之路三十號地下
後座　電話：3—8 0 5 8 0 7

定價　精裝新台幣四〇〇元
　　　平裝新台幣三五〇元

中華民國七十八年十月初版

80242

ISBN 957-15-0015-1（精裝）
ISBN 957-15-0016-X（平裝）